REGULAÇÃO DE MEDICAMENTOS
Um olhar a partir da experiência brasileira e estadunidense

Ricardo Augusto Dias da Silva

Prefácio
Lenio Luiz Streck

Apresentação
Dalmo de Abreu Dallari

REGULAÇÃO DE MEDICAMENTOS
Um olhar a partir da experiência brasileira e estadunidense

Belo Horizonte

2019

© 2019 Editora Fórum Ltda.

É proibida a reprodução total ou parcial desta obra, por qualquer meio eletrônico, inclusive por processos xerográficos, sem autorização expressa do Editor.

Conselho Editorial

Adilson Abreu Dallari
Alécia Paolucci Nogueira Bicalho
Alexandre Coutinho Pagliarini
André Ramos Tavares
Carlos Ayres Britto
Carlos Mário da Silva Velloso
Cármen Lúcia Antunes Rocha
Cesar Augusto Guimarães Pereira
Clovis Beznos
Cristiana Fortini
Dinorá Adelaide Musetti Grotti
Diogo de Figueiredo Moreira Neto (*in memoriam*)
Egon Bockmann Moreira
Emerson Gabardo
Fabrício Motta
Fernando Rossi
Flávio Henrique Unes Pereira

Floriano de Azevedo Marques Neto
Gustavo Justino de Oliveira
Inês Virgínia Prado Soares
Jorge Ulisses Jacoby Fernandes
Juarez Freitas
Luciano Ferraz
Lúcio Delfino
Marcia Carla Pereira Ribeiro
Márcio Cammarosano
Marcos Ehrhardt Jr.
Maria Sylvia Zanella Di Pietro
Ney José de Freitas
Oswaldo Othon de Pontes Saraiva Filho
Paulo Modesto
Romeu Felipe Bacellar Filho
Sérgio Guerra
Walber de Moura Agra

FÓRUM
CONHECIMENTO JURÍDICO

Luís Cláudio Rodrigues Ferreira
Presidente e Editor

Coordenação editorial: Leonardo Eustáquio Siqueira Araújo
Aline Sobreira de Oliveira

Av. Afonso Pena, 2770 – 15º andar – Savassi – CEP 30130-012
Belo Horizonte – Minas Gerais – Tel.: (31) 2121.4900 / 2121.4949
www.editoraforum.com.br – editoraforum@editoraforum.com.br

Técnica. Empenho. Zelo. Esses foram alguns dos cuidados aplicados na edição desta obra. No entanto, podem ocorrer erros de impressão, digitação ou mesmo restar alguma dúvida conceitual. Caso se constate algo assim, solicitamos a gentileza de nos comunicar através do *e-mail* editorial@editoraforum.com.br para que possamos esclarecer, no que couber. A sua contribuição é muito importante para mantermos a excelência editorial. A Editora Fórum agradece a sua contribuição.

Dados Internacionais de Catalogação na Publicação (CIP) de acordo com a AACR2

D541r	Dias da Silva, Ricardo Augusto Regulação de medicamentos: um olhar a partir da experiência brasileira e estadunidense/ Ricardo Augusto Dias da Silva. – Belo Horizonte : Fórum, 2019. 365p.; 14,5cm x 21,5cm ISBN: 978-85-450-0633-6 1. Direito Público. 2. Direito Constitucional. 3. Direito à Saúde. I. Título. CDD: 341 CDU: 342

Elaborado por Daniela Lopes Duarte – CRB-6/3500

Informação bibliográfica deste livro, conforme a NBR 6023:2002 da Associação Brasileira de Normas Técnicas (ABNT):

Dias da Silva, Ricardo Augusto. *Regulação de medicamentos*: um olhar a partir da experiência brasileira e estadunidense. Belo Horizonte: Fórum, 2019. 365p. ISBN 978-85-450-0633-6.

À Marionita, minha mãe, que me ensinou o significado do amor sublime, atemporal e desmedido, aquele que dorme com os olhos incansavelmente bem atentos aos movimentos das criaturas que criou. Meu coração sempre pulsará por ti, mesmo que o tempo e a distância digam não.

Ao Rosemiro, meu pai, que também partiu há alguns anos para um plano de uma imensidão de dúvidas e de pouquíssimas certezas. Quantas coisas boas me deixaste que ainda correm nas veias de minh'alma, pai.

À Edilene, minha mulher sempre amada, companheira de tantas jornadas e de tantos sonhos, que sempre esteve ao meu lado, nas alegrias e tristezas, me incentivando, me fazendo feliz. Como eu te amo, vida.

Ao Felipe, meu filho maravilhoso e querido, sócio na advocacia e colega no magistério superior. Quanta felicidade Deus me concedeu ao te trazer para mim, quanta responsabilidade que ainda me faz sentir um ser humano pleno, pela geração, pelas árvores e pelos livros. Todo amor que houver nesta vida eu sempre te dedicarei.

Ao Luiz Otávio, meu filho de tantas maneiras, mas principalmente por amor. Dizem que família a gente não escolhe – eu te escolhi. E sabia que ia ser maravilhoso, só não imaginava que iria receber tanto amor de ti. O "velho" remoça a cada conquista tua, meu doutor. Assim sempre foi e assim sempre será.

AGRADECIMENTOS

Os agradecimentos representam, certamente, uma das partes mais importantes de uma Tese, ainda mais quando se revela em um livro. Eles deveriam ser guindados ao status de introdução, de apresentação, ou, ainda, de um capítulo, tamanha é a sua importância. Se repararmos na ordem de apresentação sequencial de uma Tese, eles precedem o *abstract*, o sumário e até mesmo a introdução, sendo, portanto, a comissão de frente, o que humaniza um trabalho científico, deixando a marca indelével de sua natureza.

Por isso, os agradecimentos não se submetem ao crivo da orientação e da banca. Se não integram a metodologia e os planos da Tese, se não constam nas referências bibliográficas, por certo é porque o pesquisador não tinha a dimensão do quanto precisaria contar com as pessoas que, logo no começo da formatação final da pesquisa, são lembradas nos agradecimentos, como registro perene de reconhecimento diante da comunidade.

Portanto, não existiriam o desenvolvimento e as conclusões sobre o objeto estudado, nem sequer haveria Tese, se não convergissem todas as pessoas, todo o ambiente de conhecimento de muitos que contribuíram para se chegar até a esse ponto, que jamais pode ser final, em se tratando de gratidão.

Desde o século XIII, até os dias atuais, quem melhor tratou do tema "gratidão" foi São Tomás de Aquino, em sua obra "Tratado de Gratidão". Nesse ensaio, através do senso filosófico, São Tomás elabora a gratidão a partir de três níveis. O primeiro nível representa o reconhecimento do benefício recebido (*ut recognoscat*). O segundo expressa o agradecimento, ao se louvar e dar graças (*ut gratias agat*). E o terceiro revela o nível mais profundo, o da retribuição, do estabelecimento de vínculos, quando nos comprometemos em retribuir ao outro (*ut retribuat*).

Nessa oportunidade, para os propósitos dos agradecimentos, empresto de São Tomás o terceiro nível de gratidão, aquele que me vincula a todas as pessoas que, por muitos motivos, contribuíram para que eu chegasse até aqui, com as quais me sinto comprometido, com as quais me sinto obrigado por livre escolha.

Agradecer a Deus, primeiramente, parece até lugar-comum, uma formalidade que se repete como mantra de ocasiões. Mas, para quem acredita em algo que dá sentido a tudo, que une muito mais do que separa, que liberta bem mais do que aprisiona, que representa o sal da terra, que acolhe a todos, então Ele está presente aqui nesta Tese, e eu O agradeço, com a posição de genuflexo.

À família, base de tudo, representação maior da construção humana, nunca é demais agradecer. E o núcleo central da minha me ajudou tanto a começar pela compreensão da minha ausência, pela resignação diante dos meus delírios, dos momentos que, em transe, eu fui menos dedicado justamente a quem tanto me destinou o melhor sempre. A vocês, Marionita (quanta falta me fazes), Edilene, Felipe e Luiz Otávio, o meu mais profundo e emocionado obrigado, acompanhado das minhas mais verdadeiras desculpas, por tudo o que eu deixei de fazer, logo com vocês, que dão sentido à minha vida – me perdoem.

Socorro-me em Maiakovski, que, em seu belo poema "Amor", demonstrou à humanidade que a família se transformou, para registrar que tive a felicidade de ganhar alguns irmãos, que costumamos chamar de amigos. A amizade de Ricardo Rezende e Cristovão Duarte transformou a minha vida, e tenho muito a agradecer a vocês, meus queridos e diletos amigos. Quando penso na minha velhice, sempre penso em envelhecer perto de vocês, na companhia de quem constantemente me acrescentou muito, sem me pedir nada em troca. Obrigado pela acolhida no Rio, eu sempre me sinto em casa quando estou na casa de vocês.

Após essa longa jornada acadêmica, das idas e vindas entre Belém do Pará e o Rio de Janeiro, tenho muito a agradecer ao meu orientador, Prof. Dr. Fábio Corrêa Souza de Oliveira, pela paciência, tolerância, pelo rigor criterioso e necessário na condução da orientação, possibilitando que eu chegasse até as conclusões, com respeito ao que escolhi como referenciais. O senso de justiça, ao deferir o meu recurso para a formação da banca na entrevista de ingresso no doutorado, demonstrou, logo de início, que eu estaria diante de um grande professor, comprometido não apenas com o conhecimento, mas também com a justaposição que une ciência à concretude humana, revelada no processo de orientação.

Agradeço imensamente à minha co-orientadora, Prof.ª Dr.ª Sueli Gandolfi Dallari. Os encontros em São Paulo foram determinantes para me colocar nos trilhos da regulação de medicamentos. Sua experiência sobre o tema foi, em todos os momentos, um grande estímulo para a minha pesquisa, sem contar as conversas com o Prof. Dalmo Dallari, com o som do canto de passarinhos, na aconchegante e acolhedora casa de vocês. Que privilégio eu tive, que ambiente maravilhoso de cultura transbordante, de conhecimento científico, de coerência acadêmica e de criticidade política. Fiquei embevecido quando estive na sua companhia, cara Prof.ª Sueli, e a do seu querido Dalmo.

Aos meus professores do doutorado, dedico também esta etapa final do doutoramento. Na pessoa do Prof. Dr. Lenio Streck, quero agradecer a todos, imensamente, pelos debates, pelas divergências, pelos desafios, pelas aulas e, sobretudo, pela postura coerente e altiva dos mestres que tive. O Prof. Lenio fez com que aprendêssemos hermenêutica relendo Machado de Assis, nos brindando com a melhor e mais consistente doutrina contemporânea brasileira e internacional sobre o tema – o seu "Verdade e Consenso". Não bastasse o clima vigoroso das aulas, a preparação dos trabalhos, ainda tínhamos, nos intervalos, o prazer de descer para tomar um cafezinho em um local inusitado, onde o café não tinha preço, pagava-se o que se achava conveniente. Não havia caixa, nem máquinas registradoras ou de cartões de crédito, e, nesses momentos, muitas vezes se presenciavam trocas de ideias que o Prof. Lenio utilizaria, em seguida, para sua coluna diária – fantástico.

Quero registrar o meu imenso agradecimento à Elisabeth Salame, pelo incansável estímulo e compreensão, sempre acreditando em mim, me prestigiando, me cobrando empenho e vitórias. Só a amizade e o senso de solidariedade explicam suas atitudes benfazejas para comigo, por isso lhe sou muito grato.

Quando estava palmilhando a reta final desta Tese, minha mãe iniciava todo um processo que iria resultar em sua partida, se despedindo do nosso convívio ao findar setembro de 2018, deixando seu farol a me guiar com a doçura e a firmeza de seus feixes que jamais encontrei igual em nenhum de meus semelhantes; meu Felipe ombreava comigo na advocacia em nosso escritório – o Dias Advogados – e lecionava Direito Ambiental na Universidade da Amazônia, onde também leciono, de casamento marcado com a Larissa para o vindouro mês dos cravos; meu também Luiz Otávio, na condição de médico-cirurgião em São Paulo, ingressava na residência em urologia, casando-se com a Tainan, no início de dezembro de 2018; minha esposa, Edilene, Procuradora do Município de Belém, se planejava para intensificar as idas a São Paulo, agora não mais para rever o Eros, seu cachorro número um, mas na expectativa dos netos e da proximidade do meu pós-doutoramento em Lisboa, e meu pai e meu irmão permaneciam sempre vivos em minha memória, cada um com os enormes legados que me deixaram.

Por tudo isso, agradeço a DEUS.

Ao se compreender a tradição não se compreende apenas textos, mas também se adquire discernimentos e se reconhece verdades.

(Hans-Georg Gadamer, 1999)

LISTA DE ABREVIATURAS E SIGLAS

ACA – Affordable Care Act
ADI – Ação Direta de Inconstitucionalidade
ADPF – Ação de Descumprimento de Preceito Fundamental
AERS – Sistema de Relatórios de Eventos Adversos
AIR – Análise de impacto Regulatório
ALJ – Administrative Law Judge
ANTAQ – Agência Nacional de Transporte Aquaviários
ANPAD – Associação Nacional de Pós-Graduação e Pesquisa em Administração
ANVISA – Agência Nacional de Vigilância Sanitária.
ANA – Agência Nacional de Águas
ANAC – Agência Nacional de Aviação Civil
ANCINE – Agência Nacional de Cinema
ANEEL – Agência Nacional de Energia Elétrica
ANM – Agência Nacional de Mineração
ANATEL – Agência Nacional de Telecomunicações
ANTAQ – Agência Nacional de Transportes Aquaviários
ANTT – Agência Nacional de Transportes Terrestres
ANP – Agência Nacional do Petróleo
ANVISA – Agência Nacional de Vigilância Sanitária
ANS – Agência Nacional de Saúde Suplementar
APA – Administrative Procedure Act
APE – Agência das Participações do Estado
BACEN – Banco Central do Brasil
BANESPA – Banco do governo do estado de São Paulo.
BNDES – Banco Nacional de Desenvolvimento Econômico e Social
BPF – boas práticas de fabricação
BPFC – Certificado de Boas Práticas de Fabricação e Controle
CDER – Center for Drug Evaluation and Research
CEPs – Comissões de Ética em Pesquisa
COPES – Coordenação de Programas Estratégicos do Sistema Único de Saúde
CVISA – Coordenação do Centro de Gerenciamento de Informações sobre Emergências em Vigilância Sanitária
CRTPS – Coordenação de Instrução e Análise de Recursos de Tabaco e Produtos para a Saúde
CIA – Central Intelligence Agency
CFTC – Commodity Futures Trading Commission

CPSC	–	Consumer Product Safety Commission
CMS	–	Centers for Medicare & Madicaid Service
CRA	–	Congressional Review Act
CNS	–	Conselho Nacional de Saúde
CVM	–	Comissão de Valores Mobiliários
CONAC	–	Conselho de Aviação Civil
CEP	–	Comitê de Ética em Pesquisa
CONEP	–	Comissão Nacional de Ética em Pesquisa
CEME	–	Central de Medicamentos
CADE	–	Conselho Administrativo de Defesa Econômica
CRA	–	Congressional Review Act
CBPFC	–	Certificado de Boas Práticas de Fabricação e Controle
CTR	–	Certificado de Responsabilidade Técnica
CMED	–	Câmara de Regulação do Mercado de Medicamentos
CNS	–	Conselho Nacional de Saúde
CONASS	–	Conselho Nacional de Secretários de Saúde
CONASEMS	–	Conselho Nacional de Secretarias Municipais de Saúde
CONITEC	–	Comissão Nacional de Incorporação Tecnológica em Saúde
CONEP	–	Comissão Nacional de Ética em Pesquisa
CFR	–	Code of Federal Regulations
CAJIS	–	Coordenação de Análise e Julgamento das Infrações Sanitárias
CATEF	–	Câmara Técnica de Medicamentos Fitoterápicos
CATEME	–	Câmara Técnica de Medicamentos
CORIF	–	Coordenação de Análise e Instrução de Recursos da Inspeção e Fiscalização
COARE	–	Coordenação de Análise e Instrução de Recursos Administrativos
CFR	–	Código de Regulamentos Federais
DCB	–	Denominação Comum Brasileira
DNFSB	–	Defense Nuclear Facilities Safety Board
DF	–	Distrito Federal do Brasil
DSNVS	–	Diretoria de Coordenação e Articulação do Sistema Nacional de Vigilância Sanitária
DIARE	–	Diretoria de Autorização e Registros Sanitários
DIMON	–	Diretoria de Controle e Monitoramento Sanitário
DIREG	–	Diretoria de Regulação Sanitária
DIGES	–	Diretoria de Gestão Institucional
DIARE	–	Diretoria de Autorização e Registros Sanitários
DESI	–	Estudo de Eficácia de Drogas
DIREG	–	Diretoria de Regulação Sanitária
DRA	–	Deficit Reduction Act
DSNVS	–	Diretoria de Coordenação e Articulação do Sistema Nacional de Vigilância Sanitária

GGCOF	–	Gerência-Geral de Coordenação e Fortalecimento do Sistema Nacional de Vigilância Sanitária
EPA	–	Environmental Protection Agency
ET	–	Teoria econômica da regulação
EMBRAFILME	–	Empresa Brasileira de Filmes S.A
EMBRAER	–	Empresa Brasileira de Aeronáutica S.A
EX-Im Bank	–	Banco de Exportação e Importação dos Estados Unidos
FBI	–	Federal Bureau of Investigation
FDA	–	US Food and Drug Administration
FED	–	Federal Reserve System
FTC	–	Federal Trade Comission
FRC	–	Federal Radio Commission
FMI	–	Fundo Monetário Internacional
FGV	–	Fundação Getúlio Vargas
FTC	–	Federal Trade Commission
FEMA	–	Federal Emergency Management Agency
FEC	–	Federal Election Commission
FDIC	–	Federal Deposit Insurance Corporation
FCC	–	Federal Communications Commission
FTC	–	Federal Trade Commission
FCC	–	Federal Communications Commission
FINEP	–	Financiadora de Estudos e Projetos
FIOCRUZ	–	Fundação Oswaldo Cruz
FUNARTE	–	Fundação Nacional de Artes
FCC	–	Federal Communications Comission
GGALI	–	Gerência-Geral de Alimentos
GGMED	–	Gerência Geral de Medicamentos e Produtos Biológicos
GGTOX	–	Gerência-Geral de Toxicologia
GGTPS	–	Gerência-Geral de Tecnologia de Produtos para Saúde
GGTAB	–	Gerência-Geral de Registro e Fiscalização de Produtos Fumígenos, derivados ou não do Tabaco
GGTES	–	Gerência-Geral de Tecnologia em Serviços de Saúde
GGFIS	–	Gerência-Geral de Inspeção e Fiscalização Sanitária
GGMON	–	Gerência-Geral de Monitoramento de Produtos Sujeitos à Vigilância Sanitária
GGPAF	–	Gerência-Geral de Portos, Aeroportos, Fronteiras e Recintos Alfandegados
GELAS	–	Gerência de Laboratórios de Saúde Pública
GECOS	–	Gerência de Cosméticos
GESAN	–	Gerência de Saneantes
GGREG	–	Gerência-Geral de Regulamentação e Boas Práticas Regulatórias
GSA	–	General Services Administration
GT	–	Grupo de trabalho (operação Condor comissão nacional da verdade)

HHS	–	U.S. Departament of Health and Human Service
HEMOBRÁS	–	Empresa Brasileira de Hemoderivados e Biotecnologia
HPUS	–	Farmacopeia Homeopática dos Estados Unidos
ICC	–	Interstate Commerce Commission
IBAMA	–	Instituto Brasileiro do Meio Ambiente e dos Recursos Naturais Renováveis
IDH	–	Índice de Desenvolvimento Humano
ICH	–	Conferência Internacional de Harmonização
INCQS	–	Instituto Nacional de Controle de Qualidade em Saúde (INCQS)
IND	–	Novo Medicamento de Investigação
INPI	–	Instituto Nacional de Propriedade Industrial
MIP	–	Medicaid Integrity Program
NARA	–	National Archives and Records Administration
NASA	–	National Aeronautics and Space Administration
NCUA	–	National Credit Union Administration
NEA	–	National Endowment for the Arts
NLRB	–	National Labor Relations Board
NPM	–	New Public Management
NRC	–	Nuclear Regulatory Commission
NSA	–	National Security Agency
NSF	–	National Science Foundation
OECD	–	Organisation for Economic Co-operation and Development
OMB	–	Office of Management and Budget
OMC	–	Organização Mundial do Comércio
OPEP	–	Organização dos Países Exportadores de Petróleo
OSC	–	Office of the Special Counsel
OTC	–	Over-the-counter
PAF	–	Política de Assistência Farmacêutica
PETROBRÁS	–	Petróleo Brasileiro S.A
PDP	–	Programa de Desenvolvimento Produtivo
PDN	–	Programa Nacional de Desestatização
PDUFA	–	Lei de Taxa de Usuário de Medicamentos Prescritos
PDRAE	–	Plano Diretor da Reforma do Aparelho do Estado
PHS	–	U.S. Public Health Service
PNS	–	Política Nacional de Saúde (PNS)
PNCTIS	–	Política Nacional de Ciência, Tecnologia e Inovação em Saúde
PNM	–	Política Nacional de Medicamentos
PORTOBRÁS	–	Empresa de Portos do Brasil S.A
PBGC	–	Pension Benefit Guaranty Corporation
P&D	–	pesquisa e desenvolvimento
PNAF	–	Política Nacional de Assistência Farmacêutica
RDC	–	Resolução da Diretoria Colegiada

RENAME	–	Relação Nacional de Medicamentos Essenciais
REMS	–	Estratégia de Gerenciamento de Riscos e Mitigação
SBA	–	Small Business Administration
SEC	–	Securities and Exchange Commission
SSA	–	Social Security Administration
SEC	–	Securities and Exchange Comission
SIDERBRÁS	–	Siderurgia Brasileira Ltda.
SPPV	–	Soluções parenterais de pequeno volume
SNVS	–	Sistema Nacional de Vigilância Sanitária do Brasil.
SUS	–	Sistema Único de Saúde
SMI	–	Supplemental Medical Insurance
TARP	–	Troubled Assets Relief Program
TSE	–	Tribunal Superior Eleitoral
TELEBRÁS	–	Telecomunicações Brasileiras S.A
TFVS	–	Taxa de Fiscalização de Vigilância Sanitária
WHO	–	World Health Organization
UMRA	–	Unfunded Mandates Reform Act
USIMINAS	–	Usinas Siderúrgicas de Minas Gerais S.A
USAID	–	United States Agency for International Development

SUMÁRIO

PREFÁCIO
Lenio Luiz Streck 21

APRESENTAÇÃO
Dalmo de Abreu Dallari 23

INTRODUÇÃO 27
1   Metodologia e plano da obra 32
2   Delimitação do objeto: a regulação de medicamentos no Brasil e nos Estados Unidos, como surgiu e como se encontra atualmente 35

CAPÍTULO 1
A CRISE DO ESTADO: PÓS-MODERNIDADE E GLOBALIZAÇÃO. O ESTADO REGULADOR INSERIDO NO CONTEXTO DO ESTADO PÓS-MODERNO 37
1.1   Conceituando o Estado pós-moderno 37
1.2   A(s) crise(s) do Estado 54
1.3   A(s) crise(s) do Direito e suas premissas 70
1.4   O Estado regulador e a pós-modernidade 85

CAPÍTULO 2
A REGULAÇÃO 95
2.1   Aspectos históricos e conceituais da Regulação 95
2.2   Histórico e conceito das Agências Reguladoras 115
2.3   Características, funções e poderes das Agências Reguladoras ... 126
2.4   As Agências Reguladoras e o déficit democrático 137

CAPÍTULO 3
A REGULAÇÃO NO BRASIL 149
3.1   O cenário de seu nascedouro e a índole constitucional da regulação 149

3.2	Legislação regulatória brasileira	175
3.3	Regulação de medicamentos no Brasil	218
3.4	A ANVISA e a regulação de medicamentos em espécie	228

CAPÍTULO 4
A REGULAÇÃO NOS ESTADOS UNIDOS DA AMÉRICA 257

4.1	Contexto histórico e aspectos constitucionais da regulação norte-americana	257
4.2	Legislação regulatória norte-americana	282
4.3	Regulação de medicamentos nos EUA	297
4.4	A FDA e a regulação de medicamentos em espécie nos EUA	307

CONCLUSÕES 327

REFERÊNCIAS 345

PREFÁCIO

"Regulação de Medicamentos: um olhar a partir da experiência brasileira e estadunidense". O leitor que, diante do título da obra de Ricardo Augusto Dias da Silva, espera por uma obra apenas preocupada com o empírico pelo empírico, logo perceberá que seu pré-juízo era inautêntico. A própria epígrafe da obra já demonstra isso: Dias da Silva retoma Hans-Georg Gadamer, dizendo que "ao se compreender a tradição não se compreende apenas textos, mas também se adquire discernimentos e se reconhece verdades".

Esse é, precisamente, o ponto. A análise de Ricardo não é, sequer se pretende, uma mera comparação jurisdicional. Para analisar o seu objeto, a regulação de medicamentos, o autor não apenas se dispõe a enfrentar, discutir, debater complexos temas como a teoria do Estado, do Direito e sua(s) crise(s) – ele assim o faz com maestria.

Vivemos em tempos tão interessantes quanto difíceis. Por vezes, a atuação dos tribunais é pautada pelo velho problema a que chamei pamprincipiologismo: decisões *ad hoc* justificadas com base em um "princípio" que sequer existe. A mera atribuição do nome "princípio" a algo não pode servir de álibi retórico simplesmente por conferir uma mera aparência de juridicidade ao conceito em que é empregado. Princípios servem para fechar a interpretação, não para dar um verniz jurídico a argumentações teleológicas. Só que não é só isso. Às vezes, por outro lado, ocorre o exato oposto: um apego às regras, na velha base do tudo ou nada, de forma tal que um princípio autêntico é ignorado pelo órgão julgador para que se chegue à decisão escolhida a priori.

Do mesmo modo, a força normativa da Constituição é, muito frequentemente, negligenciada. Interpretando-a como se fosse um mero conjunto de diretrizes abstratas, seus objetivos sociais são ignorados e dão lugar a concepções de Direito de dar inveja aos juristas da Escola do Direito Livre. Uma vez mais, não é só isso. Também o fenômeno oposto ocorre, de forma que a principiologia constitucional, ainda que autêntica, acaba também, por vezes, sendo estendida pelos juízes e tribunais de forma a publicizar, demasiadamente, ramos que têm suas próprias características. Em meio a isso tudo, e venho preocupando-me com isso já há muito, com autores como Otávio Luís Rodrigues Júnior, os diversos ramos do Direito correm o risco de perder o seu estatuto epistemológico próprio.

Como se percebe, o Direito – em especial, o nosso direito brasileiro – passa por muitas crises. É por isso que toda e qualquer pesquisa que se pretenda séria e relevante tem que enfrentar nossos problemas com disposição, seriedade, responsabilidade política, com robustos aportes teóricos. Com muita tranquilidade e felicidade, prefacio uma obra que respeita e compartilha dessa mesma convicção. Para meu orgulho, vejo a belíssima leitura que Dias da Silva faz de meu "Verdade e Consenso", inserida ao lado de referências críticas de autores importantes do Direito, da política internacional e da filosofia moral e política: Avelãs Nunes, Marcelo Neves, José Luís Bolzan de Moraes, Jorge Miranda, Tercio Sampaio, J. J. Canotilho e também Gunther Teubner, Jürgen Habermas e Luigi Ferrajoli, para não mencionar clássicos como John Locke.

A obra de Ricardo Augusto Dias da Silva é, pois, essencial, indispensável a quem deseja compreender a regulação de medicamentos em um Estado de tantas crises.

Prof. Dr. Lenio Luiz Streck
Mestre e Doutor em Direito pela Universidade Federal de Santa Catarina. Pós-doutor pela Universidade de Lisboa. Professor titular do Programa de Pós-Graduação em Direito (Mestrado e Doutorado) da UNISINOS. Professor permanente da UNESA-RJ, de ROMA-TRE (Scuola Dottorale Tulio Scarelli), da Faculdade de Direito da Universidade de Coimbra e da Faculdade de Direito da Universidade de Lisboa. Membro catedrático da Academia Brasileira de Direito Constitucional. Ex-Procurador de Justiça do Estado do Rio Grande do Sul.

APRESENTAÇÃO

Esta obra é um valioso repositório de informações de várias naturezas sobre a trajetória do Estado no desempenho de suas atribuições de relevante interesse social, na condição de executor, direto ou indireto, assim como de fixador de normas e de controlador da execução, de preceitos e atividades relacionados à prestação de serviços sociais. Embora no título da tese acadêmica, que foi a base desta obra, o autor apresente como tema básico "a regulação de medicamentos", a partir desse ponto fundamental o autor fez a recuperação histórica da caminhada do Estado como prestador de serviços de interesse social ou controlador de sua prestação. Na realidade, aqui se encontra, em valioso e preciso registro, a informação e a análise do surgimento e da evolução do Estado orientador e intervencionista, considerando as etapas da afirmação do Estado como entidade político-jurídica soberana, passando pelas expressões do Estado liberal, do Estado social e outras variantes da participação ativa do Estado na sociedade, até o surgimento das Agências Reguladoras. A partir daí, o autor dá ênfase especial às Agências Reguladoras de Medicamentos, mas reunindo e analisando informações de fundamental importância, tanto de caráter jurídico quanto político, que se aplicam à noção de Agência Reguladora.

Fazendo o registro de circunstâncias históricas ligadas a inovações no papel e no desempenho do Estado, o autor trata, com objetividade e clareza, do surgimento das Agências Reguladoras, analisando o seu tratamento constitucional, a sua conceituação, as suas estruturas, os seus poderes e os seus meios de atuação. Para essa análise, o autor tomou como fundamento os ensinamentos e as analises de eminentes juristas, das áreas de Teoria do Estado, Direito Constitucional e Direito Administrativo, podendo-se afirmar que a presente obra será de grande valia para os estudiosos e pesquisadores dessas áreas. Depois de registrar o aparecimento das agências reguladoras e seu enquadramento jurídico, indicando as que deram início a esse procedimento, o autor dá especial evidência à Agência Nacional de Vigilância Sanitária, ANVISA, criada pela Lei nº 9.782, de 26 de janeiro de 1999, como autarquia de regime especial ligada ao Ministério da Saúde. Nos termos da lei, ela foi criada tendo por função promover o controle sanitário da produção e consumo de produtos e serviços submetidos à vigilância sanitária, inclusive dos processos, dos ambientes, dos insumos e das tecnologias a eles relacionados.

Uma peculiaridade da presente obra, que foi ressaltada pelo autor e que, na realidade, merece destaque, é que para a fundamentação e o desenvolvimento de suas pesquisas e análises, o autor fez o levantamento e o registro do surgimento das agências reguladoras nos Estados Unidos e no Brasil. Ele mesmo adverte que não teve a intenção de fazer um estudo comparativo, para avaliação dos dois sistemas, mas considerou importante e oportuno fazer o registro das duas experiências, a fim de dar apoio aos estudiosos e pesquisadores das agências reguladoras como instrumentos da ação política e jurídica dos Estados, visando dar proteção e segurança, com atribuição de responsabilidades, aos produtores, distribuidores e consumidores de medicamentos, alimentos e outras substâncias oferecidas ao consumo humano. Com esse objetivo, o autor, além de fazer o registro preciso do surgimento das agências reguladoras no sistema jurídico brasileiro, colheu e analisou com precisão em seu trabalho os elementos essenciais ligados ao surgimento das agências reguladoras nos Estados Unidos. Assim, na conclusão deste valioso trabalho, o autor acrescentou uma síntese de aspectos que considerou importantes para evidenciar a diferenciação dos dois sistemas, o do Brasil e o dos Estados Unidos, ressaltando peculiaridades da origem, da previsão constitucional e das características básicas de cada um. Assinala ele, quanto à origem, que nos Estados Unidos a regulação foi a expressão da implantação do intervencionismo do Estado no setor econômico, adotado no final do século dezenove em decorrência da incapacidade do mercado de fazer a autorregulação. No Brasil, ressalta ele, a regulação de medicamentos decorreu de reforma do Estado ocorrida na década de setenta do século vinte, com a criação da agência reguladora específica, o que, segundo ele, teve inspiração no modelo estadunidense.

O segundo aspecto destacado é a fundamentação constitucional no Brasil, observando o autor que nada existe sobre isso na Constituição dos Estados Unidos, enquanto no Brasil esse tema foi expressamente consignado na Constituição de 1988. Com efeito, o artigo 200 da Constituição dispõe:

> Ao Sistema Único de Saúde compete, além de outras atribuições, nos termos da lei:
> I. controlar e fiscalizar procedimentos, produtos e substâncias de interesse para a saúde e participar da produção de medicamentos, equipamentos, imunobiológicos, hemoderivados e outros insumos;

II. executar as ações de vigilância sanitária e epidemiológica, bem como as de saúde do trabalhador:
VI. fiscalizar e inspecionar alimentos, compreendido o controle de seu teor nutricional, bem como bebidas e águas para consumo humano.

Para finalizar, o autor faz a comparação de algumas das características básicas da ANVISA e da FDA. Assim, quanto aos atos regulatórios, observa que em ambos os sistemas as agências reguladoras têm competência para produzir regulamentos normativos e para fazer a apreciação de demandas administrativas. Mas, quanto ao que denomina "atos regulatórios em espécie", o sistema brasileiro é, de certo modo, mais complexo. Anota, além da ANVISA, existem outros órgãos que atuam nessa área, ao passo que nos Estados Unidos tudo isso está concentrado na FDA. Assinalando, como observação final, a importância do tema, analisado com riqueza de informações e precisão de análises em seu trabalho, observa o autor que a atividade reguladora busca conciliar a garantia da iniciativa privada na produção de medicamentos e a necessidade do povo de consumi-los. Por último, numa avaliação muito positiva, assinala que o propósito do Estado regulador é atender ao interesse público, concluindo que "esse é o grande desafio que se impõe à regulação na modernidade".

Prof. Dr. Dalmo de Abreu Dallari
Graduado em Direito pela Faculdade de Direito da USP.
Diretor da Faculdade de Direito da USP (1986/1990).
Professor Emérito da Faculdade de Direito da USP.
Publicou livros, artigos em periódicos especializados, artigos em jornais, capítulos de livros e trabalhos em eventos. Livre-docência pela Universidade de São Paulo, USP. Secretário dos Negócios Jurídicos da Prefeitura de São Paulo (1990/1992). Professor Titular da Faculdade de Direito da Universidade de São Paulo (1964/2001). Professor e Orientador dos Cursos de Pós-Graduação da Faculdade de Direito da USP.

INTRODUÇÃO

> *Somos assim: sonhamos o voo, mas tememos a altura. Para voar é preciso ter coragem para enfrentar o terror do vazio. Porque é só no vazio que o voo acontece. O vazio é o espaço da liberdade, a ausência de certezas. Mas é isso o que tememos: o não ter certezas. Por isso trocamos o voo por gaiolas. As gaiolas são o lugar onde as certezas moram.*
>
> (Fiódor Dostoievsky em *Os Irmãos Karamazov*)

Este trecho da obra de Dostoievsky[1] mostra o quão muitas vezes o ser humano é pretensioso, acreditando poder caminhar com passadas tidas por seguras, a partir do conhecimento razoável do seu próprio sistema, quando se lança ao desconhecido em pleno vazio.

O recorte simbólico das gaiolas no romance de Dostoievsky faz lembrar Machado de Assis, no conto "Ideias de canário",[2] no qual é narrada a história de um pequeno pássaro astuto que demonstra ao seu dono visões sobre o mundo, sobre a liberdade, primeiramente a partir de uma tosca gaiola no brechó onde foi encontrado e, depois, na perspectiva do azul do céu, livre das peias impostas pelo homem.

---

[1] DOSTOIÉVSKI, Fiódor. *Os irmãos Karamazov*. São Paulo: Editora Martin Claret, 2013. O romance foi escrito em 1879, e é uma das mais importantes obras das literaturas russa e mundial.

[2] MACHADO DE ASSIS, José Maria. *Ideias de canário*. São Paulo: Editora Hedra, 2012.

Thiago de Mello, unindo as pontas dos novelos, gorjeando na linha imaginária, entre gaiolas e canário, arremata: "Quem não sonha o azul do voo, perde o poder de pássaro".[3]

Ambas as citações literárias são utilizadas, nesta oportunidade, em demonstração do desafio à pesquisa, que muitas vezes, no voo inicial do pesquisador, promove momentos de solidão e certezas, desfeitas no trajeto celeste do voo, de quem observa o mundo a partir das gaiolas.

O mérito da pesquisa que se apresenta não tem as características essenciais do direito comparado, aproximando-se apenas de uma das dimensões propostas por Marc Ancel, da evidência de que a comparação, até mesmo por definição, não consiste em isolar, mas, ao contrário, em aproximar ou em confrontar os dois termos que constituem o seu objeto.[4]

O olhar proposto no próprio título desta obra representa um mergulho na regulação brasileira e estadunidense de medicamentos, com as balizas estabelecidas de maneira bem definida em seu objeto. Então, o olhar não é comparativo em plenitude, sendo em alguma medida reflexivo e, necessariamente, analítico, a partir de suas próprias características, cada qual com suas virtudes e defeitos. Logo, descreve-se o objeto da forma mais abrangente possível para, em seguida, analisá-lo, com a preocupação latente de que a descrição seja precisa, a ponto de fornecer informações amplas, sem as quais o senso analítico não se desenvolveria de maneira fiel ao que foi proposto abordar.

É por essa fundamentação que a presente obra verbera ao sustentar que uma simples bula, inserida na embalagem de um medicamento, necessita conter informações que contribuam para o exercício da cidadania do consumidor, e impõe ao setor regulado obrigações que permitam a definição de escolhas livres sobre os produtos existentes no mercado e dos cuidados terapêuticos, a partir de elementos científicos apresentados em redação inteligível. E essa apresentação da rotulagem está regrada de maneira ostensiva, estabelecendo vedações, as características próprias e obrigatórias que devem conter as embalagens, com o objetivo maior de proteger a saúde da população, do público consumidor.

---

[3] MELLO, Thiago. *Poema sonho domado*. Disponível em: <http://www.avozdapoesia.com.br/obras>. Acesso em: 22 out. 2017.

[4] ANCEL, Marc. *Utilidade e métodos do direito comparado*: elementos de introdução geral ao estudo comparado dos direitos. (Tradução Sérgio José Porto). Porto Alegre: Fabris, 1980. p. 73.
Ancel acrescenta sobre esse aspecto: "Surge assim uma primeira concepção da utilidade do direito comparado, qual seja, a de informar, de maneira precisa e rigorosa, sobre as instituições estrangeiras e procurar, nas experiências dos outros países, os meios técnicos de suprir as lacunas e as imperfeições do direito nacional". Idem, p. 24.

Na presente obra, a bula, o processo de fabricação e o processo de aprovação para a comercialização de diversos tipos de medicamentos saem das prateleiras das farmácias, dos parques industriais, respectivamente, para ganhar, além de ares de informações básicas, a estatura de imprescindibilidade, da necessidade de fornecimento pela indústria farmacêutica e de transparência, portanto, status de direito fundamental à informação medicamentosa.

Ao apontar concepções análogas, práticas regulatórias semelhantes, ao se estabelecer similitudes de estruturas, de controle e de detalhamento no processo de regulação de medicamentos no Brasil e nos Estados Unidos, não se está pretendendo buscar um modelo de comparação precisa entre dois sistemas políticos e de economias mais díspares que próximos.

O fato de emergir semelhanças entre as partes do objeto pesquisado perpassa pela natureza investigativa da pesquisa, ao adentrar-se no processo histórico, na ambiência econômica e política, justificadora do processo regulatório, não representando, insista-se, uma pretensão "comparativista",[5] terminologia utilizada por Marc Ancel.

Por isso, optou-se pelas breves notas finais em sequência das conclusões, dificilmente apartadas em um esforço redacional de conteúdo, que expressam um instrumental metodológico de contrastes pela simples apresentação capitular sumarizada, restando uma comparação, acredita-se, residual, mas não debalde, do objeto estudado – os sistemas regulatórios de medicamentos do Brasil e dos EUA.

É inevitável, por certo, em algum momento da leitura, cair-se na tentação de comparar os sistemas regulatórios, mas esse exercício faz parte dos efeitos da fruição que se pretende emprestar à divulgação do conteúdo da obra. A partir desse momento, ela já não pertence mais ao seu autor, já não há mais isolamento acadêmico, mas a realização de algo que só o debate científico consegue proporcionar – o conhecimento aprofundado do que foi proposto estudar.

E a formação do processo de conhecimento encontra solo fecundo no pensamento de Boaventura Santos, quando sustenta que "mas sendo

---

[5] Ancel, sobre a expressão, aduz: "Para os 'comparativistas' de 1900, ciosos de apenas comparar coisas comparáveis, ou para os 'comparativistas' de 1920, desejosos de proceder a uma unificação, ou ao menos, a uma coordenação das instituições e dos sistemas, o direito comparado era bem a ciência ou o método da aproximação. Após a Segunda Guerra Mundial, os 'comparativistas', como se viu, tomaram consciência de certas oposições irredutíveis entre os sistemas jurídicos existentes, mas nem por isso eles renunciaram a estabelecer comparações ou a pesquisar uma confrontação entre esses sistemas opostos". Idem, p. 24.

local, o conhecimento pós-moderno é também total, porque reconstitui os projetos cognitivos locais, salientando-lhes a sua exemplaridade, e por essa via transforma-se em pensamento total ilustrado". Refere-se o mestre luso ao contexto do conhecimento na ciência moderna, que avança em passos largos no rumo da especialização, onde reside o dilema da ciência moderna, que aumenta o seu rigor na proporção direta da arbitrariedade com que espartilha o real.[6]

Portanto, o estabelecimento de um diagnóstico dos sistemas regulatórios observados na pesquisa empreendida, olhado separadamente, foi buscado incessantemente, tendo sido trilhado um longo percurso histórico, contextualizado na movimentação político-econômica de cada país, a partir de fundamentação teórica que lhe conferisse consistência argumentativa, mesmo que o tempo, os vetores sociais e os estágios de desenvolvimento conspirassem a todo o momento para a rotina comparativa.

De outra banda, necessitou-se, de maneira introdutória, abordar aspectos relacionados à configuração atual do Estado, oportunizando localizar-se o norte da regulação, a partir da evolução do Estado, da modernidade até o seu estágio atual, enfocando as crises pelas quais passou, e ainda passa, bem como a vinculação da crise do Estado com a crise do Direito.

A importância dessa abordagem encontra-se plasmada no quadro do pensamento de autores clássicos e contemporâneos, representantes de consistente doutrina nacional e estrangeira, momento em que se trouxe ao capítulo inaugural um feixe diversificado sobre conceito de Estado, sobre as crises e possíveis cenários de sua continuidade.

Nessa perspectiva, o estudo realizado não abriu mão da criticidade ao neoliberalismo, abeberando-se, com maior detença, na vigorosa fonte da escola de Coimbra, no jaez de Avelãs Nunes, Boaventura Santos e Vital Moreira, abordando a forma com a qual se processou a introdução e a proliferação do que se convencionou chamar de Estado regulador, a nova face neoliberal do Estado.

Sendo o Direito Administrativo caracterizado por uma grande quantidade de regras e procedimentos bem detalhados, estabelecidos para a Administração Pública e ao particular, foram inseridos no corpo do texto alguns dos aspectos normativos, reputados como sendo os mais relevantes, notadamente os pertinentes às agências reguladoras,

---

[6] SANTOS, Boaventura de Sousa. *Um discurso sobre as ciências*. 4. ed. São Paulo: Editora Cortez, 2006. p. 73-77.

seus poderes e competências, funções, estrutura e as formas de controle de seus atos.

Optou-se por essa formatação de desenvolvimento do conteúdo textual, objetivando permitir não apenas a compreensão/interpretação das regras regulatórias, porventura evidenciadas, mas, sobretudo, oportunizar que se estabeleça a necessária vinculação normativa ao ambiente político-econômico, às diretrizes do poder estatal de onde são egressas.

Isso, somado ao pensamento crítico projetado sobre todos os períodos regulatórios analisados na pesquisa, ensejou a definição do desenho, da moldura da regulação de medicamentos, estruturada na sumarização, no roteiro seguido passo a passo, oportunizando a formação de um senso cognitivo, que vai da concepção estrutural do Estado regulador ao ato de compra de um medicamento, disponibilizado pela indústria a partir da aprovação pela agência reguladora competente, que deve exigir, com rigor, o atendimento dos requisitos de boas práticas de fabricação, com extenso regramento.

É, portanto, um caminho complexo, que se procurou, de maneira minudente, apresentar na pesquisa de forma descritiva, porém, ampla, sobre cada sistema regulatório de medicamentos analisado, com sua trajetória histórica, legislativa, estrutural, para, a partir do processo descritivo, enveredar-se pela abordagem crítico-analítica.

Apesar dos Estados Unidos, berço da regulação na forma sistematizada que o mundo conhece hoje, sistematização esta formatada a partir do *New Deal*, importada pelo Brasil no início da década de 90, percebe-se, no decorrer da obra, que ainda se está longe da formulação de um consenso, seja sobre os limites, *numerus clausus*, a serem fixados na ampla competência e poderes das agências reguladoras, seja em relação às formas de controle, pelos Poderes Executivo, Legislativo e Judiciário, sobre os atos regulatórios das agências.

A relevância da pesquisa reside, conforme referido alhures, menos na intenção comparativa de dois sistemas regulatórios distintos (apesar da sinalização de muitas semelhanças), mormente por integrarem sistemas políticos, economia em estágios, com evidentes diferenças, e mais, na possibilidade de se conhecer a funcionalidade regulatória de cada realidade estudada, sobre a regulação de medicamentos.

Nesse sentido, no manejo da obra, não houve a utilização de bateia, como se estivesse em um garimpo, à procura do grande diamante, mas, sobretudo, procurou-se, na perspectiva do Direito Administrativo tradicional, apresentar regras que, a princípio, podem parecer enfadonhas ao primeiro contato, mas revelam à sociedade, como cada sistema regulatório materializa o cuidado com a saúde da população e com a democratização da informação para o efetivo exercício da cidadania.

A partir do estudo dos fundamentos históricos, políticos e normativos da ambiência regulatória, da correlação desses aspectos com o processo evolutivo das agências reguladoras e da regulação, *stricto sensu*, da regulação de medicamentos, é possível se inferir uma radiografia da estrutura óssea de cada sistema regulatório, considerado em si mesmo, sem a pretensão de realizar um estudo comparativo, utilizando-se, em certa medida, para esta tarefa, o método *Kirlian*[7] e, assim, obter a aura regulatória brasileira e estadunidense.

Destarte, infere-se que a regulação de medicamentos abrange, para além de sua complexidade, temas que integram o cotidiano da população em geral (políticas públicas do governo para o setor, direitos fundamentais, democracia, dentre outros), estando, portanto, na conjuntura atual, a desafiar o estabelecimento de sua compreensão a partir da apropriação de informações básicas, apresentadas em linguagem inteligível, para que se possa, em um exercício escatológico, antever a proximidade da chegada de uma consciência cidadã a respeito da saúde (do direito) de modo geral, onde se inserem os medicamentos e seu processo regulatório.

1 Metodologia e plano da obra

Apesar da necessidade de a obra ser dotada de um grau elevado de originalidade, uma obra é resultado do encontro de inúmeras obras, da reunião do entendimento de doutrinadores, da produção do conhecimento do passado e do estado atual da arte que repousa sobre o objeto, além do capital intelectual de seu autor, adquirido, também, ao beber na fonte da produção nacional e estrangeira sobre o objeto pesquisado, utilizados como instrumental no argumento central da obra.

Com efeito, a concepção da obra encontra-se estruturada em quatro capítulos. O Capítulo 1, propositadamente, foi apartado da introdução, motivado pela necessidade de se apresentar um capítulo

---

[7] Fotografia Kirlian, ou Kirliangrafia, é o método de fotograma acidentalmente descoberto em 1939 por Semyon Kirlian, concluindo que, se um objeto é colocado sobre uma placa fotográfica conectada a certa voltagem, uma imagem é projetada na placa. O resultado é o aparecimento de uma aura, ou melhor, um "halo luminoso" em torno dos objetos, seja ele qual for, independentemente de ser orgânico ou inorgânico. SKEPTIC'S DICTIONARY. Disponível em: <http://www.skepdic.com/kirlian.html>. Acesso em: 30 out. 2017.

introdutório autônomo, no qual se aborda, com a necessária profundidade, os aspectos conceituais do Estado, até chegar-se à concepção que lhe é conferida na pós-modernidade, perpassando-se pelas crises – do Estado e do Direito, em tópicos distintos.

Foi o caminho eleito para possibilitar melhor compreensão da regulação, a partir do estabelecimento do que significa o Estado regulador, como surgiu, quais teorias o explicam. É nesse momento inicial do desenvolvimento da obra que o seu objeto é delimitado.

Portanto, a regulação de medicamentos (no Brasil e nos Estados Unidos) encontra-se emoldurada nos limites da regulação, no processo histórico-evolutivo forjado a partir das diretrizes fixadas pela concretização do Estado regulador, constituindo-se o tratado no capítulo de introdução, premissa básica para se desenvolver os tópicos capitulares subsequentes.

O Capítulo 2 adentra nos aspectos históricos e conceituais da regulação, com o estabelecimento de tópicos onde são abordados o histórico e o conceito das Agências Reguladoras, as características, funções e poderes dos entes reguladores, para chegar-se ao polêmico déficit democrático, ínsito à natureza regulatória.

Para isso, se lançou mão do pensamento de relevante e reconhecida doutrina, nacional e estrangeira, com a pretensão de se estabelecer o marco teórico sobre a regulação, suas características político-econômicas, apresentando-se as teorias regulatórias, sem o fito de esgotamento, de exaustão na abordagem.

O déficit democrático, entre posicionamentos a favor e contra de sua existência, por recorrência nas fontes bibliográficas pesquisadas, foi abordado no término deste capítulo, momento em que se revolve, sem aprofundamento, aspectos relacionados à democracia, em suas dimensões representativa e deliberativa, sobretudo quando se questiona a legitimidade dos atos praticados pelos gestores das agências.

O Capítulo 3 destina-se à abordagem da regulação no Brasil, iniciando pelo cenário de seu nascedouro, evidenciando-se os aspectos históricos, políticos e econômicos, notadamente as iniciativas do Executivo que ensejaram o processo de regulação, a introdução das agências reguladoras em território brasileiro.

É conferido um tratamento mais detido aos anos 90, momento em que o grupo político que estava no poder central articulou, a partir de um referencial teórico, a sistematização da regulação nacional, fulcrado na concepção neoliberal de Estado, iniciando um processo de privatização em série de empresas estatais e de criação de agências reguladoras nos setores da economia onde o próprio Estado atuava.

Ainda nesse capítulo, foi abordada a índole constitucional da regulação brasileira, a ampla legislação regulatória que lhe dá suporte, a regulação de medicamentos em espécie e o papel desempenhado pela Agência Nacional de Vigilância Sanitária – ANVISA, coordenadora e executora da regulação de medicamentos, destacando-se que, em alguns aspectos (matéria patentária, por exemplo), a ANVISA atua em conjunto com outras entidades da Administração Pública.

Para corroborar com a análise sobre a regulação brasileira, a jurisprudência do STF e STJ foi abordada, não no sentido referente à denominada judicialização da saúde (com as críticas ao ativismo judicial), mas sobre a autonomia das agências reguladoras, a composição e a forma de nomeação da Diretoria Colegiada das agências, matérias relacionadas à própria estrutura regulatória.

O Capítulo 4 dedica-se à regulação nos Estados Unidos da América, contextualizando-a em seus aspectos históricos, políticos e econômicos, de forma a estabelecer o necessário vínculo com o ambiente institucional e social de onde surgiram. No caso da regulação estadunidense, houve momentos de sistematização regulatória (quatro fases regulatórias), destacando-se a ocorrida no *New Deal* (1930-1945) e a da desregulação e controle das agências (1965-1980), devendo ser considerado nesse aspecto histórico-evolutivo, o fato de as agências reguladoras norte-americanas terem surgido ainda no século XIX.

A partir do exercício interpretativo feito pela jurisprudência norte-americana sobre o enquadramento legal das agências reguladoras foram abordados os aspectos constitucionais da regulação estadunidense, carreando-se doutrina representativa do entendimento sobre a constitucionalidade das agências e de seus atos.

Tratou-se, também, sobre a legislação regulatória norte-americana, a regulação de medicamentos nos EUA, detalhando-se a agência que administra e controla essa regulação – o *Food and Drug Administration* – FDA, sendo abordada, ainda, a jurisprudência da Corte Suprema em matéria relacionada à regulação e do Tribunal de Apelação de Michigan, sobre medicamentos e eficácia, em decisão da FDA.

Como derradeira abordagem, dá-se fecho à obra com breves notas comparativas, seguida das conclusões, sem a pretensão, como mencionado desde o estabelecimento do recorte metodológico sobre o objeto estudado, de que se trata de um estudo comparado, com o rigor específico que atrai essa forma de pesquisa. Insista-se, porém, que não se abriu mão, a partir da exaustiva descrição de cada sistema regulatório pesquisado, de se proceder aos aspectos analíticos, à criticidade que se necessita estar imbuído para o desenvolvimento da obra.

2 Delimitação do objeto: a regulação de medicamentos no Brasil e nos Estados Unidos, como surgiu e como se encontra atualmente

À delimitação do objeto encontram-se conectados a definição do tema, o problema e os limites da pesquisa, aspectos metodológicos que foram superados no decorrer da elaboração da obra, seguindo as premissas formais da metodologia científica.

Logo, o tema definido, "Regulação de medicamentos: um olhar a partir da experiência brasileira e estadunidense", encerra a escolha temática pesquisada, estabelecendo-se os limites do estudo a partir da sumarização estruturada, com capítulos escalonados de modo a tratar do objeto de maneira individualizada sobre cada sistema regulatório.

Optou-se por preparar o terreno do estudo específico da regulação de medicamentos a partir do debate sobre o Estado, suas fases e crises, até se chegar ao Estado regulador, mentor das formas criadas para a atuação da intervenção estatal nos diversos setores da economia e do social – as agências reguladoras. Esse delineamento fixado na etapa de ingresso representa a opção delimitadora em estabelecer a partir de quais referenciais e de quais perspectivas de Estado partiria o estudo da regulação.

O que se apresenta no capítulo de abertura da obra não é, portanto, um pequeno flerte do Direito Administrativo e Econômico com a Ciência Política e com a Teoria do Estado, mas a necessidade de se dotar a obra de consistente referencial teórico sobre a ambiência estatal na qual nasce e se desenvolve a regulação, as certezas possíveis e as dúvidas estabelecidas.

Logo, a interdisciplinaridade que permeia o estudo empreendido, com a abordagem do Estado até o seu estágio na pós-modernidade, mais do que estampada, atrai como um verdadeiro ímã a regulação em todos os seus matizes, portanto, de imprescindível manejo para os propósitos da obra. Funciona, dessa forma, como elementos de pré-compreensão, contribuindo, sobremaneira, para o entendimento do objeto pesquisado.

Destarte, do desenho estrutural do Estado regulador são estabelecidas as premissas que norteiam o desenvolvimento da obra, mormente considerando-se o entendimento de que o Estado regulador representa a nova face que lhe foi moldada pelo neoliberalismo, com as características marcantes de Administração Pública gerencial e de descentralização. Expressa, portanto, a relação do criador com a criatura, na dimensão da semiótica – significante e significado. É essa fundamentação lógica que melhor representa o intervencionismo estatal regulador, diante da complexidade da sociedade.

Com efeito, em nenhum momento da obra se demonstra uma nova descoberta sobre a regulação, ou se apresenta uma nova teoria regulatória, cingindo-se a pesquisa em expor, de maneira descritiva e minudente, os sistemas regulatórios do Brasil e dos EUA, com ênfase na regulação de medicamentos, para, em seguida, imiscuir-se nos aspectos analíticos, com o rigor que a crítica científica exige.

Não é despiciendo destacar que se trata do estudo de uma regulação específica (medicamentos), dentro de dois sistemas políticos e jurídicos distintos, com estruturas federativas semelhantes e dessemelhantes, ao mesmo tempo, com democracias em estágio e configuração diversos, que não foram abordados na obra, posto que desbordam os limites do objeto, fixados de maneira bem definida.

Conforme se palmilhou no início desta introdução, o voo empreendido na pesquisa se deu no terror do vazio, mas, segundo Dostoievsky, é só no vazio que o voo acontece, portanto, em momentos de riscos e de dúvidas.

Por isso, se delimitou um espaço para o voo da obra (regulação de medicamentos na experiência brasileira e norte-americana) que, reputa-se, modesto, mas, sobretudo, alcançável, diante da imensidão do conhecimento, com a confiança e a humildade que devem acompanhar os autores-pássaro nos momentos em que se propõem a deixar as gaiolas e alçar voo.

A CRISE DO ESTADO: PÓS-MODERNIDADE E GLOBALIZAÇÃO. O ESTADO REGULADOR INSERIDO NO CONTEXTO DO ESTADO PÓS-MODERNO

1.1 Conceituando o Estado pós-moderno

O processo de exaustão, retração e diminuição, verdadeiro enfraquecimento[8] pelo qual passa atualmente o Estado pós-moderno, enquanto instituição político-social e organização estruturada de poder, notadamente nas democracias, tem sido objeto de estudo por outras áreas do conhecimento, destacadamente a ciência política e a ciência jurídica.

Há sustentação doutrinária considerável de que esse cenário conjuntural, egresso do liberalismo, teve forte implemento da concepção defendida pela corrente neoliberal,[9] destacadamente nos países ocidentais desenvolvidos ou em desenvolvimento (economias capitalistas), bem como pela imposição do fenômeno da globalização[10] às relações nas sociedades que integram a comunidade internacional.

---

[8] BOURDIEU, Pierre. *Contrafogos*: táticas para enfrentar a invasão neoliberal. (Trad. Lucy Magalhães). Rio de Janeiro: Jorge Zahar Editor, 1998. p. 29.

[9] NUNES, António José Avelãs. O neoliberalismo, o ataque ao Estado social, os perigos do fascismo de mercado, I e II. *Revista Jurídica do Centro Universitário de Curitiba*, Curitiba, v. 2, n. 31, p. 28, 2013.

[10] Para Pierre Bourdieu, "a globalização não é uma homogeneização, mas, ao contrário, é a extensão do domínio de um pequeno número de nações dominantes sobre o conjunto das praças financeiras nacionais", op. cit., p. 33.
Boaventura Santos estabelece que: "A globalização é muito difícil de definir. Muitas definições centram-se na economia, ou seja, na nova economia mundial que emergiu nas últimas duas décadas como consequência da intensificação vertiginosa da transnacionalização da produção de bens e serviços e dos mercados financeiros. Aquilo que

Nesta direção, Pierre Bourdieu destaca que "o processo de regressão do Estado mostra que a resistência à crença e à política neoliberais é tanto mais forte nos diferentes países quanto mais fortes eram neles as tradições estatais".

Lenio Streck sustenta, nesse passo, que "no transcurso de sua história, o Estado Moderno, erigido como tal a partir do século XVI, viu-se envolto em um largo processo de consolidação e transformações, passando nos dias de hoje por uma longa transformação/exaustão".[11]

O referencial teórico adotado nesta pesquisa tem seu vértice com as baterias críticas apontadas ao capitalismo como um todo (sistema em que se assentam, majoritariamente, as bases do Estado pós-moderno), sustentado na doutrina nacional e estrangeira, representativas de um pensamento acadêmico de criticidade densa e apurada, sobretudo coerente com o andar da realidade social, econômica e política ocidental, de uma insistente conjuntura histórica de desigualdades que ainda desafia o Estado na pós-modernidade.

Sobre essa premissa, Avelãs Nunes acrescenta que

> o neoliberalismo não é um elemento estranho ao capitalismo, é o reencontro do capitalismo consigo mesmo, é o capitalismo puro e duro do século XVIII, mais uma vez convencido da sua eternidade, e convencido de que pode permitir ao capital todas as liberdades, incluindo as que matam as liberdades dos que vivem do rendimento do seu trabalho. A consolidação da contrarrevolução monetarista tem confirmado isto mesmo.[12]

---

habitualmente designamos por globalização são, de facto, conjuntos diferenciados de relações sociais. Nestes termos, não existe estritamente uma entidade única chamada globalização; existem, em vez disso, globalizações. A globalização é o processo pelo qual determinada condição ou entidade local estende a sua influência a todo o globo e, ao fazê-lo, desenvolve a capacidade de designar como local outra condição social ou entidade rival". In: SANTOS, Boaventura de Sousa. Por uma concepção multicultural de direitos humanos. *Revista Crítica de Ciências Sociais*, n. 48, Centro de Estudos Sociais Universidade de Coimbra, p. 14-15, 1997.
Em Milton Santos, "a globalização é, de certa forma, o ápice do processo de internacionalização do mundo capitalista. Para entendê-la, como, de resto, a qualquer fase distinta da história, há dois elementos fundamentais a levar em conta: o estado das técnicas e o estado da política". In: SANTOS, Milton. *Por uma outra globalização*: do pensamento único à consciência universal. 3. ed. Rio de Janeiro: Record, 2000. p. 23.

[11] MORAIS, José Luis Bolzan de; STRECK, Lenio Luiz. *Ciência Política e Teoria do Estado*. 8. ed. rev. e atual. Porto Alegre: Livraria do Advogado Editora, 2014. p. 140.

[12] Op. cit., p. 22.

De outra banda, percebe-se, a partir dos mais diversos matizes de pensamento, a falta de consenso em análises desse processo, diante da plêiade de concepções dispostas a desvendar o fosso existente entre o conceito[13] e a idealização do Estado no aspecto sócio-jurídico, suas fragilidades e incapacidades atuais em desempenhar o papel para o qual foi pensado, para o qual, historicamente, tem sido forjado na moldura da ciência política e, cada vez mais, formatado pela ciência jurídica, diante das evidentes mutações experimentadas, egressas de um processo histórico, desde o absolutismo, passando pelo Estado liberal, Estado-providência, Estado social, Estado democrático de direito ou, ainda, com a nova roupagem na tendência mundial para a caracterização de um Estado constitucional.

Corroborando com a referida falta de consenso sobre os aspectos conceituais, Dalmo Dallari apresenta um exemplo da amplitude dessa divergência conceitual sobre o Estado, quando expõe os extremos opostos do entendimento do historiador alemão Edward Meyer e do jurista italiano Giorgio Balladare Pallieri. Para Meyer, o Estado é o princípio organizador de todas as sociedades e já pode ser encontrado nos grupos sociais mais primitivos, correspondentes à horda animal, sendo mais antigo do que a própria espécie humana. Já Pallieri concebe o Estado como realidade histórica, dotado de características certas e determinadas, indicando o ano de 1648, quando foi assinada a paz da

---

[13] Zagrebelsky sustenta que: "El Estado, en la medida en que desarrolla esta función, no constituye un mal, ni siquiera un 'mal necesario'. Aunque no es un bien en sí mismo, como mantenían los totalitarismos, el Estado representa al menos el instrumento sine qua non de un orden de justicia no espontáneo. Estamos, pues, lejos tanto de las concepciones de la «mano invisible», cuanto de las ideas meramente – residuales – del Estado como sujeto autorizado a actuar sólo cuando quiebra el orden social espontáneo. Ni Estado abstencionista ni mera 'subsidiariedad' del Estado, como sostienen las concepciones minimalistas 'e la teoría liberal y de la doctrina social de la Iglesia católica. El ámbito por excelencia de la intervención estatal sigue siendo, como siempre, el del ejercicio de los derechos económicos". In: ZAGREBELSKY, Gustavo. *El derecho dúctil. Ley, derechos, justicia*. (Trad. Marina Gascón). 10. ed. Madrid: Editorial Trotta, 2011. p. 99.
Ainda sobre os aspectos conceituais do Estado, Manuel Castells aduz que "o Estado, em seus distintos níveis, é o principal instrumento de que os cidadãos dispõem atualmente para controlar a globalização em razão de seus valores e interesses". CASTELLS, Manuel. Para o Estado-Rede: globalização econômica e instituições políticas na era da informação. In: *Sociedade e Estado em transformação*. (Orgs. Luiz Carlos Bresser Pereira, Jorge Wilheim e Lourdes Sola). São Paulo: Universidade Estadual Paulista; Brasília: Escola Nacional de Administração Pública, 1999. p. 165.

Westfália,[14] como sendo o marco no qual o mundo ocidental se apresenta como Estados.[15]

Mas, para os propósitos de demonstrar as etapas de desenvolvimento e consolidação conceitual do Estado, mister se faz estabelecer uma cronologia doutrinária (com início na tradição contratualista), ainda que sintética, no plano conceitual, com espeque na ciência política, para que se tenha a perspectiva do dimensionamento do Estado no contexto social, estampado na moldura da sociedade internacional.

No pensamento de Thomas Hobbes, o Estado, na forma racional da existência social do homem, é uma estrutura que vai garantir a ordem e a paz social, as quais correspondem ao interesse comum dos indivíduos em uma determinada sociedade. Em Leviatã, no seu capítulo XVII (Do Estado – das causas, geração e definição), Hobbes formata seu entendimento de organização política e social, sua concepção de Estado, tendo como seu condutor o soberano. O processo de fundação do Estado representa o ápice do processo civilizatório, ao se organizar a vida política em sociedade, ensejando que, a partir dessa organização, os homens, em comunidade, não mais viveriam de acordo com as leis e o estado de natureza, representado por conflitos (guerras) entre todos. Assim, reflete no Leviatã:

> Portanto, apesar das leis de natureza, se não for instituído um poder suficientemente grande para nossa segurança, cada um confiará, e poderá legitimamente confiar, apenas em sua própria força e capacidade, como proteção contra todos os outros. [...] A única maneira de instituir um tal poder comum, capaz de defendê-los das invasões dos estrangeiros e das injúrias uns dos outros, garantindo-lhes assim uma segurança suficiente para que, mediante seu próprio labor e graças aos frutos da terra, possam alimentar-se e viver satisfeitos, é conferir toda sua força e poder a um homem, ou a uma assembleia de homens, que possa reduzir suas diversas vontades, por pluralidade de votos, a uma só vontade. [...] Isto é mais do que consentimento, ou concórdia, é uma verdadeira unidade de todos eles, numa só e mesma pessoa, realizada por um

---

[14] Em 1648, o imperador Ferdinando III assinou a Paz da Westfália com a Suécia e a França. O documento marcou o fim do primeiro grande conflito europeu, a Guerra dos Trinta Anos, conflito inicialmente de natureza religiosa, mas que tomou grandes proporções políticas, envolvendo ainda Alemanha e Espanha. In: ALMEIDA, João Marques de. A paz de Westfália, a história do sistema de Estados modernos e a teoria das relações internacionais. *Política Internacional*, v. 2, n. 18, Lisboa: Instituto de Estudos Políticos, p. 45, 1998.

[15] DALLARI, Dalmo de Abreu. *O Futuro do Estado*. São Paulo: Editora Moderna, 1980. p. 49-50.

pacto de cada homem com todos os homens, de um modo que é como se cada homem dissesse a cada homem: Cedo e transfiro meu direito de governar-me a mim mesmo a este homem, ou a esta assembleia de homens, com a condição de transferires a ele teu direito, autorizando de maneira semelhante todas as suas ações. Feito isto, à multidão assim unida numa só pessoa se chama Estado, em latim civitas. É esta a geração daquele grande Leviatã, ou antes (para falar em termos mais reverentes) daquele Deus Mortal, ao qual devemos, abaixo do Deus Imortal, nossa paz e defesa.[16]

O Estado, em John Locke, é representado na figura de um árbitro imparcial que está acima das partes, impedindo, dessa forma, que a sociedade natural se degenere, haja vista ser regida pelas leis da natureza e da razão, vivendo uma situação estatal de permanente conflito. Para ele, os homens, ao instituírem um pacto social, renunciam aos seus direitos naturais. Em vez de Estado da Natureza (diferente da concepção de permanente guerra de Hobbes), tem-se a comunidade enquanto poder político, Estado da sociedade política, ao destacar:

> Por isso, todas as vezes que um número qualquer de homens se unir em uma sociedade, ainda que cada um renuncie ao seu poder executivo da lei da natureza e o confie ao público, lá, e somente lá, existe uma sociedade política ou civil. E isso acontece todas as vezes que homens que estão no estado de natureza, em qualquer número, entram em sociedade para fazerem de um mesmo povo um corpo político único, sob um único governo supremo; ou todas as vezes que um indivíduo se une e se incorpora a qualquer governo já estabelecido.[17]

Já em Jean Jacques Rousseau, tem-se o Estado, através do contrato social, incorporando a representatividade da expressão da vontade geral dos cidadãos, no qual o indivíduo renuncia à liberdade natural, adquirindo, em consequência, a liberdade civil ou moral, tornando-se mais livre, a partir do pacto estabelecido. Aborda princípios do direito político e edifica as bases do Estado, quando sustenta:

> Encontrar uma forma de associação que defenda e proteja de toda a força comum a pessoa e os bens de cada associado, e pela qual, cada

---

[16] HOBBES, Thomas de Malmesbury. *Leviatã ou matéria, forma e poder de um Estado eclesiástico e civil.* (Trad. João Paulo Monteiro e Maria Beatriz Nizza da Silva). São Paulo: Editora Abril, 1974. p. 59-61.

[17] LOCKE, John. *Segundo Tradado sobre o Governo Civil.* (Trad. Magda Lopes e Marisa Lobo da Costa). Petrópolis: Editora Vozes, 1994. p. 58.

um, unindo-se a todos, não obedeça, portanto, senão a si mesmo, e permaneça tão livre como anteriormente. Tal é o problema fundamental cuja solução é dada pelo contrato social.

As cláusulas deste contrato são de tal modo determinadas pela natureza do ato, que a menor modificação as tornaria vãs e de nenhum efeito; de sorte que, conquanto jamais tenham sido formalmente enunciadas, são as mesmas em todas as partes, em todas as partes tacitamente admitidas e reconhecidas, até que, violado o pacto social, reentra cada qual em seus primeiros direitos e retoma a liberdade natural, perdendo a liberdade convencional pela qual ele aqui renunciou. [...]
Somente a vontade geral tem possibilidade de dirigir as forças do Estado, segundo o fim de sua instituição, isto é, o bem comum; pois, se a oposição dos interesses particulares tomou necessário o estabelecimento das sociedades, foi a conciliação desses mesmos interesses que a tornou possível. Eis o que há de comum nesses diferentes interesses fornecedores do laço social; e, se não houvesse algum ponto em torno do qual todos os interesses se harmonizam, sociedade nenhuma poderia existir. Ora, é unicamente à base desse interesse comum que a sociedade deve ser governada. [...]
Necessita, pois, a força pública de um agente próprio que a reúna e a ponha em funcionamento segundo os rumos da vontade geral, que sirva à comunicação do Estado e do soberano, e faça de alguma forma na pessoa pública o que a união da alma e do corpo faz no homem. Eis em que consiste no Estado a razão do governo, enganosamente confundida com o soberano, da qual não é senão ministra. Que é, portanto, o governo? Um corpo intermediário, estabelecido entre os vassalos e o soberano, para possibilitar a recíproca correspondência, encarregado da execução das leis e da manutenção da liberdade, tanto civil como política.[18]

Em Immanuel Kant, o Estado representa um meio pelo qual, de maneira empírica, se pode realizar o princípio jurídico ideal da coexistência das liberdades externas. A saída do Estado natural para o ingresso no Estado social deve ser a representação de uma obrigação moral por parte dos indivíduos. Kant sustenta que:

Um Estado não é património (patrimonium) como, por exemplo, o solo em que ele tem a sua sede. É uma sociedade de homens sobre a qual mais ninguém a não ser ele próprio tem de mandar e dispor. Enxertá-lo noutro Estado, a ele que como tronco tem a sua própria raiz, significa eliminar a sua existência como pessoa moral e fazer desta última uma

---

[18] ROUSSEAU, Jean Jacques. *O contrato social*. (Trad. Rolando Roque da Silva). São Paulo: Ed. Ridendo Castigat Mores, eBook, 2002. p. 24-79.

coisa, contradizendo, por conseguinte, a ideia do contrato originário, sem a qual é impossível pensar direito algum sobre um povo.[19]

Como superação e conservação da sociedade pré-estatal, surge o pensamento de Georg Hegel, formulado no sentido de que o Estado é um momento novo, e não apenas um aperfeiçoamento, uma racionalização. O Estado tem racionalidade em si mesmo e também para si, um Estado forte, absoluto e divino. Sua concepção é que o Estado é um organismo vivo, formado por razão e espírito, ao sustentar:

> O Estado é a realidade em ato da ideia moral objetiva, o espírito como vontade substancial revelada, clara para si mesma, que se conhece e se pensa, e realiza o que sabe e porque sabe. No costume tem o Estado a sua existência imediata, na consciência de si, no saber e na atividade do indivíduo, tem a sua existência mediata, enquanto o indivíduo obtém a sua liberdade substancial ligando-se ao Estado como à sua essência, como ao fim e ao produto da sua atividade. [...]
> O Estado, como realidade em ato da vontade substancial, realidade que esta adquire na consciência particular de si universalizada, é o racional em si e para si: esta unidade substancial é um fim próprio absoluto, imóvel, nele a liberdade obtém o seu valor supremo, e assim este último fim possui um direito soberano perante os indivíduos que em serem membros do Estado têm o seu mais elevado dever. [...]
> É o Estado a realidade em ato da liberdade concreta. Ora, a liberdade concreta consiste em a individualidade pessoal, com os seus particulares, de tal modo possuir o seu pleno desenvolvimento e o reconhecimento dos seus direitos para si (nos sistemas da família e da sociedade civil) que, em parte, se integram por si mesmos no interesse universal e, em parte, consciente e voluntariamente o reconhecem como seu particular espírito substancial e para ele agem como seu último fim. Daí provém que nem o universal tem valor e é realizado sem o interesse, a consciência e a vontade particulares, nem os indivíduos vivem como pessoas privadas unicamente orientadas pelo seu interesse e sem relação com a vontade universal; deste fim são conscientes em sua atividade individual. O princípio dos Estados modernos tem esta imensa força e profundidade: permitirem que o espírito da subjetividade chegue até a extrema autonomia da particularidade pessoal, ao mesmo tempo, que o reconduz à unidade substancial, assim mantendo esta unidade no seu próprio princípio.[20]

---

[19] KANT, Immanuel. *A paz perpétua – um projeto filosófico.* (Trad. Arthur Morão). Covilhã: Universidade da Beira Interior, 2008. p. 5.
[20] HEGEL, Georg Wilhelm Friedrich. *Princípios da filosofia do Direito.* (Trad. Orlando Vitorino). São Paulo: Ed. Martins Fontes, 1997. p. 216-226.

Para Karl Marx, o Estado, em sua essência, reveste-se em um instrumento de dominação de classes, no interior da sociedade capitalista. Nesse sentido, longe de estar acima dos conflitos estabelecidos entre as classes, encontra-se, de maneira intensa e profunda, no cerne desses conflitos, representando, assim, a expressão política da classe dominante. O Estado, em Marx, ergue-se a partir da sociedade civil, sempre no interesse da classe social dominante, formando o pensamento da gênese do Estado, vinculado de maneira orgânica com o capital.

É nessa direção que Marx sustenta:

> O Estado moderno, no qual tanto o "assunto universal" quanto o ato de ocupar-se com ele são um monopólio, e no qual, em contrapartida, os monopólios são os assuntos universais reais, realizou o estranho achado de apropriar-se do "assunto universal" como uma mera forma. Com isso, ele encontrou a forma correspondente ao seu conteúdo, que somente na aparência é o assunto universal real. O Estado constitucional é o Estado em que o interesse estatal, enquanto interesse real do povo, existe apenas formalmente, e existe como uma forma determinada ao lado do Estado real; o interesse do Estado readquiriu aqui, formalmente, realidade como interesse do povo, mas ele deve, também, ter apenas essa realidade formal. Ele se transformou numa formalidade, no requinte da vida do povo, numa cerimônia. O elemento estamental é a mentira sancionada, legal, dos Estados constitucionais: que o Estado é o interesse do povo ou o povo é o interesse do Estado... O poder metafísico do Estado era a sede mais apropriada da ilusão metafísica, universal, do Estado. [...] Estado e governo são sempre colocados do mesmo lado, como idênticos; do outro lado, é colocado o povo, dissolvido nas esferas particulares e nos indivíduos. Os estamentos situam-se como órgão mediador entre os dois. Os estamentos são o meio em que "o sentido e a disposição do Estado e do governo" devem se encontrar e se unir com "o sentido e a disposição dos círculos particulares e dos singulares"... Os estamentos são a síntese de Estado e sociedade civil. Não é demonstrado, porém, por onde os estamentos devem começar a unir, neles mesmos, duas disposições contraditórias. Os estamentos são a contradição entre Estado e sociedade civil, posta no Estado. Ao mesmo tempo, eles são a pretensão da solução dessa contradição. [...] Frequentemente se disse que, na idade Média, cada forma de direito, de liberdade, de existência social, aparece como um privilégio, como uma exceção à regra. Nesse caso, não se podia desconsiderar o fato empírico de que esses privilégios todos aparecem na forma da propriedade privada. Qual é o fundamento geral dessa coincidência? Que a propriedade privada é a existência genérica do privilégio, o direito como exceção. [...] Hegel se limita, desse modo, a descrever o "Estado político" não como a realidade mais alta, que é em

si e para si, da existência social, mas a dar-lhe uma realidade precária, dependente em relação a outro: a descrevê-lo não como a existência verdadeira das outras esferas, mas sim, a deixar com que ele encontre nas outras esferas sua verdadeira existência. Ele necessita, por toda parte, da garantia das esferas que se encontram fora dele. Ele não é o poder realizado. É a impotência sustentada; não é o poder sobre esses sustentáculos, mas o poder do sustentáculo, o sustentáculo é quem detém o poder.[21]

Karl Marx e Friedrich Engels sustentam que a origem do Estado está relacionada à necessidade de controlar os conflitos sociais existentes diante de diferentes interesses econômicos, destacando que a classe com maior poder econômico na sociedade realiza esse controle.

Nesse sentido, Engels assevera que:

Na maior parte dos Estados históricos, os direitos concedidos aos cidadãos são regulados de acordo com as posses dos referidos cidadãos, pelo que se evidencia ser o Estado um organismo para a proteção dos que possuem contra os que não possuem. Foi o que vimos em Atenas e em Roma, onde a classificação da população era estabelecida pelo montante dos bens. O mesmo acontece no Estado feudal da Idade Média, onde o poder político era distribuído conforme a importância da propriedade territorial. E é o que podemos ver no censo eleitoral dos modernos Estados representativos.[22]

Norberto Bobbio, sobre os principais formuladores clássicos da concepção de Estado, elabora uma precisa e ampla síntese histórica,[23]

---

[21] MARX, Karl. *Crítica da filosofia do direito de Hegel*. (Trad. Rubens Enderle e Leonardo de Deus). 2. ed. São Paulo: Boitempo, 2010. p. 83-129.
[22] ENGELS, Friedrich. *A origem da família, da propriedade privada e do Estado*. (Trad. Leandro Konder). 9. ed. Rio de Janeiro: Civilização Brasileira, 1984. p. 194.
[23] BOBBIO, Norberto. *O conceito de sociedade Civil*. (Trad. Carlos Nelson Coutinho). Rio de Janeiro: Edições Grall, 1982. p. 19-41.
Lenio Streck, diante dos períodos históricos abordados, sustenta: "A visão instrumental do Estado na tradição contratualista aponta para a instituição estatal como criação artificial dos homens, apresentando-o como um 'instrumento' da vontade racional dos indivíduos que o 'inventam', sempre buscando o atingimento de determinados fins que marcam ou identificam as condicionantes de sua criação. Assim, o pensamento contratualista pretende estabelecer, ao mesmo tempo, a origem do Estado e o fundamento do poder político a partir de um acordo de vontades, tácito ou expresso, que ponha fim ao estágio pré-político (estado de natureza) e dê início à sociedade política (estado civil). [...] Por outro lado, em Locke, altera-se substancialmente o conteúdo do contrato, admitindo, inclusive, seu caráter histórico, muito embora permaneça como um princípio de legitimação do poder. O 'pacto de consentimento' que se estabelece

emprestando à sua análise sobre a concepção do Estado, especial atenção ao pensamento de Antônio Gramsci, que propõe uma teoria ampliada do Estado, considerando principalmente a concepção marxista.

Se em Marx a fundamentação do Estado encontra-se em modos e processos de produção, e sua consequente formação econômica e social, em Gramsci temos novas abordagens que a esfera social, política e econômica absorveram com o desenvolvimento do sistema capitalista.[24] Nesse sentido, Gramsci sustenta:

> Estamos sempre no terreno da identificação de Estado e Governo, identificação que é, precisamente, uma representação da forma corporativo-econômica, isto é, da confusão entre sociedade civil e sociedade política, uma vez que se deve notar que na noção geral de Estado entram elementos que devem ser remetidos à noção de sociedade civil (no sentido, seria possível dizer, de que Estado=sociedade política + sociedade civil, isto é, hegemonia couraçada de coerção). Numa doutrina do Estado que concebe este tendencialmente capaz de esgotamento e de dissolução na sociedade regulada, o tema é fundamental.[25] [...] Entre a estrutura econômica e o Estado com a sua legislação e a sua coerção, está a sociedade civil, e esta deve ser radical e concretamente transformada não apenas na letra da lei e nos livros dos cientistas; o Estado é o instrumento para adequar a sociedade civil à estrutura econômica, mas é preciso que o Estado "queira" fazer isto, isto é, que o Estado seja dirigido pelos representantes da modificação ocorrida na estrutura econômica.[26]

---

serve para preservar e consolidar os direitos já existentes no estado de natureza. O convênio é firmado no intuito de resguardar a emersão e a generalização do conflito. Através dele, os indivíduos dão seu consentimento unânime para a entrada no estado civil e, posteriormente, para a formação do governo quando, então, se assume o princípio da maioria. [...] Conforme Locke, 'a única maneira pela qual uma pessoa qualquer pode abdicar de sua liberdade natural e revestir-se dos elos da sociedade civil é concordando com outros homens em juntar-se e unir-se em uma comunidade, para viverem confortável, segura e pacificamente uns com os outros, num gozo seguro de suas propriedades e com maior segurança contra aqueles que dela não fazem parte'. Há, desse modo, um duplo contrato em Locke: o de associação, quando se funda a sociedade civil, e o de submissão, instituidor do poder político, que não pode, no entanto, violar direitos naturais". In: MORAIS, José Luis Bolzan de; STRECK, Lenio Luiz. *Ciência Política e Teoria do Estado*. 8. ed. rev. e atual. Porto Alegre: Livraria do Advogado Editora, 2014. p. 29-34.

[24] Op. cit., pp. 19-24.
[25] GRAMSCI, Antônio. *Cadernos do Cárcere – introdução ao estudo da filosofia*. (Trad. Carlos Nelson Coutinho). Rio de Janeiro: Civilização Brasileira, 1999. v. III, p. 76.
[26] GRAMSCI, Antônio. *Cadernos do Cárcere – Maquiavel, notas sobre o Estado e a política*. (Trad. Carlos Nelson Coutinho). Rio de Janeiro: Civilização Brasileira, 1999. v. I, p. 324.

Existe, ainda, conceito sobre o Estado que considera não apenas a estruturação da sociedade ou do aparelho estatal, como no pensamento de Michel Foucault, para quem:

> Estado não é o órgão central e único de poder. Os poderes não estão localizados em nenhum ponto específico da estrutura social. O poder é algo que se exerce. Não existe, de um lado, os que têm o poder e, de outro, aqueles que se encontram dele alijados. O poder não existe, o que existe são práticas ou relações de poder.[27]

Com efeito, a caracterização de uma morfologia estatal mais precisa, considerando-se a experiência da sociedade internacional, com sistemas e regimes díspares, por qualquer opção histórica que se estabeleça essa caracterização, realçando-se o plano da soberania,[28] ao cabo, deve, por imperativo, reconhecer-lhe legitimidade[29] e relevância,

---

[27] FOUCAULT, Michel. *Microfísica do poder*. 16. ed. Rio de Janeiro: Graal, 2001. p. 14.

[28] Para Celso Ribeiro, soberania "é a qualidade que cerca o poder do Estado. Indica o poder de mando em última instância, numa sociedade política. Se constitui na supremacia do poder dentro da ordem interna e no fato de, perante a ordem externa, só encontrar Estados de igual poder. Esta situação é a consagração, na ordem interna, do princípio da subordinação, com o Estado no ápice da pirâmide, e, na ordem internacional, do princípio da coordenação. Ter, portanto, a soberania como fundamento do Estado brasileiro significa que dentro do nosso território não se admitirá força outra que não a dos poderes juridicamente constituídos, não podendo qualquer agente estranho à Nação intervir nos seus negócios". In: BASTOS, Celso Ribeiro. *Curso de Teoria do Estado e Ciência Política*. São Paulo: Saraiva, 1986. p. 165.
Ainda, sobre a soberania, ver por todos, Lenio Streck, para quem: "Com Rousseau, a soberania sai das mãos do monarca, e sua titularidade é consubstanciada no povo, tendo como limitação, apesar de seu caráter absoluto, o conteúdo do contrato originário do Estado. É esta convenção que estabelece o aspecto racional do poder soberano. A vontade geral incorpora um conteúdo de moralidade ao mesmo. Todavia, o desenvolvimento histórico do conceito de soberania prossegue, atribuindo-se à burguesia, à nação para, já no século XIX, aparecer como emanação do poder político. Posteriormente, será o próprio Estado, como personalidade jurídica, que deterá a titularidade esta, acrescentando-a como uma de suas peculiaridades. Assim, a soberania caracteriza-se, historicamente, como um poder que é juridicamente incontrastável, pelo qual se tem a capacidade de definir e decidir acerca do conteúdo e aplicação das normas, impondo-as coercitivamente dentro de um determinado espaço geográfico, bem como fazer frente a eventuais injunções externas. Ela é, assim, tradicionalmente tida como una, indivisível, inalienável e imprescritível. [...] Falar em soberania, nos dias que correm, como um poder irrestrito, muito embora seus limites jurídicos, parece mais um saudosismo do que uma avaliação lúcida dos vínculos que a circunscrevem". Op. cit., pp. 142-143.

[29] Sobre os aspectos de legitimidade, Boaventura Santos sustenta que: "é de admitir que o Estado esteja a perder legitimidade junto das classes populares e que a diminuição do consenso e o aumento da conflitualidade social que daí decorrerá serão outros tantos obstáculos à constituição do pacto político-social. No entanto, uma das características

expressas na representatividade social, ou, por outra ponta, sob o signo da ótica liberalista, na forma diminuta e minimamente necessária para a vida em sociedade, com o mercado sem amarras, preconizada pela corrente defensora do Estado mínimo, atualmente denominada de neoliberal.

Sobre esse minimalismo estatal, Michael Sandel, explorando o pensamento utilitarista, sustenta que:

> Se a teoria libertária dos direitos estiver correta, muitas atividades do Estado moderno são ilegítimas e violam a liberdade. Apenas um Estado mínimo – aquele que faça cumprir contratos, proteja a propriedade privada contra roubos e mantenha a paz – é compatível com a teoria libertária dos direitos. Qualquer Estado que vá além disso é moralmente injustificável.[30]

Nesta direção, Pierre Rosanvallon utiliza a expressão "o inencontrável Estado mínimo", destacando que dentro da concepção liberal, no Estado-moderno, convivem dois tipos de Estado, quais sejam, o Estado de Direito, destinado a proteger a democracia e as liberdades individuais, e, de outro lado, o Estado intervencionista, que aniquila as liberdades estabelecidas pelo Estado de Direito. Assim, diante desse autofagismo, sustenta o mestre francês:

> Seria necessário, pois, reduzir ou suprimir o segundo para conservar apenas o primeiro; destruir o 'mau' Estado para deixar subsistir apenas

---

dominantes da actuação do Estado neste momento é que ele actua como se não tivesse perdido a legitimidade e, mais, como se não se tivesse sequer de preocupar com essa eventualidade. Em nosso entender, são dois os factores fundamentais que permitem ao Estado actuar, neste momento, no pressuposto que a sua legitimidade é grande e não corre perigo. Em primeiro lugar, as condições políticas dos últimos dez anos fizeram com que a questão da legitimidade se transformasse progressivamente numa questão de governabilidade. [...] Neste momento, portanto, o exercício da governação sobrepõe-se ao sentido da governação e este é um trunfo de monta de que os Estados modernos só em conjunturas muito específicas têm beneficiado. O segundo factor reside em que os direitos sociais cuja desvalorização está em curso são socialmente menos «rígidos» do que os direitos sociais nas sociedades capitalistas avançadas e, como tal, o impacto político da sua desvalorização tende a ser menor". In: SANTOS, Boaventura de Sousa. O Estado, a sociedade e as Políticas Sociais. *Revista Crítica de Ciências Sociais*, n. 23, Coimbra, p. 30-31, Set. 1987.

[30] SANDEL, Michael J. *Justiça – o que é fazer a coisa certa*. (Trad. Heloísa Matias e Maria Alice Máximo). 9. ed. Rio de Janeiro: Civilização Brasileira, 2012. p. 79.

o 'bom'. Mas como distingui-los? A partir de quais critérios? Como definir praticamente o 'bom' Estado mínimo?[31]

Rosanvallon afirma que a resposta a estas perguntas é aparentemente simples, quando aduz que, desde o século XVIII, os teóricos do liberalismo ensinam que o mercado funciona como princípio de autorregulação[32] da esfera econômica, o que, diante dos fins aqui propostos, com o referencial de pós-modernidade, nos remete a um necessário recorte histórico, no sentido de se estabelecer premissas do Estado pós-liberal, com as diversas concepções atribuídas ao Estado-providência, enquanto marco teórico, notadamente em seus aspectos conceitual, histórico-evolutivo, socioeconômico e político.

Sobre o aspecto conceitual do Estado-providência, encontramos em Boaventura Santos substancioso conceito, para quem

> o conceito de Estado-Providência, bem mais tardio, designa a forma política do Estado nos países capitalistas avançados num período em que o socialismo deixa de estar na agenda política do curto e médio prazo. Como é sabido, o Estado-Providência é o resultado de um compromisso, ou de um certo pacto teorizado no plano econômico por Keynes, entre o Estado, o capital e o trabalho, nos termos do qual os capitalistas renunciam a parte da sua autonomia e dos seus lucros (no curto prazo, não no médio prazo) e os trabalhadores a parte das suas reivindicações (as que respeitam à subversão da sociedade capitalista e à sua substituição pela sociedade socialista). Esta dupla renúncia é gerida pelo Estado. O Estado transforma o excedente libertado, ou seja, os recursos financeiros que lhe advêm da tributação do capital privado e dos rendimentos salariais, em capital social.[33]

É importante destacar, na sequência do conceito do Estado-providência, para o catedrático da Universidade de Coimbra, cuja obra

---

[31] ROSANVALLON, Pierre. *A crise do Estado-providência*. (Trad. Joel Pimentel de Ulhôa). Brasília: Editora da UNB, 1997. p. 49.

[32] Sobre a autorregulação, Avelãs Nunes sustenta que "a vida encarregou-se de desacreditar a velha tese liberal de que a economia e a sociedade, se deixadas a si próprias, confiadas à mão invisível ou às leis naturais do mercado, proporcionam a todos os indivíduos, em condições de liberdade igual para todos (a igualdade perante a lei), as melhores condições de vida, para além do justo e do injusto". In: NUNES, António José Avelãs. O neoliberalismo, o ataque ao Estado social, os perigos do fascismo de mercado, I e II. *Revista Jurídica do Centro Universitário de Curitiba*, Curitiba, v. 2, n. 31, p. 06, 2013.

[33] SANTOS, Boaventura de Sousa. O Estado, a sociedade e as Políticas Sociais. *Revista Crítica de Ciências Sociais*, n. 23, p. 13, Coimbra, Set. 1987.

em economia e sociologia do direito é de grande relevância para a comunidade acadêmica internacional, as características do capital social e o consumo social, que integram de maneira una seu pensamento. Para Boaventura Santos:

> O capital social assume duas formas fundamentais: o investimento social e o consumo social, ainda que muitas das despesas do Estado tenham carácter híbrido. O investimento social é o conjunto das despesas em bens e serviços que aumentam a produtividade do trabalho e, portanto, a rentabilidade do capital investido e incluem despesas tão díspares como as despesas com parques industriais subsidiados pelo Estado, autoestradas, portos e aeroportos, electricidade para a indústria, planos de rega, telecomunicações, formação profissional, investigação científica aplicada (I e D). O consumo social é o conjunto das despesas em bens e serviços, consumidos gratuitamente ou a preços subsidiados pelos trabalhadores, despesas que, por isso fazem baixar o custo da reprodução da mão de obra, aliviando assim a pressão sobre o capital para aumentos de salários directos; inclui também as despesas com grupos sociais não detentores de uma relação salarial e, portanto, fora da população activa efectiva, tais como crianças e jovens, domésticas, desempregados, velhos, reformados, produtores autónomos, etc. São as despesas com o que designaremos por políticas sociais.[34]

Mas o Estado-providência, a partir de sua macroconcepção, contempla características outras, de referencial histórico, com foco bem definido do ponto de vista da atuação, notadamente na área social. Sobre esse particular, Pierre Ronsavalon defende que

> o Estado-providência deve ser compreendido, em primeiro lugar, como uma radicalização, isto é, uma extensão e um aprofundamento do Estado-protetor 'clássico'. Esta radicalização se efetua a partir do fim do século XVIII, sob o efeito do movimento democrático e igualitário. A proteção da propriedade e da vida pelo Estado estende-se a novos direitos. A dinâmica do Estado-providência repousa, com efeito, num programa ilimitado: libertar a sociedade da necessidade e do risco. E neste programa que se baseia sua legitimidade. Ele está no cerne do desenvolvimento de todos os sistemas de proteção social.[35]

---

[34] SANTOS, Boaventura de Sousa. O Estado, a sociedade e as Políticas Sociais. *Revista Crítica de Ciências Sociais*, n. 23, p. 13, Coimbra, Set. 1987.
[35] ROSANVALLON, Pierre. *A crise do Estado-providência*. (Trad. Joel Pimentel de Ulhôa). Brasília: Editora da UNB, 1997. p. 20-27.

É esse Estado-providência, do Bem-Estar Social, o *Welfare State*, que tem buscado em suas faces a compatibilização entre o desenvolvimento econômico e as políticas nas diversas áreas sociais, estabelecidas nas sociedades capitalistas, cuja harmonia entre o sistema capitalista e a democracia tem sido mais do que questionada, com fartos e predominantes registros históricos de incompatibilidade, representando, sobretudo, complexidade e contradição, na conjuntura contemporânea bastante delineada da globalização.

Encontra-se inserido, pois, o Estado-providência em um período de profundas transformações por que passa o cenário internacional, com alterações substanciais no acesso à informação, possibilitando modificações no modo de pensar, de conceber esse mesmo cenário mundial com suas contradições, no qual se vivencia um incremento monumental nas transações comerciais e financeiras entre todos os atores do cenário geopolítico internacional.

Consequência direta desse processo é a célere desregulamentação da economia mundial, com consequentes mudanças nos aspectos sociais, econômicos, culturais e políticos, principalmente dos países menos desenvolvidos, do ponto de vista do Bem-Estar Social de seus jurisdicionados.

Há que se reconhecer que este fenômeno de natureza tecnológica, de celeridade na informação,[36] tem derrubado de maneira implacável as barreiras de distâncias, os marcos do espaço e tempo do mundo. Esse processo, não obstante o seu nítido aspecto múltiplo de significados, revela-se dominado e moldado por uma linguagem acentuadamente econômica e financeira, a qual modificou substancialmente a figura tradicional do Estado-nação, pois ele encontra-se agora submetido a

---

[36] Essa velocidade, diante do fenômeno da globalização, encontra tratamento singular no pensamento de Milton Santos. Para nosso geógrafo internacionalmente reconhecido: "O mundo de hoje parece existir sob o signo da velocidade. O triunfo da técnica, a onipresença da competitividade, o deslumbramento da instantaneidade na transmissão e recepção de palavras, sons e imagens e a própria esperança de atingir outros mundos contribuem, juntos, para que a ideia de velocidade esteja presente em todos os espíritos e a sua utilização constitua uma espécie de tentação permanente. Ser atual ou eficaz, dentro dos parâmetros reinantes, conduz a considerar a velocidade como uma necessidade e a pressa como uma virtude. Quanto aos demais não incluídos, é como se apenas fossem arrastados a participar incompletamente da produção da história. Sem dúvida, a maioria das pessoas, das empresas e das instituições não se utiliza das velocidades exponenciais tecnicamente possíveis e muitos continuam a sobreviver na lentidão, mas isso não impede que o ideário dominante, em todos os arcanos da vida social, sugira uma existência com ritmos cada vez mais acelerados". In: SANTOS, Milton. *Elogio da lentidão*. São Paulo: Folha de São Paulo, 2001.

uma ordem internacional focada na produtividade e alta lucratividade, em que impera a força das grandes corporações empresariais, na qual antigas fronteiras ou barreiras protecionistas são absorvidas e superadas por um suposto mercado livre, amesquinhando, assim, o próprio princípio da soberania.[37]

Boaventura Santos faz a reflexão, neste sentido, de que o Estado-providência é a criação política que até hoje promoveu, com mais verossimilhança e dramatismo, a imagem da exterioridade e da autonomia da política em relação à economia. A transformação profunda do Estado liberal não reside apenas nas novas funções que o Estado desempenha, mas, sobretudo nas novas formas de atuação política e nas alterações que elas provocam nos aparelhos institucionais do Estado e, portanto, na estrutura interna do Estado.

Portanto, as sucessivas intervenções do Estado na sociedade civil significaram, simultaneamente, intervenções do Estado em si mesmo. O Estado-providência não resolve e nem pretende resolver as contradições sociais. De algum modo, interioriza-as, e, se é verdade que o Estado-providência não resolve as contradições sociais, não é menos verdade que não as deixa intactas, arremata.[38]

Retomando a perspectiva crítica ao Estado-mínimo, preconizado pelo neoliberalismo, considerando-se, também, como sustentado alhures, a concepção multicultural,[39] apresentada como alternativa para a

---

[37] DIAS DA SILVA, Ricardo Augusto. *Direito fundamental à saúde*: o dilema entre o mínimo existencial e a reserva do possível. Belo Horizonte: Fórum, 2010. p. 26-27.

[38] SANTOS, Boaventura de Sousa. O Estado, a sociedade e as Políticas Sociais. *Revista Crítica de Ciências Sociais*, n. 23, Coimbra, p. 30-31, Set. 1987.

[39] Boaventura de Sousa Santos sustenta que "os direitos humanos têm de ser reconceitualizados como multiculturais. O multiculturalismo é pré-condição de uma relação equilibrada e mutuamente potenciadora entre a competência global e a legitimidade local, que constituem os dois atributos de uma política contra-hegemônica de direitos humanos no nosso tempo". In: SANTOS, Boaventura de Sousa. Por uma concepção multicultural de direitos humanos. *Revista Crítica de Ciências Sociais*, n. 48, Centro de Estudos Sociais Universidade de Coimbra, p. 19, jun. 1997.
Nessa mesma direção, Jürgen Habermas pontua que "recente discussão sobre o multiculturalismo fez com que o modelo clássico de cidadania 'incolor' sofresse uma revisão, e Will Kymlicka desenvolveu uma noção de cidadania multicultural com a qual concordo plenamente. A cidadania é uma posição definida pelos direitos civis. Mas temos de considerar também que os cidadãos são pessoas que desenvolveram sua identidade pessoal no contexto de certas tradições, em ambientes culturais específicos, e que precisam desses contextos para conservar sua identidade. Em determinadas situações, devemos, portanto, ampliar o âmbito dos direitos civis para que inclua também os direitos culturais. Esses são os direitos que garantem igualmente a todos e a cada um dos cidadãos o acesso a uma tradição e à participação nas comunidades culturais de sua escolha, para que possam estabelecer sua identidade". In: HABERMAS,

transformação do Estado em eficaz realizador dos direitos fundamentais, é possível articular, na perspectiva do estabelecimento de um grau relativo de consenso, sobre a percepção da existência de uma crise de identidade do Estado, sentida nas diversas experimentações dessa instituição nos cinco continentes do planeta, emersa, mais recentemente, da globalização, do processo célere do avanço tecnológico no campo das comunicações, do desenvolvimento e formatação dos conglomerados econômicos, expresso nas grandes empresas transnacionais, desafiando e, muitas vezes, mitigando o conceito de soberania estatal, nos moldes preconizados pelo Direito internacional.

Sobre esse enfoque, Jacques Chevallier firma o entendimento de que:

> Para mensurar as mutações em curso, os esquemas do pensamento tradicional não são suficientes: é necessário se esforçar para construir novas ferramentas, forjar outros instrumentos de análise; e a concepção tradicional de Estado deve ser reavaliada. A constatação da historicidade de um modelo estatal que foi construído na Europa ocidental antes de conhecer uma espetacular difusão, ao curso de variantes, inflexões e distorções reveladoras do peso dos contextos locais. Ora, esse modelo estatal tende a sofrer, lá mesmo onde nasceu, no Ocidente, transformações que não são apenas superficiais ou cosméticas, mas que conduzem a novos pontos de equilíbrio.[40]

Jürgen. *A ética da discussão e a questão da verdade*. (Trad. Marcelo Brandão Cipolla). 3. ed. São Paulo: Martins Fontes, 2013. p. 34-35.

De acordo com Alain Touraine, multiculturalismo é "um encontro de culturas. Existência de conjunto de culturas fortemente constituídos, cuja identidade, especificidade e lógica interna devem ser reconhecidas, mas que não são inteiramente estranhas entre si, ao mesmo tempo, que são diferentes umas das outras". Defende, ainda, Touraine, sobre a sociedade multicultural, que: "A vida duma sociedade multicultural organiza-se em torno de duplo movimento de emancipação e de comunicação. Sem o reconhecimento da diversidade das culturas, a ideia de recomposição do mundo correria o risco de cair na armadilha de um novo universalismo e sumir no sonho da transparência. A comunicação entre as culturas é impossível ou limitada enquanto não tiver aceito a referência a um duplo trabalho comum a todas as culturas, a saber, a criação do sujeito e a reunificação dos elementos da experiência e do pensamento humanos que foram mutuamente separados e opostos pela força simultaneamente conquistadora e discriminadora da modernização ocidental. Esta alistou o progresso e a razão ao serviço de seu próprio sistema de dominação social, cultural e psicológico, o que produziu a dissociação entre o universal dominante e os particularismos dominados". In: TOURAINE, Alain. *Podemos viver juntos? Iguais e diferentes*. (Trad. Jaime A. Clasen e Ephraim F. Alves). Rio de Janeiro: Vozes, 1999. p. 200-215.

[40] CHEVALLIER, Jacques. *O Estado pós-moderno*. (Trad. Marçal Justen Filho). Belo Horizonte: Fórum, 2009. p. 11-15.

Esse entendimento, por muitas formas, nos remete ao berço do Estado (Europa), conferindo atualidade à crise do Estado, aqui preconizada, de onde emergem mais recentemente, com grande evidência, a crise da Grécia, os refugiados da guerra civil na Síria e a saída do Reino Unido (brexit) da zona do Euro.

Destarte, diante das mutações, dos abalos históricos nas estruturas em que foi erguido, dos embates teóricos de seu conceito, bem como da volatilidade do combustível que lhe move nos atuais tempos de globalização, fica evidenciada a crise pela qual atravessa a estrutura social e de poder que representa o Estado, sobre a qual se terá maior detença a seguir.

1.2 A(s) crise(s) do Estado

Nessa mesma perspectiva, Lenio Streck estabelece uma densa análise sobre a crise do Estado, palmilhada no transcurso do Estado moderno, erigido como tal a partir do século XVI, nominando esse processo de consolidação e transformações de "crises interconectadas". Propõe, então, o mestre gaúcho, que pensemos o processo a partir da crise que atinge as características conceituais básicas do Estado, a materialização do *Welfare State*, e a que se projeta por sobre a fórmula moderna de racionalização do poder, ou seja, o Estado Constitucional, e, ainda, uma quarta vertente, que atinge a tradição da separação funcional do poder estatal.[41]

Nessa toada, a partir da aludida análise, observa-se que a crise conceitual do Estado está relacionada, fundamentalmente, aos aspectos da soberania, já abordada alhures. Por outras palavras, a soberania, enquanto elemento essencial de estruturação e reconhecimento do Estado, encontra-se, hoje, fragilizada, mitigada, diante do fenômeno da globalização, na forma e teor apresentados nesta pesquisa, acrescentando-se a questão relativa à universalização dos direitos humanos (pretensões da humanidade), emergência como vetor influente no processo de crise conceitual do Estado.

Com efeito, nos processos de evidentes crises nos períodos históricos, atravessadas pelo Estado pós-moderno, inclui-se, também, a insistente vinculação, nos planos interno e externo, da unicidade e autonomia de sua representação, o que já foi rechaçado pela doutrina

---

[41] MORAIS, José Luis Bolzan de; STRECK, Lenio Luiz. *Ciência Política e Teoria do Estado*. 8. ed. rev. e atual. Porto Alegre: Livraria do Advogado Editora, 2014. p. 141-142.

dominante. Exemplo concreto desse entendimento encontra-se na formação dos blocos econômicos, com maior evidência à União Europeia, diante de sua formatação extremamente planejada e capilarizada, tendo adotado moeda única, Corte de Justiça interestatal, Banco Central, Parlamento e outras estruturas comunitárias que, ao cabo, culminaram por limitar a soberania dos Estados membros, desnaturando a característica histórica da unicidade.

Ainda nesse patamar, alimentando o processo de crise conceitual, não é demasiado fazer alusão ao papel desempenhado pelas empresas transnacionais, diante do fato intransponível de que elas atuam em diversos Estados, sem estabelecer vinculação e subordinação com estes.[42] Logo, com a força financeira e, em grande medida, monopolista dessas empresas, sustenta-se que não é mais a classe operária que é internacional, como no pensamento dos marxistas históricos, mas sim, o capital, nas diversas formas que se apresenta aos Estados, em seus níveis de desenvolvimento.

Lenio Streck acrescenta a esse rol mitigador da soberania estatal e, por conseguinte, também ensejador da crise conceitual do Estado, o surgimento e o desenvolvimento das atividades das Organizações Não Governamentais (ONGs), em escala de articulação e importância internacional, bem como os direitos humanos, diante do processo histórico de reconhecimento e internacionalização de sua universalidade.[43]

Mas, é ao esquadrinhar a formatação precisa e didática – por que não dizer classificatória – que a contribuição de Lenio Streck se destaca para o aclaramento da tipologia das crises enfrentadas pelo Estado, enquanto instituição político-social e organização estruturada

---

[42] Sobre esse aspecto, Reginaldo Nasser e Terra Bundini aduzem que: "O cenário mostra que a atividade econômica que se desenvolve a partir do centro do capitalismo global se expande, indo além dos limites territoriais e jurídicos do Estado-nação. O papel dos Estados na economia mundial durante as últimas décadas tem estado indissociavelmente ligado à negociação das interações entre a lei nacional e os agentes econômicos transnacionais. O objetivo tem sido facilitar as operações, eliminar os obstáculos das companhias, bem como garantir e otimizar – graças à capacidade técnica, administrativa e militar do Estado – os direitos de propriedade e os contratos firmados. O papel do Estado tem sido o de produzir e legitimar os novos regimes legais, ajustando seus marcos normativos e aparatos burocráticos". NASSER, Reginaldo; BUNDINI, Terra. As corporações transnacionais, os arranjos de governança global e os direitos humanos. In: *Direitos Humanos no Brasil 2016 – relatório da Rede Social de Justiça e Direitos Humanos*. 1. ed. São Paulo: Outras Expressões, 2017. p. 210.

[43] Idem, p. 146-151.

de poder. Nesse passo, apresenta-nos as crises: conceitual, estrutural, institucional (constitucional), funcional e política (de representação).[44] A crise estrutural, segundo ele, relaciona-se à construção de um Estado com as características do modelo *Welfare State*, vinculada à historicidade de longos anos, na qual se infere a transformação do projeto liberal em Estado do Bem-Estar Social, em que a história registra a luta dos movimentos operários pela conquista de uma regulação para a questão social. Àquela altura do século XX, os direitos da classe trabalhadora, pugnados, referiam-se às relações de produção e seus reflexos, destacadamente a previdência e a assistência sociais, transporte, moradia, determinantes para propiciar a transmudação do chamado Estado Mínimo, que passa a expressar as feições de Estado Intervencionista, assumindo papéis antes desempenhados pelo mercado, através da iniciativa privada, propiciando, destaca, a garantia desses direitos (inerentes à cidadania), mas também o fortalecimento de seguimentos produtivos (indústria), ensejando o aumento da máquina estatal e, por conseguinte, de sua burocracia, que no momento seguinte começa a obstaculizar a própria atividade de prestação de serviços do Estado.

É sustentado por Streck, nesta direção, que, ao mesmo tempo que se tem a permanência em voga da já tradicional questão social (*Welfare State*), há a sua qualificação pela questão da igualdade (Estado Democrático de Direito). Logo, o que se percebe é o aprimoramento e a crescente complexidade do Estado Democrático de Direito, impondo-se ao Estado e à sua ordem jurídica a utopia de cumprir o seu papel de garantidor de direitos, que venha a transformar as feições da sociedade, com intervenções vigorosas de igualdade no sentido material, diante da crise financeira (de financiamento), que permeia as diversas etapas da metamorfose estatal. Segundo Lenio, se está diante de um caminho sem volta, não havendo como retornar à funcionalidade do Estado Mínimo.

Nesse particular, do financiamento das prestações de serviços pelo Estado, é bem lembrado que a contabilidade estatal entre receitas e despesas encontra-se discrepante, apresentando problemas de caixa já nos anos 60, agravados na década de 70, na medida em que são incrementados serviços à atividade prestacional do Estado, aliada à crise econômica mundial, acarretando um evidente aumento de despesas, sem o correspondente acompanhamento do aumento de receitas, resultando no crescimento do déficit público. Mas é na década de 80 que emerge uma nova crise, qual seja, a de legitimidade do Estado,

---

[44] Idem, p. 153-163.

questionando-se as formas de organização e gestão próprias à do Bem-Estar, estabelecendo-se um embate ideológico, fomentada, por um lado, pelo acesso democrático (direitos inerentes à cidadania) a bens e serviços prestados pelo Estado e, de outro, o elevado aumento da burocracia (máquina estatal), para fazer chegar, na ponta, ao cidadão, esses serviços.

Portanto, à crise estrutural, acrescentem-se os ingredientes da ideia de privatização, que tem por objetivo maior reduzir o déficit fiscal, ícone do atual estágio do neoliberalismo nos países em desenvolvimento, que expressa na política neoliberal corte nas despesas com direitos sociais e o repasse do patrimônio público, vendidos a preços bem inferiores aos estabelecidos como mínimos nos leilões. Assim ocorreu no Brasil com a venda da Vale do Rio Doce, da Usiminas, das Concessionárias de Energia Elétrica, dentre inúmeras outras empresas públicas.[45]

No que concerne à denominada crise institucional, sustenta Lenio Streck que ela encontra-se representada pela fragilização do instrumento que, na modernidade, serviu como *locus* privilegiado para a instalação dos conteúdos políticos definidos pela sociedade, estabelecendo, assim, a relação intrínseca entre a estrutura do Estado e a Constituição, concebida no emaranhado de tensão entre forças sociais e poderes, mas que deve representar o paradigma dirigente da sociedade.

Ainda no leque de crises, é referida a crise funcional do Estado, expressa na perda de exclusividade das funções estatais desenvolvida pelos órgãos de natureza pública, repassadas à iniciativa privada sob diversas formas, exemplos encontrados na criação das agências reguladoras e no estabelecimento das Parcerias Público-Privadas, modificando sobremaneira o perfil inerente à Administração Pública e aos serviços prestados diretamente por ela. Se por um lado os defensores do livre mercado aplaudem cada vez mais iniciativas que desvinculem a atuação direta do Estado nas diversas áreas sociais, por outro, os críticos do neoliberalismo denunciam a crescente fragilização do Estado em abrir mão, ou, ainda, em lavar as mãos sobre a responsabilidade da garantia dos direitos fundamentais básicos aos cidadãos.

Encerrando seu quadro classificatório, Lenio Streck acusa a existência da crise política (e da representação), diante do modelo de democracia representativa, opção de inúmeros países com importância evidente no cenário internacional, a partir da complexidade de que

---

[45] ARRUDA JR, Edmundo Lima de; RAMOS, Alexandre (Orgs.). Os caminhos da globalização: alienação e emancipação. In: *Globalização, neoliberalismo e o mundo do trabalho*. Curitiba: Edibej, 1998. p. 16.

se revestem essas sociedades democráticas. Com efeito, o modelo da democracia representativa se tornou um instrumento incapaz de responder, adequadamente, a todos os anseios e pretensões da sociedade, devendo ser repensado, o que impõe o estabelecimento de alternativas às velhas fórmulas da democracia representativa, perpassando pela trilha denominada "democracia participativa", como hipótese de viabilidade do refazimento de espaços públicos perdidos, que seja capaz de conferir maior legitimidade ao desacreditado Estado e às suas, cada vez mais, desacreditadas instituições.

Seguindo essa mesma trilha de análise da crise do Estado, Fábio Oliveira, reconhecendo o atual estado crítico estatal, estabelece, a partir da leitura que faz do ideário neoliberal e abstencionista, a crítica oponível ao Estado Social, formatando o que denomina de três déficits, quais sejam: i) *déficit financeiro*, descompasso na relação entre receitas e despesas, diante de um orçamento incompatível com as tarefas atribuídas ao Poder Público, haja vista que as despesas, historicamente, têm aumentado bem mais do que as receitas, decorrência do significativo crescimento das demandas atinentes às prestações necessárias para a garantia, notadamente, dos direitos sociais; ii) *déficit de eficiência ou habilidade*, expresso na incapacidade operacional do Estado, que executa de maneira precária os serviços, que poderiam ser mais bem executados pela iniciativa privada, restando à Administração Pública apenas os considerados essenciais, sem que estes fiquem fora da cartilha neoliberal do mercado, que justifique sua permanência nas mãos do Estado; iii) *déficit de democracia*, representado pela alienação do Estado em relação à sociedade, distanciamento e lentidão das respostas estatais às demandas sociais, diante de regulação e intervenção demasiadas.[46]

De outra ponta, quanto ao ideário neoliberal, António José Avelãs Nunes faz importante observação sobre o seu esvaziamento e a emersão do complexo Estado-providência, ao sustentar que a desadequação dos dogmas do liberalismo à realidade acabou pondo em causa a própria ordem liberal, assentada na propriedade privada, no individualismo e no "estado mínimo" de Adam Smith, conduzindo ao abandono da tese segundo a qual o Estado deveria considerar-se uma instância separada da sociedade e da economia.[47]

---

[46] OLIVEIRA, Fábio Corrêa Souza de. *Morte e vida da constituição dirigente*. Rio de Janeiro: Lumen Juris, 2010. p. 42.

[47] NUNES, António José Avelãs. O neoliberalismo, o ataque ao Estado social, os perigos do fascismo de mercado, I e II. *Revista Jurídica do Centro Universitário de Curitiba*, Curitiba, v. 2, n. 31, p. 6-8, 2013.

Mas, o fato de esta transição acarretar maior complexidade ao Estado, àquela altura do século XX, ao assumir novas atribuições, não lhe conferiria criticidade à saúde de sua organização. É o que Boaventura Santos sustenta, quando conclui que:

> O facto de o Estado-providência ser uma forma política muito complexa e contraditória não significa só por si que tivesse que entrar em crise. Uma situação contraditória não produz uma crise, se puder continuar a reproduzir-se como contradição. E assim teria sido se o fundamento em que assenta o Estado-providência não tivesse, a certa altura, dado sinais de grande fragilidade.[48]

Nesta sequência histórica, conforme indicado alhures, para fins de recorte temporal, percebe-se que, ao Estado de feições, essencialmente capitalistas, foram destinadas novéis funções, com sobeja interferência estatal nos âmbitos da economia e no social.

É neste sentido que se pode atribuir a este momento histórico-evolutivo a gênese no Estado Social,[49] a partir do qual parte a presente abordagem, que traz em seu bojo, e já com evidente complexidade, a representação do Estado e do Direito, que passa a executar a tarefa precípua de concretizar a justiça social, interlocução de onde se depreendem as instâncias política e econômica, interagindo, sendo aferível o predomínio político sobre o econômico.

Ainda sob a ótica da historicidade, fica evidente o aparecimento dos sintomas do Estado Social logo após a Primeira Guerra Mundial, do qual emergiu uma crise econômica sem precedentes em escala internacional, bem como pode ser percebida a deterioração do Estado de Direito Liberal, assim como dos valores democráticos nele inseridos à época.

Segundo Gomes Canotilho, para responder às novas exigências que se lhe colocam no quadro da democracia, o Estado Social comporta-se como um Estado socialmente integrador, com o objetivo de regular

---

[48] SANTOS, Boaventura de Sousa. O Estado, a sociedade e as Políticas Sociais. *Revista Crítica de Ciências Sociais*, n. 23, Coimbra, p. 30-31, Set. 1987.

[49] Segundo Vital Moreira, a expressão "Estado Social de Direito" data de 1930 (Hermann Heller), mas as suas raízes podem ir buscar-se a Saint Simon, a Lorenz Von Stein, a Lassalle (e aos "socialistas de estado"), aos Fabianos (e aos teóricos da "democracia econômica") e aos adeptos do socialismo reformista. In: MOREIRA, Vital. O estado capitalista e as suas formas. *Textos Vértice, Atlântida Editora*, Coimbra: v. XXXIII, n. 348, p. 2-10, jan. 1973.

distúrbios disfuncionalmente operantes no sistema.[50] As estruturas políticas e sociais necessitaram se adaptar, no contexto histórico e desenvolvimentista do capitalismo, às exigências históricas desse novo cenário, como forma até mesmo de garantir sua permanência dominante enquanto sistema, rechaçando possíveis rupturas.

Avelãs Nunes estabelece uma apresentação esquemática do Estado Social, sua caracterização em aspectos consensuais, que representam o esforço desse modelo de Estado no que se reporta à responsabilidade social, quais sejam: i) o Estado social assume-se como estado acima das classes e dos conflitos sociais e afirma-se empenhado na prossecução da paz social e na garantia a todos os cidadãos dos meios necessários a uma vida digna, criando condições para que cada um atinja este objetivo pelo seu trabalho ou fornecendo ele próprio os bens ou serviços indispensáveis a tal desiderato; ii) o Estado social propõe-se a oferecer a todos oportunidades iguais de acesso ao bem-estar, nomeadamente através de políticas de redistribuição do rendimento em favor dos mais pobres e de investimentos públicos de que aproveitem maiormente as camadas sociais de rendimentos mais baixos; iii) o Estado social deve proporcionar a todos os indivíduos e a todos os grupos sociais a possibilidade de participar no poder social, nomeadamente no quadro da concertação social, envolvendo o Estado e os chamados parceiros sociais".[51]

Percebe-se, pois, que o Estado Social se reinventa, em resposta à possibilidade de ruptura do capitalismo, este evoluindo e desfazendo o mito de que a sociedade civil (a ordem econômica natural) pode garantir por si própria a ordem social e a justiça social, abrindo caminho a uma nova visão das coisas.[52]

Sobre esse particular, acrescenta Jacques Chevallier, enquadrando o cenário de metamorfose estatal alavancado pelas mutações sociais e econômicas, sustentando:

> No entanto, as sociedades contemporâneas parecem ter entrado numa nova fase. De um lado, assistimos à perturbação do conjunto dos equilíbrios sociais: revoluções tecnológicas (expansão das tecnologias

---

[50] CANOTILHO, José Joaquim Gomes. *Estado Social, em sobre o capitalismo Português*. *Textos Vértice*. Coimbra: Atlântida Editora, 1971. p. 205-228.

[51] NUNES, António José Avelãs. O neoliberalismo, o ataque ao Estado social, os perigos do fascismo de mercado, I e II. *Revista Jurídica do Centro Universitário de Curitiba*, Curitiba, v. 2, n. 31, p. 9-11, 2013.

[52] Idem, p. 8-9.

de informação e de comunicação, desenvolvimento de biotecnologias), mutações do sistema produtivo (papel crescente desempenhado pela informação, declínio da indústria em proveito dos serviços, deslocalização das unidades de produção, adaptação das formas de trabalho), transformações da estratificação social (refluxo do campesinato, explosão do mundo do operariado, multiplicação de empregos ditos intermediários), inflexão dos comportamentos e de relações sociais que, nas sociedades dominadas pela urgência e caracterizadas por uma dinâmica permanente de mudança, tendem a ser vividas sob o modo de instantaneidade, sob o signo de efêmero. Por outro lado e correlativamente, assistimos a um movimento contraditório de concomitante radicalização e enfraquecimento do sistema de valores que foi a vanguarda e a base da modernidade.[53]

Denotando a atual crise que se abate sobre o Estado pós-moderno,[54] encontramos no movimento político-social denominado de "Primavera Árabe" verdadeira onda de contestação, representada na forma de manifestações e protestos que ocorreram no Oriente Médio e no Norte da África, desde dezembro de 2010, na Tunísia, Egito, Síria, Argélia, Bahrein, Djibuti, Iraque, Jordânia, Omã, Iémen, Kuwait, Líbano, Mauritânia, Marrocos, Arábia Saudita, Sudão e Saara Ocidental, em alguns desses países, inclusive, com eclosão de guerra civil.

Logo, é possível sustentar que esses movimentos não expressaram apenas manifestações reivindicatórias relacionadas aos aspectos econômicos e comezinhos de cada nação onde ocorreram, mas representaram vozes a questionar o papel histórico que o Estado, enquanto instituição compreendida como sistema, forma e regime de governo, não desempenhou, respondendo aos anseios do povo desses países, em uma perspectiva histórico-evolucionista, além dos ventos de democracia que sopram, aos poucos, em direção aos regimes políticos ditatoriais, ruindo governos sedimentados, questionados, sobretudo, sobre a violação de direitos humanos fundamentais.

Exemplos outros, tais como a formação de blocos econômicos na comunidade internacional, notadamente a União Europeia, onde os Estados membros tiveram que ceder parte da soberania para a consecução dos objetivos comunitários (cidadania, moeda única, Banco

---

[53] Op. cit., p. 16-17.
[54] De acordo com Jacques Chevallier, o conceito de Estado pós-moderno tem por função essencial fornecer um quadro de análise das transformações que sofre a forma estatal: ele visa colocar em evidência, para além da extrema diversidade das configurações estatais, certas tendências marcantes de evolução que operam com maior ou menor intensidade em todos os Estados. *Idem* p. 21.

Central, Corte de Justiça, dentre outros), evidenciam à saciedade que o Estado encontra-se em latente mudança.

Certo é que, diante da atual crise do Estado, os críticos mais aguerridos ao intervencionismo estatal nas diversas áreas, notadamente na economia, não puderam furtar-se de assentir à necessidade de se socorrer da imperiosa e necessária intervenção do Estado para solucioná-la.

Nesse sentido, emblemático exemplo foi o ocorrido em 2008, relativamente à crise do mercado financeiro na maior economia do mundo, a dos Estados Unidos,[55] em que, de maneira inusitada, o governo americano teve que assumir o controle acionário de várias instituições do sistema financeiro, bem como adquirir ações de diversas empresas multinacionais, tornando-se, em nome da resolução da crise, importante acionista (majoritário) dessas empresas, tais como a General Motors.[56]

Estampando o panorama da crise no qual está inserido o Estado, sustenta Boaventura Santos que

> não estamos ante uma desglobalização, mas estamos certamente ante uma nova globalização pós-neoliberal internamente muito mais diversificada. Emergem novos regionalismos, já presentes na África e na Ásia, mas, sobretudo, importantes na América Latina, como o agora consolidado com a criação da União das Nações Sul-Americanas e do Banco do Sul.[57]

Destarte, longe de se estar próximo de uma solução, da elaboração de uma fórmula que tenha o condão de estancar a evidente crise de identidade do Estado, com respostas às principais questões que enfrenta, sustenta-se que se deve partir da perspectiva do estabelecimento de contornos, de recortes sobre o conceito, as funções e o papel do Estado na atualidade, diante dos imensos problemas sociais que, por ele existir, a ele cumpre resolver, considerando-se, por necessário, as experiências exitosas conformadas no interior das nações, notadamente aquelas ocorridas nos regimes democráticos.

---

[55] Boaventura Santos, em artigo com o título "O impensável aconteceu", publicado em 26 de setembro de 2008, na Folha de São Paulo, faz importantes observações sobre a crise financeira dos Estados Unidos e as contradições que o sistema americano teve que conviver ao se socorrer do Estado para mediar a crise.

[56] Em 24 de abril de 2009, a GM recebeu US$15.4 bilhões em empréstimos do Departamento do Tesouro dos Estados Unidos, dentro do programa TARP (Troubled Assets Relief Program). O TARP é o principal componente do pacote de medidas do governo americano para combate à crise financeira de 2008-2009, destinado a promover a compra de ativos e ações de instituições financeiras, visando a fortalecer o setor.

[57] Op. cit.

Friedrich Müller, nessa direção, sobre os aspectos democráticos estatais, defende que

> a democracia moderna avançada não é simplesmente um determinado dispositivo de técnica jurídica sobre como colocar em vigor textos e normas; não é, portanto, apenas uma estrutura (legislatória) de textos, o que vale essencialmente também para o Estado de Direito.[58]

Não basta, portanto, como evidencia Lenio Streck:

> A simples elaboração de um texto constitucional, por melhor que seja, não é suficiente para que o ideário que o inspirou se introduza efetivamente nas estruturas sociais, passando a reger com preponderância o relacionamento político de seus integrantes.[59]

De outra banda, o estabelecimento do panorama da crise do Estado na moldura da pós-modernidade, destacado nos aspectos introdutórios aqui abordados, encontra guarida na percuciente análise de Jacques Chevallier, quando afirma que

> as transformações que os Estados conhecem atualmente não podem ser consideradas um fenômeno isolado: elas remetem a uma crise mais genérica das instituições e dos valores da modernidade nas sociedades ocidentais; e essa crise parece dever conduzir a uma construção de um novo modelo de organização social.[60]

O pensador francês, corroborando com o aqui defendido, sustenta que essa crise do Estado encontra-se assentada na perturbação do conjunto dos equilíbrios sociais, das revoluções tecnológicas, mutações do sistema produtivo, bem como nas transformações na estratificação social. Ainda assim, prossegue Chevallier, o Estado, quando é

> confrontado com novos dados que modificam o contexto de sua ação e, notadamente, a pressão cada vez mais insistente exercida pela globalização: ele ainda persiste na atualidade como o princípio

---

[58] MÜLLER, Friedrich. *Quem é o Povo?* (Trad. Peter Naumann). São Paulo: Editora Max Limonad, 2013. p. 107.
[59] STRECK, Lenio Luiz. *Hermenêutica e(m) crise*: uma exploração hermenêutica da construção do Direito. 11. ed. rev., atual. e ampl. Porto Alegre: Livraria do Advogado Editora, 2014. p. 70.
[60] CHEVALLIER, Jacques. *O Estado pós-moderno.* (Trad. Marçal Justen Filho). Belo Horizonte: Fórum, 2009. p. 16.

fundamental de integração das sociedades e local de formação das identidades coletivas.[61]

Na mesma direção, de maneira crítica sobre o papel do Estado, Boaventura Santos defende que

> o Estado que regressa como solução é o mesmo que foi moral e institucionalmente destruído pelo neoliberalismo, o qual tudo fez para que sua profecia se cumprisse: transformar o Estado num antro de corrupção. Isso significa que, se o Estado não for profundamente reformado e democratizado, em breve será, agora, sim, um problema sem solução.[62]

Em momento bem anterior, na década de 90, Boaventura Santos já denunciava que

> o Estado, não obstante apresentar-se como minimalista, é, potencialmente, maximalista, pois a sociedade civil, enquanto o outro do Estado, auto reproduz-se através de leis e regulações que dimanam do Estado e para as quais não parecem existir limites, desde que as regras democráticas da produção de leis sejam respeitadas.[63]

Percebe-se, pois, que ao Estado Social, somando-se ao seu papel de providência e bem-estar, foram acrescidos os desempenhos da prestação de serviços, da postura empresarial e interventora, bem como a reguladora, que impuseram mudanças na estruturação de sua organização, propiciando a hipertrofia de um Poder sobre o outro, dependendo da conjugação de fatores socioeconômicos e do cenário político em que esteja inserido.

É nesse contexto, contrapondo-se às bases do ideário do Estado-providência, que o neoliberalismo monetarista, como sustenta Avelãs Nunes, se transformou na ideologia do império e do pensamento único, com o apoio dos grandes centros de produção ideológica. Segundo o catedrático da Universidade de Coimbra, o recurso às técnicas mais sofisticadas de manipulação das audiências transformou o neoliberalismo em uma espécie de religião, para cuja única fé verdadeira se diz

---

[61] CHEVALLIER, Jacques. *O Estado pós-moderno*. (Trad. Marçal Justen Filho). Belo Horizonte: Fórum, 2009. p. 16.
[62] Op. cit.
[63] SANTOS, Boaventura de Sousa. Por uma concepção multicultural de direitos humanos. *Revista Crítica de Ciências Sociais*, n. 48, Centro de Estudos Sociais Universidade de Coimbra, p. 12, jun. 1997.

que não há alternativa, em que "as ideias de mercado livre adquiriram uma dimensão quase religiosa que levaria alguns aderentes a parecerem discípulos de uma seita secreta em vez de investigadores da verdade".[64] Na doutrina nacional, encontramos em Paulo Bonavides importante pensamento sobre a nova face do neoliberalismo, ao sustentar que

> a nova modalidade de golpe, aplicado pelo neoliberalismo e pela globalização, desferido paulatinamente por governantes comprometidos com a nova ideologia, transcorre sem que a sociedade se capacite de sua preparação e aplicação, ou perceba, de imediato, a profundeza e a gravidade de seus efeitos desestabilizadores e subversivos. Ele abala todos os fundamentos sobre os quais assenta a organização nacional. Num certo sentido, o golpe de Estado institucional faz obsoleto o golpe de Estado clássico, pois, à sombra dos ícones da Constituição e soberania formalmente mantidas realiza os fins externos que interessam aos globalizadores, dos quais eles, os neoliberais, são títeres, cúmplices, agentes ou testas de ferro ideológicos e governativos. Para dissimular melhor a invasão do espaço institucional, mantendo a sociedade paralisada e privada de percepção do que ocorre, os globalizadores e os que ora se acham no poder prescindem do golpe de Estado formal para chegar aos seus fins, melhor atendidos pela via golpista institucional aqui denunciada. Esta não suscita tantos protestos nem arregimenta tantas resistências como o golpe de Estado do modelo tradicional e ostensivo.[65]

Destarte, nesse trilho do neoliberalismo, é perceptível a exclusão que é feita do papel desempenhado pelo Estado na prestação de serviços, na garantia dos direitos sociais, o que acaba por amesquinhar ações afirmativas e políticas públicas que se destinem a diminuir as desigualdades socioeconômicas, corroendo, portanto, a legitimidade da ação estatal nessas áreas.

No dizer de Avelãs Nunes sobre os neoliberais:

> Certamente porque defendem o capitalismo, privatizaram todo o setor empresarial do estado, mesmo as empresas produtoras e prestadoras de serviços públicos. E inventaram depois o estado regulador para calar

---

[64] NUNES, António José Avelãs. O neoliberalismo, o ataque ao Estado social, os perigos do fascismo de mercado, I e II. *Revista Jurídica do Centro Universitário de Curitiba*, Curitiba, v. 2, n. 31, p. 16, 2013.
[65] BONAVIDES, Paulo. *Teoria Constitucional da Democracia Participativa: por um Direito Constitucional de luta e resistência; Por uma nova hermenêutica; Por uma repolitização da legitimidade.* São Paulo: Malheiros Editores, 2001. p. 77.

a consciência e para sustentar o slogan de que o móbil da sua ação é a defesa do interesse público, culminando com a defesa do estado social.[66]

É importante destacar, por oportuno, que uma breve análise da conjuntura econômico-política internacional já é suficiente para perceber que também o sistema capitalista está em crise, adotando fórmulas muito semelhantes para a solução dos graves problemas que enfrentam os países que o recepcionam. Desse modo, a cartilha neoliberal[67] prescreve medicação amarga para a solução dessa crise, atingindo sobremaneira a população mais necessitada, os mais pobres. Logo, para o ideário neoliberal, não é bem-vinda, no atual estágio de desenvolvimento, a garantia de um sistema público de saúde, com as características da universalidade e da gratuidade, tampouco um sistema educacional, também universal e gratuito.

Boaventura Santos escreve que é tão difícil imaginar o fim do capitalismo quanto é difícil imaginar que o capitalismo não tenha fim. Faz uma análise minuciosa sobre as transformações pelas quais passa

---

[66] Op. cit., p. 21-22.
[67] Avelãs Nunes assim sustenta sobre os caminhos adotados pelo neoliberalismo: 1) proclamam abertamente que o seu estado garantia (a nova máscara do estado capitalista) assenta na "aceitação do papel fundamental e insubstituível do mercado e da propriedade privada na organização econômica e social"; 2) afirmam, como verdade absoluta, que só o mercado livre garante a concorrência, que só a concorrência garante a eficiência econômica e que só esta assegura o bem-estar de cada um e de todos; 3) sublinham que a função essencial do estado garantia é, a seu ver, a de fomentar a concorrência, i.é, a de deixar funcionar o mercado, passando de uma lógica da oferta para uma lógica da procura. É a saudade incurável do que nunca existiu: os mercados de concorrência perfeita. (...) É o regresso festivo – ainda que às vezes negado – ao laisser-faire. É a insistência na tecla gasta da soberania do consumidor, como se alguém pudesse acreditar que, ao escolher o que quer, no exercício da sua liberdade de escolha, é o consumidor que determina, também no que toca aos serviços públicos que satisfazem direitos fundamentais (educação, saúde, segurança social, justiça), o que se produz, como se produz e para quem se produz. De acordo com os cânones, proclamam que "não há liberdade sem concorrência". E, para garantirem a liberdade de escolha, defendem que deve haver "concorrência livre e saudável na prestação de serviços e bens" [incluindo os serviços públicos, é claro]. E alegam que "a concorrência tem de ser leal e saudável", concluindo que, por isso mesmo, o estado garantia deve apenas "estabelecer as regras do jogo e agir quando estas não são cumpridas", porque o estado "não deve ser jogador e árbitro ao mesmo tempo". E, como, segundo esta dogmática, as classes sociais não existem, e o estado é um estado acima das classes, a conclusão é a de que a vocação do estado é a de ser um árbitro neutral, zelador do bem comum. O que significa que é contra a sua natureza assumir-se como 'estado-jogador', i.é, como estado prestador de quaisquer bens ou serviços (mesmo que se trate de serviços públicos). NUNES, António José Avelãs. O neoliberalismo, o ataque ao Estado social, os perigos do fascismo de mercado, I e II. *Revista Jurídica do Centro Universitário de Curitiba*, Curitiba, v. 2, n. 31, p. 28-29, 2013.

o Estado, partindo como premissa do continente latino-americano, mas que, pela preciosidade da fundamentação, bem como pela semelhança dos efeitos da crise, por certo oferece serventia ao se pensar em países integrantes de outros continentes, destacando o colapso financeiro de 2008 e questionando se as mudanças em curso há algum tempo afetam a estrutura institucional e organizacional do Estado moderno.

É a partir dessa premissa que articula os fundamentos das dificuldades, do que denomina de refundação do Estado, nos apresentando sete dificuldades para essa refundação:

> Primera dificultad: no es fácil transformar radicalmente una institución que, en su forma moderna, tiene más de trescientos años. Además, ¿cómo se puede transformar radicalmente una entidad cuando el objetivo último es, de hecho, mantenerla? Refundar el Estado no significa eliminarlo; al contrario, presupone reconocer en él capacidades de ingeniería social que justifican la tarea política de refundación; Segunda dificultad: la larga duración histórica del Estado moderno hace que esté presente en la sociedad mucho más allá de su institucionalidad y que, por eso mismo, la lucha por la refundación del Estado no sea una lucha política en sentido estricto, sino también una lucha social, cultural, por símbolos, mentalidades, habitus y subjetividades; Tercera dificultad: esta lucha no puede ser llevada a cabo exclusivamente por los grupos históricamente más oprimidos, es necesario crear alianzas con grupos y clases sociales más amplios; Cuarta dificultad: la refundación del Estado es más que nada una demanda civilizatoria y, como tal, exige un diálogo intercultural que movilice diferentes universos culturales y distintos conceptos de tiempo y de espacio; Quinta dificultad: por su ámbito, la refundación del Estado no implica cambiar solamente su estructura política, institucional y organizacional; más bien, requiere cambiar las relaciones sociales, la cultura y, en especial, la economía; Sexta dificultad: el Estado a refundar tiene sus raíces en formas que precedieron la conquista y que, a pesar de la represión, lograron sobrevivir de modo fragmentario y diluido en las regiones más pobres y más remotas del continente; Séptima dificultad: el fracaso de la refundación más ambiciosa del siglo pasado, el Estado de los Soviets, pesa fuertemente en la imaginación política emancipadora.[68]

Nesse passo, estabelecidos o entendimento e a conjuntura da crise por que passa o Estado, nos quais o Estado brasileiro também se encontra inserido, merece registro, conferindo contemporaneidade

---

[68] SANTOS, Boaventura Sousa. *Refundación del Estado en América Latina*: perspectivas desde una epstemología del Sur. Centro de Estudios Superiores Universitarios. La Paz: Plural Editores, 2010. p. 71-75.

a esta pesquisa, a recente e presente crise político-institucional pela qual o país atravessa, com o *impeachment* da presidente da República, a "Operação Lava Jato" envolvendo Poderes da República, fatos que expressam o abalo das instituições e dos Poderes constituídos,[69] de relação intrínseca com o Direito, com o Estado de Direito.

Além das rotineiras altercações ocorridas entre Poderes da República, representadas com a edição constante de medidas provisórias, pela judicialização de políticas públicas, amesquinhando nosso sistema de *checks and balances*, fatos de grande vulto marcaram, em 2016 e 2017, o cenário político nacional, com enormes manifestações populares de rua, acarretando instabilidade na democracia brasileira.[70]

---

[69] O *impeachment* da ex-presidente Dilma Rousseff; o afastamento do deputado Eduardo Cunha da presidência da Câmara dos Deputados e sua prisão; a decisão monocrática de afastamento do presidente do Senado Federal, Renan Calheiros; a decisão da mesa do Senado em não cumprir a decisão do ministro Marco Aurélio; a decisão plenária do STF, de manter o presidente do Senado no cargo, com a vedação de assumir a presidência da República e o pedido de cassação da chapa Dilma-Temer, pendente de julgamento no Tribunal Superior Eleitoral, são fatos de extrema relevância, relacionados ao Estado Democrático de Direito nacional, que denotam a possibilidade, ou indícios de mudanças na organização do Estado brasileiro e foram noticiados em todos os grandes veículos de comunicação da mídia nacional e internacional. O próximo fato relevante no julgamento pelo TSE refere-se à sua composição. O TSE tem sete componentes, todos com mandato de dois anos. Cinco são magistrados do Supremo Tribunal Federal e do Superior Tribunal de Justiça e dois são juristas. Os ministros-juristas, Luciana Lóssio e Henrique Neves, encerraram seus mandatos em abril e maio de 2017. Os substitutos são escolhidos por Michel Temer em uma lista tríplice preparada pelo presidente da Corte, ministro Gilmar Mendes. O Presidente nomeou, em 31.03.2017, o jurista Admar Gonzaga, na vaga de Henrique Neves. Temer escolhe, diretamente, dois ministros que irão julgá-lo. Por derradeiro, a aprovação da PEC nº 241 (Câmara dos Deputados) e da PEC nº 55 (Senado Federal), congelando e limitando gastos públicos por 20 anos, as reformas, trabalhista e da previdência, refletem a opção da gestão do presidente Michel Temer na condução do governo, sendo possível fazer uma relação com a postura governista e as opções neoliberais para superar o momento de crise econômica.

[70] O Senado Federal decidiu, em 12.05.2016, pelo afastamento de Dilma Rousseff do cargo de presidente da República. O ministro do Supremo Tribunal Federal, Teori Zavascki, relator da Operação Lava Jato, determinou, em 05.05.2016, o afastamento do presidente da Câmara dos Deputados, Eduardo Cunha (PMDB-RJ), do mandato de deputado federal e, consequentemente, da presidência da Casa. Nesta mesma data, os 11 ministros do Supremo Tribunal Federal decidiram manter a suspensão do mandato parlamentar e o afastamento por tempo indeterminado do deputado da presidência da Câmara. Em 10.06.2016, o Ministro Teori Zavascki anula escutas telefônicas de Lula e Dilma. Teori explicou que a violação da competência do STF se deu no mesmo momento em que o juízo reclamado (Sérgio Moro), ao se deparar com possível envolvimento de autoridade detentora de foro na prática de crime, deixou de encaminhar ao STF o procedimento investigatório para análise do conteúdo interceptado. Em 31.08.2016, o Senado decidiu pela perda do cargo de presidente, mas,

de maneira inovadora e criticável, manteve a conservação dos seus direitos políticos, estabelecendo um caloroso debate de interpretação constitucional representado pelo que se convencionou chamar de fatiamento do julgamento do impeachment, assumindo a presidência do país Michel Temer. Em 28.09.2016, o então presidente do STF, que dirigiu a sessão do impeachment no Senado Federal, ministro Ricardo Lewandowski, lamentou o impeachment da ex-presidente Dilma Rousseff e classificou o episódio como "um tropeço na democracia". Lewandowski criticou o presidencialismo de coalizão, que considerou ser fruto da Constituição de 1988, com o aumento dos partidos, mas também de um "erro" do Supremo, que acabou com a cláusula de barreiras. Segundo o ministro, "nesse impeachment que todos assistiram e devem ter a sua opinião sobre ele. Mas encerra exatamente um ciclo, daqueles aos quais eu me referia, a cada 25, 30 anos no Brasil, nós temos um tropeço na nossa democracia. É lamentável". Em 01.12.2016, Odebrecht assina acordo de leniência com procuradores da Lava Jato, com 77 executivos do grupo e o compromisso de pagar multa de 6,7 bilhões de reais em 20 anos. Em 05.12.2016, o ministro Marco Aurélio Mello, do Supremo Tribunal Federal, atendendo ao pedido da Rede Sustentabilidade, concedeu medida liminar, afastando o senador Renan Calheiros (PMDB-AL) da presidência do Senado. A decisão foi tomada no âmbito de uma ação, que pede que réus não possam estar na linha sucessória da presidência da República. No dia seguinte, 06.12.2016, a mesa do Senado Federal decidiu não cumprir a decisão do ministro do STF, Marco Aurélio, de afastar Renan Calheiros da presidência do Senado. O plenário do Supremo Tribunal Federal, em 08.12.2016, decidiu que o senador Renan Calheiros (PMDB-AL) não precisava ser afastado da presidência do Senado Federal porque é réu, ao contrário do que determinou liminar do ministro Marco Aurélio. Para a Suprema Corte, Renan Calheiros só não poderá assumir a Presidência da República nesta condição. Em 14.12.2016, o ministro Luiz Fux, do Supremo Tribunal Federal, concedeu liminar, determinando o retorno à Câmara dos Deputados, o pacote das dez medidas anticorrupção, alterado pela Câmara, com a inclusão de crimes por abuso de autoridade (magistrados e procuradores). Na seara política, ainda se anuncia a possibilidade de nova crise, na hipótese de o TSE cassar a chapa eleita Dilma-Temer, que pode ensejar a destituição do presidente Michel Temer. O processo alega que a eleição da chapa Dilma-Temer teria ocorrido por meio de diversas fraudes, dentre as quais a de que a campanha teria sido financiada com dinheiro desviado de corrupção na Petrobras. A Câmara dos Deputados e o Senado, em 13.12.2016, aprovaram a proposta de emenda constitucional que cria um teto para os gastos públicos, a PEC nº 241, ou PEC nº 55, dependendo da Casa legislativa, que congela as despesas do Governo Federal, com cifras corrigidas pela inflação, por até 20 anos, considerada pelo governo federal umas das maiores mudanças fiscais em décadas, uma saída para sinalizar a contenção do rombo nas contas públicas e tentar superar a crise econômica. Para os críticos, a emenda representa a redução dos gastos em saúde e educação, bem como ainda a redução de políticas públicas e investimentos na área social, relacionando-se, conforme o entendimento destacado neste capítulo, a uma expressão do pensamento neoliberal. 06.03.2017 – O ex-diretor de Relações Institucionais da Odebrecht, Cláudio Melo Filho, confirmou ao ministro do Tribunal Superior Eleitoral (TSE) Herman Benjamin que o presidente Michel Temer participou da reunião no Palácio do Jaburu e solicitou a Marcelo Odebrecht doações para o PMDB na campanha de 2014. Em 29.03.2017, Marcelo Odebrecht, presidente da Odebrecht, em acareação com Cláudio Melo Filho, confirma que o presidente Michel Temer solicitou apoio (caixa 2) para o PMDB, na presença de Eliseu Padilha. Em 12.04.2017, as investigações oriundas do acordo de leniência com a Odebrecht envolvem nove ministros do governo Michel Temer (PMDB), 28 senadores – incluindo o presidente da Casa, Eunício Oliveira (PMDB-CE) – e 42 deputados federais – incluindo o presidente,

Após breve referência sobre o país, do emaranhado de sua recente e presente crise político-institucional, com expressos contornos jurídicos, impende adentrar, por oportuno, com um olhar mais acurado sobre a chamada crise do Direito, sua vinculação e desdobramentos, com o que se apresentou como crise do Estado.

1.3 A(s) crise(s) do Direito e suas premissas

No recorte proposto nesta pesquisa, mostra-se oportuno estabelecer também a existência de crise no Direito e sua relação com a crise do Estado, seja nos aspectos de estruturação inicial desta, tendo como marco histórico o momento pós-feudalismo, oportunidade de formação do Estado-nação na chamada era moderna, seja no momento contemporâneo, que experimenta recorrentes crises em diversas nações sobre a concepção e o papel do Estado, conforme se sustentou anteriormente, variando de acordo com os níveis de estruturação de poder, nos sistemas e regimes de governo por elas adotados, entranhadas, certamente, por aspectos jurídicos emersos dessa expressão conflituosa.

Para essa abordagem, e a partir da cronologia da crise estatal exposta, parte-se de premissas eleitas como referenciais que corroboram com o entendimento articulado de que a complexidade social estampa, também, evidente crise no Direito.

Rodrigo Maia. 16.04.2017 – Presidente Michel Temer admitiu que o impeachment de Dilma Rousseff começou por retaliação de Eduardo Cunha ao PT. 21/05/2017 – PGR e os empresários Joesley Batista e Wesley Batista firmam delação premiada que abala a Presidência da República e o Congresso Nacional, com gravações envolvendo o presidente Michel Temer. 24.05.2017 – manifestações de protesto em Brasília contra o presidente, após tumultos, provocam a intervenção das Forças Armadas por decreto presidencial. 31.05.2017, a Procuradoria-Geral da República e os negociadores da holding J&F, controladora da empresa JBS, fecham acordo no valor de R$10,3 bilhões, o maior da história do planeta. 09.06.2017 – TSE absolve a chapa Dilma/Temer de crimes eleitorais, descartando provas produzidas. 10.06.2017 – revista 'Veja' noticia possível investigação da ABIN sobre relator da Lava Jato, ministro Edson Fachin. Em 16.10.2018, o Presidente Michel Temer é indicado pela Polícia Federal no inquérito nº 4.621, indiciamento mantido pelo STF (Mininstro Luis Roberto Barroso) e a PGR denunciou Temer em 19.12.2018, por organização criminosa, corrupção passiva, que teria praticado ao editar o Decreto nº 9.048/2017 (Decreto dos Portos), favorecendo a empresa RODRIMAR S/A. Enquanto se escrevia esta obra, encontravam-se pendentes na Câmara dos Deputados 11 pedidos de impeachment do presidente Michel Temer, sendo um da OAB, nenhum com a celeridade legislativa destinada ao impeachment da ex-Presidente Dilma Rousseff. Disponível em: <http://politica.estadao.com.br/noticias>.; e <https://oglobo.globo.com>. Acesso em: 04 out. 2017.

Com efeito, no capítulo anterior, sustentou-se que na modernidade (no desenvolvimento do Estado), mesmo com limitações, se depreendia o imperativo de uma ordem no sentido de organização de pensamento (não de consenso), de conformação econômica e política menos estratificada.

Em tempos de pós-modernidade, *locus* de presente e crescente complexidade (social, econômica e política), se não é caracterizada pela ausência de ordem, é possível sustentar a ampliação dos conflitos, a diversificação de problemas sociais e econômicos (aumento da miséria, a fome), as mudanças de paradigmas em nível internacional. A isso, acrescentem-se o enfraquecimento do Estado e a função do Direito, aspectos intrínsecos de normatização, pretensões niveladoras das relações sociais, sempre conflitantes em interesses, a partir dos tecidos que as revestem no plano existencial que lhe conferem concretude.

Pelo principal fundamento da doutrina escolhida neste estudo, outra causa maior não há para tantos males do que o processo desagregador e nefasto produzido pelo liberalismo econômico, a face mais cruel da globalização.

Logo, é perceptível que, na sociedade pós-moderna, o Direito, enquanto instrumento regulamentador das complexas relações sociais, seja, de maneira especial, atingido e envolvido nesse processo de mudanças e de ausências. O formalismo reinante no Direito, a positivação exacerbada também estão em crise, acarretando, por certo, os efeitos de minorar a eficácia que emergem, ou deveriam emergir, das normas.

Sobre este aspecto, Gunther Teubner sustenta:

> O direito, sempre que utilizado como instrumento de controlo do Estado Social, possui modos de funcionamento, critérios de racionalidade e formas de organização que se revelam inapropriadas às estruturas do "mundo da vida" pré-existentes nas áreas sociais reguladas, e que, por conseguinte, ou bem que acabam por fracassar a consecução dos objectivos perseguidos, ou bem então que o conseguem fazer embora à custa da destruição de tais estruturas.[71]

É também o pensamento de Teubner que se adota como premissa para formatar a crise anunciada do Direito, quando apresenta o conceito de juridificação, aclarando, organizando e estabelecendo uma direção ao emaranhado dessa crise. Nesse sentido, empreende seu entendimento:

---

[71] TEUBNER, Gunther. Juridificação – noções, características, limites, soluções. (Trad. José Engrácia Antunes). In: *Revista de Direito e Economia*, Universidade de Coimbra, p. 19, 1988.

Na realidade, o termo juridificação tem sido empregue em acepções tão díspares, que uma prévia e precisa delimitação do seu conteúdo se parece impor desde logo. A mera subsunção do conjunto de tendências consistentes na proliferação do direito legislado num comum e indiferenciado conceito – o de juridificação – mostra-se, de facto, de pouca ou nenhuma utilidade.

O fenómeno da juridificação torna-se assim apenas analisável e interpretável – e esta é a nossa primeira tese – quando aparece identificado com o chamado moderno Direito Regulatório, no qual o sistema jurídico se revê como simultaneamente politizado e socializado.

No debate jurídico, o fenómeno da juridificação aparece primariamente identificado com a ideia de um fenómeno de expansão. Imagens inquietantes como "inundação de normas" ou "explosão legal" reflectem bem o efeito perturbador que o rápido crescimento do direito legislado teve junto da comunidade jurídica e até da própria sociedade em geral. O incrível aumento quantitativo das normas e diplomas jurídicos é hoje salientado e criticado um pouco por todo o lado, sobretudo no contexto daqueles ramos do direito reguladores do mundo da indústria, da empresa e do trabalho. [...] A origem do desastroso estado do moderno direito positivo reside na incoerência do grande número de normas jurídicas elaboradas para responder a situações particulares, que são depois amontoadas desordenadamente, e para cujo tratamento não foram ainda desenvolvidos meios idóneos. [...] Ao cabo deste exame crítico de diferentes perspectivas interdisciplinares do fenómeno da juridificação, pensamos ser possível apodar de insatisfatórias quer a concepção desse fenómeno que aponta para a "inundação de leis" propugnada pelos juristas, quer o conceito de "expropriação do conflito" proposto pelos sociólogos, quer finalmente a perspectiva que vê primacialmente na juridificação um fenómeno de restrição do espaço de acção de certos movimentos sociais e grupos de interesse. [...] O fenómeno da juridificação do moderno Estado-Providência pode ser ainda, e finalmente, analisado e caracterizado da perspectiva de três transformações fundamentais que veio introduzir em relação ao tradicional direito formal: uma mudança no plano da função do Direito, no plano da sua legitimação, e no plano da sua estrutura normativa. A juridificação não significa apenas crescimento do Direito, mas designa antes um processo no qual o Estado Social intervencionista cria um novo tipo de Direito, o direito regulatório.[72]

Nessa mesma direção, em percuciente análise, Luís Roberto Barroso discorre sobre as mudanças no modo de pensar o Direito,

---

[72] Idem, p. 19-47.

operadas no processo de transformações sociais, importante para o contexto abordado neste capítulo, chegando ao patamar da Constituição, ao estabelecer:

> Nos últimos cinquenta anos, no entanto, notadamente após o término da 2ª Guerra Mundial, o Direito nos países que seguem a tradição romano-germânica passou por um conjunto extenso e profundo de transformações, que modificaram o modo como a ciência do Direito, o direito positivo e a jurisprudência são pensados e praticados. No centro desse processo de mudanças políticas, conceituais e paradigmáticas situa-se a Constituição. O modelo é conhecido, no mundo romano-germânico, como "Estado constitucional de direito". Esta nova ordem constitucional, identificada como "paradigma do pós-guerra" ou como "novo constitucionalismo", irradiou-se pelo mundo de uma maneira geral. Na virada do século XX para o século XXI, algumas de suas características essenciais podiam ser encontradas na Europa, na América Latina e na África, unindo países distantes geográfica e culturalmente, como Brasil, Hungria, Espanha e África do Sul, para citar quatro exemplos de visibilidade mundial.[73]

Para os fins propostos neste capítulo, abebera-se nos estudos de Marcelo Neves, com o intuito apenas de apresentar, ilustrativamente, mais um flanco, sobre o qual o Direito é analisado, não se tendo a pretensão de abordar as diversas teorias, notadamente as propostas por Luhmann e Habermas, analisadas pelo mestre pernambucano.

Neste sentido, o mergulho científico de Marcelo Neves sobre a concepção do processo evolutivo do Direito é o que se mostra relevante para unir as pontas das premissas que se estabeleceu como ponto de partida para o desenvolvimento da explicitação da crise do Direito. Neves sustenta:

> A concepção sistêmica da positividade do direito moderno é indissociável do modelo de evolução social como ampliação da complexidade que conduz, na sociedade moderna, à diferenciação funcional. Antes, porém, de qualquer consideração sobre a própria emergência histórica do fenômeno de complexificação da sociedade, que leva à modernidade, faz-se mister delimitar o sentido que assume o termo "evolução" no âmbito da teoria sistêmica, afastando-se de eventuais equívocos. [...] A evolução da sociedade como sistema social mais abrangente vincula-se

---

[73] BARROSO, Luís Roberto. A americanização do Direito Constitucional e seus paradoxos: teoria e jurisprudência constitucional no mundo contemporâneo. In: *Revista Interesse Público*, ano 12, n. 59, Belo Horizonte: Editora Fórum, p. 13-55, jan/fev. 2010.

diretamente à evolução dos seus subsistemas funcionais. Nesse contexto, discute-se a emergência dos mecanismos evolutivos especificamente em relação ao direito.[74]

Destarte, a partir do processo evolutivo do Estado Social e seu anacronismo, quer-se estabelecer o entendimento de que ele teve, e tem, a companhia do Direito,[75] também em crise, que não é localizada e comportada em si mesma, cingida aos limites das sendas jurídicas. Antes mesmo de tornarem-se crise do Direito, aspectos de natureza essencialmente social, política e econômica convergiram para a emersão da crise por que passa atualmente o Estado, não se podendo, portanto, atribuir a crise do Direito como advinda tão somente dos aspectos jurídicos conformadores na sociedade.[76]

Logo, na atualidade, o que se opera em termos de transformações do Estado está relacionado a uma crise mais ampla de valores, das instituições, notadamente as ocidentais, ensejando a formulação do entendimento de que essa crise aponta para o surgimento de um novo paradigma de organização do Estado.[77]

Sobre esse viés, é possível sustentar que qualquer caminho que palmilhe o Estado em sua metamorfose, certamente esta rota, necessariamente, irá comportar profunda mudança no campo do Direito. Neste sentido, Lenio Streck defende que o Estado, a partir da ruptura do monismo e do protagonismo exclusivista estatal,

> passa a apontar para o esfacelamento da regulação jurídica, especialmente em virtude do reconhecimento da (re)emergência de um direito plural que se organiza estruturalmente, bem como de um Direito que se constrói pragmaticamente assentado em bases contratuais – cooperação

---

[74] NEVES, Marcelo. *Entre Têmis e Leviatã*: uma relação difícil. O Estado Democrático de Direito a partir e além de Luhmann e Habermas. 1. ed. São Paulo: Martins Fontes, 2006. p. 1-18.

[75] Imbricando a movimentação/evolução do Estado Social, com o aspecto jurídico (do Direito) que o acompanha nesse processo histórico e de crise, continua Avelãs Nunes: "Se o direito civil napoleónico foi a expressão mais acabada de um direito de classe (o direito da burguesia revolucionária vitoriosa), o direito social surgiu, no quadro do Estado social, como um direito de compromisso (compromisso que não traduz, necessariamente, um equilíbrio de forças)". Op. cit., p. 6-7.

[76] Deve-se registrar, por oportuno, que não é objeto da presente pesquisa adentrar no debate sobre as correntes doutrinárias que se reportam à relação entre Direito e Estado (monista, dualista, paralelista, tridimensionalista, dentre outras), mas demonstrar a vinculação entre ambos, na crise que se anuncia.

[77] CHEVALLIER. Idem p. 16.

e coordenação – e negociais – grupos de interesse, participação cidadã etc. –, com um caráter menos prescritivo.[78]

No andar *pari passu*, entre a crise do Estado e a crise do Direito, avulta-se uma crise que une Estado e Direito, também pelas peculiaridades históricas empreendidas no modelo que se conhece por Estado de Direito, a partir das experiências predominantemente ocidentais, nas origens e permanências.

Sobre esse tema, importante contribuição encontra-se na análise de Luigi Ferrajoli, ao estabelecer que a crise do Estado de Direito atual afeta os modelos de Estado Legislativo de Direito e Estado Constitucional de Direito, ao sustentar:

> En ambos aspectos, la crisis se manifiesta en otras tantas formas de regresión a un derecho jurisprudencial de tipo premoderno: por un lado, el colapso de la capacidad reguladora de la ley y el retorno al papel creativo de la jurisdicción; por otro, la pérdida de la unidad y coherencia de las fuentes y la convivencia y superposición de diversos ordenamientos concurrentes. En el primer aspecto, la crisis afecta al *principio de legalidad*, que como se ha dicho es la norma de reconocimiento propia del *estado legislativo de derecho*. Y tiene su génesis en dos factores: la inflación legislativa y la disfunción del lenguaje legal, frutos de una política que ha degradado la legislación a administración, difuminando la distinción entre ambas funciones tanto en el terreno de las fuentes como en el de los contenidos. Un segundo aspecto, la crisis afecta al papel garantista de la constitución en relación con la legislación, que es el rasgo distintivo del *estado constitucional de derecho*. Es una consecuencia del fin del estado nacional como monopolio exclusivo de la producción jurídica. [...] A falta de instituciones a la altura de las nuevas relaciones, el derecho de la globalización viene modelándose cada día más, antes que en las formas públicas, generales y abstractas de la ley, en las privadas del contrato, signo de una primacía incontrovertible de la economía sobre la política y del mercado sobre la esfera pública.[79]

Ainda na doutrina internacional, a escola de Bruxelas tem empreendido estudos que pretendem demonstrar uma transformação pela qual o Direito, enquanto instrumento normativo, tem passado, mas

---

[78] MORAIS, José Luis Bolzan de; STRECK, Lenio Luiz. *Ciência Política e Teoria do Estado*. 8. ed. rev. e atual. Porto Alegre: Livraria do Advogado Editora, 2014. p. 165-166.

[79] FERRAJOLI, Luigi. Pasado y futuro del estado de derecho. *Revista Internacional de Filosofia Política*, n. 17, Cidade do México: Universidade Autónoma Metropolitana, 2001. p. 31-45.

que é pouco estudada. Para tanto, um de seus ilustres representantes, Benoit Frydman, procurando completar a teoria do direito com uma espécie de teoria da norma, estabelece a classificação de normas técnicas e normas de gestão, referindo-se ao processo do desenvolvimento do Direito diante do fenômeno da globalização e as adaptações impostas pelo mercado.

Para Benoit Frydman, importa considerar não apenas o processo de elaboração, de aplicação da norma, mas pugna pela necessidade de o jurista dialogar com especialistas de outras áreas do conhecimento. O jurista belga, nesta direção, classifica as normas em técnicas, fazendo expressa referência ao processo desenvolvimentista da indústria e do mercado consumidor, onde se encaixam as normas técnicas que resultam da formatação de linguagem destinada a normatizar diversos seguimentos do mercado; já as normas de gestão direcionam-se ao que ele denomina de indicadores, a condução do processo de condução por indicadores, na forma de standards, em concorrência direta com as normas jurídicas advindas da modernidade.[80]

Com efeito, infere-se que o Direito representa vetor de fundamental importância, a compor os interiores das crises sustentadas neste capítulo inaugural, demonstrando que representa, por muitas formas, ao mesmo tempo, um elemento que confere formalidade às estruturas estatais e, por outro, permanece na qualidade de instrumento utilizado pelo Estado em sua atuação, do qual tem lançado mão, inclusive, para suas escolhas nas políticas que empreende, mas, sobretudo, nas transformações operadas no interior dos modelos de Estado de Direito formatados pelos países que o adotam.

Segundo Lenio Streck, essa crise do Direito se apresenta com as seguintes feições:

> Há mais de uma década resolvi fazer uma viragem na interpretação do Direito. De uma trajetória inicial ligada às teorias analíticas, iniciei a incursão nas trilhas da hermenêutica filosófica, pavimentada pela filosofia hermenêutica. Isto porque me convenci, ainda nos anos 90, que perscrutar a linguagem no plano de um *semantic sense* não era suficiente para albergar a complexidade do Direito em *terrae brasilis*.
> O ponto central – inicial – foi a discussão da crise do Direito, do Estado e da dogmática jurídica (que o instrumentaliza), preparado/engendrado para o enfrentamento dos conflitos interindividuais, não conseguiam

---

[80] FRYDMAN, Benoit. *O fim do Estado de Direito*: governar por standards e indicadores. (Trad. Mara Beatriz Krug). Porto Alegre: Livraria do Advogado Editora, 2016. p. 30-51.

atender às especificidades das demandas originadas de uma sociedade complexa e conflituosa. O paradigma (modelo/modo de produção de Direito) liberal-individualista-normativista estava esgotado. O crescimento dos direitos transindividuais e a crescente complexidade social reclama(va)m novas posturas dos operadores jurídicos.[81]

Com extrema proximidade do que se estabeleceu como crise do Direito, vinculada aos aspectos causais, reporta-se à excessiva valorização da norma historicamente criticada, conforme se depreende do entendimento de Friedrich Müller:

> Um dos paradoxos mais salientes da história do direito é a influência negativa que um corpo bem sucedido de normas exerce sobre a teoria jurídica. Diante dele, os juristas tendem a se tornar simples glosadores, e o pensamento jurídico reduz-se a pobres comentários, quando não a mera paráfrase do texto normativo.[82]

Desde logo, abeberando-se na novel abordagem da crise do Direito (NCD) empreendida por Lenio Streck, se estabelece como recorte da crise do Direito enfrentado neste capítulo, aspectos da dogmática jurídica e seus paradigmas, atraindo ao debate, também, o que remete às funções do Direito, sua produção e realização no campo da Democracia, até chegar-se ao Estado de Direito, em seus aspectos histórico-evolutivos e sua conformação atual.

Nesse diapasão, é oportuno destacar a importância de debater-se sobre a crise do Direito e do Estado, diante do espraiamento dos ventos de ideais democráticos espalhados mundo afora, de acordo com o exemplificado alhures, na experimentação de movimentos reivindicatórios que ultrapassaram as fronteiras nacionais, alojando-se no ideário de transformação nato do Direito.

Sobre esse particular, lapidar é o entendimento articulado por Lenio Streck, ao sustentar:

> Em tempos de globalização, é inexorável que a questão da função do Estado e do Direito seja (re)discutida, assim como as condições de possibilidade da realização da democracia e dos direitos fundamentais

---

[81] Op. cit., p. 17.
[82] MÜLLER, Friedrich. *Quem é o Povo?* (Trad. Peter Naumann). São Paulo: Editora Max Limonad, 2013. p. 8.

em países saídos de regimes autoritários, carentes, talvez, de uma segunda transição.[83]

Nessa linha, reconhecer a incapacidade e a incompetência do Estado, utilizando o Direito como instrumental para a solução dos problemas historicamente apresentados, nada mais é do que assentir ao entendimento de que o Direito, através de sua dogmática essencialmente liberal e normativa, não respondeu às expectativas sociais destinadas ao seu núcleo produtivo para resolução.

Justamente nessa trilha, Lenio Streck explana:

> O enorme fosso ainda existente entre o Direito e a sociedade, que é o instituído e instituinte dessa crise de paradigmas, retrata a incapacidade histórica da dogmática jurídica (discurso oficial do Direito) em lidar com a realidade social. Esse hiato e a crise de paradigma do modelo liberal-individualista-normativista retratam a incapacidade histórica da dogmática jurídica em lidar com os problemas decorrentes de uma sociedade díspar como a nossa. As práticas hermenêutico-interpretativas vigorantes/hegemônicas no campo da operacionalidade – incluindo aí doutrina e jurisprudência – ainda estão presas à dicotomia sujeito-objeto, carentes e/ou refratárias à viragem linguística de cunho pragmatista-ontológico ocorrida contemporaneamente, em que a relação passa a ser sujeito-sujeito.[84]

Destarte, a partir da crítica que se faz sobre a incompletude da dogmática jurídica, incapaz de superar o modelo liberal-individualista-normativista, ultrapassando os avanços que a modernidade inicialmente conferiu ao estabelecer a formatação inicial do Estado e do próprio Direito, o que se deve perseguir é o rompimento com o paradigma que privilegia no Direito a relação sujeito-objeto, para alcançar o patamar de uma dogmática que represente e evidencie o Direito na dimensão sujeito-sujeito.

Noutra face, destaca-se que a crise do Direito muito se deve à incapacidade histórica em responder como instrumento eficaz aos problemas vivenciados pela comunidade, com relevância às enormes mazelas sociais, considerando-se a forma como o Direito tem sido produzido.

---

[83] STRECK, Lenio Luiz. *Hermenêutica e(m) crise*: uma exploração hermenêutica da construção do Direito. 11. ed. rev., atual. e ampl. Porto Alegre: Livraria do Advogado Editora, 2014. p. 23.
[84] Idem, p. 19.

Nesse prisma, Lenio Streck estabelece substancial crítica à dogmática jurídica, defendendo:

> O Direito não consegue atender a tais demandas, não porque tal complexidade não estaria prevista no sistema jurídico, mas, sim, porque há uma crise de modelo (que não deixa de ser uma espécie de modo de produção do Direito) que se instala justamente porque a dogmática jurídica, em plena sociedade transmoderna e repleta de conflitos transindividuais, continua trabalhando com a perspectiva de um Direito cunhado para enfrentar conflitos transindividuais bem nítidos em nossos Códigos (civil, comercial, penal, processo penal e processual civil).[85]

Não se deve, por certo, desconsiderar que esse panorama do Direito aqui apresentado tem como moldura um Estado que também passou e passa por profundas mudanças em seu processo histórico-evolutivo, instigando a doutrina no processo de conceituação e interpretação dos sinais deixados desde a sua criação no medievo, até a atual configuração que o comporta.

Sobre esse particular da moldura estatal relacionada ao Direito, importante contribuição encontra-se nos estudos de Jacques Chevallier, quando sustenta:

> O Estado de Direito nos remete a certa visão do poder lentamente forjada ao longo da história do Ocidente e inerente à concepção liberal da organização política. O Estado de Direito testemunha, hoje, uma confiança absoluta colocada no direito: ele repousa sobre a crença que o poder pode estar amarrado por regras, que a força possa ser posta a serviço do direito, que a dominação pode ser exercida conforme às regras preestabelecidas; pressupondo a capacidade da norma de fazer advir dela o enunciado, o postulado da eliminação do arbítrio, a prescrição da violência. Ora, esta concepção idealizada do direito oculta o fato que ele mesmo está em jogo permanente de lutas e que as relações de forção não seriam erradicadas somente pela virtude da dogmática jurídica. O Estado de Direito conheceu, ao longo dos últimos decênios, uma espantosa promoção. Conceito forjado pelos juristas e para uso dos juristas, ele restou até agora confinado no campo fechado do direito, tronando-se objeto de um discurso erudito, acessível somente aos familiarizados com os mistérios do pensamento jurídico. As múltiplas referências ao Estado de Direito que então encontramos nas Constituições e, sobretudo, nos textos internacionais, contribuem fortemente para o enraizamento de um conceito vazio de conteúdo jurídico; o Estado de Direito não é

---

[85] Op. cit., p. 46.

apenas uma figura retórica, construída para fins de legitimação, mas implica ainda certo modelo de organização política.[86]

Percebe-se, nessa linha bem articulada, a interpretação histórica de uma crise presente a emergir na comunidade internacional do Estado Democrático de Direito, estabelecendo a intrínseca relação da instituição, Estado, com o instrumental, Direito, na perspectiva da evolução da democracia.

De acordo com José Luis Bolzan de Morais, "no Estado Democrático de Direito a lei passa a ser, privilegiadamente, um instrumento de ação concreta do Estado, tendo como método assecuratório de sua efetividade a promoção de determinadas ações pretendidas pela ordem jurídica",[87] não se inferindo, contudo, legitimidade e expressiva apropriação social no modo de produção dos textos legais, do discurso jurídico, sua circulação e seu consumo, que, como bem lembra Streck,

> não podem ser guardados sob um hermético segredo, como se sua holding fosse uma abadia do medievo. Isso porque o que rege o processo de interpretação dos textos legais são as suas condições de produção, as quais, devidamente difusas e oculta(da)s, aparecem como se fossem provenientes de um 'lugar virtual', ou de um lugar fundamental.[88]

Para Lenio Streck, relacionada à crise do Direito, essa conceituação do Estado Democrático de Direito deve estar imbuída de análise do papel do Judiciário e dos direitos fundamentais, em articulação bastante apropriada:

> O conceito de Estado Democrático de Direito aqui trabalhado pressupõe uma valorização do jurídico, e, fundamentalmente, exige a (re)discussão do papel destinado ao Poder Judiciário (e à justiça constitucional) nesse (novo) panorama estabelecido pelo constitucionalismo do segundo pós-guerra, mormente em países como o Brasil. A noção de Estado Democrático de Direito está, pois, indissociavelmente, ligada à realização dos direitos fundamentais. Mais do que uma classificação de Estado ou de uma variante de sua evolução histórica, o Estado Democrático de Direito faz uma síntese das fases anteriores, agregando a construção das condições de possibilidades para suprir as lacunas das etapas

---

[86] CHEVALLIER, Jacques. *O Estado de Direito*. (Trad. Antonio Araldo Ferraz Dal Pozzo, Augusto Neves Dal Pozzo). Belo Horizonte: Fórum, 2013. p. 7-10.
[87] MORAIS, José Luis Bolzan de. *Do Direito Social aos Interesses Transindividuais*. Porto Alegre. Livraria do Advogado, 1996. p. 47.
[88] Op. cit., p.19.

anteriores, representadas pela necessidade do resgate das promessas da modernidade, tais como igualdade, justiça social e a garantia dos direitos humanos fundamentais.[89]

Desse emaranhado teórico, percorrendo o caminho final dessa articulação empreendida, considerando as limitações que revestem o presente estudo no recorte proposto, para exemplificar e conferir concretude ao enfoque da crise do Direito, apresentam-se de maneira absolutamente concisa as correntes do *procedimentalismo* e do *substancialismo*, para ilustrar as dissenções doutrinárias sobre o agir do Direito, sobre o seu papel na concepção dos operadores do Direito, abrindo mão do debate sobre o entendimento de outras correntes do pensamento jurídico.

Segundo Jürgen Habermas,[90] expoente da tese procedimentalista, é necessário criticar ostensivamente o que entende por invasão da política e da sociedade pelo Direito. Para Habermas, dentro do Estado Democrático de Direito, a função central no sistema cabe à legislação.

De outra banda, segundo Lenio Streck, o pensamento substancialista sustenta que a conduta do Estado e as condições do agir político-estatal encontram-se estabelecidas no texto constitucional, trabalhando-se na perspectiva de que a Constituição revela o contrato social pactuado pela sociedade.[91]

Sobre esse enfoque, Canotilho enfatiza aspectos que extrapolam o texto constitucional normatizado, ao sustentar que

> a Constituição garante a tendencial unidade não como 'norma de centro' ou 'norma dirigente fundamental do Estado', mas como estatuto de justiça do político, ou seja, como quadro moral e racional do discurso político conformador da ordem normativo-constitucional através de um conjunto de princípios e regras incorporadores de valores básicos do ordenamento jurídico.[92]

---

[89] STRECK, Lenio Luiz. *Hermenêutica e(m) crise*: uma exploração hermenêutica da construção do Direito. 11. ed. rev., atual. e ampl. Porto Alegre: Livraria do Advogado Editora, 2014. p.53-54.

[90] HABERMAS, Jürgen. *Direito e Democracia*: entre a facticidade e validade. Rio de Janeiro: Tempo Brasileiro, 1997. v. II, p. 297.

[91] Op. cit., p.57.

[92] CANOTILHO, José Joaquim Gomes. *Direito Constitucional e Teoria da Constituição*. 2. ed. Livraria Almedina, Coimbra, 1998. p. 1026-1027.

Nesse diapasão, importa, reitere-se, engendrar o entendimento de que não há crise do Direito em si mesmo, mas uma crise mais ampla que representa a crise do próprio Estado. Afastar essa relação intrínseca representa reforçar o positivismo que relegou o Direito ao restrito campo da relação sujeito-objeto.[93]

Por tudo o que foi exposto, insiste-se no entendimento de que a crise do Direito não resulta de um processo endógeno de autoconsumo. Pelo contrário, é reflexo de uma crise maior por que passa o Estado, destacando que a crise estatal advém de uma mudança e reflexão de valores morais, de paradigmas impostos pelo célere processo de globalização, desafiadores da soberania, mas, sobretudo, amesquinhadores do desenvolvimento humano, notadamente onde há flagrante violação de direitos humanos fundamentais, ou seja, em mais de uma centena de países.

Particularmente, a crise do Direito, talvez de maneira mais imediata, está a exigir mudanças mais céleres do que a que se espera da moldura do Estado. No caso do Brasil, os operadores do Direito encontram-se, permanentemente, diante de um grande dilema que ainda não foi resolvido, mesmo depois de quase três décadas da Constituição de 1988, que estabeleceu uma nova ordem jurídica.

No país, existem legiões, milhões de pessoas sem a garantia de direitos humanos fundamentais básicos, mas, em outra ponta, a Lei Maior prevê a garantia desses direitos, inclusive com previsão expressa de aplicação imediata (§1º, do art. 5º), compelindo-nos a estabelecer, conforme verberado no início deste artigo, a busca de um recorte para a delimitação do papel do Estado e do Direito a ser desempenhado nesse cenário.

Sobre esses aspectos, Bobbio há muito preconiza que devemos descer do plano ideal, quando se fala dos direitos do homem, direitos sempre novos e cada vez mais extensos, para se caminhar ao plano real, garantindo uma proteção efetiva desses direitos,[94] o que, verdadeiramente, deve incomodar todos os operadores do direito, sem exceção, no desafio de conferir eficácia e efetividade a esses direitos na perspectiva de experimentação mais plena do Estado Democrático de Direito, e não

---

[93] STRECK, Lenio Luiz. *Hermenêutica e(m) crise*: uma exploração hermenêutica da construção do Direito. 11. ed. rev., atual. e ampl. Porto Alegre: Livraria do Advogado Editora, 2014. p. 17.

[94] BOBBIO, Norberto. *A Era dos Direitos*. (Trad. Carlos Nelson Coutinho). Rio de Janeiro: Elsevier, 2004. p. 80.

simplesmente na mera constatação dos limitados feitos na democracia formal conduzida pelo Estado.

Chevallier vaticina que o Estado pós-moderno, por ser uma forma política ambígua, incerta, constituirá uma transição em direção a uma concepção diversa de organização política, rompendo dessa vez com a racionalidade estatal,[95] com o que se concorda, mas também impõe a busca de caminhos para atravessar essa crise estabelecida e em constante movimento.

Sobre esse particular, deslocando o debate ao plano constitucional, Müller contribui, apontando a existência de caminhos para reduzir a distância entre a promessa de legitimidade e a realidade, por intermédio de formas de legislação popular democrática sem mediações, da elegibilidade dos funcionários públicos e dos juízes, por intermédio da participação decisiva do povo em partidos e associações, concretamente normalizada, viáveis nos países em conformidade com o Estado Democrático de Direito,[96] destacando-se, nessa direção, que devem ser fortalecidos os ideais democráticos na atuação dos Poderes constituídos, não sendo razoável remeter somente ao Judiciário a solução da crise do Direito, o que nos conduz para a necessidade de mudança de paradigma no modo de produção do Direito.

Logo, abeberando-se mais uma vez no pensamento de Friedrich Müller, destaca-se que

> no Estado Democrático de Direito, o jurista não pode brincar de pretor romano. Os poderes executantes, isto é, Executivo e Judiciário, não estão apenas instituídos e não são apenas controlados conforme o Estado de Direito; estão também comprometidos com a democracia,[97]

e é esse o compromisso que se espera dos juristas diante da crise do Direito e do Estado, conferindo conteúdo cada vez mais prático-resolutivo à instrumentalização privilegiada e transformadora que o Direito sempre deve representar.

Ainda nessa direção, na virada de 2016, estampando a crise do Direito e institucional em *terrae brasilis*, Lenio Streck articula sobre o cenário jurídico e político o seguinte:

---

[95] CHEVALLIER, Jacques. *O Estado pós-moderno*. (Trad. Marçal Justen Filho). Belo Horizonte: Fórum, 2009. p. 277.
[96] MÜLLER, Friedrich. *Quem é o Povo?* (Trad. Peter Naumann). São Paulo: Editora Max Limonad, 2013. p. 47.
[97] Idem. p. 56.

Um bom conceito de Direito é o de que, em uma democracia, o sistema democrático deve oferecer um critério acerca dos sentidos da lei que sejam publicamente acessíveis, para que, de posse deles, possamos cobrar padrões sociais que sejam vinculantes a todos, sem distinção de raça, cor, sexo, poder etc. Isto é: deve existir um padrão decisório. Isso se chama decisão por princípio. O que não deve existir é um decidir por decidir. Não posso correr sozinho e chegar em segundo lugar. O Judiciário deve ter um mínimo de racionalidade. Os sentidos da lei não são secretos. Por isso, as decisões devem ser coerentes e íntegras (o que os tribunais fizeram com o artigo 926 do CPC?).

Em seguida, faz uma amostragem do que denomina de decisões ativistas-behavioristas de 2016.[98]

---

[98] As decisões judiciais que determinaram o bloqueio do WhatsApp; decisão do juiz Sérgio Moro, em 16 de março, de divulgar interceptação telefônica de conversa entre a então presidente da República e um ex-presidente; o STF excluiu tais provas, comprovando a tese da ilicitude; o STF fragiliza a presunção da inocência contra expresso texto de lei e da Constituição (e metade da comunidade jurídica acha "bom"); "medida excepcional" da Justiça autoriza a polícia a fazer buscas e apreensões coletivas em favela no Rio de Janeiro contra expresso texto legal e constitucional; mesmo após a vigência do novo CPC, o STJ – guardião da legalidade – continua entendendo que nada mudou acerca do dever de fundamentação, como se o artigo 489, parágrafo 1º, com todos os seus incisos, fosse "letra morta". Isso fica claro no trecho da fundamentação dos Embargos de Declaração no MS nº 21.315-DF, no qual consta que "o julgador não está obrigado a responder a todas as questões suscitadas pelas partes, quando já tenha encontrado motivo suficiente para proferir a decisão"; a decisão do STF na ADPF nº 347, assumindo a tese do Estado de Coisas Inconstitucional (ECI), que não serviu para nada; passado mais de ano, não colocaram um tijolo no sistema (essa decisão é de 2015, mas é como se fosse de 2016); Tribunal de Justiça de São Paulo anulou o julgamento dos 73 policiais condenados pelo massacre do Carandiru. O voto do relator, desembargador Ivo Sartori, foi baseado exclusivamente na sua consciência; a decisão do juiz Sérgio Moro, que autorizou a condução coercitiva do ex-presidente Lula. Com base nesse caso, a condução coercitiva tem sido autorizada de forma irregular pelo Judiciário. Judiciário legislando; decisão do ministro Barroso em HC que afirmou – com base na ponderação alexiana – não ser crime a interrupção da gestação até o terceiro mês; decisão do TRF-4 que afirmou que a Operação Lava Jato não precisaria respeitar as regras de casos comuns por ser uma situação excepcional; decisão liminar do ministro Luiz Fux, do Supremo Tribunal Federal, nos autos do Mandado de Segurança nº 34.530, determinando "o retorno do Projeto de Lei da Câmara nº 80/2016, em tramitação no Senado Federal, à Casa de Origem", sob fundamentos que intervêm perigosamente no processo legislativo; decisão liminar do ministro Marco Aurélio que determinou o afastamento do senador Renan Calheiros da Presidência do Senado, descumprida pelo Senado até decisão do Plenário do STF, que voltou atrás para manter Renan na Presidência, mas fora da linha sucessória. Errada também a decisão que confirmou a liminar em parte. In: CONSULTOR JURÍDICO. *Breve ranking de decisões que (mais) fragilizaram o Direito em 2016*. Disponível em: <http://www.conjur.com.br/2016-dez-29/senso-incomum-breve-ranking-decisoes-fragilizaram-direito-2016>. Acesso em: 10 jul. 2018.

1.4 O Estado regulador e a pós-modernidade

De maneira a apresentar a face de regulação do Estado, sem conferir solução de continuidade à crise do Estado, sustentada com mais vagar, anteriormente, apenas para empreender cronologia à sequência de transformações pelo qual tem passado, elegeu-se tratar sobre o Estado regulador, com um recorte de última etapa do presente capítulo, perseguindo-se, por derradeiro, a pós-modernidade, na qual se encontra em experimentação, considerando-se esse interregno temporal da história.

Nesta direção, de acordo com Avelãs Nunes, foi o começo da contrarrevolução monetarista, simbolicamente do ponto de vista político-econômico, com a decisão unilateral da Administração Nixon (Agosto de 1971) de romper os Acordos de Bretton Woods, o início do sistema de câmbios flutuantes, entregando às leis do mercado (e, sobretudo, à ação dos especuladores) um preço tão importante como o das divisas utilizadas nos pagamentos internacionais, começando o combate pelo reconhecimento da independência dos bancos centrais enquanto entidades reguladoras do mercado do crédito, reivindicando-se para eles a titularidade da política monetária e a capacidade de decisão nesta área sem qualquer interferência dos órgãos políticos legitimados democraticamente e sem qualquer controle por parte das instâncias do estado, que se consolida à ideia de Estado regulador.[99]

Esse cenário é egresso de um Estado liberal, onde havia a crença de não haver necessidade de regulamentação do mercado pelo próprio Estado, de modo que a lei da oferta e da procura regia as relações econômicas na sociedade, denotando-se um Estado não intervencionista.

Tal pensamento econômico não foi capaz de apresentar soluções às demandas sociais (desigualdade social), com a crise do liberalismo no final do século XVIII e início do século XIX, ao Estado foi conferida a tarefa de intervenção na economia, objetivando a manutenção do equilíbrio no mercado, emergindo dessa mudança o Estado do Bem-Estar Social, o *Welfare State*. Com o abandono do absenteísmo, característico do liberalismo, e intervindo na iniciativa privada, ensejou o surgimento do Estado social, de proteção social, que em suas mais recentes faces apresenta-se como Estado regulador.

---

[99] NUNES, António José Avelãs. Breve reflexão sobre o chamado Estado Regulador. *Revista Sequência*, Curso de Pós-graduação em Direito da UFSC, ano XXVII, n. 54, p. 9-18, jul. 2007.

Sobre essa temática, é importante trazer para o debate, para além dos elementos da ciência política, aspectos relacionados à economia, considerando-se que o Estado regulador, ao atuar nessa condição, estabelece balizas da atuação em setores importantes da sociedade. Neste sentido, importante contribuição representa o pensamento de Celso Furtado, ao sustentar que

> as reformas surgem não como uma opção racional, e sim como o abandono de certas posições pelos grupos que controlam o sistema de poder, ou como uma modificação da relação de forças dos grupos que disputam o controle do sistema de poder. Uma vez introduzidas, as reformas podem modificar fundamentalmente o comportamento das variáveis econômicas, sendo necessário redefinir toda a estrutura do modelo. Ainda assim, a técnica de modelos pode ser utilizada para demonstrar a incompatibilidade entre objetivos de uma suposta política de desenvolvimento, pondo a descoberto a necessidade de reformas estruturais, e para estabelecer a amplitude dessas reformas, caso hajam sido definidos os objetivos a alcançar. Dessa forma, supera-se o domínio da política econômica convencional para abordar o das estratégias, visando transformar as estruturas.[100]

Destarte, nesse momento, é importante reconhecer que as ações do Estado, no desempenho do papel de regulador, representam um instrumento administrativo de intervenção na economia, uma opção política pelos detentores do poder. Para esse exercício, são definidos pela Administração a estrutura, o setor, a relação econômica que será regulada, relacionados ao objetivo, ao conteúdo da regulação que, ao cabo, reveste-se de intervenção externa sobre a dinâmica interna de funcionamento da economia.

Para Vital Moreira, a regulação implica o "estabelecimento e a implementação de regras para a actividade económica destinadas a garantir o seu funcionamento equilibrado, de acordo com determinados objectivos públicos".[101]

Avelãs Nunes atribui a origem dessa característica à atuação do Estado, aduzindo:

---

[100] FURTADO, Celso. *Teoria e política do desenvolvimento econômico*. 10. ed. São Paulo: Paz e Terra, 2000. p. 281.
[101] MOREIRA, Vital. *Auto-regulamentação profissional e Administração Pública*. Coimbra: Almedina, 1997. p. 34.

Assim surgiu, a partir dos anos 80 do século XX, esta nova feição do estado capitalista: o estado regulador. Que parece não querer abandonar inteiramente a sua veste de estado intervencionista, propondo-se condicionar ou balizar a atuação dos agentes econômicos, em nome da necessidade de salvaguardar o interesse público.[102]

Alexandre Aragão aponta também a quadra dos anos oitenta como marco histórico das condições em que a regulação iniciou seu processo de consolidação, posto que os Estados se mostravam fortemente interventores na economia, começando a haver um refluxo desta tendência com o fim ou o retraimento da publicização de vários setores econômicos, inclusive o de serviços públicos, representados principalmente pelas privatizações.

Sustenta Aragão como sendo razões desta tendência: i) mudanças no sistema de produção, com a desvalorização do setor primário, principalmente da agropecuária, e valorização de emergentes setores técnico-especializados; ii) aceleração e desenvolvimento tecnológico dos meios de comunicação, o que acarretou o fim de alguns monopólios naturais até então inevitáveis; iii) a globalização da economia, que, potencializada pela evolução da informática, mitigou bastante os empecilhos econômicos e materiais para as trocas internacionais e inter-regionais; iv) mudanças na sociedade pluriclasse, com os sujeitos deixando de se organizar preponderantemente pela posição que ocupam na cadeia produtiva (capital – trabalho), ocupação, por sinal, crescentemente instável e cambiante, para reunirem-se em grupos sociais de variados substratos (idade, lazer, religião, formação cultural, etnia etc.); v) erosão do conceito clássico de soberania do Estado, que vem perdendo espaço, tanto a montante, para entidades internacionais (ONU, OMC, EU etc.) e poderosas organizações econômicas transnacionais, como a jusante, para organizações sociais locais e setoriais, o que tem causado sensível alteração na teoria das fontes do Direito (fontes emergentes, de caráter internacional, privado, corporativo, comunitário, técnico, deontológico etc.); vi) a diminuição da importância da política estatal *stricto sensu*.[103]

Com efeito, a partir desta evidente reforma do Estado, pela ótica do agir da Administração Pública, percebe-se, do ponto de vista político-administrativo, a atuação estatal de forma centralizada,

---

[102] Op. cit., p. 11.
[103] ARAGÃO, Alexandre Santos. As agências reguladoras independentes e a separação de poderes: uma contribuição da teoria dos ordenamentos setoriais. *Revista Diálogo Jurídico*, Salvador: Direito Público, n. 13, p. 5-6, abr./mai. 2002.

planejando e executando as políticas públicas e, através das agências reguladoras, fiscalizando e regulando a prestação dos serviços públicos.

Ora, essa concepção, como aqui aduzido, defende que ao Estado cabe, como principal função, controlar o funcionamento do mercado, o que vai de encontro à essência das políticas públicas, que objetivam a garantia de direitos através de prestações estatais, ou melhor, por intermédio da disponibilidade de serviços públicos.

Sob esse prisma, é perceptível o afastamento do Estado enquanto gerenciador das atividades econômicas, dos meios diretivos e planificadores da economia. A expressão de tudo isso foi, e ainda é, representada pelas privatizações de empresas públicas.

Do processo de privatização surge, de maneira imperativa, a necessidade de se garantir os interesses públicos relativos ao objeto do repasse à iniciativa privada, impondo-se ao setor empresarial privado o fornecimento de serviços públicos.

É neste sentido que Avelãs Nunes destaca que,

> desde muito cedo, o pensamento liberal impôs a ideia de que esta função de regulação, embora justificada pela necessidade de salvaguarda do interesse público, deveria ser prosseguida, não pelo estado *qua tale*, mas por agências (ou autoridades) reguladoras independentes. Estas são uma invenção norte-americana (que remonta ao tempo do *New Deal*) e que chegou à Europa há cerca de um quarto de século, através do Reino Unido.[104]

Na trilha desse entendimento deflui-se que o repasse das atribuições e competências de regulação econômica às agências (autoridades) reguladoras expressa, inequivocamente, anuência ao neoliberalismo, o exaurimento da vocação política do Estado. É o Estado renunciando ao desempenho do importante e próprio papel de regulador, sob o signo da defesa do interesse público inerente a algo por ele mesmo privatizado.

Essas agências, ao desempenharem um papel que é destinado ao Estado, dão seguimento aos cânones do neoliberalismo, afirmando a dogmática da separação entre Estado e economia, sendo esta destinada à gerência, ao controle majoritário da iniciativa privada. São essas próprias agências, criadas pelo Estado regulador, que vão deter a governança da concorrência do livre mercado, da regulação dos setores da economia,

---

[104] Idem, p. 13.

dos quais o Estado abriu mão de seu exercício direto e do seu controle, entregues às agências.

Avelãs Nunes sustenta, ainda, de maneira enfática, que as agências (autoridades) reguladoras independentes chamam para si parcelas importantes da soberania do Estado, pondo em causa, no limite, a sobrevivência do próprio Estado Democrático de Direito, verberando: "A verdade é que as autoridades reguladoras independentes não prestam contas perante nenhuma entidade legitimada democraticamente nem perante o povo soberano".[105]

No pensamento do catedrático da Universidade de Coimbra, depreende-se que, na experiência da regulação, ocorre um certo jogo de cartas marcadas, uma promiscuidade público/privada, haja vista que os dirigentes das agências reguladoras são escolhidos pelos méritos que lhes são conferidos pelos detentores do poder político que os nomeiam e, não raras vezes, escolhidos pela sua experiência e competência na matéria, sejam egressos das empresas reguladas para integrar as entidades reguladoras, criticando o projeto político neoliberal que objetiva destruir o Estado Social que garante a todos os cidadãos direitos fundamentais, tais como saúde, educação e segurança social.

Mas é rechaçando os argumentos/fundamentos do neoliberalismo (pano de fundo da regulação), sobre a limitação/escassez de recursos e a impossibilidade da garantia de direitos básicos pelo Estado Social, que se encontra sua crítica – por que não dizer – mais veemente:

> O argumento mil vezes repetido em defesa da tese da insustentabilidade financeira dos sistemas públicos de segurança social assenta na ideia de que se foi longe demais no nível das prestações asseguradas (os direitos económicos, sociais e culturais) e, sobretudo, na ideia de que as pessoas idosas são cada vez em maior número e o dinheiro não chega para tudo (contra 'factos' não há argumentos...). É um argumento, que ofende a nossa sensibilidade, porque o aumento da esperança de vida tem de ser afirmado e saudado como um ganho civilizacional, e não considerado – como o fazem estes 'inimigos da humanidade' – como uma condenação, um fardo, uma praga, um pesadelo para a humanidade. Os atuais gestores do capitalismo entendem que o tempo do compromisso se esgotou. Por isso é que as instituições internacionais ao serviço do capital (FMI, Banco Mundial, etc.), a UE e os vários estados nacionais (com governos conservadores ou sociais-democratas) têm promovido e praticado políticas que minam os alicerces do estado social, nomeadamente a institucionalização da liberdade absoluta de atuação

---

[105] Bis in idem, p. 16.

das instituições financeiras, da liberdade de circulação do capital e da independência dos bancos centrais, as privatizações (incluindo os serviços públicos e os tradicionais monopólios estatais, substituídos por monopólios privados), os ataques à contratação coletiva, a 'flexibilização' da legislação laboral, a facilitação dos despedimentos, a precarização das relações de trabalho, a anulação dos direitos dos trabalhadores e o apoio às instituições de assistência e de caridade (como no século XVIII, privados dos seus direitos, os trabalhadores são obrigados a estender a mão à caridade).[106]

A adesão, aqui ratificada, à crítica ao neoliberalismo, bem como aos aspectos estruturais da regulação por ele defendido não afasta, por nenhum modo, o debate (apesar de não serem os fins colimados nesta obra) da dimensão política dos processos decisórios e modelos jurídico-institucionais na regulação de setores da economia, no Estado Democrático de Direito.

A transformação do Estado regulador e as respostas para as crises que enfrenta pressupõe, por imperativo de legitimidade, que seja resultado de uma considerável redução do déficit democrático de representação popular (escolhas democráticas), em que, se possível, não se preveja regulação, apenas onde se vislumbre falhas de mercado (*market failures*), onde não se tenha como premissa maior o primado da concorrência, mas, efetivamente, a melhoria, a ampliação da prestação de serviços públicos, dando ainda mais volume ao Estado Social, garantidor de direitos.

Alguns caminhos podem ser percorridos, no pensamento de Boaventura Santos, neste sentido:

> Buscar nuevas articulaciones entre la democracia representativa, democracia participativa y democracia comunitaria; y sobre todo extender los campos de deliberación democrática más allá del restringido campo político liberal que transforma la democracia política en la isla democrática en un archipiélago de despotismos: la fábrica, la familia, la calle, la religión, la comunidad, los mass media, los saberes, etc.[107]

Mas, em que tempo se dá a crise do Estado, a crise do Direito, as alternativas para a superação de seus dilemas? Qual seria, então, a

---

[106] Op. cit, p. 13-14.
[107] SANTOS, Boaventura Sousa. *Refundación del Estado en América Latina*: perspectivas desde una epstemología del Sur. Centro de Estudios Superiores Universitarios. La Paz: Plural Editores, 2010. p. 130.

referência histórico-temporal na qual se possa balizar e circunscrever o debate sobre as crises discorridas?

Foi proposto, desde a denominação deste capítulo, a pós-modernidade como recorte histórico, classificada a partir da historicidade contemporânea, na qual o chamado Estado pós-moderno palmilhou passadas vigorosas, mas também na qual experimentou e experimenta grandes crises, na forma bastante representativa aqui sustentada, com raros, mas nem por isso menos representativos exercícios para além de uma futurologia óbvia, captados pela quiromancia de uma dedicada doutrina nacional e internacional.

Sobre essa particularidade, de início, assinala-se não existir consenso na doutrina sobre o significado do conceito de pós-modernidade. Em relação a esta dificuldade, afirma Perry Anderson: "uma vez que o moderno – estético ou histórico – é sempre em princípio o que se deve chamar de presente absoluto, ele cria uma dificuldade peculiar para a definição de qualquer período posterior, que o converteria em um passado relativo".[108]

Outros autores caracterizam a condição pós-moderna como o momento da história mundial mais recente (queda do Muro de Berlim), nas sociedades capitalistas, considerando o pós-modernismo como uma espécie de reação à sociedade moderna. Nesse sentido, David Harvey destaca: "talvez só haja concordância em afirmar que o 'pós-modernismo' representa alguma espécie de reação ao 'modernismo' ou de afastamento dele".[109]

Perry Anderson, analisando a expressão condição "pós-moderna", sustenta que foi Jean-François Lyotard quem pioneiramente utilizou-a, com o objetivo de identificar a situação histórica relativa às alterações da organização da vida humana que se seguiram à modernidade.[110]

Ainda sobre a caracterização da pós-modernidade, Angelo Peres destaca:

> A Pós-Modernidade é um movimento de ruptura que surgiu nos fins do século XX, onde o conceito de progresso (da Era Industrial) vai sendo substituído pelo de crise e de incredulidade. Na era pós-moderna, temas

---

[108] ANDERSON, Francis Rory Peregrine. *As origens da pós-modernidade.* (Tradução Marcus Antunes Penchel). Rio de Janeiro: Jorge Zahar Editor, 1999. p. 20.
[109] HARVEY, David. *Condição pós-moderna*: uma pesquisa sobre as origens da mudança cultural. (Trad. Adail Ubirajara Sobral, Maria Stela Gonçalves). São Paulo: Edições Loyola, 2000. p. 19.
[110] Op. cit., p. 32-33.

como razão, sujeito, totalidade, verdade e progresso são conceitos vazios e em crise. A pós-modernidade é a era do efêmero, do fragmentário, do caótico. Na verdade, é descontínua, sempre enfatizando a possibilidade de lidar com a realidade através do pensamento racional.[111]

Engendra o entendimento de que mundo pós-moderno é

um mundo de presente eterno, sem origem ou destino, passado ou futuro; um mundo no qual é impossível achar um centro ou qualquer ponto ou perspectiva do qual seja possível olhá-lo firmemente e considerá-lo como um todo; um mundo em que tudo que se apresenta é temporário, mutável ou tem o caráter de formas locais de conhecimento e experiência. Aqui não há estruturas profundas, nenhuma causa secreta ou final; tudo é (ou não é) o que parece na superfície. É um fim à modernidade e a tudo que ela prometeu e propôs.[112]

Percebe-se, pois, que a condição em que se emoldura a pós-modernidade tem a marca da fragmentação, caracterizando-se pela complexidade e efemeridade em permanente metamorfose, mostrando-se um período que trouxe consigo relevantes mudanças no pensar e agir humanos. Nesse interregno histórico-temporal, é utilizado um arsenal de ferramentas com tecnologia de última geração, inundando de informações a sociedade, ensejando o estímulo nos mais variados escaninhos da mente humana, em suas necessidades, objetivos, desejos, o que conduz a uma extrema dificuldade de caracterização da identidade do homem pós-moderno.

Mas, a pós-modernidade, tomada a partir das análises procedidas em seus contextos, pode ser considerada uma nova era? Agnes *Heller* e Ferenc *Réher* apresentam mais do que um consistente argumento classificatório, do ponto de vista da historiografia, quando sustentam que

a pós-modernidade, incluindo a condição política pós-moderna, não é uma nova era. A pós-modernidade é em todos os sentidos 'parasítica' da modernidade; vive e alimenta-se de suas conquistas e seus dilemas. O que é novo na situação é a inédita consciência histórica surgida no

---

[111] PERES, Angelo. Pós-modernidade e mercado de trabalho. In: *Revista da Escola Superior Candido Mendes*, Rio de Janeiro, Set./2006. Disponível em: <www.internativa.com.br>. Acesso em: 24 set. 2016.

[112] KUMAR, Krishan. Modernidade e Pós-modernidade; a ideia do moderno. In: *Da sociedade pós-industrial à sociedade pós-moderna*. Rio de Janeiro: Zahar, 1996. p. 157.

post-histoire; o sentimento grassante de que vamos ficar para sempre no presente e ao mesmo tempo depois dele.[113]

É a estrutura temporal (do Estado), inserido no espaço-tempo da pós-modernidade, em um tempo que poderia ser, ou foi, sem nunca ter sido, ou, sendo tempo tecido, entregou-se às estampas, aos ponteiros do relógio despótico,[114] tempo de feitos, refeito de um recomeço, notadamente nas hostes ocidentais, estando, portanto, por experimentar mudanças, acredita-se, com muitas dúvidas e quase nenhuma certeza.

Milton Santos, abordando o tempo, passado, presente e futuro, contribui para a afirmação histórica que se possa conferir à pós-modernidade, quando aduz:

> A memória olha para o passado. A nova consciência olha para o futuro. O espaço é um dado fundamental nessa descoberta. Ele é o teatro dessa novação por ser, ao mesmo tempo, futuro imediato e passado imediato, um presente ao mesmo tempo concluído e inconcluso, num processo sempre renovado. [...] O presente não é um resultado, uma decorrência do passado, do mesmo modo que o futuro não pode ser uma decorrência do presente, mesmo se este é uma 'eterna novidade' no dizer de S. Borelli. O passado comparece como uma das condições para a realização do evento, mas o dado dinâmico na produção da nova história é o próprio presente, isto é, a conjunção seletiva de forças existentes em um dado momento. Na realidade, se o homem é projeto, como diz Sartre, é o futuro que comanda as ações do presente.[115]

Mas, como se está a abordar o Estado na pós-modernidade, é de se perguntar: que futuro se reserva ao Estado? Sobre esta indagação, certamente difícil e complexa de se responder, Dalmo Dallari, há mais de três décadas, mostra-nos um norte, um pequeno farol a guiar-nos no mar revolto da pós-modernidade, quando leciona:

> Relativamente ao futuro remoto do Estado, sem perder de vista as limitações que tornam impossível a formulação de predições específicas, resultantes da captação de tendências na realidade presente, só uma

---

[113] HELLER, Agnes; FÉHER, Ferenc. *A condição política pós-moderna*. (Trad. Marcos Santarrita). 2. ed. Rio de Janeiro: Civilização Brasileira, 2002. p. 23.
[114] "Relógio despótico" é uma expressão do geógrafo Milton Santos, quando aborda a velocidade na globalização. In: SANTOS, Milton. *Por uma outra globalização*: do pensamento único à consciência universal. 3. ed. Rio de Janeiro: Record, 2000. p. 124.
[115] SANTOS, Milton. *A natureza do espaço*: espaço e tempo: razão e emoção. 3. ed. São Paulo: Hucitec, 1999. p. 264-265.

predição pode ser feita: o Estado deverá existir enquanto não se operar a modificação da própria natureza humana. Como não há sinais concretos dessa modificação, o que se pode concluir é que não existem perspectivas do desaparecimento do Estado.[116]

Por oportuno, J.J. Gomes Canotilho faz um breve inventário da literatura jurídica, política e econômica, para aferir que o Estado não está só, tendo sempre uma adjetivação. E elenca terminologias: "Estado subsidiário", "Estado sobrecarregado", "Estado dispensador de serviços", "Estado ativo", "Estado econômico", "Estado arena", "Estado desobediente", "Estado aberto", "Estado protetor", "Estado garantidor", "Estado desfronteirizado", "Estado internacional", "Estado cosmopolítico", "Estado ponderador", "Estado cooperativo", "Estado ecológico", "Estado argumento", sem sobrecarregar com adjetivos tradicionais, como "Estado de direito", "Estado democrático", "Estado autoritário", "Estado social", "Estado liberal", "Estado intervencionista", "Estado socialista", "Estado unitário", "Estado regional", "Estado federal", "Estado republicano", "Estado nação".

Leciona Canotilho que um Estado carecedor de adjetivos indica um claro mal-estar do próprio Estado, apelando para algumas qualidades. É tudo e nada, não tem DNA, e faz uma provocação: *dizme o adjetivo do Estado e eu dirteei que Estado tens ou queres*.[117]

Percorrido o caminho proposto da contextualização do Estado pós-moderno em sua ambiência histórica de pós-modernidade, as crises (incluindo a do Direito) pelas quais passa, e com a nova faceta de Estado regulador que lhe reveste, é chegado o momento de trilhar os meandros da regulação.

---

[116] DALLARI, Dalmo de Abreu. *O futuro do Estado*. São Paulo: Editora Moderna, 1980. p. 166-167.
[117] CANOTILHO, Joaquim José Gomes. O Estado adjetivado e a Teoria da Constituição. In: *Revista Interesse Público*, Belo Horizonte, Editora Fórum, ano 5, n. 17, jan./fev. 2003.

CAPÍTULO 2

A REGULAÇÃO

2.1 Aspectos históricos e conceituais da Regulação

Alexandre Aragão, de maneira ampla, estabelece o histórico da atividade regulatória do Estado. Sustenta que a atuação regulatória se deu no Feudalismo, com a atuação dos senhores feudais e o clero, até o século XVIII, e com o surgimento dos embriões dos parlamentos, as assembleias de estados, pertinentes às funções econômicas e sociais desempenhadas pelos membros da coletividade (basicamente nobres, clero e burgueses). No Estado Absolutista, a regulação se efetuou com o surgimento das cidades e a perda do poder dos senhores feudais, proporcionando ao Rei a concentração, em suas mãos, da regulação da sociedade de maneira absoluta e soberana, fundada no patrimonialismo e no personalismo do exercício do poder de ordenação social. A regulação no Estado Liberal perpetrou-se com a quebra das unidades nacionais, alicerçadas até então na religião e no Rei, fundando-se uma organização política do Estado, com poder Político restrito ao Parlamento, enquanto os poderes Executivo e Judiciário tinham seus atos condicionados à aprovação do Parlamento, sendo que o Estado apenas auxiliava o bom desempenho das atividades econômicas da classe burguesa (a única com voto e controle sobre o aparelho estatal). No Estado Democrático de Direito, a regulação está condicionada ao processo político pluralista e democrático, quanto à decisão de como se dará a atuação do Estado, destacando que ocorreu o aumento da regulação estatal da economia, no interesse da burguesia, o que levou muitos de seus membros a apoiar a solução extrema do fascismo, acarretando transformação nas instituições políticas, com o aumento dos poderes regulamentares pelo Executivo e a diminuição no Legislativo.[118]

---

[118] ARAGÃO, Alexandre Santos de. *Agências reguladoras e a evolução do Direito Administrativo Econômico*. Rio de Janeiro: Editora Forense, 2002. p. 39-67.

Conforme discorrido no capítulo anterior, o Estado regulador se encontra inserido no contexto de uma nova face do neoliberalismo. Ainda que se considere imperativa a necessidade de maior organização estatal, no corpo de uma sociedade cada vez mais complexa, com demandas sociais incontornáveis, o receituário neoliberal não tem sido eficiente, diante das respostas históricas que se lhes deu até o presente tempo.

Sobre esse enfoque, Avelãs Nunes se manifesta no seguinte sentido:

> A ideia de que setores assim privatizados deveriam ser objeto de regulação passou a ser defendida pelos autores e pelas correntes políticas que têm apoiado as privatizações e o esvaziamento do papel do Estado na economia. Assim começou a ganhar corpo a noção de "economia de mercado", sobre a qual se construiu o conceito de Estado regulador, a nova máscara preferida pela social-democracia-neoliberal, não já contra o socialismo, mas contra o estado keynesiano, contra a presença do estado na economia e contra o estado social. Em nome das virtudes da concorrência e do primado da concorrência, "liberta-se" o estado das suas competências e das suas responsabilidades enquanto estado econômico e esvazia-se o estado social, o estado responsável pela prestação de serviço público. Como compensação, oferece-se a regulação do mercado, sempre que se verifiquem determinadas situações, tais como as falhas de mercado, a garantia do respeito, por parte das empresas privadas, de certas obrigações de serviço público e a necessidade de proteção dos consumidores ou reduzir os custos sociais do desenvolvimento. Este foi o quadro em que surgiu, a partir dos anos 80 do século XX, o novo figurino do estado capitalista, o estado regulador. A defesa da concorrência é entregue a agências (ou autoridades) de defesa da concorrência: a regulação sectorial dos vários mercados regulados é confiada a agências reguladoras. [...] Não posso acompanhar esta operação redentora do estado regulador, com o objetivo de nos fazer crer que, graças a este estado regulador, os serviços públicos continuam na esfera da responsabilidade pública. Este poderá ser um discurso cheio de boas intenções, mas parece-me um discurso inconsistente. O estado regulador é filho das políticas que tem vindo anular a responsabilidade do estado no terreno da economia e a esvaziar a sua capacidade de intervenção como operador nos setores estratégicos e na área dos serviços públicos. Foi inventado justamente para encobrir as políticas que visam impedir o estado de assumir a sua tradicional responsabilidade no que toca à prestação de serviços públicos à margem do mercado. Não pode ser o contrário delas. Por isso defendo que este estado regulador se apresenta, fundamentalmente, como estado liberal, visando, em última instância, assegurar o funcionamento de uma economia de mercado em que a

concorrência seja livre e não falseada e em que – afastada a intervenção do estado – o mercado regule tudo, incluindo a vida das pessoas.[119]

Contextualizando, historicamente, no cenário internacional, o surgimento da temática da regulação, a partir do processo de metamorfose estatal, Luís Roberto Barroso leciona:

> O Estado atravessou, ao longo do século que vem de se encerrar, três fases diversas e razoavelmente bem definidas. A primeira delas, identificada como pré-modernidade ou Estado liberal, exibe um Estado de funções reduzidas, confinadas à segurança, justiça e serviços essenciais. É o Estado da virada do século XIX para o XX. Nele, vivia-se a afirmação, ao lado dos direitos de participação política, dos direitos individuais, cujo objeto precípuo era o de traçar uma esfera de proteção das pessoas em face do Poder Público. Estes direitos, em sua expressão econômica mais nítida, traduziam-se na liberdade de contrato, na propriedade privada e na livre iniciativa. Na segunda fase, referida como modernidade ou Estado social (*welfare state*), iniciada na segunda década do século que se encerrou, o Estado assume diretamente alguns papéis econômicos, tanto como condutor do desenvolvimento como outros de cunho distributivista, destinados a atenuar certas distorções do mercado e a amparar os contingentes que ficavam à margem do progresso econômico. Novos e importantes conceitos são introduzidos, como os de função social da propriedade e da empresa, assim como se consolidam os chamados direitos sociais, tendo por objeto o emprego, as condições de trabalho e certas garantias aos trabalhadores. A quadra final do século XX corresponde a terceira e última fase, a pós-modernidade, que encontra o Estado sob crítica cerrada, densamente identificado com a ideia de ineficiência, desperdício de recursos, morosidade, burocracia e corrupção. Mesmo junto a setores que o vislumbravam outrora como protagonista do processo econômico, político e social, o Estado perdeu o charme redentor, passando – se a encarar com ceticismo o seu potencial como instrumento do progresso e da transformação. O discurso deste novo tempo é o da desregulamentação, da privatização e das organizações não governamentais. No plano da cidadania, desenvolvem-se os direitos ditos difusos, caracterizados pela pluralidade indeterminada de seus titulares e pela indivisibilidade de seu objeto. Neles se inclui a proteção ao

---

[119] NUNES, António José Avelãs. Do Estado Regulador ao Estado Garantidor. *Revista de Direito Público da Economia*, Belo Horizonte, Editora Fórum, ano 9, n. 34, p. 45-49, abr./jun. 2011.

meio ambiente, ao consumidor e aos bens e valores históricos, artísticos e paisagísticos.[120]

Há um cediço entendimento na doutrina, nacional e estrangeira, de que foi George Stigler (expoente da Escola de Chicago) quem sistematizou, de maneira precursora, o conceito sobre regulação econômica, apresentado pelo mestre estadunidense da seguinte maneira:

> The state – the machinery and power of the state – is a potential resource or threat to every industry in the society. With its power to prohibit or compel, to take or give money, the state can and does selectively help or hurt a vast number of industries. [...] The central tasks of the theory of economic regulation are to explain who will receive the benefits or burdens of regulation, what form regulation will take, and the effects of regulation upon the allocation of resources. [...] Regulation may be actively sought by an industry, or it may be thrust upon it. A central thesis of this paper is that, as a rule, regulation is acquired by the industry and is designed and operated primarily for its benefit. [...] This question, why does an industry solicit the coercive powers of the state rather than its cash, is offered only to illustrate the approach of the present paper. We assume that political systems are rationally devised and rationally employed, which is to say that they are appropriate instruments for the fulfillment of desires of members of the society. This is not to say that the state will serve any person's concept of the public interest: indeed the problem of regulation is the problem of discovering when and why an industry (or other group of like-minded people) is able to use the state for its purposes, or is singled out by the state to be used for alien purposes.[121] [122]

---

[120] BARROSO, Luís Roberto. Constituição, ordem econômica e Agências Reguladoras. In: *Revista Eletrônica de Direito Administrativo Econômico*, Salvador, IBDP, n. 1, p. 1-2, fev./mar. 2005.

[121] STIGLER. George J. The theory of economic regulation. *The Bell Journal of Economies and Management Science*, v. 2, Issue 1, p. 3-21, (Spring, 1971).

[122] Tradução nossa: O Estado – a maquinaria e o poder do Estado – é um potencial recurso ou ameaça para todas as indústrias da sociedade. Com o seu poder de proibir ou obrigar, tomar ou dar dinheiro, o Estado pode e ajuda, seletivamente, a prejudicar um vasto número de indústrias. [...] As tarefas centrais da teoria da regulação econômica são explicar quem receberá os benefícios ou o ônus da regulamentação, que forma ela terá e os seus efeitos sobre a alocação de recursos. [...] A regulamentação pode ser ativamente buscada por uma indústria, ou pode ser empurrada para ela. Uma tese central deste artigo é que, em regra, a regulamentação é adquirida pela indústria e é projetada e operada principalmente para seu benefício. [...] Esta questão, por que uma indústria solicita os poderes coercitivos do Estado em vez de seu dinheiro, é oferecida apenas para ilustrar a abordagem do presente artigo. Assumimos que os sistemas políticos são racionalmente concebidos e empregados, ou seja, que são instrumentos

Essa sistematização necessita ser considerada no contexto histórico do início dos anos 70, recebendo, contudo, críticas consistentes, como na estabelecida por Giandomenico Majone, para quem:

> A tese central de Stigler era de que a regulação é obtida por uma indústria, e designada e operada principalmente em seu benefício. Mas se isso fosse uma verdade generalizada, então sugeriria que tanto indústrias naturalmente competitivas quanto naturalmente monopolistas deveriam atrair a regulação econômica. Na realidade, indústrias mais estruturalmente competitivas nunca foram submetidas à regulamentação econômica. Além disso, não é óbvio, dadas as suposições, o motivo pelo qual a desregulamentação jamais deveria ter ocorrido, enquanto a evidência empírica de captura é bem fraca no caso de regulação social. Por outro lado, esses desenvolvimentos e outros relacionados são perfeitamente compreensíveis da perspectiva de uma teoria normativa de regulação, de acordo com a qual, a regulação é empreendida para corrigir vários tipos de falhas de mercado: falha de competição, externalidades negativas, falhas de informação, provisão insuficiente de bens e serviços públicos – como a defesa nacional – e a existência de "mercados incompletos".[123]

Majone arremata seu pensamento, sustentando que:

> Podemos concluir esta breve discussão de teorias da regulação e falha regulatória com a observação de que teorias positivas e normativas deveriam ser vistas como complementares em vez de mutuamente exclusivas. Teorias positivas, tais como a teoria econômica da escola de Chicago, melhoraram bastante nosso entendimento do processo regulatório, e das restrições que enfrentam até os reguladores com maior espírito público. Porém, mesmo quando a regulação é mais bem explicada pelo poder político e econômico de grupos em busca de objetivos egoístas, aqueles que tentam justificá-la devem apelar para os méritos da causa. Legisladores, gestores, juízes, estudiosos e o público como um todo desejam saber se a regulação é justificada. Todos eles buscam padrões em relação aos quais julgar o sucesso de uma política e os méritos de programas específicos iniciados dentro

---

adequados para o cumprimento dos desejos dos membros da sociedade. Isso não quer dizer que o Estado sirva ao conceito de interesse público de qualquer pessoa: de fato, o problema da regulação é o problema de descobrir quando e por que uma indústria (ou outro grupo de pessoas com ideias semelhantes) é capaz de usar o estado para seus propósitos, ou é escolhida pelo Estado para ser usada para fins alienígenas.

[123] MAJONE, Giandomenico. As transformações do Estado regulador. In: *Revista de Direito Administrativo*, v. 262, p. 18-19, Rio de Janeiro: Fundação Getúlio Vargas, jan./abr. 2013.

da estrutura dessa política. [...] Não é difícil explicar o papel pioneiro dos Estados Unidos na regulação econômica, considerando-se, por um lado, a relutância ideológica em nacionalizar indústrias, e, por outro, o desenvolvimento precoce da produção em massa e da distribuição em larga escala, além da concentração de poder econômico que já estava bem avançada nos anos 1880.[124]

Da mesma cepa, estadunidense e também contemporâneo de Stigler, Richard Posner tem importante contribuição na formulação do entendimento de regulação, a partir da ambiência americana, sustentando:

> A major challenge to social theory is to explain the pattern of government intervention in the market – what we may call "economic regulation". Properly defined, the term refers to taxes and subsidies of all sorts as well as to explicit legislative and administrative controls over rates, entry, and other facets of economic activity. Two main theories of economic regulation have been proposed. One is the "public interest" theory, bequeathed by a previous generation of economists to the present generation of lawyers. This theory holds that regulation is supplied in response to the demand of the public for the correction of inefficient or inequitable market practices. It has a number of deficiencies that we shall discuss. The second theory is the "capture" theory – a poor term but one that will do for now. Espoused by an odd mixture of welfare state liberals, muckrakers, Marxists, and free-market economists, this theory holds that regulation is supplied in response to the demands of interest groups struggling among themselves to maximize the incomes of their members.[125] [126]

---

[124] MAJONE, Giandomenico. As transformações do Estado regulador. In: *Revista de Direito Administrativo*, v. 262, p. 20-23, Rio de Janeiro: Fundação Getúlio Vargas, jan./abr. 2013.

[125] POSNER, Richard A. Theories of Economic Regulation. *The Bell Journal of Economics and Management Science*, v. 5, n. 2, p. 335-358, (Autumn, 1974).

[126] Tradução nossa: Um grande desafio para a teoria social é explicar o padrão de intervenção do governo no mercado – o que podemos chamar de "regulação econômica". Adequadamente definido, o termo refere-se a impostos e subsídios de todos os tipos, bem como a controles legislativos e administrativos explícitos sobre taxas, entrada e outras facetas da atividade econômica. Duas teorias principais da regulação econômica foram propostas. Uma é a teoria do "interesse público", legada por uma geração anterior de economistas à geração atual de advogados. Esta teoria sustenta que a regulação é fornecida em resposta à demanda do público para a correção de práticas de mercado ineficientes ou desiguais. Há uma série de deficiências que vamos discutir. A segunda teoria é a teoria da "captura" – um termo pobre, mas que utilizaremos por ora. Abandonada por uma estranha mistura de liberais estaduais de bem-estar social, muckrakers, marxistas e economistas de livre mercado, essa

Sobre as duas teorias da regulação, Posner se manifesta da seguinte maneira:

> The original theory. Two assumptions seem to have typified thought about economic policy (not all of it by economists) in the period roughly from the enactment of the first Interstate Commerce Act in 1887 to the founding of the Journal of Law and Economics in 1958. One assumption was that economic markets are extremely fragile and apt to operate very inefficiently (or inequitably) if left alone; the other was that government regulation is virtually costless. With these assumptions, it was very easy to argue that the principal government interventions in the economy-trade union protection, public utility and common carrier regulation, public power and reclamation programs, farm subsidies, occupational licensure, the minimum wage, even tariffs – were simply responses of government to public demands for the rectification of palpable and remediable inefficiencies and inequities in the operation of the free market. Behind each scheme of regulation could be discerned a market imperfection, the existence of which supplied a complete justification for some regulation assumed to operate effectively and without cost. Were this theory of regulation correct, we would find regulation imposed mainly in highly concentrated industries (where the danger of monopoly is greatest) and in industries that generate substantial external costs or benefits. We do not. Some fifteen years of theoretical and empirical research, conducted mainly by economists, have demonstrated that regulation is not positively correlated with the presence of external econorilies or diseconomies or with monopolistic market structure.[...]
> The Marxists and the muckrakers. The theory that economic regulation is not about the public interest at all, but is a process by which interest groups seek to promote their (private) interests, takes several distinct forms. One, which is put forward by Marxists and by Ralph Nader – type muckrakers, can be crudely summarized in the following syllogism. Big business – the capitalists – control the institutions of our society. Among those institutions is regulation. The capitalists must therefore control regulation. The syllogism is false. A great deal of economic regulation serves the interests of small business or nonbusiness groups, including dairy farmers, pharmacists, barbers, truckers, and, in particular, union

---

teoria sustenta que a regulação é fornecida em resposta às demandas dos grupos de interesse lutando entre si para maximizar os rendimentos de seus membros.

Vital Moreira e Fernanda Maçãs sustentam que a liberação de setores da economia acarretara um apagamento da esfera econômica pública e do papel do Estado, já que a regulação gira em torno do estabelecimento e implementação de regras e a manutenção ou garantia de funcionamento equilibrado de um sistema. In: MOREIRA, Vital; MAÇÃS, Fernanda. *Autoridades reguladoras independentes – estudo e projecto de lei-quadro.* Coimbra: Coimbra Editora, 2003. p. 15.

labor. Such forms of regulation are totally unexplained (and usually either ignored or applauded) in this version of the interest group or "capture" theory.[127] [128]

Vicente Bagnoli, percorrendo os aspectos caracterizadores da regulação, faz referência às escolas clássicas, que têm por objeto o funcionamento do Estado, asseverando:

> As acepções do termo regulação referem-se às formas de organização da atividade econômica pelo Estado, tanto pela concessão de serviços públicos quanto pelo poder de polícia. Especificamente, no campo econômico, diz respeito à redução da intervenção direta do Estado e à concentração econômica. Tradicionalmente, as escolas clássicas ocupam-se do estudo do funcionamento do Estado na economia. A

---

[127] Idem, p. 340-341.

[128] Tradução nossa: A teoria original. Dois pressupostos parecem ter tipificado o pensamento sobre a política econômica (não todos por economistas) no período aproximadamente da promulgação do primeiro *Interstate Commerce Act*, em 1887, para a fundação do *Journal of Law and Economics* em 1958. Uma suposição era que os mercados econômicos são extremamente frágeis e aptos a funcionar de forma muito ineficaz (ou desigualmente) se deixados sozinhos; a outra era que a regulamentação governamental é praticamente gratuita. Com essas premissas, foi muito fácil argumentar que as principais intervenções governamentais na economia – proteção sindical, utilidade pública e regulamentação da transportadora, programas de poder público e recuperação, subsídios agrícolas, licenciamento profissional, salário mínimo e mesmo tarifas – foram simplesmente respostas do governo às demandas públicas para a retificação de ineficiências palpáveis e remotas e desigualdades no funcionamento do mercado livre. Por trás de cada esquema de regulação, podia-se discernir uma imperfeição do mercado, cuja existência forneceu uma justificativa completa para alguma regulação assumida operar efetivamente e sem custo. Se essa teoria da regulamentação fosse correta, encontraríamos uma regulamentação imposta principalmente em setores altamente concentrados (onde o risco de monopólio é maior) e em setores que geram custos ou benefícios externos substanciais. Nós não. Cerca de quinze anos de pesquisas teóricas e empíricas, conduzidas principalmente por economistas, demonstraram que a regulação não está positivamente correlacionada com a presença de economias ou deseconomias externas ou com o mercado monopolista. [...] Os marxistas e os *muckrakers*. A teoria de que a regulação econômica não é sobre o interesse público de todo, mas é um processo pelo qual os grupos de interesse procuram promover seus interesses (privados), tem várias formas distintas. Uma delas, que é apresentada pelos marxistas e por *muckrakers* do tipo Ralph Nader, pode ser resumida grosseiramente no seguinte silogismo: os grandes negócios – os capitalistas – controlam as instituições da nossa sociedade. Entre essas instituições, está a regulação. Os capitalistas devem, portanto, controlar a regulação. O silogismo é falso. Uma grande parte da regulamentação econômica serve aos interesses de pequenos grupos empresariais ou não empresariais, incluindo os produtores de leite, farmacêuticos, barbeiros, caminhoneiros e, em particular, o trabalho sindical. Tais formas de regulação são totalmente inexplicadas (e normalmente ignoradas ou aplaudidas) nesta versão do grupo de interesses ou teoria da "captura".

Escola do Interesse Público tem na regulação a busca do bem público (não confundir com public choice), e guarda certa relação com a Escola do Serviço Público, que desponta na França, em 1921, com Hauriou expondo a noção de serviço público, e se destaca com Duguit e seu discípulo Jèze. Sucintamente, destacam-se a concessão de serviços públicos e o poder de polícia (concepção liberal). A Escola Neoclássica ou Econômica da Regulação, por sua vez, defende a negação do interesse público e a afirmação de correção do mercado pela regulação. A partir da crença de se poder prever resultados, a regulação seria um substituto do mercado, daí a desregulação e a consequente regulação liberal, ou até a autorregulação. Em 1962, Stigler e Friedland manifestam sua descrença na substituição dos mercados pela regulação, mas é Posner, com a teoria da captura, que observa a prevalência dos interesses privados (*public choice*).[129]

Sobre esse enfoque, Verônica Cruz apresenta o entendimento da importância da regulação na economia, neste contexto histórico, a partir da propriedade pública, no sentido de conferir ao governo habilidade regulatória, sob o ímpeto da proteção do interesse público, ao aduzir:

> Historicamente, a propriedade pública das empresas provedoras de bens e serviços públicos essenciais tem sido o principal modo de regulação econômica, especialmente quando se trata de setores como gás, eletricidade, água, estradas de ferro, correios, telefonia, além de outros cujas origens estão no processo de industrialização no século XIX e apresentam características de monopólios naturais. A propriedade do Estado nesses casos era tida como importante não apenas porque eliminava a ineficiência dos monopólios privados, mas também assim se estimulava o desenvolvimento econômico em favor de regiões ou grupos particulares desfazendo assimetrias, protegendo consumidores e garantindo a segurança nacional. No entanto, entre as várias justificativas apresentadas, destaca-se mesmo a afirmação central na qual a propriedade pública poderia aumentar a habilidade do governo para regular a economia e proteger o interesse público.[130]

Percorrendo os aspectos conceituais da regulação, Vital Moreira estabelece o entendimento de que existem três linhas de concepções sobre o conceito de regulação:

---

[129] BAGNOLI, Vicente. *Direito econômico.* 3. ed. São Paulo: Editora Atlas, 2008. p. 83-84.
[130] CRUZ, Verônica. Estado e regulação: fundamentos teóricos. In: RAMALHO, Pedro Ivo Sebba. *Regulação e Agências reguladoras governança e análise de impacto regulatório.* 1. ed. Brasília: ANVISA, 2009. p. 54.

a) em sentido amplo, é toda forma de intervenção do Estado na economia, independentemente dos seus instrumentos e fins; b) num sentido menos abrangente, é a intervenção estadual na economia por outras formas que não a participação directa na actividade económica, equivalendo, portanto, ao condicionamento, coordenação e disciplina da actividade económica privada; c) num sentido restrito, é somente o condicionamento normativo da actividade económica privada.[131]

Diogo Moreira Netto apresenta a denominação de quatro conceitos-chave para compreender a atividade regulatória do Estado, quais sejam: o de setor crítico, o de finalidade, o de funcionalidade e o de administração por resultado, sustentando:

> Como é sabido, a administração de certas atividades econômicas ou sociais de interesse coletivo – tanto as desempenhadas pela sociedade como as cometidas a órgãos do Estado – passaram a apresentar tal exacerbação crítica a ponto de não mais poderem ser eficientemente desenvolvidas sob os instrumentos e as formas burocráticas tradicionais. [...] Com a adoção do referencial de competência, as atenções do Direito Administrativo se haviam concentrado, sob a visão positivista, sobre o conceito de ato administrativo, proliferando-se, a partir dele, uma abundante literatura sobre a legalidade da manifestação da vontade administrativa. O mérito do deslocamento do referencial para a finalidade foi, primeiramente, o de ampliar essa visão limitada do ato para o processo e, depois, a partir dessa visão estendida, considerar juridicamente o resultado, passando a incluir a consideração do agir administrativo sob o critério da legitimidade, tomada assim em seu sentido mais amplo, ou seja: sob o tríplice aspecto da legitimidade originária (competência), corrente (processo) e finalística (resultado). [...] O discurso do resultado e da legitimidade, sintetizados pelos italianos no conceito vitorioso da boa administração, como seria de se supor, levou à superação do conceito de poder, como um atributo estatal, substituindo-o pelo conceito de função, apenas como um cometimento estatal. Além disso, deve-se considerar que a ideia de função leva à de funcionalidade, daí justificando-se a evolução que se seguiu, da eficácia, referida a um resultado conotado à legalidade, para a introdução da eficiência, referida a um resultado conotado à legitimidade e, finalmente à efetividade, que é a dimensão social expandida da eficiência. [...] Finalmente, assentada a ideia de efetividade, o conceito de funcionalidade assomou como a razão de ser da Administração Pública e do próprio Estado. Afinal, que

---

[131] MOREIRA, Vital. *Auto-regulamentação profissional e Administração Pública*. Coimbra: Almedina, 1997. p. 34.

outra justificação de sua existência senão a de atingir efetivamente os resultados que lhe são assinados pela sociedade?[132]

Nesse passo, tecendo sua conceituação, Vital Moreira sustenta que a regulação econômica é o "estabelecimento e a implementação de regras para a actividade econômica, destinadas a garantir o seu funcionamento equilibrado, de acordo com determinados objetivos públicos".[133] Ainda para o catedrático de Coimbra, o conceito de regulação tem subjacente a ideia de uma nova forma de relação entre o Estado e a sociedade, sendo que o Estado é chamado a desempenhar não tanto o papel de comandar diretamente os atores sociais, mas antes o de estabelecer entre eles as regras do jogo e o de vigiar pelo cumprimento destas.[134]

Ismael Mata, na sequência, estabelece que

> la regulación es una forma de intervención del Estado en el mercado o, en otras palabras, una política pública consistente en una restricción o interferencia de las actividades de un sujeto regulado por un órgano o sujeto público regulador, que no desarrolla las actividades del regulado y que dicta las reglas restrictivas, controlando su cumplimiento en forma continuada.[135]

Para Alexandre Aragão,
a regulação estatal da economia é o conjunto de medidas legislativas, administrativas e convencionais, abstratas ou concretas, pelas quais o Estado, de maneira restritiva da liberdade privada ou meramente indutiva, determina, controla ou influencia o comportamento dos agentes econômicos, evitando que lesem os interesses sociais definidos no marco da Constituição e orientando-os em direções socialmente desejáveis.[136]

Pedro Gonçalves firma o entendimento de que

> a regulação representa, na verdade, a pedra de toque do novo modelo de intervenção pública na economia e nos mercados, surgindo como

---

[132] MOREIRA NETO, Diogo de Figueiredo. A regulação sob a perspectiva da nova hermenêutica. In: *Revista Eletrônica de Direito Administrativo Econômico*, Salvador, n. 12, p. 6-9, nov./dez./jan. 2008.

[133] Idem, p. 34.

[134] MOREIRA, Vital; MAÇÃS, Fernanda. *Autoridades reguladoras independentes – estudo e projecto de lei-quadro*. Coimbra: Coimbra Editora, 2003. p. 15.

[135] MATA, Ismael. *Los entes reguladores de los servicios públicos*. Buenos Aires: Ciências de la Administración, 1996. p. 398.

[136] ARAGÃO, Alexandre Santos de. *Agências reguladoras e a evolução do Direito Administrativo Econômico*. Rio de Janeiro: Editora Forense, 2002. p. 37.

instrumento por excelência de efetivação da responsabilidade de garantia. Em grande medida, é por via da regulação que hoje se realiza o dever estadual de garantir ou assegurar a realização do interesse público e de proteção ou até da realização dos direitos do cidadão.[137]

Marçal Justen Filho assim conceitua regulação:

> Defende-se, por isso, a concepção de ser a regulação um conjunto ordenado de políticas públicas que busca a realização de valores econômicos e não econômicos, reputados como essenciais para determinados grupos ou para a coletividade em seu conjunto. Essas políticas envolvem a adoção de medidas de cunho legislativo e de natureza administrativa, destinadas a incentivar práticas privadas desejáveis e a reprimir tendências individuais e coletivas incompatíveis com a realização dos valores prezados. As políticas regulatórias envolvem, inclusive, a aplicação jurisdicional do Direito.[138]

Odete Medauar faz importante observação sobre a origem da terminologia "regulação", relevante para os propósitos da presente obra (relação com as agências reguladoras), porquanto, das raízes da regulação brasileira e seu vínculo histórico à concepção norte-americana, ao aduzir:

> Emerge, assim, nesse contexto, o termo cujo uso vem se expandindo nos últimos tempos: regulação. Há pouco, regulação estava ausente do vocabulário do Direito Constitucional e Administrativo, sendo de uso mais frequente no Direito Econômico. Hoje, além do uso frequente, suscita estudos e discussões. Deve-se notar, de início, que o vocábulo inglês *regulation*, ao ser traduzido para línguas latinas, como o francês e o português, pode adquirir conotações diversas, em virtude da diferenciação dos verbos regler/reglementer, de um lado, e regular/regulamentar, de outro. *Regulation* pode gerar a tradução para o verbo regular ou para o verbo regulamentar. Veja-se que o termo inglês regulation não significa, no direito anglo-saxônico, a edição de regulamentos, pois esta se expressa pelo termo *rulemaking*. Na língua portuguesa falada e escrita no Brasil, a existência de dois verbos e o uso enraizado do termo regulamento e da expressão poder regulamentar leva a confusões. Ao se cogitar do aspecto estritamente normativo, para quem entende que

---

[137] GONÇALVES, Pedro. Direito Administrativo da Regulação. (Separata de Estudos em Homenagem ao Professor Doutor Marcello Caetano). *Boletim da Faculdade de Direito da Universidade de Lisboa*, Coimbra: Editora Coimbra, 2006. p. 538.
[138] JUSTEN FILHO, Marçal. *O direito das agências reguladoras independentes*. São Paulo: Dialética, 2002. p. 15-50.

regulamentar ou editar regulamentos significa só explicitar a lei, os sentidos mostram-se diversos; regulamentar teria sentido mais restrito que regular. Para quem aceita a possibilidade de haver regulamentos destinados não apenas a explicitar a lei, mas a disciplinar matérias não privativas de lei, haveria identidade dos termos, sob o estrito ângulo normativo. Mas há outro ponto: o termo regulação vem sendo usado também em acepção mais abrangente, sobretudo quando associado às atividades das agências reguladoras, para significar tanto a edição de normas quanto a fiscalização do seu cumprimento, a imposição de penalidades e também as atuações destinadas a conciliar interesses, a obter acordos, a persuadir. Cabe notar que Alberto Venâncio Filho, na clássica obra Intervenção do Estado no domínio econômico, publicada em 1968, utiliza a expressão Direito Regulamentar Econômico, em acepção semelhante ao que hoje teria o nome de regulação, visto incluir na atuação estatal proibições, autorizações, derrogações, subvenções, facilidades diversas, fiscalização.[139]

Floriano Marques Neto sustenta que o conceito de regulação estatal se transmuta por força da mudança nos padrões de relacionamento entre Estado e Sociedade, pela ampliação dos campos de atuação regulatória estatal e mesmo pela introdução de fortes instrumentos de atuação estatal sobre as relações econômicas, aduzindo:

> Regulação é atividade estatal mediante a qual o Estado, por meio de intervenção direta ou indireta, condiciona, restringe, normatiza ou incentiva a atividade econômica de modo a preservar a sua existência, assegurar o seu equilíbrio interno ou atingir determinados objetivos públicos como a proteção de hipossuficiências ou a consagração de políticas públicas. Neste sentido, entendo que o gênero regulação econômica (regulação estatal contraposta à autorregulação interna ao domínio econômico) compreende vários instrumentos e atividades com lastro no texto constitucional como a de fiscalizar, planejar, coordenar, orientar, coibir condutas nocivas, regulamentar e fomentar atividades econômicas.[140]

A Organisation for Economic Co-operation and Development – OECD, que reúne os países mais industrializados do mundo e alguns

---

[139] MEDAUAR, Odete. Regulação e auto-regulação. *Revista de Direito Administrativo*, n. 228, Rio de Janeiro: Renovar, p. 2, abr./jun. 2002.
[140] MARQUES NETO, Floriano de Azevedo. A nova regulamentação dos serviços públicos. *Revista Eletrônica de Direito Administrativo Econômico*, Salvador, n. 1, p. 1-2, fev./mar./abr. 2005.

países emergentes, fundada em 14 de dezembro de 1961, estabelece o conceito de regulação da seguinte maneira: "Broadly defined as imposition of rules by government, backed by the use of penalties that are intended specifically to modify the economic behaviour of individuals and firms in the private sector".[141][142]

Além do majoritário relevo do aspecto econômico no estabelecimento do conceito de regulação, a partir da intervenção estatal, o escólio dos autores nacionais e estrangeiros carreados neste capítulo credencia para que se procure estabelecer uma moldura jurídica à regulação.

Nessa direção, importante contribuição apresenta Carlos Ari Sundfeld, quando sustenta:

> A existência da regulação pública resulta da opção do Estado por influir na organização das relações humanas de modo constante e profundo, com o uso do poder de autoridade. Não há um conceito jurídico exato de regulação pública, ideia de contornos relativamente incertos e flutuantes, inclusive na legislação. Mas, em geral, no âmbito jurídico essa expressão tem servido para designar o conjunto das intervenções estatais, principalmente sobre os agentes econômicos, e, portanto, o conjunto de condicionamentos jurídicos a que essas intervenções se sujeitam e de mecanismos jurídicos que essas intervenções geram. Essa regulação, como espécie de intervenção estatal, manifesta-se tanto por poderes e ações com objetivos diretamente econômicos, como por outros com justificativas diversas, mas reflexos também econômicos. Fazem regulação tanto autoridades cuja missão seja cuidar do setor específico, como autoridades com poderes sobre todos os agentes da economia. A regulação atinge agentes de setores abertos, em princípio, à iniciativa privada (o comércio, a indústria, os serviços comuns, enfim, as chamadas atividades privadas), como agentes admitidos em áreas reservadas, em tese, ao Estado (prestação de serviços públicos, exploração de bens públicos e de monopólios estatais).[143]

Ainda nesse norte, José Luís Saldanha Sanches acrescenta as seguintes observações:

---

[141] OECD. *Glossary off industrial organisation economics and competition law*. 1993. Disponível em: <http://www.oecd.org/regreform/sector>. Acesso em: 12 abr. 2017.

[142] Tradução nossa: "Definida como a imposição de regras pelo governo, apoiada no uso de sanções específicas, destinadas a modificar o comportamento econômico dos indivíduos e empresas do setor privado".

[143] SUNDFELD, Carlos Ari. Direito público e regulação no Brasil. In: GUERRA, Sérgio. *Regulação no Brasil*: uma visão multidisciplinar. Rio de Janeiro: Editora FGV, 2014. p. 98-99.

E o conceito de regulação é aqui utilizado não para designar a normal operação de legislação ou regulamentação de uma qualquer realidade social, mas apenas um pequeno fragmento desta actividade juridificante. A regulação, neste sentido especial, é apenas a criação de normas jurídicas que vão disciplinar o exercício de certas actividades, um especial modo de acesso a certos bens ou o exercício de certas actividades comerciais. Em certas áreas da economia no sentido de intervenção estatal nessas mesmas áreas. Disciplina legal de certos sectores *versus* a pura e simples ordenação do mercado. Nesse sentido, "regulação" é a negação da mão invisível: a mão invisível corporizando a autorregulação do mercado. [...] Uma vez que o mercado de capitais, onde constantemente se compram e vendem coisas incorpóreas, não pode funcionar sem regras claras sobre os requisitos da informação financeira sobre essas mesmas realidades. Podemos ter vários tipos de regulação nos mercados financeiros: a autorregulação, com normas produzidas por corpos profissionais e associações públicas ou, em alternativa, a heterorregulação, a pura normação pública que define as normas de conduta dos agentes interventores do mercado financeiro. O que dificilmente vamos encontrar *é* mercados de capitais sem regulação, que é uma condição da eficiência e do bom funcionamento do sector privado. E convirá recordar que certas formas de regulação que pareciam ser há bem pouco tempo meras relíquias do passado, como o controlo de câmbios, voltam hoje a ser consideradas como hipótese de instrumentos de intervenção. Ainda que só sejam defendidos como instrumentos de intervenção localizados e temporários perante certas crises. Podemos assim caminhar para a aceitação da necessidade da intervenção pontual da máquina do Estado, ao mesmo tempo que reconhecem todos as suas tradicionais taras e limitações: a máquina estatal, à medida que cresce e alarga, está sujeita, como é bem sabido, a todo o tipo de males, que aumentam com a sua dimensão.[144]

Odete Medauar conceitua a regulação, nesse aspecto, quando assevera que ela contempla:

> A edição de normas; a fiscalização do seu cumprimento; a atribuição de habilitações (p. ex: autorização, permissão, concessão); a imposição de sanções; a mediação de conflitos (para preveni-los ou resolvê-los, utilizando variadas técnicas, por exemplo: consulta pública, audiência pública; celebração de compromisso de cessação e compromisso de ajustamento). Não se inclui necessariamente na atividade regulatória a fixação de políticas para o setor, mas seria viável a contribuição das

---

[144] SANCHES, José Luís Saldanha. A Regulação: história breve de um conceito. In: *Revista da Ordem dos Advogados*, Lisboa: Centro Livreiro da Ordem dos Advogados, ano 60, p. 5-8, 2000.

agências para tanto, com a participação de representantes de todos os segmentos envolvidos.[145]

Há doutrinadores que, além do relevo econômico da regulação, estabelecem outra classificação, apartando a regulação econômica da regulação social, dentre os quais se destaca o magistério de Ismael Mata, que defende:

> La teoría económica distingue distintos tipos de regulación: la «económica», que apunta al control de los precios, a la calidad de los bienes y a la determinación de los requisitos para ingresar al mercado, y la «social», que tiene por finalidad la protección de la salud, el bienestar o el medio ambiente a través de correcciones sobre las externalidades negativas. Otra clasificación las agrupa en regulaciones de: fomento, promoción o desarrollo; control o prevención; y social o de solidaridad. La primera consiste en una acción del Estado destinada a modificar el funcionamiento del mercado por medio de interferencias o correcciones de la oferta o de la demanda, pudiendo llegar hasta la determinación de los precios (precios «máximos» u «oficiales»).[146]

Nessa direção, Ismael Mata acrescenta características relevantes na regulação, que lhes formatam as feições que foram conferidas, pertinentes aos aspectos conceituais estabelecidos alhures:

> La descripción precedente permite identificar las siguientes notas características: 1) La regulación es una acción distinta y externa a la actividad regulada. 2) Es una limitación a la libertad del regulado. 3) Es una política pública, por lo que debe responder al interés general. 4) Presupone un patrón, rol o modelo, que no es otra cosa que la conducta deseada del regulado. 5) Tal conducta (acción u omisión) está contenida en la norma o criterio regulatorio y la verificación de su cumplimiento es la tarea de control (contre rôle o confrontación con el patrón). 6) El cometido regulatorio se desarrolla en un proceso permanente, dinámico, de ajuste, lo que se advierte con claridad en la prestación de los servicios públicos cuyas notas, en particular, la regularidad y la continuidad son los datos correlativos. Como puede advertirse, la regulación comprende no sólo el establecimiento de las reglas destinadas a disciplinar una

---

[145] MEDAUAR, Odete. Regulação e auto-regulação. *Revista de Direito Administrativo*, n. 228, Rio de Janeiro: Renovar, p. 127, abr./jun. 2002.
[146] MATA, Ismael. *Los entes reguladores de los servicios públicos*. Buenos Aires: Ciências de la Administración, 1996. p. 402.

actividad, sino también la verificación de que la misma se desenvuelve de acuerdo a las reglas.[147]

Jacques Chevallier, de maneira precisa e concisa, estabelece que a regulação se distingue dos modos clássicos de intervenção do Estado na economia, pois consiste em supervisionar o jogo econômico, estabelecendo certas regras e intervindo de maneira permanente para amortecer as tensões, compor os conflitos e assegurar a manutenção de um equilíbrio do conjunto. Ou seja, por meio da regulação, o Estado não se põe mais como ator, mas como árbitro do processo econômico, limitando-se a enquadrar a atuação dos operadores e se esforçando para harmonizar suas ações.[148]

Conclui, sobre a temática, Chevallier:

> A regulação pressupõe o recurso a uma panóplia de meios de ação: a regulamentação (*rule-making*), a fiscalização (*monitoring*), a alocação dos direitos (*adjudication*), a composição dos litígios (*dispute resolution*). Se o seu exercício passa pelo canal do direito e supõe uma formalização jurídica, tal se dará segundo modalidades diferentes da regulamentação clássica: o "direito da regulação" aparece como um direito maleável, pragmático, flexível, elaborado na relação estreita com os destinatários e continuamente em função dos resultados obtidos.[149]

Saldanha Sanches, com ceticismo, sustenta que:

> Tentando avançar um pouco mais na definição do conceito de regulação, temos que reconhecer que ele é pelo menos tão fugidio e ambíguo como o conceito de Direito Económico ou Constituição Económica. Podemos estar numa área do direito totalmente direccionada para a regulamentação da economia, como sucede quando tratamos do direito das sociedades comerciais, sem que estejamos a falar de regulação da economia. E ainda menos a alguém isto poderia ocorrer quando dos direitos de propriedade sobre um prédio rústico ou urbano.[150]

---

[147] MATA, Ismael. *Los entes reguladores de los servicios públicos*. Buenos Aires: Ciências de la Administración, 1996. p. 398-399.

[148] CHEVALLIER, Jacques. *O Estado pós-moderno*. (Trad. Marçal Justen Filho). Belo Horizonte: Fórum, 2009. p. 73.

[149] MATA, Ismael. *Los entes reguladores de los servicios públicos*. Buenos Aires: Ciências de la Administración, 1996.

[150] SANCHES, José Luís Saldanha. A Regulação: história breve de um conceito. In: *Revista da Ordem dos Advogados*, Lisboa: Centro Livreiro da Ordem dos Advogados, ano 60, p. 9, 2000.

Com efeito, o redesenho dos papéis e funções estatais ensejou a redefinição dos papéis e funções da Administração Pública, no contexto da regulação do Estado pós-moderno, emergindo a necessidade do estabelecimento de estratégias para a consecução da novel face reguladora estatal.

Nesse sentido, Dinorá Grotti assevera:

> Redefinindo o papel do Estado, fez-se necessário redefinir também o papel da Administração Pública, adotando oito princípios básicos como estratégias predominantes: desburocratização, com a finalidade de dinamizar e simplificar o funcionamento da Administração, descentralização, transparência, *accountability*, ética, profissionalismo, competitividade e enfoque no cidadão. No plano da cidadania, propagam-se os direitos difusos, caracterizados pela pluralidade indeterminada de seus titulares e pela indivisibilidade de seu objeto, neles se incluindo a proteção ao consumidor. O momento consenso-negociação entre poder público e particulares, mesmo informal, ganha relevo no processo de identificação e definição de interesses públicos e privados, tutelados pela Administração. O estabelecimento dos primeiros deixa de ser monopólio do Estado, para prolongar-se num espaço do público não estatal, acarretando com isso uma proliferação dos chamados entes intermediários. Há um refluxo da imperatividade e uma ascensão da consensualidade; há uma redução da imposição unilateral e autoritária de decisões para valorizar a participação dos administrados quanto à formação da conduta administrativa. A Administração passa a assumir o papel de mediação para dirimir e compor conflitos de interesses entre várias partes ou entre estas e a Administração.[151]

Importante aos propósitos desse item capitular foi estabelecer, de maneira ampla, o espectro conceitual de regulação, sua ambiência e contextualização histórica, de forma a introduzir, a seguir, a regulação em espécie, estampada no surgimento de suas entidades, partindo dos seus aspectos históricos, sem perder de vista, conforme se realçou, aspectos importantes do fenômeno da regulação.[152]

---

[151] GROTTI, Dinorá Adelaide Musetti. As agências reguladoras. In: *Revista Eletrônica de Direito Administrativo Econômico*, n. 6, Salvador: Instituto de Direito Público da Bahia, p. 2, mai./jun./jul. 2006.

[152] Além da extensa doutrina apresentada, Eugénio Pereira Lucas ainda identifica várias explicações para o fenômeno da regulação, sendo as seguintes consideradas fundamentais: "i) a teoria do interesse público, em que o Estado actuando para garantir o interesse público cria um dispositivo normativo destinado a realizar determinados objectivos regulatórios, reconhecendo, no entanto, os próprios autores a dificuldade em identificar o que é interesse público e a possibilidade de captura dos reguladores

Percebe-se, pois, em tempos de pós-modernidade, que o Estado vem, sistematicamente, a partir do aperfeiçoamento do pensamento neoliberal, renunciando ao desempenho do papel da prestação direta dos serviços públicos, em diversos setores, avocando a novel função de regulador, de árbitro no jogo do mercado, avesso à regulação, mas incapaz de se autorregular. Mas isso não significa o descarte total da sua participação nas atividades econômicas, conforme sustenta Chevallier:

> Esse movimento geral de privatização de empresas até então controladas pelo Estado não significa, no entanto, que esse se desvincule totalmente da esfera das atividades produtivas. Não apenas as privatizações encontram alguns limites estruturais (como o demonstram nos países europeus as dificuldades de privatização das ferrovias ou da rede postal, desencadeada, no entanto, em janeiro de 2006 no Japão), mas ainda o Estado é chamado a permanecer presente na economia, seja mantendo o seu controle sobre determinadas atividades de importância estratégica (indústria de armamento, nuclear...), seja suplementando o capital privado insuficiente para salvar determinados florões industriais (Alstom na França, em agosto de 2003), mais generalizadamente, as participações que ele conserva no capital de um conjunto de empresas (participações doravante geridas na França por uma "Agência das Participações do Estado" – APE ou na China pela "Comissão de Controle e de Gestão dos Ativos do Estado" permitem-lhe, enquanto acionista, influenciar as estratégias dessas empresas). A retomada pelo Estado do setor energético (petróleo, gás), notadamente na Rússia ou em determinados países da

---

pelos regulados; ii) a teoria dos interesses de grupos que entende a regulação como um exercício entre grupos e entre grupos e o Estado; iii) a teoria dos interesses privados não pretende alcançar interesses públicos ou de um grupo, mas interesses privados, não se assistindo nesta teoria ao fenómeno da captura dos reguladores, pois desde o início que estão definidos os interesses a proteger; iv) a teoria da força das ideias defende que um projecto político pode querer aplicar determinadas ideias na sociedade e a regulação é um meio para concretizar esse projecto; v) a teoria institucional defende que a estrutura institucional e o progresso social moldam a regulação, mais do que a junção de interesses privados; vi) a teoria dos modelos de escolha pública, que parte do princípio que os indivíduos quando actuam na sociedade procuram realizar as suas preferências, sendo este o motor da regulação e não o Estado ou os grupos e baseia-se, por isso, numa teoria microeconómica. Estas teorias explicam a realidade da regulação num determinado momento histórico, mas podem igualmente coexistir várias explicações para um mesmo momento histórico da regulação. Faz parte da natureza da regulação uma permanente tensão entre vários interesses da sociedade que estas teorias ajudam a compreender. Existem vários tipos de regulação, sendo a regulação económica e a regulação social as mais significativas. Esta distinção efectua-se, de resto, com base no objecto e na finalidade da regulação". LUCAS, Eugénio Pereira. Regulação: questões conceptuais e terminológicas. In: *ANPAD, XXXI*, Rio de Janeiro, set. 2007.

América Latina (Bolívia em 2006 e Venezuela em 2007), mostra, sob outro aspecto, que um movimento reativo tende a se produzir e que o Estado pretende manter o controle dos recursos julgados essenciais. Apesar disso, o estado perdeu, em larga medida, o estatuto de operador econômico que havia conquistado: isso não significa, todavia, que ele renuncie integralmente ao direito de intervir sobre a economia.[153]

Nesse passo, os verbos transitivos (garantir e assegurar), conjugados historicamente pelo Estado na prestação de serviços públicos, em uma ambiência cada vez mais normatizada sobre os direitos fundamentais, encontram-se mitigados, ou, pelo menos, desacelerados na fluência de um compasso de espera, uma fermata imposta ao Estado garantidor na observação dos movimentos lançantes, no tabuleiro do enxadrismo social.

Por vários ângulos em que se observe o fenômeno da regulação, as limitações de recursos do Estado, para garantir os direitos sociais, econômicos e culturais, nas ditas sociedades livres, são premissas básicas a serem consideradas. Nesse sentido, Vieira Andrade sustenta que:

> No que respeita a prestações materiais, há de se considerar a escassez dos recursos à disposição do Estado para satisfazer as necessidades económicas, sociais e culturais de todos os cidadãos: não está em causa a mera repartição desses recursos segundo um critério de igualdade, mas sim, uma verdadeira opção quanto à respectiva afectação material, opção que se revela extremamente complexa, já que essa escassez depende de variações no desenvolvimento económico e na realidade social, e a sua afectação está associada a opções de organização da vida comunitária, tornando, por isso, a escolha pertencente a uma perspectiva global, isto é, política. Por isso se entende em todas as sociedades democráticas que os direitos a prestações materiais do Estado correspondem a fins políticos de realização gradual ou que são – naquilo que vá além do mínimo essencial – direitos "sob reserva do possível".[154]

Destarte, infere-se também que a escassez de recursos, perante um processo de privatização ou despublicização, em uma sociedade cada vez mais exigente e complexa, vem ensejando mudanças substanciais no Estado, no papel desempenhado, inclusive, na fase estatal reguladora,

---

[153] Op. cit., p. 71-72.
[154] VIEIRA DE ANDRADE, José Carlos. O Direito ao mínimo de existência condigna como direito fundamental a prestações estaduais positivas – uma decisão singular do Tribunal Constitucional: anotação ao Acórdão do Tribunal Constitucional nº 509/02. *Jurisprudência Constitucional*, n. 1, p. 23, jan./mar. 2004.

atuando na complexidade do mercado competitivo, concorrencial, frenético e voraz nos seus efeitos globalizantes, onde se impõe uma regulação democrática, se é que pode existir compatibilidade entre regulação no ambiente neoliberal e a democracia.[155]

Pelos caminhos percorridos no plano da conceituação da regulação e de sua contextualização histórica, percebeu-se de forma bem evidenciada que as mudanças operadas na ordem econômica, bem como na transmutação do Estado, ensejaram expressivas mudanças nas modalidades do intervencionismo estatal na economia.

Parte-se, então, para a abordagem das agências reguladoras, as conformações históricas e as feições características que apresentam na atualidade.

2.2 Histórico e conceito das Agências Reguladoras

Sobre a ambiência histórica do surgimento das Agências Reguladoras, importante contribuição apresenta Jacques Chevallier quando aduz que a ordem burocrática estatal, cujo fundamento é a hierarquia, sofreu desestabilização pelo surgimento de novéis estruturas inseridas externamente ao modo de gestão clássico-estatal, livrando-se, portanto, do poder hierárquico centralizado do Estado.

Nesse sentido, Chevallier prossegue:

> Vê-se delinear um novo princípio de organização do aparelho do Estado, congruente com a ideia da pós-modernidade. Os pesados aparelhos de

---

[155] "O pensamento liberal sempre viu com maus olhos a intervenção do estado na economia. Numa economia separada do estado, confiada à mão invisível, os liberais defendem que tudo depende do nível de confiança dos empresários investidores relativamente ao rumo dos negócios ditado pelas 'leis do mercado'. Se este dogma não for posto em causa, o capital goza de grande poder de controle sobre as políticas públicas, invocando sempre que o melhor é o estado deixar correr (o velho *laisser-faire*...), porque qualquer ação sua pode afetar negativamente o nível de confiança dos empresários, provocando a diminuição do investimento privado, da produção e do emprego. [...] O neoliberalismo é o reencontro do capitalismo consigo mesmo, depois de limpar os cremes das máscaras que foi construindo para se disfarçar. O neoliberalismo é a expressão ideológica da hegemonia do capital financeiro sobre o capital produtivo. [...] A presente crise tem mostrado à evidência que o neoliberalismo não dispensa um estado forte. Talvez mais do que qualquer outro período da história do capitalismo, o estado capitalista tem afirmado com vigor a sua natureza de estado de classe, defendendo com unhas e dentes os interesses do grande capital financeiro, à custa dos salários, do emprego e dos direitos e da própria dignidade dos trabalhadores, cada vez mais à custa da própria democracia". NUNES, António José Avelãs. *O neoliberalismo não é compatível com a democracia*. 1. ed. Rio de Janeiro: Lumen Juris, 2016. p. 79-151.

gestão construídos no curso do estabelecimento do protetorado estatal sobre a ida social não respondem mais aos novos dados da ação estatal: eles tendem a ser contornados por estruturas transversais, 'moléculas moles e fluídas', verdadeiras tasks-forces', capazes de evidenciar uma maior eficácia.[156]

Nesse norte, Paulo Augusto de Oliveira contextualiza esse momento da regulação, na perspectiva do reordenamento estatal, diante da dinâmica da economia, asseverando:

> O último quartel do século XX dá início a uma reorganização das tarefas públicas, uma verdadeira reestruturação na forma de intervenção estatal no domínio econômico, uma reordenação dos papéis do Estado e da Sociedade. O Estado, até então executor dos serviços públicos, passa a exercer, primordialmente, a função de regulador da economia, encarregando-se pelo bom funcionamento do mercado, bem como pela correção das suas falhas. O Estado Regulador e Garantidor surge, assim, como um modelo estatal intermediário, alternativo aos dois modelos anteriormente vivenciados – Liberal e Social. Uma espécie de "terceira via", em que não atua, via de regra, diretamente na atividade econômica, mas também não se abstém por total desse cenário. Porta-se, assim, como garantidor de certos fins de interesse público. Nesse mister, reduziu seu papel no exercício direto da atividade econômica (*rolling back*), o que se deu, sobretudo, por intermédio da liberalização dos setores anteriormente sujeitos aos regimes de monopólios, das privatizações de empresas públicas, do fortalecimento dos poderes regulatórios (*privatization brings regulation*) e do fomento da concorrência. Esse novo modelo de comportamento estatal não representa a retirada, a abdicação ou a renúncia do Estado a toda e qualquer forma de compromisso em face das novas atividades correspondentes aos serviços públicos econômicos.[157]

É o olhar que também apresenta Alexandre Aragão, nominando essa viragem histórica do surgimento das agências reguladoras com o ingrediente da "tecnologia jurídica", ao sustentar:

> A partir principalmente do Segundo Pós-Guerra, o Estado, diante de uma sociedade crescentemente complexa e dinâmica, verificou a impotência dos seus instrumentos tradicionais de atuação, o que impôs

---

[156] CHEVALLIER, Jacques. *O Estado pós-moderno*. (Trad. Marçal Justen Filho). Belo Horizonte: Fórum, 2009. p. 99.

[157] OLIVEIRA, Paulo Augusto de. O Estado regulador e garantidor em tempos de crise e o direito administrativo da regulação. *Revista Digital de Direito Administrativo*, v. 1, n. 1, Universidade de São Paulo, p. 163-183, 2016.

a adoção de mecanismos administrativos mais ágeis e tecnicamente especializados. A tecnologia jurídica até então predominante, com suas regulamentações genéricas para todos os setores sociais, começou a se transformar para enfrentar os novos desafios. Surgiram órgãos e entidades dotadas de independência frente ao aparelho central do Estado, com especialização técnica e autonomia normativa capazes de direcionar as novas atividades sociais na senda do interesse público juridicamente definido. Em um primeiro momento, a autonomia no desempenho de parcelas das atividades estatais se deu através da criação, pelo Estado, de pessoas jurídicas a ele paralelas, denominadas entre nós de entidades da Administração Indireta, sujeitas, no entanto, a uma forte tutela da Administração central. Posteriormente, foi revista a própria estrutura do Estado, ou seja, da sua Administração Direta, até então concebida em termos exclusivamente unitários e hierarquizados. Foram criados órgãos e agentes com variável autonomia em relação ao Chefe do Poder Executivo. Esses fenômenos, em razão da grande onda de privatização dos serviços públicos, verificada nos últimos anos em quase todos os países, foram fortalecidos pela criação de novas entidades e órgãos independentes, encarregados da sua supervisão e normatização. A formatação jurídica que tomaram é diversa em cada Direito Positivo, mas mantém em todos eles os traços de autonomia face ao poder central do Estado.[158]

Resgatando a importância histórica das Agências Reguladoras, sua integração com o meio e a consequente fragmentação da ação estatal, Jaques Chevallier assevera:

> A importância que apresenta a sua instituição relativamente aos princípios tradicionais de organização estatal não poderá ser subestimada. Fundamentalmente, elas permitem ver um "Estado plural", constituído por um mosaico de entidades muito diversas, formado por um conjunto de elementos heterogêneos: estruturas "fora da máquina", elas constituem pequenas ilhas isoladas dentro do Estado e são levadas a reforçar a própria autonomia, valendo-se da competência e da autoridade de seus membros. Depois, a emancipação relativamente aos vínculos burocráticos é acompanhada de um processo correlativo de integração ao meio: cada uma dessas administrações é conduzida a interiorizar mais ou menos a racionalidade do setor que ela é encarregada de enquadrar e de regular. Enfim, o seu desenvolvimento acarreta a fragmentação da ação pública, que toma a forma de uma justaposição de regulações setoriais: de onde

---

[158] ARAGÃO, Alexandre Santos. As agências reguladoras independentes e a separação de poderes: uma contribuição da teoria dos ordenamentos setoriais. *Revista Diálogo Jurídico*, Salvador: Direito Público, n. 13, p. 2, abr./mai. 2002.

as críticas recorrentes sobre a legitimidade de sua instituição. É, então, uma nova concepção de Estado que se perfilha por meio delas.[159]

Infere-se, da contextualização apresentada, que a terminologia da regulação está fundamentalmente relacionada à maneira pela qual o Estado regulador organiza as atividades econômicas, seja quando procede à concessão de serviços públicos, seja quando exerce o poder de polícia. O que se observa, no decorrer do processo de regulação, é a redução considerável da intervenção direta do Estado, bem como da maléfica concentração econômica, oriunda da concorrência desleal no livre mercado, que acarreta as chamadas falhas de mercado.

Entretanto, alerta Vicente Bagnoli que, apesar de normalmente utilizar-se a expressão "regulação econômica", cumpre observar que a regulação econômica é, concomitantemente, uma regulação social, ou seja, regulação econômico-social.[160]

Demonstração clara desse entendimento se encontra no direito francês, segundo Alexandre Aragão, quando aduz:

> Uma característica peculiar das autoridades administrativas independentes francesas é que, ao contrário de muitos países, tais como o próprio Brasil, não se limitam à regulação de setores econômicos ou serviços públicos delegados a particulares, abrangendo também funções de proteção de direitos fundamentais e de proteção dos cidadãos frente à Administração Pública, não sendo, portanto, no seu conjunto, vinculadas exclusivamente ao Direito Econômico.[161]

Na mesma passada, José Luís Sanches defende que

> a regulação mostra assim a sua natureza de meio ao serviço de certos fins: que em alguns casos, por constituírem direitos sociais constitucionalmente consagrados, terão de ser atingidos por uma qualquer forma de intervenção pública: com a consequente liberdade política e administrativa quanto à escolha dos meios mais adequados para esse fim.[162]

---

[159] CHEVALLIER, Jacques. *O Estado pós-moderno*. (Trad. Marçal Justen Filho). Belo Horizonte: Fórum, 2009. p. 102.
[160] BAGNOLI, Vicente. *Direito econômico*. 3. ed. São Paulo: Editora Atlas, 2008. p. 53.
[161] ARAGÃO, Alexandre Santos de. *Agências reguladoras e a evolução do Direito Administrativo Econômico*. 2. ed. Rio de Janeiro: Editora Forense, 2004. p. 261.
[162] SANCHES, José Luís Saldanha. A Regulação: história breve de um conceito. In: *Revista da Ordem dos Advogados*, Lisboa: Centro Livreiro da Ordem dos Advogados, ano 60, p. 22, 2000.

Conforme se sustenta, a regulação, dentro da metamorfose estatal, tem sua materialização representada pelo aparecimento (instituição) de entidades reguladoras (existem diversas terminologias) – as agências reguladoras, que expressam o Estado regulador na pós-modernidade, a nova maneira de atuação da Administração Pública, rompendo com a centralização estatal, inaugurando novos centros decisórios especializados. O Estado abre mão do poder central e da condução exclusiva da administração para responder à dinâmica complexa da sociedade, notadamente, da economia.

Na perspectiva da historicidade, Dinorá Grotti aduz que

> na Inglaterra, a partir de 1834, floresceram entes autônomos, criados pelo Parlamento para concretizar medidas previstas em lei e para decidir controvérsias resultantes desses textos; a cada lei que disciplinasse um assunto em relevo, criava-se um ente para aplicar a lei.[163]

Segundo Alexandre de Moraes, "a origem remota das Agências Reguladoras é inglesa, a partir da criação pelo Parlamento, em 1834, de diversos órgãos autônomos com a finalidade de aplicação e concretização dos textos legais".[164]

Pierre Rosanvallon sustenta que a criação de instituições com feições de agência reguladoras se deu, primeiramente, nos Estados Unidos:

> Historicamente, os Estados Unidos foram o primeiro país a criar instituições equivalentes às agências reguladoras, no início do século XIX. Mais especificamente, em 1887, o *Interstate Commerce Act* representou um marco para o começo de uma nova gestão pública naquele país. Isso porque, por meio dele, passou-se a fixar regras de práticas tarifárias das companhias ferroviárias, proibindo discriminações e abusos, e, especialmente, foi criada uma autoridade independente especial chamada Interstate Commerce Comission. Esta nova instituição criada por meio do ato citado, além do poder de criar regramentos, estava encarregada de executar as medidas por ela mesma criada e de regular o setor ferroviário, o que rompia, significativamente, com o paradigma clássico da separação dos poderes. [...] À época, o contexto histórico e social vivido nos Estados Unidos nos idos dos anos de 1880, de um Estado Federal fragilizado e

---

[163] GROTTI, Dinorá Adelaide Musetti. As agências reguladoras. In: *Revista Eletrônica de Direito Administrativo Econômico*, n. 6, Salvador: Instituto de Direito Público da Bahia, p. 3, mai./jun./jul. 2006.

[164] MORAES, Alexandre de. Agências reguladoras. *Revista dos Tribunais*, São Paulo, ano 90, v. 791, p. 745, set. 2001.

em crise de legitimidade, levou à necessidade da criação de instituições fortes e autônomas ao poder executivo, para que passassem a administrar os serviços públicos essenciais à população, a exemplo do ferroviário. Ademais, havia a necessidade de que essa instituição criada fosse muito competente, a ponto de resolver as questões tarifárias do serviço, aprovar regras e fixar normas, o que demandava um conhecimento técnico específico, o qual não detinha a administração pública. [...] Nesse contexto, também se percebeu a necessidade de criação de regras mais maleáveis, com processo de edição e aprovação mais simples e célere, a ponto de atender mais imediatamente à demanda da sociedade, o que se contrapunha à realidade burocrática até então vigente na administração pública. [...] Pode-se dizer, assim, que a *Interstate Commerce Comission* serviu como verdadeiro modelo paradigmático ao surgimento de novas instituições independentes de regulação nos Estados Unidos, tais como a *Federal Comunications Commission*, a *Securities and Exchange Comission* e a *National Labor Relations Board*.[165]

Nessa direção, Vital Moreira e Fernanda Maçãs estabelecem o entendimento sobre as origens do que denominam de "autoridades reguladoras independentes", ao sustentar:

A génese destas entidades localiza-se nos Estados Unidos da América, onde constituem uma realidade já com mais de um século, na figura das "independent agencies" e nas denominadas "Independent Regulatory Commissions" (IRC). A sua criação deveu-se ao compromisso de, por um lado, ter de haver regulação e, por outro lado, dever-se manter a economia livre da ingerência do Governo. Através das autoridades reguladoras independentes conseguia-se a primeira, sem envolver o segundo na regulação da economia. Além desta razão de ordem pragmática, o desenvolvimento das ARI norte-americanas tem a sua raiz numa característica do sistema institucional norte-americano, a separação e a tensão entre o Poder Executivo (o Presidente) e o Poder Legislativo (o Congresso). Considerando a tradicional desconfiança do Congresso em relação ao Presidente e, para evitar que este acumulasse prerrogativas susceptíveis de afectarem o equilíbrio de poderes, o Congresso votou-se à criação de autoridades administrativas não sujeitas ao controlo do Presidente, enquanto chefe do executivo e da administração federal.[166]

---

[165] ROSANVALLON, Pierre. *La legitimidad democrática*: imparcialidad, reflexividad, proximidad. (Trad. Heber Cardoso). 1. ed. Buenos Aires: Manantial, 2009. p. 119-124.

[166] MOREIRA, Vital; MAÇÃS, Fernanda. *Autoridades reguladoras independentes – estudo e projecto de lei-quadro*. Coimbra: Coimbra Editora, 2003. p. 17.

Arnaldo Godoy, também, na direção do historicismo das agências reguladoras, acrescenta:

> O modelo foi concebido originariamente pelo direito norte-americano, no qual as agências independentes (*independent agencies*) regulamentam ostensivamente inúmeros aspectos do modelo administrativo. Exemplifico com assuntos de transportes, alimentação e remédios. Tem-se atuação formal e informal, sob mais próxima orientação de princípios que norteiam o Poder Executivo naquele país. Centra-se na ideia de eficiência, o que torna o direito um conjunto normativo auxiliar do desenvolvimento econômico.[167]

Na doutrina italiana, encontra-se também o entendimento de que as agências reguladoras tiveram o seu berço nos Estados Unidos, e considera tarefa difícil sua conceituação:

> Il fenomeno delle Autorità indipendenti non è di facile definizione: con il termine "Autorità indipendenti" si indica una serie di poteri pubblici, caratterizzati da uno specifico grado di indipendenza dal potere politico, dall'esercizio di funzioni "neutrali" in diversi settori dell'ordinamento (principalmente economici) e da un elevato livello di competenze tecniche. Una definizione unitaria del fenomeno delle autorità indipendenti non è semplice, in quanto non si è in presenza di organismi creati dal legislatore in esecuzione di un preciso disegno e in adesione ad un dato modello, ma di autorità istituite in base a contingenti esigenze di indipendenza e neutralità in alcuni specifici settori e in assenza di una disciplina comune, oltre che di un diretto riferimento costituzionale. Come appena detto, le radici di tale fenomeno vanno sicuramente individuate nel modello americano delle independent regulatory agencies, che hanno negli stati Uniti una tradizione secolare, dovuta alla fine dell'ottocento alla necessità di attuare un processo di regolazione pubblica dell'economia, finalizzato a disciplina re gli effetti di una industrializzazione rapida, di novità tecnologiche e di una massiccia urbanizzazione. Nell'esperienza statunitense il concetto di regulation viene inteso come attribuzione di poteri normativi, amministrativi e giustiziali ad una autorità separata dal complesso dell'organizzazione amministrativa e incaricata di svolgere le sue funzioni in un singolo settore. Le agenzie indipendenti nascono per assicurare il "keeping out of politcs", un riparo efficace dalla arbitri della maggioranza e della politica in genere, dalle corruzione e dalle

---

[167] GODOY, Arnaldo Sampaio de Moraes. Agências reguladoras – Origens, fundamentos, direito comparado, poder de regulação e futuro. In: *Fórum de Contratação e Gestão Pública – FCGP*, Belo Horizonte: ano 13, n. 150, p. 16-22, jun. 2014.

frodi, grazie ad un intervento pubblico "neutralizzato", che consente un processo decisionale fondato sull'esperienza tecnica e sulla neutralità. La comparsa delle prime autorità indipendenti viene fatta risalire all'istituzione avvenuta nel lontano 1887, negli Stati Uniti, della Interstate Commerce Commission, inizialmente inquadrata nel Dipartimento dell'Interno e poi, nel 1889, separata e resa indipendente.[168] [169]

Vital Moreira e Fernanda Maçãs fazem a interligação dessa atual fase do Estado, para chegar às autoridades "independentes", destacando:

> O Estado Regulador contemporâneo caracteriza-se essencialmente pela *desintervenção do Estado* em relação à actividade económica, com a extinção ou redução substancial do papel do Estado empresário, do Estado produtor e do Estado prestador de serviços aos cidadãos. O Estado passa as dedicar-se essencialmente às tarefas de regulação das actividades privadas, visando assegurar entre outras coisas a prestação de "serviços de interesse económico geral". Mas o Estado regulador não é caracterizado somente pela desintervenção económica do Estado. É também marcado crescentemente pela *desgovernamentalizacão da actividade reguladora*. Em vez de esta estar confiada ao Governo ou à Administração dele dependente, passou a se estabelecer uma separação de funções entre as tarefas de orientação politica da economia, do foro governamental e parlamentar, e as tarefas de regulação propriamente ditas, que passam crescentemente a caber a autoridades acentuadamente independentes

---

[168] CHIEPPA, Roberto Chieppa. *Potere economico e autorità indipendenti*: funzioni neutrali e sindacato del giudice amministrativo. Disponível em: <http://www.rivista.ssef.it/www.rivista.ssef.it>. Acesso em: 15 mai. 2017.

[169] Tradução nossa: "O fenômeno das autoridades independentes não é fácil de definir: o termo 'autoridade independente' refere-se a uma série de autoridades públicas, caracterizada por um grau específico de independência do poder político, o exercício de funções 'neutras' em diferentes setores do ordenamento (principalmente económicos) e um elevado nível de competências técnicas. A única definição do fenômeno de autoridades independentes não é simples, porque nós não estamos na presença de corpos criados pelo legislador na execução de um projeto de adesão relativo a um determinado padrão, mas as autoridades estabelecidas com base em requisitos de quotas de independência e neutralidade, de alguns setores específicos e, na ausência de um quadro comum, bem como uma referência direta Constitucional. Como já mencionado, as raízes deste fenômeno são certamente identificadas no modelo americano de agências reguladoras independentes, que têm nos Estados Unidos uma tradição centenária, em razão de, no final do século XIX, ter havido a necessidade de implementar um processo de regulação pública que visasse disciplinar os efeitos da rápida industrialização, as inovações tecnológicas e uma urbanização maciça. Na experiência estadunidense, o conceito de regulação é entendido como a atribuição de poderes, regulamentar, administrativo e judicial, a uma autoridade separada do complexo da organização administrativa e com mandato para desempenhar as suas funções em um único setor".

do Governo e da maioria parlamentar de cada momento. Do que se trata é de isolar tanto quanto possível a esfera da regulação económica da esfera directamente política, de modo a fomentar a neutralidade e a estabilidade do quadro regultório.[170]

As Agências Reguladoras tiveram o seu desenvolvimento guardando sua conformação em um processo evolutivo, jurídico, social e econômico peculiar, em cada país onde foram implantadas, que, para os fins colimados na presente obra, serão abordadas com minudência nos capítulos destinados à regulação no Brasil e nos Estados Unidos da América, respectivamente, de modo a possibilitar, com realce, o estudo comparado desenvolvido.

Quanto ao conceito de Agências Reguladoras, as doutrinas, nacional e estrangeira, apresentam similitudes, bem como dessemelhanças de alcance e formas de controle, pelo que se torna prudente, além da conceituação em si, tomar-se por base o contexto onde foram forjados esses entes administrativos, na tentativa de se estabelecer um conceito que espelhe o que há de congruente no plano internacional.

Alexandre Aragão, inserindo as Agências Reguladoras no contexto dos ordenamentos setoriais, estabelece um apanhado conceitual do que elas representam, ao sustentar:

> Podemos, então, conceber as diversas entidades e órgãos reguladores, efetivamente, como ordenamentos jurídicos derivados e parciais, ordenamentos jurídicos estes que se fortaleceram no mundo contemporâneo, onde não mais vigora com tanta rigidez o dogma da ordem jurídica unitária, típico da modernidade do século XVIII. As funções destas entidades reguladoras especializadas tornam imprescindível o fortalecimento e a consolidação dos ordenamentos jurídicos por elas autonomamente elaborados por reenvio do ordenamento estatal central. Os ordenamentos setoriais, instituídos pelo Estado por imposição da realidade econômica e técnica possuem uma base econômica identificável. Têm por função a regulação das atividades empresariais ou profissionais que possuem aspectos sensíveis ao interesse coletivo, tais como os serviços públicos, a exploração de determinados bens públicos (ex.: os recursos minerais), o comércio de valores mobiliários, a atividade financeira, a produção de medicamentos, o exercício da advocacia e da medicina, etc., que não podem ser deixadas ao livre arbítrio privado. Quando o legislador julga ser necessária uma maior rigidez do controle estatal, os ordenamentos setoriais são conferidos a entidades ou órgãos do

---

[170] Op. cit, p. 257.

próprio Estado, mas alheios à sua administração central, com a qual não possuem vínculos de hierarquia ou de significativo controle. São os casos das agências reguladoras no Brasil, das *commissions* norte-americanas e das autoridades independentes francesas, italianas e espanholas. Uma Importante consequência da concepção das entidades reguladoras autônomas, como ordenamentos jurídicos setoriais, é que estes não se reduzem às entidades que os exponencializam, a eles se integrando os particulares cuja atividade constitui o objeto da regulação e que, desta forma, também participarão do seu desenvolvimento.[171]

Também, no rumo da descentralização setorial, Diogo Moreira Neto, percorrendo a trilha dos aspectos estruturantes do conceito de agências reguladoras, assim preceitua:

> A descentralização setorial consiste em reordenar o aparelho estatal e o exercício do poder público de modo a especializá-los segundo os diferentes setores da vida econômica e social, conformando órgãos ou, preferentemente, entes, sempre instituídos por lei, dotando-os de suficiente autonomia técnica, para o desempenho de funções administrativas geralmente deslegalizadas, buscando maior proximidade e mais intensa interação com os entes privados protagonistas desses respectivos setores, o que lhes proporciona, também, uma incrementada legitimidade. São exemplos contemporâneos desse tipo exitoso de descentralização as agências reguladoras que atuam em setores funcionais específicos e tão variados como o são, por exemplo: os serviços públicos de energia elétrica, de proteção à saúde, de transporte, de execução do monopólio do petróleo, de gerenciamento de águas e tantos outros, em lista que tende a crescer no ritmo da complexicação social e tecnológica de diversos desses setores, em que se identifica alguma especial sensibilidade política, econômica ou social que recomende o emprego desta técnica da descentralização regulatória. [...] Essas agências governamentais autônomas (o conceito de autonomia é aqui mais apropriado, por ser de índole administrativa, do que o de independência, pois que esta expressão guarda sentido político-constitucional) são entendidas como entes fracionários do aparelho administrativo do Estado e, assim, não constituem tema novo no Direito Administrativo. Ao contrário, no século XX foram exaustivamente estudados e experimentados, em inúmeros países, vários de seus aspectos, políticos, técnicos e jurídicos, notadamente quanto à sua natureza – de executoras de atividades estatais por outorga legal de competências, com funções reguladoras,

---

[171] ARAGÃO, Alexandre Santos. As agências reguladoras independentes e a separação de poderes: uma contribuição da teoria dos ordenamentos setoriais. *Revista Diálogo Jurídico*, Salvador: Direito Público, n. 13, p. 18-21, abr./mai. 2002.

fiscalizadoras e sancionadoras e, por vezes, parajurisdicionais. Tampouco é novo o conceito específico de função reguladora, enquanto produto da deslegalização, ou seja, do exercício de competência normativa por direta delegação legislativa, outorgada com a finalidade de sujeitar determinadas atividades a regras, predominantemente técnicas, de interesse público.[172]

Em sentido amplo, Maria Sylvia Zanella Di Pietro aduz que, no direito brasileiro,

> agência reguladora é qualquer órgão da Administração Direta ou entidade da Administração Indireta com função de regular a matéria específica que lhe está afeta. Se for entidade da administração indireta, ela estará sujeita ao princípio da especialidade, significando que cada qual exerce e é especializada na matéria que lhe foi atribuída por lei.[173]

Marçal Justen Filho leciona que "agência reguladora independente é uma autarquia especial, sujeita a regime jurídico que assegure a sua autonomia em face da Administração direta e investida de competência para a regulação setorial".[174]

De acordo com Paulo Modesto, as Agências Reguladoras têm a seguinte definição:

> As agências reguladoras são definidas como autarquias especiais porque o legislador lhes conferiu, desde o momento da constituição, um conjunto de garantias em face da Administração Direta, suficientes para caracterizar uma particular ampliação da autonomia decisória, administrativa ou financeira dessas entidades em relação às demais autarquias existentes. Porém, não há um padrão obrigatório para as agências reguladoras, como não há para as autarquias em geral, adotando o legislador um critério casuístico na definição do grau de independência de cada agência reguladora.[175]

---

[172] MOREIRA NETO, Diogo de Figueiredo. *Curso de Direito Administrativo*. 16. ed. Rio de Janeiro: Forense, 2014. p. 205 e 588.
[173] DI PIETRO, Maria Sylvia Zanella. *Direito Administrativo*. 15. ed. São Paulo: Atlas, 2003. p. 402.
[174] JUSTEN FILHO, Marçal. *Curso de Direito Administrativo*. 4. ed. rev. atual. São Paulo: Saraiva, 2009. p. 584.
[175] MODESTO, Paulo. Agências executivas: a organização administrativa entre o casuísmo e a padronização. In: *Revista Interesse Público*, ano 4, n. 13, jan./mar. Belo Horizonte: Editora Fórum, p. 2, 2002.

2.3 Características, funções e poderes das Agências Reguladoras

Por outra face, impende trilhar pela identificação das características e funções das Agências Reguladoras, que oportunize melhor compreensão de seu contexto atual, considerando-se, fundamentalmente, que elas compõem a Administração Pública de Estados, inseridos no *common law* e *civil law*, representando, conforme sustentado alhures, um evidente redimensionamento da atuação do Estado, onde se tem escutado como mantra discursivo, nos quadrantes onde se instalaram, a efetivação das garantias constitucionais, a convivência urbana do mercado concorrencial. Isso se traduz na criação destas entidades independentes do Governo, com finalidades específicas de regulação para a garantia do funcionamento de um mercado concorrencial, evitando-se o abuso do poder econômico diante das falhas de mercado, bem como, ainda, do respeito aos direitos dos usuários, antes de tudo, cidadãos.

Inicia-se por Vital Moreira e Fernanda Maçãs, que estabelecem as principais características do sistema norte-americano, sustentando:

> Neste sentido, as ARI, cujos poderes são directamente conferidos pelo Congresso, dispõem de considerável independência orgânica e funcional em relação ao Presidente, que não pode remover discricionariamente os seus membros. Os titulares dos seus órgãos provêm do meio profissional respectivo, mas a sua nomeação, que cabe ao Presidente mediante confirmação do Senado, respeita o equilíbrio de forças políticas existentes, ou seja, a composição destas entidades reflecte o princípio do bipartidarismo (isto é, o acordo entre os dois partidos do sistema). Além das características apontadas, as ARI gozam de um estatuto de independência garantido por lei, destacando-se a não submissão a quaisquer ordens ou instruções presidenciais e a duração do mandato dos seus membros, geralmente superior ao do Presidente (5 anos em vez de 4), e que só podem ser destituídos em caso de negligência grave ou ilegalidade.[176]

E prosseguem Moreira e Maçãs, discorrendo sobre as funções das Comissões Independentes americanas:

---

[176] MOREIRA, Vital; MAÇÃS, Fernanda. *Autoridades reguladoras independentes – estudo e projecto de lei-quadro*. Coimbra: Coimbra Editora, 2003. p. 17-18.

As funções reguladoras destas "agências" ou "comissões independentes", como são usualmente designadas, são diversificadas e se fazem sentir em quase todos os sectores da vida económica e social, desde a política monetária (Federal Reserve Board), ao financeiro e à bolsa (Securities and Exchange Commission – FEC), à protecção do ambiente (Environmental Protection Agency – EPA), das telecomunicações (Federal Comunication Commission – FCC), e à produção e distribuição da energia (Federal Energy Regulatory Commission – FERC), até ao controlo do financiamento das campanhas eleitorais (Federal Election Commission – FEC). [...] Do ponto de vista das actividades que as comissões reguladoras independentes são chamadas a desenvolver, verifica-se que, ao lado de funções típicas da administração activa, elas podem assumir outras que se aproximam das tradicionalmente conferidas a outros poderes do Estado – referimo-nos a funções normativas e jurisdicionais. As ARI norte-americanas gozam de poderes de emissão de normas jurídicas necessárias para a disciplina dos sectores por si controlados, bem como de poderes para aplicar sanções e resolver, em primeira instância, as controvérsias jurídicas resultantes da aplicação daquelas normas. Tais funções não assumem, na óptica dos vários autores, verdadeiramente a natureza de funções legislativas ou jurisdicionais, mas "quase legislativas" e "quase jurisdicionais", por forma a contornar a proibição de delegação destes poderes que vigora nesta matéria por força da Constituição dos Estados Unidos. [...] As autoridades reguladoras independentes (ARI) são a expressão da referida desgovernamentalização da regulação. Elas são caracterizadas por dois traços essenciais, a saber: a independência orgânica, pela qual os membros do órgão regulador são designados por um período fixo, relativamente longo, não podendo ser destituídos, salvo por motivos justificados (inamovibilidade); a independência funcional, pela qual, na sua actividade reguladora, as autoridades competentes estão sujeitas somente à lei e ao controlo dos tribunais, estando isentas de qualquer superintendência governamental ou de qualquer tutela de mérito.[177]

Pierre Rosanvallon destaca que as Agências Reguladoras (Autoridades Independentes) têm como características a subtração das pressões políticas, a independência ao poder executivo, a imparcialidade, a capacidade de implementar políticas públicas cuja duração vá além do período do mandato eletivo e a adoção de medidas coerentes e técnicas, tendo em vista a composição por membros expertos, com conhecimento técnico. Isso, segundo o mestre francês, acarretou ampla aceitação dessas instituições independentes pela sociedade, exausta

---

[177] MOREIRA, Vital; MAÇÃS, Fernanda. *Autoridades reguladoras independentes – estudo e projecto de lei-quadro.* Coimbra: Coimbra Editora, 2003. p. 18-19; 257-258.

da burocracia que, à época de sua efetiva implementação, conduzia as rédeas da administração pública.[178]

Corroborando com os propósitos deste capítulo, importante abordagem faz a doutrina italiana sobre as autoridades independentes, fazendo-o na perspectiva da comunidade europeia, de onde se depreende seus poderes normativo, adjudicatório e sancionador:

> Poteri normativi: Anche se non tutte le autorità ne sono fornite – non dispone di poteri normativi, ad es., l'Autorità garante della concorrenza e del mercato – essi ricorrono di frequente, e con un'ampiezza superiore a quella di cui dispongono gli enti pubblici o gli stessi ministeri. Le ragioni sono diverse. Alcune autorità sono state istituite nell'ambito di servizi pubblici in passato gestiti in forma monopolistica dallo Stato o direttamente o, più spesso, a mezzo di concessionari: enti pubblici economici, società a prevalente o totale partecipazione pubblica, imprese titolari di diritti speciali o esclusivi (per usare la terminologia dell'art. 86 par. 1 del Trattato CE). [...] Poteri di aggiudicazione: Si tratta della versione italiana di una terminologia americana: secondo la quale nell'ambito dei poteri delle Indipendent Regulatory Commissions va distinta l'attività di rulemaking dall'attività di adjudication. Tipici poteri di aggiudicazione ha l'Autorità garante della concorrenza e del mercato: cui è affidato essenzialmente il compito di verificare se in concreto sia stata conclusa un'intesa o attivata una pratica concordata restrittiva della concorrenza, o è stato commesso abuso di posizione dominante o realizzata una concentrazione tale da eliminare o ridurre in modo sostanziale un'intesa restrittiva della concorrenza. [...] Poteri sanzionatori: Sono attribuiti anch'essi a quasi tutte le Autorità, a garanzia dell'osservanza delle regole e del rispetto dei divieti stabiliti nel mercato in generale e nei mercati specifici (del credito, delle assicurazioni, dei prodotti finanziari etc.). Anche qui va segnalato che, in presenza di pene pecuniarie di importo spesso altissimo, la giurisprudenza e oggi la stessa legislazione hanno elaborato una serie di regole procedurali a garanzia delle imprese che a quei poteri sono soggetti (obbligo di comunicazione dell'avvio del procedimento, diritto di difesa, principio di proporzionalità nella commisurazione delle sanzioni etc.).[179] [180]

---

[178] ROSANVALLON, Pierre. *La legitimidad democrática*: imparcialidad, reflexividad, proximidad. (Trad. Heber Cardoso). 1. ed. Buenos Aires: Manantial, 2009. p. 124-127.

[179] CORSO, Guido; CLARICH, Marcello; ZENO-ZENCOVICH, Vincenzo. *Il sistema delle Autorità indipendenti*: problemi e prospettive. Roma: Universitá Internazionale degli studi social, 7 febbraio 2006. p. 17-20.

[180] Tradução nossa: Poder normativo: Embora a nem todas as autoridades seja fornecido – há poderes de regulamentação, por exemplo, a Autoridade da Concorrência e ao mercado, que se repetem com frequência e com uma largura maior do que a realizada

Na doutrina nacional, Alexandre Aragão, com intenso fôlego, se destaca ao apresentar verdadeiro compêndio sobre o tema, obra singular, versando, com minudência, sobre características, funções e poderes das Agências Reguladoras, notadamente sobre as atividades normativa, fiscalizadora, sancionatória e julgadora, bem como, ainda, sobre o caráter técnico, a autonomia financeira e orçamentária.

No que se reporta à atividade normativa, considera Aragão que, se sem as demais atividades um órgão ou uma entidade pode continuar a ser considerado como regulador, o mesmo não se pode dizer do poder de editar normas, sem o qual deixa de ser regulador para ser apenas adjudicatório. Quanto à atividade fiscalizadora, assevera que as leis que instituem as agências preveem o desempenho por parte delas de competências fiscalizatórias sobre os agentes econômicos que se encontram no seu âmbito de atuação. Já a atividade sancionatória, decorrente da competência fiscalizatória, refere-se à aplicação de sanções em razão do descumprimento de preceitos legais, regulamentares ou contratuais pelos agentes econômicos regulados. Sobre a atividade julgadora, afirma que a competência para decidir administrativamente os conflitos, as suas leis específicas, em regra também preveem a competência para realizar julgamentos no âmbito administrativo.[181]

---

pelas entidades públicas ou mesmos ministérios. As razões são várias. Algumas autoridades foram estabelecidas no contexto dos serviços públicos no passado, operadas em forma de monopólio diretamente pelo Estado ou, mais frequentemente, por meio de concessionários: entidades públicas econômicas, empresas com uma participação majoritária ou integralmente pública, as empresas titulares de direitos especiais ou exclusivos (para usar a terminologia do art. 86 par. 1, do Tratado CE). [...] Poder de adjudicação: é a versão italiana de uma terminologia americana, segundo a qual parte das Comissões Reguladoras Independentes deve ser distinguida das atividades de regulamentação, da atividade de julgamento. Poderes típicos de adjudicação tem a Autoridade da Concorrência e de Mercado, que é essencialmente a tarefa de verificar se, em um acordo concreto, foi concluído ou ativado, uma prática restritiva da concorrência, ou foi cometido abuso de posição dominante ou é realizada uma concentração de modo a eliminar ou reduzir substancialmente o acordo restritivo da concorrência. [...] Poderes de execução: eles também são atribuídos a quase todas as autoridades para garantir o cumprimento das regras e respeitar as proibições estabelecidas no mercado em geral e em mercados específicos (de crédito, de seguros, produtos financeiros, etc.). Aqui, deve-se notar que, na presença de uma multa, em valor, muitas vezes muito alto, e a legislação e jurisprudência, se tem desenvolvido um conjunto de regras processuais para garantir às empresas que estão sujeitas a esses poderes (obrigação de divulgar o procedimento, direito de defesa, o princípio da proporcionalidade na dosagem de sanções, etc.).

[181] ARAGÃO, Alexandre Santos de. *Agências reguladoras e a evolução do Direito Administrativo Econômico*. Rio de Janeiro: Editora Forense, 2002. p. 316-331.

Alexandre Aragão prossegue, abordando o caráter técnico[182] e a autonomia financeira e orçamentária das Agências Reguladoras. Sobre a autonomia financeira e orçamentária, Aragão destaca que é requisito essencial para que qualquer autonomia se efetive na prática (titularidade através das "taxas regulatórias"), destacando, no que concerne ao caráter técnico da atuação das agências reguladoras, que este se revela através dos requisitos de formação técnica, impostos pela lei instituidora aos seus dirigentes, principalmente em razão de os seus atos e normas demandarem conhecimento técnico e científico especializado para que possam ser emanados, aplicados e fiscalizados. E arremata, com perspicácia jurídica e contemporaneidade crítica: "Não podemos, no entanto, ter a ingenuidade de achar que a tecnicidade é sempre acompanhada da imparcialidade, já que, salvo em casos limites, o saber técnico pode perfeitamente ser instrumentalizado em favor de diversos fins políticos".[183]

Como característica intrínseca ao exercício do poder normativo, ainda existem os *standards*, emanados pelas Agências Reguladoras, ou seja, os padrões das normas setoriais desenvolvidas, ensejados pelo estabelecimento de finalidades e parâmetros genéricos pelas leis atribuídas às entidades reguladoras, com baixa densidade normativa, integrando a categoria das leis-quadro (*lois-cadre*) ou *standartizadas*, próprias das matérias de particular complexidade técnica e dos setores suscetíveis a constantes mudanças econômicas e tecnológicas, conforme leciona Alexandre Aragão.[184]

Ainda no campo de suas feições, é razoável sustentar que, dentre as características das Agências Reguladoras (Autoridades Independentes), tanto na doutrina nacional quanto na doutrina estrangeira, a "independência" (ou, como queiram alguns, a autonomia)[185] é a que mais tem sido objeto de intensos debates.

---

[182] Sobre o caráter técnico, Vicente Bagnoli salienta que "as agências reguladoras notabilizam-se também pelo caráter técnico de sua atuação, uma vez que regulam mercados específicos, muitas vezes imperfeitos, cujas características mercadológicas os diferenciam dos demais". BAGNOLI, Vicente. *Direito econômico*. 3. ed. São Paulo: Editora Atlas, 2008. p. 64.

[183] Idem, p. 322-331.

[184] Ibidem, p. 406.

[185] Tratando sobre o tema, Carlos Sungfeld adverte, ao falar sobre a "autonomia" das Agências Reguladoras, que, em nosso sistema, o emprego deste vocábulo é mais adequado do que o termo "independência". SUNDFELD, Carlos Ari. Introdução às Agências Reguladoras. In: *Direito Administrativo Econômico*. São Paulo: Malheiros Editores, 2000. p. 24.

Aludida detença advém da preocupação de que ocorram ingerências políticas nas agências reguladoras, ainda que se sustente que não seria possível uma imunidade total do político na gestão das Agências Reguladoras, até mesmo porque elas estão localizadas dentro do contexto de diretrizes políticas de um determinado governo,[186] não se tratando, contudo, de intervenção. Conforme sustentado alhures, com fulcro na doutrina apresentada, a ausência de subordinação hierárquica, a independência administrativa e financeira e a estabilidade de dirigentes, bem como o caráter final de suas decisões no plano administrativo, corroboram com o fundamento da independência dos entes reguladores.

Inicia-se por Vital Moreira, para quem:

> Autonomia designa genericamente o espaço de liberdade de conduta de um ente em face a outro. Concretamente, no âmbito das pessoas colectivas públicas, exprime a liberdade dos entes infraestaduais face ao estado, ou seja, a relativa independência em relação ao poder central. Conforme os diversos campos em que essa liberdade de conduta pode manifestar-se, assim se pode falar em autonomia patrimonial, financeira, etc. Neste sentido, a autonomia é uma questão de grau: pode ir de quase nada até a independência quase total. Nesses casos pode consistir senão na mera autonomia jurídica (existência de personalidade jurídica), sem nenhuma liberdade de acção; noutros casos pode ir até a mais ampla liberdade de decisão dentro da esfera de acção que lhe seja confiada (administração independente).[187]

Mas, se a independência se afigura como elemento fundamental na regulação e, portanto, inerente às Agências Reguladoras, Jacques Chevallier ensina que ela deriva do caráter metainstitucional da regulação:

---

[186] Neste sentido, Gustavo Binenbojm sustenta: "Quanto ao Executivo, é desejável que a lei discipline a adequação das políticas setoriais propostas pelas agências a um planejamento macroeconômico global do governo, de modo a evitar a chamada 'visão de túnel' em determinados mercados regulados. Não se preconiza, aqui, a submissão de toda e qualquer proposta ao Poder Executivo, nem uma análise de custo-benefício à moda norte-americana, o que seria excessivo no contexto brasileiro. Todavia, seria de bom alvitre que a lei distribuísse claramente as competências entre governo e agências e dispusesse sobre as formas de adequação entre elas. Além disso, o Poder Executivo Central possui mecanismos de controle sobre a atuação das agências, implementados através da verificação do atendimento de metas e diretrizes". BINENBOJM, Gustavo. Agências reguladoras independentes e democracia no Brasil. *Revista de Direito Administrativo*, Rio de Janeiro, p. 157-158, abr./jun, 2005.

[187] MOREIRA, Vital. *Administração autónoma e associações públicas*. Coimbra: Coimbra Editora, 2003. p. 69-70.

O estatuto de independência é inerente à ideia mesma de regulação: com efeito, a regulação não pode ser eficaz senão quando as instancias dela encarregadas dispuserem de uma capacidade de ação autônoma. Essa exigência deriva, fundamentalmente, do caráter metainstitucional da função de regulação: ela é chamada a exercitar-se em face das próprias entidades públicas, seja que essas entidades sejam percebidas como fonte de ameaça para as liberdades individuais, seja que elas sejam implicadas diretamente no jogo econômico e social, enquanto produtoras de bens e de serviços; é, então, necessário, que a regulação incumba a instâncias "neutras" e "objetivas" não apenas desvinculadas de qualquer liame de fidelidade em relação aos governantes, mas também desconectadas do resto do aparelho, e por essa razão capazes de definir as condições de um "justo equilíbrio" entre os interesses sociais de toda natureza. Incluindo-se os interesses públicos. A abertura dos mercados à concorrência foi, notadamente na Europa, um possante fator causador da criação de tais autoridades, notadamente sob a pressão das instâncias comunitárias, vinculadas ao principio da separação entre os operadores e os reguladores. Mesmo que geralmente sejam vinculadas ao Estado, as administrações independentes dispõem de um estatuto muito peculiar no seio das estruturas estatais; trata-se de autoridades administrativas, isoladas, situadas 'fora do aparelho', e dispondo de uma autêntica capacidade de ação autônoma. Essa emancipação é obtida pela outorga de garantias orgânicas e funcionais: sobre o plano orgânico, a independência resulta das regras de composição destinadas a assegurar o pluralismo e a competência dos membros, assim como das condições previstas para o exercício do mandato (inamovibilidade, incompatibilidades): sob o plano funcional, a independência é garantida pela outorga de uma plena autonomia de gestão administrativa e financeira e, sobretudo, pela eliminação de todo vínculo de dependência hierárquica ou de tutela.[188]

Nessa mesma passada, agregando ao tema a experiência nacional, Alexandre Aragão, ao sustentar que a autonomia é uma das principais características das Agências Reguladoras no Direito brasileiro, aduz:

> Já sabemos que uma das principais características das agências reguladoras no Direito brasileiro é a considerável autonomia de que gozam. Em outras palavras, não é qualquer autonomia que caracteriza as agências reguladoras, mas apenas aquela reforçada, sobretudo, pela vedação de exoneração ad nutum dos seus dirigentes. Cabe-nos agora aprofundar o que se deve entender por autonomia. [...] O conceito de autonomia

---

[188] CHEVALLIER, Jacques. *O Estado pós-moderno*. (Trad. Marçal Justen Filho). Belo Horizonte: Fórum, 2009. p. 101.

só pode ser elaborado, em termos genéricos, como a margem limitada de liberdade de atuação conferida pelo ordenamento jurídico a pessoas públicas ou privadas. Segundo o âmbito de liberdade concretamente definido pelo direito positivo, o sentido do termo pode sofrer grande variação. Um conceito de autonomia mais rigoroso e definido só pode ser alcançado em função desta ou daquela autonomia específica, tal como juridicamente positivada. De toda sorte, as autonomias têm sempre que ser delimitadas caso a caso, à luz dos termos em que são conferidas pelo Direito positivo. Dependendo da disciplina que receberem, poderão assumir realidades jurídicas das mais diversas. Deve-se destacar, no entanto, que, inclusive em razão do princípio do paralelismo das formas, apenas a fonte que confere a autonomia pode limitá-la.[189]

Gustavo Binenbojm, nessa mesma trilha, aborda mais amiúde a independência das Agências Reguladoras, estabelecendo aspectos classificatórios, do ponto de vista organizacional, que contribuem para melhor aclarar essa característica, ao sustentar:

> A pedra de toque desse regime especial é a *independência* (ou *autonomia reforçada*) da agência em relação aos Poderes do Estado. Tal independência assume os seguintes aspectos: 1) *independência política dos dirigentes*, nomeados por indicação do Chefe do Poder Executivo após aprovação do Poder Legislativo, investidos em seus cargos a termo fixo, com estabilidade durante o mandato. Tal importa a impossibilidade de sua exoneração *ad nutum* pelo Presidente; 2) *independência técnica decisional*, predominando as motivações técnicas para seus atos que não se sujeitam a *recurso hierárquico impróprio*. Tal importa a impossibilidade de revisão das decisões das agências pelos Ministérios e mesmo pelo Presidente; 3) *independência normativa*, necessária à disciplina dos serviços públicos e atividades econômicas submetidos ao seu controle, e caracterizada, segundo parte da doutrina, pelo fenômeno da *deslegalização*. Para parte da literatura brasileira sobre regulação, por meio da deslegalização as agências passam a gozar de um amplo poder normativo, apto, inclusive, a revogar leis anteriores; e 4) *independência gerencial*, orçamentária e financeira ampliada, por força de rubricas orçamentárias próprias e de receitas atribuídas pela lei às agências.[190]

---

[189] ARAGÃO, Alexandre Santos de. *Agências reguladoras e a evolução do Direito Administrativo Econômico*. Rio de Janeiro: Editora Forense, 2002. p. 313-315.
[190] BINENBOJM, Gustavo. Agências reguladoras independentes e democracia no Brasil. *Revista de Direito Administrativo*, Rio de Janeiro, p. 153-154, abr./jun, 2005.

Impende destacar, por oportuno, que a independência, enquanto característica das Agências Reguladoras, não se cinge à atuação política do governo. Por outra face, deve, por imperativo, ser paradigma na atividade econômica regulada, com autoridade reguladora do setor, estabelecendo pelos poderes normativo, fiscalizador e sancionatório as balizas a serem seguidas pelos agentes econômicos, não importando seu poderio.

Nesse sentido, importante manifestação faz Alexandre Aragão, ao aduzir que a

> independência não deve existir apenas em relação aos demais agentes e Poderes do Estado, devendo também se impor frente aos geralmente poderosos interesses econômicos regidos pelas agências reguladoras. Neste sentido, deverão ser impostas normas e garantias para que os seus titulares não atuem no interesse de grupos para os quais tenham trabalhado ou para os quais pretendam, formal ou informalmente, trabalhar depois de deixarem a direção do órgão ou entidade reguladora.[191]

E, novamente, abebera-se na fonte de Alexandre Aragão para realçar os matizes que integram a independência, as premissas das quais se deve partir para a compreensão de sua conformação atual, quando leciona:

> Entendemos que a independência dos ordenamentos setoriais deve ser tratada sem preconceitos ou mitificações de antigas concepções jurídicas que, no mundo atual, são insuficientes ou mesmo ingênuas. Com efeito, limitar as formas de atuação e organização estatal àquelas do século XVIII, ao invés de, como afirmado pelos autores mais tradicionais, proteger a sociedade, retira-lhe a possibilidade de regulamentação e atuação efetiva dos seus interesses. Este é o momento para destacarmos que a qualificação de "independente", conferida a muitas das agências reguladoras, deve ser entendida em termos. Em nenhum país onde foram instituídas possuem independência em sentido próprio, mas apenas uma maior ou menor autonomia, dentro dos parâmetros fixados pelo ordenamento jurídico.[192]

---

[191] ARAGÃO, Alexandre Santos. As agências reguladoras independentes e a separação de poderes: uma contribuição da teoria dos ordenamentos setoriais. *Revista Diálogo Jurídico*, Salvador: Direito Público, n. 13, p. 33, abr./mai. 2002.

[192] ARAGÃO, Alexandre Santos. As agências reguladoras independentes e a separação de poderes: uma contribuição da teoria dos ordenamentos setoriais. *Revista Diálogo Jurídico*, Salvador: Direito Público, n. 13, p. 9, abr./mai. 2002.

Mas, sobre essa perspectiva, mesmo se considerando a formatação legal da independência das Agências Reguladoras, uma questão se coloca diante da experimentação da regulação em vários países, tais como o Brasil, de modernidade tardia: como tornar imunes as Agências Reguladoras de ingerências políticas, na hipótese de determinado governo estar comprometido com o setor regulado?

Com efeito, a resposta para tal indagação, por certo, deve levar em consideração o contexto político-econômico, verificar se as amarras constitucionais não foram afrouxadas no que se refere aos objetivos estabelecidos para o desenvolvimento social e se há uma patologia elevada no grau de pressão política sobre a Administração Pública, em nome de interesses privados.

Nessa direção, Paulo Mattos e Diogo Coutinho sustentam que:

> Evidentemente, que a questão de controle social do serviço público é relevante, independentemente das privatizações. Todavia, tal questão adquire proporções maiores à medida que o consumidor tem como contraponto o concessionário privado que faz da sua concessão uma atividade lucrativa.[193]

E é em decorrência da concorrência desleal, que sempre campeou nas sendas do capitalismo desde os seus primórdios, onde se busca a lucratividade e a redução de custos de produção, de maneira precípua, fazendo emergir as denominadas falhas de mercado, que ensejam a regulação de determinado setor da economia através das Agências Reguladoras, impondo-lhes controle social, inclusive de seus dirigentes.

Alexandre Aragão defende que os dirigentes das Agências Reguladoras devem ter em mente que a independência da qual são dotadas só será capaz de propiciar os benefícios sociais para os quais foram instituídas se a própria entidade, no seu âmago, atender aos princípios maiores da Administração Pública e do Estado de Direito, mantendo-se sempre plurais e transparentes diante dos diversos segmentos que a compõem e do meio social envolvente. E, na mesma passada, sobre a autonomia das agências, vaticina:

> Serão, enfim, os controles sociais, a responsabilidade e o espírito público dos agentes estatais e privados envolvidos nos ordenamentos setoriais que determinarão a manutenção e a potencialização das

---

[193] LESSA MATTOS, Paulo Todescan; COUTINHO, Diogo Rosenthal. Os desafios da Reforma Regulatória Brasileira. In: *Revista da Pós-Graduação da Faculdade de Direito da Universidade de São Paulo*, v. 1, p. 81, 1999.

entidades independentes, dotadas de real autonomia, ou, ao revés, o lamentável retorno à administração pública unitária, hierarquizada, e, já a conhecemos, ineficiente.[194]

Mas há que considerar que, mesmo no pensamento de importantes críticos da regulação, se depreende certo consenso quando procedida por autoridades independentes, a regulação supõe sempre a separação entre a esfera da política econômica, que cabe ao Governo, e a esfera da regulação em sentido estrito, que pode e, em certos casos, deve ser desgovernamentalizada.[195]

Vital Moreira, nessa vertente, sustenta que ocorreu o fenômeno da desgovernamentalização, ao aduzir:

> Para acentuar essa separação entre regulador e regulado, bem como para "despolitizar" as funções técnicas de regulação, verificou-se em muitos países um fenómeno de desgovernamentalização da regulação que se traduziu na criação de autoridades reguladoras independentes, caracterizadas por uma considerável independência dos reguladores em relação ao Governo, que se manifesta, entre outros traços, na inamovibilidade dos membros da entidade reguladora e na não sujeição a qualquer forma de dependência de ordens ou orientações do executivo.[196]

De outra banda, há doutrinadores céticos quanto à possibilidade de independência das Agências Reguladoras, mormente por estarem inseridas no contexto globalizante neoliberal, de onde se destaca o pensamento de Avelãs Nunes, para quem:

> A independência destas agências será mesmo independência de verdade, ou não passará de uma falácia, inventada para as tornar mais vulneráveis à influência dos interesses econômicos dominantes, libertando-as do dever de prestar contas perante os órgãos do poder político legitimados democraticamente e do escrutínio político do povo soberano? A verdade é que foi sob a "autoridade" destas agências reguladoras que os bancos e o sistema financeiro em geral, libertos do controlo do estado, se lançaram

---

[194] ARAGÃO, Alexandre Santos. As agências reguladoras independentes e a separação de poderes: uma contribuição da teoria dos ordenamentos setoriais. *Revista Diálogo Jurídico*, Salvador: Direito Público, n. 13, p. 5-6, abr./mai. 2002.

[195] MOREIRA, Vital; MAÇÃS, Fernanda. *Autoridades reguladoras independentes – estudo e projecto de lei-quadro.* Coimbra: Coimbra Editora, 2003. p. 13.

[196] MOREIRA, Vital. Os serviços públicos tradicionais sob o impacto da União Europeia. *Revista de Direito Público da Economia – RDPE*, Belo Horizonte: Editora Fórum, ano 1, n. 1, p. 14, jan./mar. 2003.

no aventureirismo mais irresponsável (para usar uma linguagem diplomática), comprometendo nos "jogos de casino" não só os interesses dos seus clientes, mas todas as actividades produtivas e criadoras de riqueza.[197]

Observa-se, na experimentação da regulação, conforme explanado neste capítulo, que, além das falhas no âmbito econômico que atraem a intervenção regulatória por entes reguladores, a atuação dessas entidades estatais independentes, nas modalidades em que se constituíram, com maior ou menor grau de independência, possui falhas. É também o entendimento de Giandomenico Majone, quando assevera que "nenhum modo de regulação está imune a falhas regulatórias de vários tipos", inclusive a responsabilização política insuficiente de agências reguladoras independentes.[198]

Percebe-se, pois, que as mudanças operadas no desempenho do papel do Estado, considerando-se as feições de que foram dotadas as Agências Reguladoras, com as características esboçadas, funções e poderes que se articulou no decorrer deste capítulo, trazem à baila a questão fundamental que representa a legitimidade, a participação social no processo decisório da Administração Pública na ambiência democrática e a necessidade de se estabelecer o sempre e constante debate sobre o denominado "déficit democrático" da regulação, ensejado pela movimentação das engrenagens das Agências Reguladoras.

2.4 As Agências Reguladoras e o déficit democrático

Para os fins colimados na presente obra, impende esclarecer que, sobre este item capitular, não serão abordados aspectos pertinentes à democracia, no que se refere ao seu conceito, modelos e paradigmas, perpassando apenas sobre a legitimação/legitimidade dos atos emanados pelas Agências Reguladoras, diante da estrutura atual do Estado, sem perder de mira a premissa crítica da insuficiência de legitimidade de que se revestem os atos finalísticos regulatórios no contexto democrático,

---

[197] NUNES, António José Avelãs. Do Estado Regulador ao Estado Garantidor. *Revista de Direito Público da Economia*, Belo Horizonte, Editora Fórum, ano 9, n. 34, p. 85, abr./jun. 2011.
[198] MAJONE, Giandomenico. As transformações do Estado regulador. In: *Revista de Direito Administrativo*, v. 262, p. 17-18, Rio de Janeiro: Fundação Getúlio Vargas, jan./abr. 2013.

e mais, provocando o debate sobre a existência ou não do "déficit democrático" a que se alude.

E, como se verberou no primeiro capítulo, acerca da crise do Estado e do Direito, há também apenas que se fazer alusão a uma evidente crise na democracia,[199] que jamais poderia ficar imune às intempéries estatais tanto realçadas introdutoriamente ao se esquadrinharem as primeiras páginas deste estudo.

O termo "déficit democrático", segundo Marçal Justen Filho, originou-se na França, quando David Marquand, sobre a configuração estatal vigente à época, apontou deficiência na forma de indicação dos membros do Parlamento Europeu, indicados à época, de maneira indireta, pelos Parlamentos Nacionais. Então Marquand denominou essa insuficiência representativa de "déficit democrático", qualificando o processo de eleições indiretas e apontando como solução a adoção de sistema de eleição direta para o Parlamento Europeu, instaurado em 1979. Resolvida a questão da representatividade e legitimidade da formação do Parlamento Europeu, a expressão "déficit democrático" perdurou, ganhando significação generalizada o "déficit democrático" da União Europeia, que configurava a ausência de mecanismos de participação direta do cidadão na formação da vontade política, bem como a inaplicação das concepções clássicas de tripartição de poderes à organização comunitária europeia.[200]

Nessa direção, Giandomenico Majone, ao abordar o significado da expressão "déficit democrático", sustenta que:

> The expression "democratic deficit", however, is also used to refer to the legitimacy problems of non-majoritarian institutions, and this second meaning is much more relevant to a system of limited competences such as the EC. Now the key issues for democratic theory are about

---

[199] Jacque Chevallier estabelece o entendimento de uma conjuntura de crise nos sistemas democráticos ocidentais que advém de quatro fatores: a crise da representatividade, a crise da participação, a crise da cidadania e a perda de referências, afirmando que "a legitimidade dos representantes não é então adquirida pela simples magia da eleição: a democracia não se reduzirá nunca apenas aos processos eletivos; ela supõe ainda o respeito ao pluralismo, a garantia dos direitos e liberdades, o debate sobre as escolhas coletivas... Em outras palavras, a legitimidade dos representantes depende de sua conformidade com certas exigências de ordem ética". CHEVALLIER, Jacques. La crise de la démocratie: mythe ou réalité? En: *Les mutations contemporaines du droit public – Mélanges en l'honneur de Benoit Jeanneau*. Paris: Dalloz, 2002. p. 366-376.

[200] JUSTEN FILHO, Marçal. Agências reguladoras e democracia. Existe um déficit democrático na regulação independente? In: ARAGÃO, Alexandre Santos (Org.). *O poder normativo das Agências Reguladoras*. Rio de Janeiro: Forense, 2006.

the tasks which may be legitimately delegated to institutions insulated from the political process, and how to design such institutions so as to make independence and accountability complementary and mutually supporting, rather than antithetical.[201] [202]

Conforme mencionado alhures, as Agências Reguladoras estão inseridas, predominantemente, no contexto das democracias ocidentais, com seus avanços e mazelas, apresentando, apesar de uma vertente estrutural comum, características e variações em diferentes formas de procedimento, organização administrativa e desenho institucional, na conformação democrática típica de cada território por elas jurisdicionado.[203]

Com efeito, calha trazer para o debate do "déficit democrático" nas Agências Reguladoras, aspectos da legitimação democrática da Administração Pública, mormente porque, a partir da legitimidade, se pode melhor estabelecer parâmetros para os permanentes questionamentos sobre a legitimidade regulatória na ambiência da democracia.

Sobre esse particular, oportuno se afigura o entendimento de Gomes Canotilho, quando trata sobre a administração do Estado

---

[201] MAJONE, Giandomenico. Europe's democratic deficit: the question of standards. *Europe Law Journal*, Oxford, UK, v. 4, n. 1, p. 5, march 1998.

[202] Tradução nossa: "A expressão 'déficit democrático', no entanto, também é usada para se referir aos problemas de legitimidade das instituições não majoritárias, e este segundo significado é muito mais relevante para um sistema de competências limitadas, como a Comunidade Europeia. Agora, as questões-chave para a teoria democrática são as tarefas que podem ser legitimamente delegadas a instituições isoladas do processo político e como projetar essas instituições de modo a tornar a independência e a responsabilidade complementares e mútuas, e não antitéticas".

[203] Sobre esse aspecto, Boaventura Santos sustenta que: "A nosso ver existem duas formas possíveis de combinação entre democracia participativa e democracia representativa: coexistência e complementaridade. Coexistência implica uma convivência, em níveis diversos, das diferentes formas de procedimentalismo, organização administrativa e variação de desenho institucional. A democracia representativa em nível nacional (domínio exclusivo em nível da constituição de governos; a aceitação da forma vertical burocrática como forma exclusiva da administração pública) coexiste com a democracia participativa em nível local, acentuando determinadas características participativas já existentes em algumas democracias dos países centrais. A segunda forma de combinação, a que chamamos complementaridade, implica uma articulação mais profunda entre democracia representativa e democracia participativa. Pressupõe o reconhecimento pelo governo de que o procedimentalismo participativo, as formas públicas de monitoramento dos governos e os processos de deliberação pública podem substituir parte do processo de representação e deliberação tais como concebidos no modelo hegemônico de democracia". SANTOS, Boaventura Sousa. *Democratizar a democracia*: os caminhos da democracia participativa. Rio de Janeiro: Civilização Brasileira, 2002. p. 75-76.

garantidor-regulador, que se configura como administração implementadora, devendo atuar de acordo com esquemas político-decisórios de políticas públicas. Sustenta que o governo, na direção destas políticas carece também de legitimação democrática, não admirando que a "nova ciência do direito administrativo" se tenha encarregado de traçar as dimensões desta legitimação. E arremata:

> Mais concretamente: procura-se imprimir um "carácter atento e dinâmico à democracia", de forma a que o modelo clássico de legitimação não neutralize o recorte de um esquema legitimador da administração plural e diferenciada das constelações políticas contemporâneas. Ora, basta comparar o modelo clássico de legitimação com os padrões legitimatórios actuais para se concluir que, em último termo, a democracia representativo-parlamentar cede o passo a processos comunicativos, onde não é a ciência do direito constitucional a responsável pela definição dos princípios básicos da legitimação democrática. A ciência do direito constitucional recortava o modelo de legitimação democrática da administração através do modelo de legitimação do Estado: (1) o povo é o sujeito de legitimação democrática; (2) o objeto de legitimação é o poder estatal; (3) os modos de legitimação são os instrumentos destinados à implantação de um esquema de imputabilidade entre o sujeito e o objeto de legitimação; (4) os níveis de legitimação perfilam-se como o lugar de ajustamento dos diferentes modos de legitimação e respectivos instrumentos a fim de se apurar se o esquema de imputabilidade entre o exercício do poder estatal e o novo é suficientemente eficaz e efectivo.[204]

Reportando-se ao contexto da arena política, prossegue Canotilho, asseverando que é nesse cenário que

> irrompem a recepção de modelos de governance no âmbito das políticas públicas, a crescente importação de uma 'república de reguladores'. A simples menção destes temas insinua que, aos olhos do cidadão, talvez esteja aqui o "nó górdio da democracia" e não num sofisticado sistema de inconstitucionalidades, invalidades ou ilegalidades que revelam desvalores jurídicos, mas frequentemente ocultam os 'desvalores ético-políticos' a ele associados.[205]

---

[204] CANOTILHO, Joaquim José Gomes. O princípio democrático sobre a pressão dos novos esquemas regulatórios. In: *Revista de Direito Público e Regulação*, Coimbra: Centro de Estudos de Direito e Regulação da Faculdade de Direito da Universidade de Coimbra, p. 101, mai. 2009.

[205] CANOTILHO, Joaquim José Gomes. O princípio democrático sobre a pressão dos novos esquemas regulatórios. In: *Revista de Direito Público e Regulação*, Coimbra:

Logo, diante da roupagem regulatória estabelecida, não representa nenhum favor ao Estado democrático que as engrenagens articuladas pela regulação sejam compatíveis com o entendimento de legitimidade que se deseja, estampem as Agências Reguladoras.

Nessa direção, sobre a legitimidade das Agências Reguladoras, Pierre Rosanvallon sustenta que a propagação dessas instituições ensejou o questionamento de sua legitimidade, uma vez que são integradas por membros não eleitos pelo povo, portanto, sem caráter democrático, no sentido procedimental (eleição) e funcional-substancial.[206]

Para o mestre francês, de acordo com a teoria política, essas instituições não podem ser consideradas representativas, posto que seus dirigentes não são egressos de processo eleitoral e não possuem qualquer dimensão de caráter sociológico ou cultural da coletividade. A representatividade pode advir do que denomina de "representatividade por atenção", mediante procedimentos e seu movimento permanente de abertura e escuta, pela receptividade diante das aspirações e demandas da sociedade, que representa atenção aos problemas da sociedade, seus conflitos e suas divisões, a preocupação por sua diversidade e por todos os seus integrantes, particularmente os que tendem a ser os menos escutados. Ser representativo, portanto, significa prestar atenção a certas necessidades específicas da sociedade e ao mesmo tempo desenvolver o seu lugar em direito e em dignidade aos mais invisíveis de seus membros.[207]

Conforme articulado, a legitimidade das Agências Reguladoras, em seus aspectos representativos, está relacionada, fundamentalmente, aos paradigmas da democracia (representativa e participativa), devendo, portanto, atender aos pressupostos democráticos. Logo, ao se referir à existência de "déficit democrático", nas feições de representatividade-legitimidade dos entes reguladores e de seus dirigentes, já se parte da premissa de que, na formatação e atuação das Agências Reguladoras, existe um déficit de democracia, evidenciando insuficiência no atendimento a elementos fundantes da democracia, de valores democráticos em essência.

Centro de Estudos de Direito e Regulação da Faculdade de Direito da Universidade de Coimbra, p. 106, mai. 2009.
[206] ROSANVALLON, Pierre. *La legitimidad democrática*: imparcialidad, reflexividad, proximidad. (Trad. Heber Cardoso). 1. ed. Buenos Aires: Manantial, 2009. p. 129.
[207] ROSANVALLON, Pierre. *La legitimidad democrática*: imparcialidad, reflexividad, proximidad. (Trad. Heber Cardoso). 1. ed. Buenos Aires: Manantial, 2009. p. 136-137.

Há vozes contrárias à existência de "déficit democrático" nas Agências Reguladoras e na regulação, como um todo, destacando-se na doutrina nacional Diogo Moreira Neto, que rotula de "falso discurso do déficit democrático da regulação", ao sustentar que as peculiaridades da regulação no Brasil e nos outros países onde foi implantada suscitaram debates com relação ao "déficit democrático" dos órgãos e agentes reguladores, agravado por um déficit democrático do processo de tomada de decisão e do déficit democrático de seu controle. E conclui Moreira Neto:

> Não obstante, a insistência na existência desse suposto déficit trata-se de outra perplexidade, a somar-se às que se examinou, em razão de uma óptica anacrônica que ainda se tem das instituições de Direito Público, considerando uma aparente falta de legitimidade das agências, enquanto órgãos, e de seus membros deliberantes, enquanto agentes públicos, bem como de seu processo decisório e, finalmente, do controle de suas deliberações.[208]

Por outra face, Alexandre Aragão, reconhecendo a existência de "déficit democrático" dos entes reguladores, denomina de "ponto jurídico-político mais tormentoso" dos amplos poderes das Agências Reguladoras o seu déficit democrático, para ele, causado pela administrativização do Direito Público e pela estabilidade temporária dos seus dirigentes, que não podem ser exonerados *ad nutum* pelos agentes legitimados democraticamente através das eleições, fazendo referência ao Presidente da República.[209]

Nessa mesma passada, Alexandre Aragão sustenta a possibilidade de se escapar da ocorrência do "déficit democrático", defendendo que as Agências Reguladoras devem estar vinculadas às pautas estabelecidas pelo Legislador para as políticas públicas que elas devem implementar, bem como estabelecer a coordenação com o restante da Administração Pública, com o Poder Executivo central e com a rede composta pelo conjunto das demais instituições independentes.[210]

---

[208] MOREIRA NETO, Diogo de Figueiredo. A regulação sob a perspectiva da nova hermenêutica. In: *Revista Eletrônica de Direito Administrativo Econômico*, Salvador, n. 12, p. 11, nov./dez./jan. 2008.

[209] ARAGÃO, Alexandre Santos de. *Agências reguladoras e a evolução do Direito Administrativo Econômico*. Rio de Janeiro: Editora Forense, 2002. p. 219.

[210] ARAGÃO, Alexandre Santos de. *Agências reguladoras e a evolução do Direito Administrativo Econômico*. Rio de Janeiro: Editora Forense, 2002. p. 219.

Ainda nessa direção, Marcus Melo afirma que a crítica fundamental ao modelo de agências burocráticas independentes baseia-se nos efeitos perversos do insulamento burocrático e seu "déficit democrático". Em seu entendimento, a autonomia e a independência dos entes reguladores representariam uma ameaça ao interesse público na medida em que agentes não eleitos tomam decisões relevantes para a sociedade. O desenho institucional, nas democracias contemporâneas que atribui a responsabilização a um sistema de *checks and balances* entre os poderes, revela-se pouco capaz de gerar resultados satisfatórios e alta legitimidade, sustenta.[211]

Com efeito, ao se sustentar que existe um "déficit democrático", é natural que se apontem caminhos para o seu suprimento, diante da insuficiência de densidade democrática, seja no tocante ao poder normativo dos entes reguladores (produção de normas), seja na ausência de legitimidade dos dirigentes, bem como, ainda, pela desorientação das gestões em relação à política geral, implementada pelo governo central, em atendimento aos fundamentos e objetivos constitucionais.

Destarte, acredita-se que o suprimento do chamado "déficit democrático", tratado neste capítulo, deva trilhar o caminho da efetividade em torno das Agências Reguladoras, do binômio controle-participação. O controle se refere à atuação dos Poderes Executivo, Legislativo e Judiciário, nas diversas modalidades de índole constitucional, incluindo, no caso do Brasil, o controle externo pelos Tribunais de Contas, enquanto que a participação a que se alude destina-se a inserir, de forma cada vez mais efetiva, o exercício da cidadania no contexto da produção normativa das Agências Reguladoras, bem como na gestão participativa de suas decisões.

Em relação ao controle (político e jurídico), pertinentes observações estabelece Gustavo Binenbojm, ao destacar que a autonomia das agências deve sofrer mitigações parciais por via de controles ancilares exercidos pelo Executivo e pelo Legislativo, ressaltando que a submissão dos órgãos reguladores à política pública traçada pela Administração Central é uma forma de controle pelo Poder Executivo que se encontra prevista nas próprias leis instituidoras das agências. Sobre o controle pelo Legislativo, o art. 49, inciso V, da Constituição brasileira prevê em linhas gerais a possibilidade do *veto legislativo*, de uma salvaguarda do

---

[211] MELO, Marcos André. A política da ação regulatória: responsabilização, credibilidade e delegação. *Revista Brasileira de Ciências Sociais*, v. 16, n. 46, São Paulo, p. 55, jun. 2001.

Poder legiferante que atribuiu competência à agência de suspender a eficácia dos atos regulamentares que ultrapassem os limites legais.[212]

Sobre esse controle, cumpre sustentar que ele não representa uma relação de subordinação administrativa, que a atuação das Agências Reguladoras deva seguir a orientação do Legislativo, de acordo com as ordenações do Parlamento, mas representa, antes, o estabelecimento de limites, inclusive que devem constar nas leis instituidoras das Agências.

Marçal Justen Filho esclarece mais ainda sobre o controle parlamentar, sustentando que ele pode versar de modo ilimitado sobre toda a atividade desempenhada pelas Agências Reguladoras, podendo questionar-se não apenas a gestão interna da agência, mas também se exigir a justificativa para as decisões de cunho regulatório, cabendo a fiscalização, inclusive do processo administrativo que antecedeu a decisão regulatória produzida com ampla exigência de informações sobre as justificativas técnico-científicas das opções adotadas.[213]

Impende destacar, segundo Alexandre Aragão, o controle judicial sobre as ações das Agências Reguladoras, que têm sua autonomia mitigada perante o Judiciário, em razão de adotar-se, no Brasil, o sistema de jurisdição una, e ainda pelo princípio da inafastabilidade do controle jurisdicional. Ressalta-se que o Poder Judiciário se depara com alguns empecilhos para anular e substituir as decisões emanadas pelas autoridades reguladoras, cingindo-se o controle judicial, fundamentalmente à razoabilidade e ao atendimento das suas decisões ao devido processo legal.[214]

Mas, observa-se, ainda, que a Constituição Federal, através de expressa cláusula de garantia, confere ao Judiciário competência para apreciar qualquer lesão ou ameaça a direito (art. 5º, XXXV), onde, certamente, estão incluídas as Agências Reguladoras e seus agentes, nas esferas administrativa, cível e penal, quando demandados por atos praticados com desvio de finalidade para as quais foram instituídas.

Percorrendo a trilha da participação do 'cidadão' (terminologia mais adequada e bem mais ampla do que usuário, consumidor) perante os entes reguladores e na produção normativa e decisória, anunciada como importante instrumento para suprir o "déficit democrático"

---

[212] BINENBOJM, Gustavo. Agências reguladoras independentes e democracia no Brasil. *Revista de Direito Administrativo*, Rio de Janeiro, p. 158, abr./jun, 2005.

[213] JUSTEN FILHO, Marçal. *O direito das agências reguladoras independentes*. São Paulo: Dialética, 2002. p. 588.

[214] ARAGÃO, Alexandre Santos de. *Agências reguladoras e a evolução do Direito Administrativo Econômico*. Rio de Janeiro: Editora Forense, 2002. p. 449.

existente nas Agências Reguladoras, importa atrair essa presença participativa para a tendência democratizante de evolução social no Estado democrático. A ideia é trazer, inserir o cidadão cada vez mais no processo de produção normativa e decisório dos entes reguladores. Importante contribuição sobre a temática apresenta Odete Medauar, ao assinalar que a participação se apresenta como expressão e efeito da moderna ideia da relação Estado-sociedade, em que se vislumbra não rigorosa separação, nem fusão, mas recíproca coordenação, significando maior proximidade entre os dois. A participação, portanto, está vinculada ao pluralismo, caracterizado pela multiplicidade dos grupos, pela multiplicidade das interações indivíduo-sociedade e dos interesses. E arremata:

> A participação liga-se à identificação do interesse público de modo compartilhado com a população; associa-se ao decréscimo da discricionariedade; propicia atenuação da unilateralidade na formação dos atos administrativos; liga-se também às práticas contratuais baseadas no consenso, na negociação, na conciliação de interesses.[215]

Logo, mostra-se sindicável o entendimento de que a participação mais efetiva do cidadão nos meandros regulatórios dos entes reguladores possibilita um aprimoramento da ação parlamentar, compatibilizando as decisões estatais regulatórias com os interesses da coletividade, por espelhar com maior legitimidade as aspirações de quem outorga os mandatos. Não há incompatibilidade nessa participação, quando muito, atuação paralela da população envolvida no setor regulado, o que, do ponto de vista democrático, é extremamente salutar.

Odete Medauar, ainda nessa direção, aduz que predomina o caráter consultivo de participação sobre o deliberativo, haja vista que à autoridade reserva-se o direito de decidir ou de dar a última palavra.[216]

É nesse particular da participação que se destacam os mecanismos da denominada "participação popular", que, segundo Alexandre Aragão, "são notáveis, uma vez que a maior parte das leis que as instituíram fixam a necessidade de realização de consultas e/ou audiências públicas

---

[215] MEDAUAR, Odete. *O Direito Administrativo em evolução*. 2. ed. São Paulo: Editora Revista dos Tribunais, 2003. p. 229-230.
[216] MEDAUAR, Odete. *O Direito Administrativo em evolução*. 2. ed. São Paulo: Editora Revista dos Tribunais, 2003. p. 234.

prévias à tomada de decisões, inclusive normativas, pelas agências reguladoras".[217]

Há uma distinção importante a ser feita em relação às consultas e audiências públicas, esclarece Alexandre Aragão. É que, na consulta pública, a Administração deseja compulsar a opinião pública por meio da manifestação firmada através de peças formais, devidamente escritas, a serem juntadas em um determinado processo administrativo. Já a audiência pública, trata-se de modalidade de consulta, só que com o especial aspecto de ser consubstanciada através de debates orais em sessão previamente designada para tal finalidade.[218]

Acredita-se, pois, que, ao impor, através de previsão normativa, a adoção, pelas Agências Reguladoras, de mecanismos de participação procedimental, a ideia matriz da regulação procurou suprir o déficit democrático, articulado anteriormente, mas que somente a previsibilidade ou ainda sua acanhada utilização não têm o condão de conferir a legitimidade de que devem ser revestidos os atos administrativos, na forma aqui verberada.

Nessa direção, Marçal Justen Filho sustenta que a mera participação popular e a audiência da sociedade são insuficientes, sendo fundamental que a atividade decisória da agência incorpore a participação popular, mesmo quando não adote as sugestões e propostas apresentadas, reconhecendo, assim, como relevante, a intervenção externa, acolhendo-a ou justificando sua rejeição. Não é uma participação externa "cosmética", destinada apenas a dar uma aparência de democracia à decisão, assinala.[219]

Ainda, nesse passo, Henrique Ribeiro Cardoso defende que as agências reguladoras deverão escolher tecnologias e estratégias de ação eficientes, com a ressalva de que não sigam interesses ou preferências próprias, mas somente finalidades coletivas estabelecidas em lei, sendo necessária a introdução de formas de comunicação e de participação correspondente, através do estabelecimento de processos administrativos com estrutura semelhante aos que ocorrem no Poder Legislativo para a formação de uma norma legal legítima, com a participação de todos

---

[217] ARAGÃO, Alexandre Santos de. *Agências reguladoras e a evolução do Direito Administrativo Econômico*. Rio de Janeiro: Editora Forense, 2002. p. 437.

[218] ARAGÃO, Alexandre Santos de. *Agências reguladoras e a evolução do Direito Administrativo Econômico*. Rio de Janeiro: Editora Forense, 2002. p. 439.

[219] JUSTEN FILHO, Marçal. Agências reguladoras e democracia. Existe um déficit democrático na regulação independente? In: ARAGÃO, Alexandre Santos (Org.). *O poder normativo das Agências Reguladoras*. Rio de Janeiro: Forense, 2006. p. 320.

os possíveis atingidos pela norma, em um modelo de Democracia Deliberativa.[220] Destarte, o que se sustenta em relação à participação popular, no processo de produção normativa e deliberatório das Agências Reguladoras, é, para além de consultas e audiências públicas, a necessidade do estabelecimento do envolvimento efetivo-procedimental do cidadão (participativo e amplo), considerando-se, individualmente (atingido pelo interesse regulado), que venha a conferir legitimidade às decisões dos entes reguladores.

Com efeito, percorrido o caminho mais geral da regulação na perspectiva das Agências Reguladoras e sua atuação, procedidas nos esteios paradigmáticos do neoliberalismo, com o déficit democrático que sustenta existir, doravante, a regulação será analisada nos capítulos seguintes com foco na experiência do Brasil e dos Estados Unidos da América, em seus diversos matizes, para os fins colimados na obra desenvolvida.

---

[220] CARDOSO, Henrique Ribeiro. *Controle da legitimidade da atividade normativa das Agências Reguladoras*. Rio de Janeiro: Lumen Juris, 2010. p. 284.

CAPÍTULO 3

A REGULAÇÃO NO BRASIL

3.1 O cenário de seu nascedouro e a índole constitucional da regulação

"Na natureza nada se cria, nada se perde, tudo se transforma". A origem dessa expressão de Antoine Lavoisier[221] foi cunhada e forjada, em meio aos seus estudos de química, mas sua essência, além do alcance para as diversas áreas do conhecimento humano, é de grande valia para os aspectos jurídicos do presente capítulo. Neste sentido, é de se recordar que a ideia de Direito, enquanto sistema, foi inicialmente articulada a partir da teoria biológica de Maturana e Varela,[222] que originou a autopoiese jurídica, teoria dos sistemas, desenvolvida por Luhman.[223]

---

[221] Antoine Lavoisier, cientista francês, foi precursor em demonstrar que as reações químicas ocorrem sem variação de massa, informações constantes em seu livro 'Traité élémentair de chimie', publicado em 1789. Na publicação, é possível verificar nos estudos relatados que: em todas as operações da Arte e na natureza nada é criado; existe uma quantidade igual de matéria antes e depois do experimento. Lavoisier dizia que após um experimento nada é criado, há somente uma recombinação dos elementos ali presentes. Considerado o pai da Química, Antoine Lavoisier foi o primeiro a observar que o oxigênio, em contato com uma substância inflamável, produz a combustão. Deduziu, também, baseado em reações químicas, a célebre lei da conservação da matéria: "Na natureza nada se cria, nada se perde, tudo se transforma". PINCELI, Carlos Ricardo. *Lavoisier, Antoine Laurent (1743-1794)*. Disponível em: <http://www.fem.unicamp.br/>. Acesso em: 14 ago. 2017.

[222] "O conceito de *autopoiese* tem sua origem na teoria biológica de Maturana e Varela. Etimologicamente, a palavra deriva do grego autós ('por si próprio') e poiesis ('criação', 'produção')' Significa, inicialmente, que o respectivo sistema é construído pelos próprios componentes que ele constrói". NEVES, Marcelo. *A constitucionalização simbólica*. São Paulo: Editora Acadêmica, 1994. p. 113.

[223] Idem, p. 114.

Com isso, se quer, de início, destacar que a regulação no Brasil (criação das Agências Reguladoras), não foi concebida em *terrae brasilis*, mas, importada, copiada, na década de 90, notadamente, da experiência norte-americana, conforme será discorrido no curso deste capítulo.

É importante, por outra face, contextualizar a ambiência histórica em que se desenharam as bases da regulação brasileira, como elemento necessário e integrativo do processo de evolução do Estado brasileiro, com características peculiares que recepcionaram as mudanças no desenho da Administração Pública e na própria economia, já que a regulação, em essência, representa a intervenção do Estado na economia.

No recorte desta pesquisa, o percurso do ambiente histórico, notadamente, o da performance econômica interventora estatal, articulada de forma concisa, se processa a partir do início da modernidade, até a criação das primeiras agências reguladoras, na década de 90, com denominação e designação específicas.

O Brasil experimentou os ares da modernidade com a chegada do movimento revolucionário da década de 30, ensejado pelo rompimento da política do 'café com leite' (alternância no poder central entre São Paulo e Minas Gerais), de iniciativa da oligarquia paulista. Naquele momento histórico, para fazer frente ao candidato paulista à presidência, Júlio Prestes, os mineiros indicaram o gaúcho Getúlio Vargas. Esse período foi consolidado, institucionalmente, com a promulgação da Constituição de 1934.

Na Carta Política de 34, onde a denominação do país era Estados Unidos do Brasil, foi inserida a Ordem Econômica e Social como título próprio, tendo sido subvertida a ordem constitucional em momento bem próximo, decorrente do golpe de Estado de 1937, com a inauguração do Estado Novo.

A chamada era Vargas perdurou de 1930 até 1945 (em 1934 foi eleito indiretamente pela Assembleia Nacional Constituinte), tendo criado, nesse período, o Conselho Nacional do Petróleo e a Companhia Siderúrgica Nacional, experimentando-se o início, bastante incipiente, da inserção do país no mercado internacional. Vargas angariou um nível elevado de aprovação popular, impondo uma filosofia nacionalista ao seu governo, aproveitando-se do movimento internacional anticomunista, além de aproximar-se do nazifascismo.

Em 1946, com a eleição direta de Eurico Gaspar Dutra, o Brasil volta a experimentar maior abertura democrática, com a Constituição de 1946, destacando-se de seu Texto, o voto secreto e universal para os maiores de 18 anos, o direito à liberdade de pensamento e expressão, o direito de greve assegurado aos trabalhadores, dentre outros.

A historiografia registra que o governo do general Eurico Gaspar Dutra, no período de 1946-1951 (inserido no pós-guerra), teve marcante influência da conjuntura internacional, da chamada 'Guerra Fria', ao firmar aliança com os Estados Unidos da América, culminando com o rompimento das relações diplomáticas com a então União das Repúblicas Socialistas Soviéticas (URSS) no plano externo e, no plano interno, com a extinção do Partido Comunista Brasileiro. Durante o seu governo, criou o Plano SALTE, plano econômico que objetivava fomentar o desenvolvimento dos setores da saúde, alimentação, transporte e energia, diante de uma inflação elevada, mas que atingiu fortemente os trabalhadores, reduzindo substancialmente (pela metade) o poder aquisitivo do salário mínimo.[224]

Em 1951, Getúlio Vargas é eleito, diretamente, por acachapante maioria dos votos. É nesse período que Vargas implementa uma nova imagem, a de estadista democrata, em substituição a de ditador, cunhada no Estado Novo, empreendendo a marca nacionalista à Administração, momento em que criou a PETROBRÁS (1953). Restou também evidenciada, durante esse mandato, a sua aproximação com a classe trabalhadora (que havia iniciado com a criação da CLT em 1943), tendo sido fortemente criticado pelas classes dominantes (que exigia sua renúncia), de que pretendia implantar no país uma verdadeira República sindicalista, gerando uma crise política, ao conceder 100% de aumento no salário mínimo (01.05.1954), crise que resultou no seu suicídio em 24 de agosto de 1954.

Juscelino Kubitschek é eleito presidente em 1955, para o período de (1956-1961), interregno marcado pelo caráter desenvolvimentista, traçado em seu denominado Plano de Metas, destacando-se a construção de Brasília, a instalação de fábricas de automóveis, a abertura de rodovias, dentre outras. É no governo de Juscelino Kubitschek, que se dá o início da entrada do capital estrangeiro para fomentar e financiar o desenvolvimento econômico e industrial que havia planejado. Consequência imediata dessa abertura do mercado interno ao capital estrangeiro foi o aumento vertiginoso da dívida externa, bem como o domínio crescente do mercado interno pelas empresas multinacionais e o aumento da dependência do país ao capital externo.

Se por um lado, a política econômica desenvolvimentista e o ingresso de multinacionais e do capital externo geraram muitos empregos

---

[224] FGV CPDOC. Disponível em: <http://www.fgv.br/cpdoc/acervo>. Acesso em: 01 set. 2017.

no governo de Juscelino Kubitschek, o processo de industrialização apequenou a produção agrícola nacional, ao não priorizar a zona rural, acarretando sensível elevação do êxodo rural, com o consequente aumento da pobreza e da violência nas grandes capitais, notadamente, as do sudeste do país.

Em 1961, Jânio Quadros inicia o seu governo, eleito que foi pelo voto direto em 1960, mandato de curtíssima duração (sete meses). Logo de princípio, teve o apoio das classes dominantes, mas a oposição também não o poupou nesse início, pela condução de uma política externa independente que empreendeu. Por um lado, combatia internamente o comunismo e, por outro, condecorava Ernesto Che Guevara, Ministro da Economia de Cuba, com a Grã Cruz da ordem Nacional do Cruzeiro do Sul, a mais importante comenda brasileira, em agosto de 1961, o que deixou em polvorosa as elites do país.

A política econômica de Jânio Quadros foi extremamente conservadora, tendo nesse curto período atendido a todas as medidas indicadas pelo Fundo Monetário Internacional (FMI), congelando salários, restringido créditos e desvalorizando em 100% o 'cruzeiro', a moeda nacional. Todas essas medidas mostraram-se ineficazes em reduzir a inflação elevada, daquele momento. Com o descontentamento da população, a retirada de apoio político, principalmente da UDN, cuja principal liderança, Carlos Lacerda, em 24 de agosto de 1961, denunciou na televisão um possível golpe que estaria sendo articulado pelo presidente. Pressionado, Jânio renunciou em 25 de agosto de 1961, renúncia aceita pelo Congresso Nacional, assumindo, interinamente o país, o Presidente da Câmara, Ranieri Mazilli, até a volta do vice, João Goulart, que visitava oficialmente a China.[225]

Com a renúncia de Jânio Quadros, João Goulart assume a presidência (1961-1964), governando o país, de princípio, sob o regime do parlamentarismo (decisão do Congresso Nacional que caiu em 1963), enfrentando forte oposição, notadamente dos partidos de direita, que acusaram-no de tentar implantar um programa político comunista, radicalização contra o governo janguista, que teve seu auge quando foram anunciadas as Reformas de Base, dentre as quais, constava a reforma agrária no país.

Em relação à política econômica, João Goulart foi conservador, diminuindo a participação de empresas estrangeiras em setores

---

[225] FGV CPDOC. Disponível em: <http://www.fgv.br/cpdoc/acervo>. Acesso em: 03 set. 2017.

estratégicos da economia, instituindo limite sobre a remessa de lucros das empresas internacionais, tendo lançado o Plano Trienal, para geração de emprego, diminuição da inflação, com o intuito de debelar a crise econômica, mas seguiu a maior parte das deliberações do Fundo Monetário Internacional, não logrando êxito na estabilização. Foi flexível quanto às demandas sociais, instituindo o 13º salário, após o movimento de greve em julho de 1962 e, tinha crença de que, com as reformas de base (agrária, tributária, administrativa, bancária e educacional), o país retomaria o crescimento econômico e diminuiria as desigualdades sociais. O golpe militar estava a caminho e em franca articulação.

O grande comício organizado na Central do Brasil, em 13 de março de 1964, no Rio de Janeiro, onde João Goulart anunciou para mais de 300 mil pessoas que iniciaria as reformas de base, retirando o país da crise econômica, representou a motivação, o estopim, para que a oposição o acusasse de comunista, surgindo uma mobilização social anti-jango.

René Armand Dreifuss sustenta que o golpe de 1964 foi articulado pelo alto comando do Exército, com a atuação organizada e ostensiva do IPES/IBAD[226] e com a chancela dos EUA, descrevendo em sua obra, a estrutura decisória da elite orgânica e sua organização, a existência de um aparelho de classe capaz de desenvolver operações de natureza pública, bem como atividades vedadas ao alcance público. De acordo com Dreifuss, as atividades específicas, públicas e encobertas, tanto táticas, quanto estratégicas, que eram desenvolvidas pela elite orgânica, objetivavam conter as forças populares, desagregar o bloco histórico-populista e levar os interesses multinacionais e associados ao governo político, através de um golpe de Estado civil-militar.[227]

Logo, desse período se infere que a tomada do poder político pelos militares e pela elite orgânica não se deu somente em função da crise político-econômica daquele momento histórico. Entre 1962 e 1964, a conquista almejada teve natureza política e ideológica, com a ruptura da forma populista até então vigente. Significou, politicamente, uma mobilização conjuntural para o golpe, quando estratégia se converteu em

---

[226] Centro político estratégico, em que vários escritórios de consultoria e anéis burocrático-empresariais, associações de classe e grupos de ação formaram um complexo, onde, o que René Dreifuss denomina de 'elite orgânica', estabeleceu, sistemática e articuladamente, os contornos do golpe de 1964.
[227] DREIFUSS, René Armand. *1964*: A conquista do Estado. Ação política, poder e golpe de classe. 1. ed. Petrópolis: Editora Vozes, 1981. p. 229.

política e atividades político-partidárias, finalmente, se transformaram em ação militar.[228]

O período do regime militar irá perdurar de 1964 a 1985, com a eleição indireta, pelo Congresso Nacional, de Tancredo Neves à presidência (seu vice era José Sarney). Tancredo Neves nem chegou a tomar posse, tendo falecido por motivo de doença,

De 1964 a 1985, generais do exército se revezaram na presidência da República, eleitos indiretamente pelo Congresso, que assim procurava dar um ar de democracia à ditadura. Artur da Costa e Silva (1964-1969), Emílio Garrastazu Médici (1970-1973), Ernesto Beckmann Geisel (1974-1978) e João Baptista de Oliveira Figueiredo (1979-1985).

Nos vinte e um anos em que os militares permaneceram no poder, a economia brasileira cresceu num ritmo acelerado. Entre 1967 e 1973, o Produto Interno Bruto (PIB) aumentou 10,2% ao ano, em média, o que levou a denominar-se, na época, de 'milagre brasileiro', porém, a distribuição dos resultados do crescimento foi bastante desigual, aumentando a distância entre ricos e pobres[229] e acarretando a solidificação do êxodo rural, haja vista que mais de dois terços da população brasileira passou a viver em áreas urbanas durante o regime militar. Mas a maneira como os militares conduziram a economia enfraqueceu as finanças do país e minou sua capacidade de sustentar por mais tempo o ritmo de expansão dos anos do milagre, pois a modernização da economia não conseguiu

---

[228] Idem, p. 229.
Dreifuss, sobre esse particular, conclui: "É óbvio que a extensão de operações desenvolvidas e alcançadas pelo complexo IPES/IBAD em tantas áreas envolvia extraordinária perícia profissional e política, assim como surpreendentes recursos financeiros que ultrapassavam bastante o que o IPES oficialmente declarava como sendo suas despesas. [...] Tornava-se claro que, a partir de suas diretrizes políticas e de sua ação, a elite orgânica centrada no complexo IPES/IBAD sentia a necessidade de uma atividade ideológica que levasse ao estabelecimento de sua hegemonia dentro da classe dominante, como um meio de subir ao poder. [...] Porém, a contenção ideológica das classes populares e a mobilização ideológica das classes médias por si próprias não eram suficientes para levar a uma troca de regime. A contenção ideológica era suplementada e coordenada com outras atividades nos campos políticos e militares. A ação político-militar do bloco multinacional e associado seria vital para o desenrolar da crise do bloco histórico populista e fundamental para levar à instituição de um novo bloco de poder no Estado". (Idem, p. 259).

[229] "O que mais incomodava os críticos do modelo adotado pelos militares era a maneira desigual como a riqueza que ele produzia era distribuída na sociedade. Em 1972, o economista americano Albert Fishlow foi o primeiro a chamar a atenção para o problema, com um artigo que apontava o arrocho salarial promovido pelo governo como principal responsável pelo aumento da distância entre ricos e pobres". FOLHA DE SÃO PAULO. Disponível em: <http://www1.folha.uol.com.br/paywall>. Edição de 23.03.2014. Acesso em: 03 set. 2017.

sustentar o ritmo acelerado de crescimento da década de 70, sem criar dificuldades para a administração da economia na democracia.[230]

Destaque-se, por oportuno, que durante o regime militar foi instituída a correção monetária, que passou a garantir reajustes automáticos de preços, bem com a criação do Banco Central,[231] em 31 de dezembro de 1964, uma das instituições precursoras da regulação no país, que teve a missão de controlar a oferta de moeda, com uma diretoria de mandato fixo, para evitar ingerências políticas.

Deve-se considerar, nesse contexto, que a economia internacional estava em expansão, mas o cenário interno, em 1973, começou a mudar, quando os países membros da OPEP, impuseram um abrupto aumento no preço do petróleo, abalando a economia mundial e, consequentemente, a economia nacional, pois o Brasil importava cerca de 70% do petróleo para o seu consumo. O governo militar e empresas nacionais optaram por tomar empréstimos de países com capital excedente para financiar os investimentos. Isso manteria a economia aquecida, possibilitando a modernização do parque industrial, momento em que maquinário e insumos da indústria começaram a ser fabricados no país, com uma forte participação do Estado na economia através de empresas estatais que comandavam e controlavam os setores petroquímico, siderúrgico, produção e distribuição de energia elétrica, telecomunicações, estradas e ferrovias. São dessa época a usina hidrelétrica binacional de Itaipu e o programa nuclear brasileiro.

Em 1979, a comunidade internacional experimenta um novo choque de grandes proporções nos preços do petróleo, afetando a economia mundial, e as fontes de capital externo que haviam drenado investimentos no Brasil começaram a ficar escassas. Percebe-se um período inflacionário ascendente, mas o destaque ficava por conta da dívida externa, de vigoroso crescimento (entre 1973 e 1979, a dívida

---

[230] FGV CPDOC. Disponível em: <http://www.fgv.br/cpdoc/acervo>. Acesso em: 03 set. 2017.
[231] Sustenta Carlos Ari Sundfeld que, "no Brasil, o sistema financeiro foi o primeiro a ganhar um órgão regulador bem-organizado. O Banco Central – a agência reguladora de maior tradição no Brasil – exerce um poder regulador exemplar, de modo a influenciar as práticas das demais agências existentes. E foi justamente em relação ao Banco Central, sobretudo ao longo das décadas de 1960 e 1970, que primeiro se discutiu sobre a validade ou invalidade de um poder normativo exercido pela administração pública. Hoje em dia, ao contrário, as agências reguladoras editam normas sem que ninguém considere isso espantoso, apesar das críticas, inclusive no campo da constitucionalidade". SUNDFELD, Carlos Ari. Direito público e regulação no Brasil. In: GUERRA, Sérgio. *Regulação no Brasil*: uma visão multidisciplinar. Rio de Janeiro: Editora FGV, 2014. p. 120.

externa brasileira quadruplicou, passando de US$12 bilhões para quase US$50 bilhões), com as reservas cambiais nacionais em franca diminuição.

Para fazer frente ao cenário internacional recessivo e a manutenção da estabilidade interna da economia, em 1981, os Estados Unidos elevaram as taxas de juros do dólar, o que acarretou um aumento drástico do custo da dívida externa brasileira, com o país entrando em recessão, tendo optado por pedir ajuda ao Fundo Monetário Internacional, saindo do processo recessivo somente em 1984, mais ainda, suportava, àquela altura, uma inflação anual superior a 200%.

Importante registrar que no plano das relações internacionais, a política externa do regime militar participou e patrocinou da/a cruzada anticomunista, liderada pelos Estados Unidos, tendo colaborado com uma intervenção na República Dominicana, operando com os governos militares da Argentina, Chile, Bolívia, Uruguai, Paraguai (Operação Condor),[232] além de restaurar a relação de dependência com o Fundo Monetário Internacional.

Ocorre que os militares brasileiros se deram conta de que não estavam recebendo do governo americano o tratamento diferenciado que esperavam, pois os investimentos não eram de grande monta. A temperatura se elevou drasticamente nas relações, quando o Congresso dos Estados Unidos passou a denunciar o uso de tortura pelo regime militar. Em 1976, o então candidato à presidência Jimmy Carter afirmou que o apoio norte-americano ao Brasil ditatorial "é um exemplo da pior faceta da política externa americana", tendo as relações Brasil e Estados Unidos se deteriorado, notadamente, nos governos Médici e Geisel.[233]

---

[232] A Operação Condor, formalizada em reunião secreta realizada em Santiago do Chile no final de outubro de 1975, é o nome que foi dado à aliança entre as ditaduras instaladas nos países do Cone Sul na década de 1970 – Argentina, Bolívia, Brasil, Chile, Paraguai e Uruguai – para a realização de atividades coordenadas, de forma clandestina e à margem da lei, com o objetivo de vigiar, sequestrar, torturar, assassinar e fazer desaparecer militantes políticos que faziam oposição, armada ou não, aos regimes militares da região. O GT Operação Condor da Comissão Nacional da Verdade examinou um conjunto de documentos, obtidos junto a acervos no Brasil, Argentina, Estados Unidos e Paraguai, que atestam a participação de órgãos e agentes da ditadura brasileira em atividades que, no marco da Operação Condor, serviram para a preparação de operações clandestinas que resultaram em graves violações aos direitos humanos de cidadãos brasileiros no exterior, assim como de estrangeiros no Brasil. Disponível em: <http://www.cnv.gov.br/index>. Acesso em: 04 set. 2017.

[233] Artigo "A política externa do regime militar" de Matias Spektor. SPEKTOR, Matias. *A política externa do regime militar*. Disponível em: <www. arte.folha.uol.com.br/especiais>. Acesso em: 04 set. 2017.

O ano de 1985 representa o marco do fim do regime militar. O Congresso Nacional, em 15 de janeiro deste ano, elegeu o sucessor do general Figueiredo, tendo saído vitorioso Tancredo Neves, que tinha como vice José Sarney. Tancredo Neves, com problemas de saúde, faleceu antes de assumir o cargo, tomando posse em seu lugar, José Sarney.

Sarney governou o país de 1985 a 1990 e, durante esse período, experimentou-se na economia um crescimento inexpressivo, destacando-se que é durante o seu governo que se instala a Assembleia Nacional Constituinte e no qual é promulgada a Constituição Federal de 1988.

Com a herança das políticas econômicas ineficazes dos governos militares, bem como em decorrência das crises na economia internacional da década de 70, Sarney procurou reformular as instituições políticas, conferindo-lhes mais legitimidade inerente à democracia representativa e buscar soluções para solucionar a crise financeira, o que trouxesse estabilidade econômica ao país.

No chamado período inaugural da 'Nova República', com uma inflação de patamares elevados (235% ao ano), Sarney lança o "Plano Cruzado", em fevereiro de 1986, substituindo o cruzeiro (moeda) pelo cruzado, congelando preços, estabelecendo o 'gatilho salarial' (aumento automático de salários quando a inflação atingisse 20% ao mês). Não tendo surtido o efeito desejado, porquanto, principalmente o congelamento de preços acarretou desabastecimentos em razão do desequilíbrio dos preços, o governo Sarney lança o "Plano Cruzado II", em novembro de 1986, onde foi instituída uma nova moeda, o 'cruzado novo', que também não conseguiu conter o aumento de preços e a inflação, culminando, em fevereiro de 1987, com a suspensão do pagamento da dívida externa.

No governo Sarney foram lançados, ainda, outros planos econômicos, quais sejam: o Plano Bresser (abril de 1987), que congelou aluguéis e salários, e o Plano Verão (janeiro de 1989), que dentre outras medidas, efetuou uma pequena reforma administrativa, extinguindo os ministérios da Habitação e Bem-Estar, da Reforma e do Desenvolvimento Agrário, da Irrigação, da Ciência e Tecnologia e da Administração, além de órgãos federais e autarquias (IBC, IAA, SIDERBRÁS, PORTOBRÁS, FUNARTE, EMBRAFILME e outros), reforma procedida através da Medida Provisória nº 39, de 1989, convertida, posteriormente, na Lei nº 7.739, de 16.03.1989.

No ano de 1990, Fernando Collor de Mello toma posse na presidência da República, como o primeiro presidente eleito diretamente pelo voto popular após o regime militar. Logo depois de sua posse, é lançado o plano Collor, para recuperação da economia. A receita amarga continha: aumento de impostos, abertura do mercado nacional, criação de uma nova moeda (cruzeiro) e, ainda, o bloqueio (confisco) de depósitos em contas-corrente e cadernetas de poupança por dezoito meses.[234] Mas o plano fracassou, acarretando recessão e desemprego. Collor, também nesse período, privatizou estatais, instituiu o Programa Nacional de Desestatização – PND (Lei nº 8.031, de 1990) e reduziu tarifas alfandegárias, possibilitando importação a preços menores.

Seis meses após lançar o primeiro plano, não obtendo êxito no plano econômico anterior, Fernando Collor lança o plano Collor II, objetivando a redução dos altos índices inflacionários e cortes no orçamento. Além de não alcançar as metas dos planos econômicos, Collor se envolveu em um grande escândalo de corrupção (Esquema PC – tráfico de influência, lavagem e desvio de dinheiro), denunciado por seu irmão, Pedro Collor, que ensejou a abertura de uma CPI, cujo relatório comprovou a procedência da denúncia, tendo a Câmara dos Deputados aprovado o pedido de impeachment, julgado pelo Senado, em sessão dirigida pelo presidente do STF, sendo destituído do cargo de presidente. Em seu lugar, assumiu o vice-presidente Itamar Franco, em outubro de 1992, governando o país até 1995.

Itamar Franco, em março de 1994, lança o "Plano Real", cujas metas principais eram debelar a inflação através do controle cambial e garantir condições para o investimento de capitais estrangeiros, visando, assim, a recuperação da economia do país. A moeda criada pelo novel plano, o real, entra em vigor em julho de 1994, vinculada ao dólar. No início, o dólar valia 90 centavos de real, e, posteriormente, o dólar passou a ter paridade com o real.

---

[234] A imprensa nacional anunciou o vazamento de 15 das medidas integrantes do pacote econômico desde o dia 12 de março para algumas instituições financeiras, ocasionando pesadas movimentações no mercado financeiro. Teria havido saques de US$35 bilhões do over. O governo Collor começava sob a égide da fraude. Desde fevereiro estavam ocorrendo transferências de aplicações do over e fundos de curto prazo para as cadernetas de poupança por parte de pequenos, médios e grandes aplicadores. Esta migração poderia ter sido evitada pela equipe econômica de transição, com o estabelecimento de valores máximos para depósito em poupança, o que não aconteceu. A não adoção desta prática acabou obrigando também a intervenção sobre as cadernetas de poupança. O Plano Collor I, decretado em 15.03.1990, confiscou US$80 bilhões, representando todos os valores depositados em contas bancárias e de poupança superiores a Ncz$50.000,00 (cerca de US$1.200 no câmbio oficial), que ficaram retidos um ano e meio e seriam devolvidos em 12 parcelas mensais. A Folha de São Paulo, de 15 de março de 1990, fls. B-4. Disponível em: <www.folha.uol.com.br>. Acesso em: 18 set. 2017.

As medidas adotadas pelo governo Itamar Franco, através do Plano Real, arrefeceram a inflação, ocasionou o aumento do fluxo de capital estrangeiro para investimentos, bem como possibilitou a abertura do mercado interno às importações, ensejando, via de consequência, o incremento da participação do país no cenário da globalização econômica, que iriam fomentar no governo subsequente, o uso intenso de medidas neoliberais, notadamente, as privatizações de empresas estatais (exemplo relevante foi a EMBRAER, em 07.12.1994) e a diminuição da intervenção do Estado na economia, premissas basilares do neoliberalismo.

Fernando Henrique Cardoso assumiu a presidência da República em 01 de janeiro de 1995 (1º mandato – 1995/1998), tendo sido o primeiro presidente reeleito para um segundo mandato (1999-2002). Seus dois mandatos tiveram como característica marcante a implantação de uma política eminentemente neoliberal[235] no Brasil, tendo efetivado, de maneira definitiva, o Plano Real, egresso do governo Itamar Franco, privatizando inúmeras estatais, obtendo êxito, inicialmente, no combate à inflação.

No primeiro mandato, além do combate à inflação, atacada, de início, com a elevação das taxas de juros, Fernando Henrique Cardoso deu sequência ao processo de reformas estruturais, objetivando evitar o retorno da inflação em patamares elevados, para atingir a estabilização econômica. Durante este mandato inaugural, efetuou a privatização de várias estatais,[236] dentre as quais se destaca, a Companhia Vale do

---

[235] De acordo com Verônica Cruz: "Embora discordem e possam negar veementemente, os governos reformadores que levam a cabo a reforma regulatória dos anos 1980 e 1990 na Europa e na América Latina possuem a mesma fonte ideológica – o liberalismo –, a partir do qual se explica a crença inabalável no desempenho do mercado. Além disso, nota-se que esses atores veem a política não como disputa ou arena de conflitos de interesses, mas como busca por instituições ideais e regras para regulação da vida social". CRUZ, Verônica. Estado e regulação: fundamentos teóricos. In: RAMALHO, Pedro Ivo Sebba. *Regulação e Agências reguladoras governança e análise de impacto regulatório*. 1. ed. Brasília: ANVISA, 2009. p. 85.

[236] "Independentemente do juízo que cada um possa fazer sobre a eficácia ou ineficácia do Estado ao gerir os bens públicos, ninguém precisa ser um inimigo do mercado para perceber que o modelo de privatização que assolou o Brasil nos anos FHC não foi, para ser leniente, o mais adequado aos interesses do país e do seu povo. Contrapondo-se a essa 'democratização', o jeito tucano de torrar estatais envolveu doação de empresas estatais a preços baixos, a poucos grupos empresariais". In: BIONDI, Aloysio. *O Brasil privatizado – Um balanço do desmonte do Estado*. São Paulo: Editora Fundação Perseu Abramo, 1999.

Rio Doce – CVRD[237] (setor de mineração e siderurgia), a TELEBRÁS (telecomunicações) e o BANESPA (banco do governo do estado de São Paulo). A aquisição das empresas estatais foi efetuada, em grande parte, por conglomerados estrangeiros, com utilização de títulos públicos e financiamento do BNDES.[238]

Para os propósitos desta pesquisa, destaca-se, ainda, que durante o primeiro governo de Fernando Henrique Cardoso ocorreu a criação da Agência Nacional de Energia Elétrica (1996), da Agência Nacional de Telecomunicações (1997) e da Agência Nacional de Petróleo, Gás e Biocombustíveis (1997).

Em 1999, Fernando Henrique Cardoso assume o seu segundo mandato, em meio à crise econômica internacional e a um processo recessivo interno, tendo ocorrido a retirada, pelos investidores, de bilhões de dólares do país, ruindo a paridade do real em relação ao dólar. Nesse momento, observa-se um desaquecimento nas privatizações, a elevação das taxas de juros, a diminuição de investimentos públicos, maior rigidez sobre os gastos públicos e a adoção de medidas para desestimular o consumo interno (acarretando o aumento do desemprego), tendo ainda o governo recorrido ao FMI para a contração de empréstimos significativos.[239] A estabilidade econômica desse período ficou longe

---

[237] "A Companhia Vale do Rio Doce, ex-estatal portentosa, "dona" de outras 30 empresas das áreas de mineração, navegação, portos, celulose, madeira, foi doada por FHC a um grupo liderado pelo Sr. Steinbruck, teve um lucro de 1,25 bilhão de reais em 1999, para um faturamento de 4,4 bilhões de reais. O 'ágio' foi devolvido pelo Tesouro, sob a forma de abatimento no Imposto de Renda. In: BIONDI, Aloysio. *O Brasil privatizado II*: o assalto das privatizações continua. São Paulo: Editora Fundação Perseu Abramo, 2003.

[238] "Na privatização da Companhia Siderúrgica Nacional (CSN) dos R$1,05 bilhão pagos pela maior siderúrgica da América Latina e marco da industrialização nacional no pós-guerra, R$1 bilhão era formado de moedas podres. Nos cofres públicos só ingressaram, de verdade, R$38 milhões. E, como se o incrível habitasse o inacreditável, as moedas podres foram leiloadas pelo Banco Nacional de Desenvolvimento Econômico e Social, que ainda financiou a aquisição das moedas podres com prazo de 12 anos para pagá-las". [...] Nos anos que antecederam a transferência das estatais para o controle privado, suas tarifas sofreram uma sequência de reajustes para que as empresas privatizadas não tivessem "de enfrentar o risco de protesto e indignação do consumidor". No caso das tarifas telefônicas, aumentos de até 500% a partir de 1995 e, no caso da energia elétrica, de 150%". In: RIBEIRO JÚNIOR, Amaury. *A privataria tucana*. São Paulo: Geração Editorial, 2011. p. 39.

[239] Sobre esse aspecto, destaca-se que o Brasil, nesse período, ficou com a economia permanentemente monitorada pelo FMI. A dependência externa da economia é representada, no período de 1995 a 1999, pela remessa líquida de recursos para o exterior (juros e dividendos), passando de 1,54% para 3,6% do PIB. Afora essa nociva dependência, as privatizações representaram a venda do patrimônio público, sem a

de representar uma mudança significativa na estrutura econômica e social do país.[240] Seguindo a receita regulatória estabelecida no primeiro governo, Fernando Henrique Cardoso, no seu segundo mandato, através do Congresso Nacional, que o reelegeu, criou a Agência Nacional de Vigilância Sanitária (1999), a Agência Nacional de Águas (2000), a Agência Nacional de Saúde Suplementar (2000), a Agência Nacional de Cinema (2001), a Agência Nacional de Transportes Terrestres (2001) e a Agência Nacional de Transporte Aquaviários (ANTAQ). A Comissão de Valores Mobiliários, em 2002, também ganhou maior autonomia, se aproximando do status de Agência Reguladora.

Luiz Roberto Barroso, sobre esse contexto histórico, sustenta que

> não se deve encobrir, artificialmente, a circunstância de que o Brasil chega à pós-modernidade sem ter conseguido ser nem liberal, nem moderno. De fato, no período liberal, jamais nos livramos da onipresença do Estado. A sociedade brasileira, historicamente, sempre gravitou em torno do oficialismo. As bênçãos do poder estatal sempre foram – ressalvadas as exceções que confirmam a regra – a razão do êxito ou do fracasso de qualquer projeto político, social ou empresarial que se pretendesse implantar. Este é um traço marcante do caráter nacional, com raízes na colônia, e que atravessou o Império, exacerbou-se na República Velha e ainda foi além.[241]

Importante, também, para a compreensão dos aspectos de planejamento no cenário político da regulação, partir-se da premissa de que os planos, no Brasil regulador, tiveram sua aprovação pautada no sistema político, tradicionalmente estabelecido e cheio de vícios, cuja definição adveio de grupos de técnicos e dos líderes dos partidos que representavam, àquela altura, o bloco de poder.

---

devida contrapartida de diminuição da dívida interna e do déficit público. Disponível em: <http://www.scielo.br/pdf/rdgv/v10/pdf>. Acesso em: 04 set. 2017.

[240] Fernando Henrique Cardoso estabeleceu um regular controle dos índices inflacionários, contudo, durante o seu governo, a distribuição de renda no Brasil continuou desigual. A renda dos 20% da população rica continuou cerca de 30 vezes maior que a dos 20% da população mais pobre. IBGE. Disponível em: <ibge.gov.br>. (Censo Demográfico 2000). Acesso em: 04 set. 2017.

[241] BARROSO, Luís Roberto. Agências reguladoras. Constituição, transformação do Estado e legitimidade democrática. *Revista da Procuradoria Geral do Estado do Rio de Janeiro*, 56, p. 286, jul./set. 2002.

Sobre esse aspecto, Fernando Henrique Cardoso, enfatiza que

> tudo isso ocorreu dentro de um quadro geral de baixa informação política e de consenso limitado quanto às soluções políticas e econômicas concretas, embora com a aceitação generalizada, no plano ideológico, quanto à necessidade do fortalecimento da Nação. Esta modalidade de ação política, em que se combinam modernização a partir da cúpula governamental e tradicionalismo, torna-se viável graças a uma das peculiaridades estruturais de países subdesenvolvidos.[242]

Mas, para os propósitos de se conhecer os componentes ideológicos estruturantes, de como se operou a reforma do Estado brasileiro, com a inauguração da etapa regulatória, é de suma importância destacar o pensamento de Luiz Carlos Bresser Pereira, artífice intelectual e um dos principais executores da sistematização da regulação no país.[243]

Para Bresser Pereira, a reforma do Estado, nos anos 90, se resumia a quatro processos básicos: (i) a delimitação das funções do Estado, reduzindo seu tamanho em termos principalmente de pessoal, através de programas de privatização, terceirização e publicização; (ii) a redução do grau de interferência do Estado ao efetivamente necessário, através de programas de desregulação que aumentem o recurso aos mecanismos de controle via mercado, transformando o Estado em um promotor da capacidade de competição do país em nível internacional; (iii) o aumento da governança do Estado, da sua capacidade de tornar efetivas as decisões do governo, através do ajuste fiscal, que devolve autonomia financeira ao Estado (administração pública gerencial); e, (iv) o aumento da governabilidade, do poder do governo por instituições políticas que o legitime, abrindo espaço para o controle social ou para a democracia direta.[244]

---

[242] CARDOSO, Fernando Henrique. *O modelo político brasileiro e outros ensaios.* 5. ed. Rio de Janeiro: Bertrand Brasil, 1993. p. 92-93.

[243] Segundo Verônica Cruz, "a mobilização de alguns setores sociais, juntamente com o governo brasileiro, nesse sentido foi notável nos anos 1990. Com afiada construção retórica fundamentada no ideal de sociedade capitalista moderna e dotada de aparato regulatório moderno, o Brasil viu-se em meio a reformas afinadas com as propostas de desregulamentação. Bresser Pereira, que por longo período esteve à frente das mudanças institucionais regulatórias implementadas no Brasil, sempre argumentou favoravelmente ao direcionamento dado às instituições pelas reformas. Pode-se mesmo considerá-lo um dos mentores de tais transformações". CRUZ, Verônica. Estado e regulação: fundamentos teóricos. In: RAMALHO, Pedro Ivo Sebba. *Regulação e Agências reguladoras governança e análise de impacto regulatório.* 1. ed. Brasília: ANVISA, 2009. p. 55-56.

[244] BRESSER PEREIRA, Luiz Carlos. A reforma do Estado dos anos 90: lógica e mecanismos de controle. *Revista de Cultura e Política 1998,* São Paulo: Ed. Lua Nova, n. 45, p. 12, 1998.

A tecnocracia neoliberal, que liderou esse período dirigente no país (as esferas do poder político), implementou significativas mudanças na forma de conduzir a administração pública, estabelecendo as premissas do que considerava a 'nova administração pública', com característica eminentemente gerencial.

Para tanto, o Estado deveria orientar sua ação para o 'cidadão-usuário' ou 'cidadão-cliente',[245] com ênfase no controle dos resultados através dos contratos de gestão. Fortalecer e aumentar a autonomia da burocracia estatal, organizada em carreiras de Estado, valorizar o trabalho técnico e político de participação na formulação e gestão das políticas publicas também representava meta da reforma. Ainda, como característica fundamental dessa nova administração pública gerencial, encontra-se a separação entre as secretarias formuladoras de políticas públicas (de caráter centralizado), e as unidades descentralizadas, executoras dessas mesmas políticas, bem como a distinção de dois tipos de unidades descentralizadas: as agências executivas, que realizam atividades exclusivas de Estado, e as organizações sociais, que realizam os serviços sociais e científicos de caráter competitivo.[246]

É nessa formatação gerencial que deve se operar a transferência para o setor público não estatal, dos serviços sociais e científicos competitivos, a adoção cumulativa, para controlar as unidades descentralizadas, dos mecanismos de controle social direto, do contrato de gestão em que os indicadores de desempenho sejam claramente definidos e os resultados medidos, e da formação de quase-mercados, em que ocorre a competição administrada, bem como a terceirização das atividades

---

[245] Aqui se faz uma referência que, reputa-se, importante, considerando-se inadequada a utilização das expressões 'cliente' e 'consumidor', quando se trata de Administração Pública no ambiente constitucional-democrático. Sobre esse particular, Fernando Abrucio, defende: "Para vários autores, o conceito de consumidor deve ser substituído pelo de cidadão. Isto porque o conceito de cidadão é mais amplo do que o de cliente/consumidor, uma vez que a cidadania implica direitos e deveres e não só liberdade de escolher os serviços públicos. Na verdade, a cidadania está relacionada com o valor de accountability, que requer uma participação ativa na escolha dos dirigentes, no momento da elaboração das políticas e na avaliação dos serviços públicos. Desta forma, mecanismos como os do Citizen's Charter – cujo nome não corresponde à realidade, pois este programa é direcionado ao consumidor – só enfatizam um aspecto da cidadania, o de controlar as políticas públicas. O consumidor é, no mais das vezes, um cidadão passivo. O conceito de consumidor também não responde adequadamente ao problema da equidade, valor fundamental na administração pública". ABRUCIO, Fernando Luiz. O impacto do modelo gerencial na Administração Pública – um breve estudo sobre a experiência internacional recente. *Cadernos ENAP*, Brasília-DF, n. 10, p. 24, 1997.

[246] Idem, p. 32.

auxiliares ou de apoio, que passam a ser licitadas competitivamente no mercado.[247]

A ideia de governança,[248] referida aqui como terminologia análoga à administração gerencial, portanto, planejada e implementada, considerava que deveria haver o aumento da autonomia da burocracia estatal (não insulamento burocrático), o que ensejaria, a partir da reforma administrativa, um Estado fortalecido financeiramente, estruturalmente, estrategicamente, administrativamente, porém, reduzido em seu tamanho nas dimensões históricas com as quais se configurava na década de 90.

Por oportuno, de acordo com o entendimento com o qual se iniciou este capítulo (referência à autopoiese), cumpre destacar que essa estruturação teórica e a movimentação na concepção da reforma do Estado, manejada no Brasil nos anos 90, não se processou de forma autóctone.

Nessa direção, a nova administração pública, de caráter gerencial, representada pela reforma procedida no Estado brasileiro na década de 90, foi engendrada por seus artífices, que se abeberaram na estruturação teórica do movimento solidificado no Reino Unido, denominado *New Public Management* (NPM).

---

[247] bis idem, p. 32.
[248] Sobre o conceito de governança, Leonardo Secci, sustenta: "A definição de governança não é livre de contestações. Isso porque tal definição gera ambiguidades entre diferentes áreas do conhecimento. As principais disciplinas que estudam fenômenos de *'governance'* são as relações internacionais, as teorias do desenvolvimento, a administração privada, as ciências políticas e a administração pública. Estudos de relações internacionais concebem governança como mudanças nas relações de poder entre estados no presente cenário internacional. Os chamados teóricos globalizadores (globalizers), de tradição liberal, veem *'governance'* como a derrocada do modelo de relações internacionais vigente desde o século XVII, onde o Estado-nação sempre foi tido como ator individual, e a transição a um modelo colaborativo de relação interestatal e entre atores estatais e não estatais na solução de problemas coletivos internacionais. Governança, nesse sentido, denota o processo de estabelecimento de mecanismos horizontais de colaboração para lidar com problemas transnacionais como tráfico de drogas, terrorismo e emergências ambientais. Teorias do desenvolvimento tratam a governança como um conjunto adequado de práticas democráticas e de gestão que ajudam os países a melhorar suas condições de desenvolvimento econômico e social. "Boa governança" é, portanto, a combinação de boas práticas de gestão pública. O Fundo Monetário Internacional (FMI) e o Banco Mundial exigem "boa governança" como requisito para países em via de desenvolvimento receberem recursos econômicos e apoio técnico". SECCHI, Leonardo. Modelos organizacionais e reformas da administração pública. In: *Revista de Administração Pública*, Rio de Janeiro, n. 43, p. 357-368, mar./abr. 2009.

Esse movimento foi adotado a partir da década de 1980, visando modernizar a organização administrativa, e utilizado para descrever a onda de reformas do setor público naquele período. Com efeito, naquele período, vários países, entre eles o Brasil, tentaram reformas que permitissem maior agilidade e flexibilidade à atividade estatal. Os diversos planos de melhora receberam a denominação comum de Nova Gerência Pública (*New Public Management*) e seus principais enunciados foram sintetizados num memorável relatório da OCDE (1996).[249]

O *New Public Management*, na forma estruturada nos anos 80, no Reino Unido, objetivava: a) diminuição do tamanho do Estado, inclusive do efetivo de pessoal; b) privatização de empresas e atividades; c) descentralização de atividades para os governos subnacionais; d) terceirização de serviços públicos (*outsourcing*); e) regulação de atividades conduzidas pelo setor privado; f) transferência de atividades sociais para o terceiro setor; g) desconcentração de atividades do governo central; i) separação de atividades de formulação e implementação de políticas públicas; j) estabelecimento de mecanismos de aferição de custos e avaliação de resultados; k) autonomização de serviços e responsabilização de dirigentes; l) flexibilização da gestão orçamentária e financeira das agências públicas; m) adoção de formas de contratualização de resultados; e n) abolição da estabilidade dos funcionários e flexibilização das relações de trabalho no serviço público.[250] Percebe-se, pois, que foi a receita adotada no Brasil, pelo bloco político dirigente do poder, ao sistematizar a nova administração pública gerencial.[251]

---

[249] GUERRA, Sérgio. Regulação estatal sob a ótica da organização administrativa brasileira. In: GUERRA, Sérgio (Org.). *Regulação no Brasil*: uma visão multidisciplinar. Rio de Janeiro: Editora FGV, 2014. p. 371.

[250] Idem, p. 372.

[251] Neste sentido, abordando os aspectos do surgimento da Administração Gerencial, Fernando Abrucio, sustenta: "Embora tenha surgido em governos de cunho neoliberal (Thatcher e Reagan), o modelo gerencial e o debate em torno dele não podem ser circunscritos apenas a este contexto. Pelo contrário, toda a discussão sobre a utilização do *managerialism* na administração pública faz parte de um contexto maior, caracterizado pela prioridade dada ao tema da reforma administrativa, seja na Europa ocidental, seja no Leste europeu ou ainda no Terceiro Mundo. O modelo gerencial e suas aplicações foram e estão sendo discutidos em toda parte. Modelos de avaliação de desempenho, novas formas de controlar o orçamento e serviços públicos direcionados às preferências dos "consumidores", métodos típicos do *managerialism*, são hoje parâmetros fundamentais a partir dos quais diversos países, de acordo com as condições locais, modificam as antigas estruturas administrativas". E prossegue: "Os conceitos do *managerialism* invadiram o setor público dos Estados Unidos e da Grã-Bretanha a partir da eleição dos governos conservadores. Era, inicialmente, uma maneira bem particular de se utilizar os instrumentos do modelo gerencial, por meio

Logo, percebe-se que a administração pública gerencial ou nova gestão pública (*New Public Management*), representa um modelo normativo que transforma o Estado burocrático weberiano, sendo, portanto, pós-burocrático, com estrutura e forma de gerir a administração pública, com lastro na eficiência, eficácia e competitividade.[252] Organizações internacionais também influenciaram na formatação do projeto de reforma do Estado brasileiro, cuja estruturação teórica é absolutamente análoga aos modelos de origem anglo-americana, cuja premissa básica é a delegação pelo Estado, da gestão de serviços públicos a empresas privadas, com o compromisso de criar agências administrativas independentes, no caso do Brasil, as denominadas agências reguladoras, acrescida ao processo de privatização. Destacam-se, fundamentalmente, nesse particular, o Banco Mundial – BIRD, o Fundo Monetário Internacional – FMI (que exigia a realização de medidas e reformas para a concessão de empréstimos) e a Organização para Cooperação e Desenvolvimento Econômico – OCDE.

No caso da OCDE, sua proposta de reforma regulatória teve influência em diversos países da América Latina, dentre os quais, o Brasil, e apresentava três categorias de atividade regulatória, partindo da atuação do Estado, quais sejam: 1) Regulação Econômica – intervenção direta nas decisões de mercado, tais como definição de preços, competição, entrada e saída de novos agentes nos mercados; 2) Regulação Social – proteção do interesse público nas áreas de saúde, segurança, meio ambiente e em questões nacionais; e 3) Regulação Administrativa – estabelecimento dos procedimentos administrativos por meio dos quais o governo intervém nas decisões econômicas, os chamados *red-tapes*.[253]

---

daquilo que chamo de gerencialismo puro, mais direcionado à redução de custos e ao aumento da eficiência e produtividade da organização, como explicarei mais adiante. O fato é que, naquele momento, as modificações no setor público estavam vinculadas a um projeto de reforma do Estado, caracterizado como um movimento de retração da máquina governamental a um menor número de atividades. A palavra de ordem da primeira-ministra inglesa era "rolling back the state", o que na prática significou a privatização de empresas nacionalizadas no pós-guerra, desregulamentação, devolução de atividades governamentais à iniciativa privada ou à comunidade e as constantes tentativas de reduzir os gastos públicos". ABRUCIO, Fernando Luiz. O impacto do modelo gerencial na Administração Pública – um breve estudo sobre a experiência internacional recente. *Cadernos ENAP*, Brasília-DF, n. 10, p. 7-12, 1997.

[252] SECCHI, Leonardo. Modelos organizacionais e reformas da administração pública. In: *Revista de Administração Pública*, Rio de Janeiro, n. 43, p. 353, mar./abr. 2009.

[253] CRUZ, Verônica. Estado e regulação: fundamentos teóricos. In: RAMALHO, Pedro Ivo Sebba. *Regulação e Agências reguladoras governança e análise de impacto regulatório*. 1. ed. Brasília: ANVISA, 2009. p. 57-58.

Se o propósito da reforma do Estado brasileiro, nesta fase sistematizada de regulação, foi o de imprimir maior governabilidade, tornando-o mais democrático com a estruturação de instituições políticas fortes que intermediassem os interesses conflitantes dos grupos sociais, das etapas históricas subsequentes a este processo reformador, não se vislumbra o êxito almejado pela nova administração pública gerencial.

As estruturas criadas para dar maior legitimidade e celeridade às políticas púbicas, notadamente, as Agências Reguladoras, com as características marcantes desse período regulatório, nem ao menos organizaram com eficiência os setores regulados da economia. Não se precisa de grande mergulho científico para aferir que, no Brasil, energia elétrica, telecomunicações, saúde suplementar e aviação civil, só para ficar nesses exemplos de setores fundamentais, estão longe de uma organização eficiente e democrática, legitimada pelo exercício do poder. Questões tarifárias, de logística precária na prestação dos serviços, o sucateamento de frotas, o colapso em sistemas de atendimento, o aumento significativo nas demandas judiciais contra operadoras de serviços e a precariedade na fiscalização pelo órgão regulador respectivo expressam a realidade atual em vários setores que foram objeto de regulação.

No campo político, melhor sorte também não teve e não está tendo o país, diante do cada vez mais acentuado nível de corrupção, do clientelismo, da fragilidade dos partidos políticos, do ativismo judicial exacerbado, da judicialização das políticas públicas e da hipertrofia do Judiciário no cenário nacional, exatamente, na contramão do discurso dirigente daquele período inaugural e sistêmico da regulação.[254]

---

[254] Bresser Pereira, àquela altura dos anos 90, sustentava que "O grande desafio da reforma do Estado é ter partidos políticos que correspondam a orientações ideológicas; é desenvolver um sistema eleitoral que permita a formação de governos ao mesmo tempo representativos e com maiorias estáveis; é contar com uma oposição vigorosa, mas que lute dentro de um campo comum de interesses; é dispor de uma imprensa livre e responsável que reflita mais a opinião de seus leitores, ouvintes ou assistentes, do que de seus proprietários ou patrocinadores publicitários; é contar com um sistema judiciário que não apenas faça a justiça entre os cidadãos e os defenda do Estado, mas que também saiba defender a res publica contra a cobiça dos cidadãos poderosos que querem privatizá-lo; é contar com uma burocracia que abandone a prática do segredo e administre a coisa pública com total transparência; é contar com um poder legislativo nacional relativamente imune ao clientelismo; é desenvolver sistemas de participação dos cidadãos no controle direto do Estado e das entidades públicas não estatais; é contar com um sistema mais transparente de financiamento das campanhas eleitorais; é desenvolver, enfim, sistemas de responsabilização dos políticos e da alta burocracia pública". Op. cit., p. 40.

Com efeito, infere-se, como resultado da implantação da reforma no Estado brasileiro – há mais de duas décadas – capitaneada pela tecnocracia neoliberal dos anos 90, que a reforma administrativa concebida não sanou os graves problemas sociais do país, não conferiu maior legitimidade democrática às instituições que criou, ao retirar a prestação direta de serviços e a produção de bens pelo Estado, apresentando, portanto, inconsistências estruturais no programa executado.

Ainda nesse norte, é razoável sustentar que o projeto reformador do Estado estabeleceu premissas que privilegiavam a eficiência administrativa, mas não atentou para a elaboração e a execução de políticas públicas que não visassem apenas o crescimento econômico. Num cenário adverso é possível haver o crescimento do PIB (como em alguns momentos dos anos 90 houve), mas dar continuidade a uma distribuição de renda cada vez mais desigual, a espelhar a extrema pobreza em dimensões gigantescas, foi exatamente o que se pôde constatar nesse período.

Portanto, é fundamentalmente nesse ambiente que se processará a regulação no Brasil, contexto do qual não deve prescindir qualquer análise crítica do sistema regulatório nacional, mormente porque é no espelho social que se mira o sistema jurídico, conferindo-lhe formatação, justificação e impondo-lhe a concepção de Estado.

Percebe-se, pois, que, no Brasil, o início da regulação (de maneira sistemática) está relacionado ao momento histórico do final do século passado, à pós-modernidade (no contexto econômico e político apresentado), envolto a crises, destinatário de ácidas críticas de corrupção, burocracia em excesso, desperdício de recursos, ineficiência, intervencionismo demasiado na economia, lentidão na prestação de serviços, estruturação superdimensionada de órgãos, autoritarismo na condução e exercício do poder, identidade com a qual tem sido reconhecido o Estado, aqui e alhures.

Também é perceptível que o Estado brasileiro, tendo protagonizado as mudanças em suas próprias feições, chega desgastado à pós-modernidade, diante da perda de credibilidade, pelas promessas feitas ainda na modernidade e não cumpridas, com a face regulatória neoliberal encontrando condições bastante favoráveis para o seu desenvolvimento. É nesse momento que os verbos transitivos privatizar, desregulamentar e descentralizar se conjugam com desenvoltura no território nacional (já inserido no contexto da globalização), diante da debilidade do Estado que não mais provê, mas apenas delega, terceiriza, outorga e concede a titularidade da produção de bens e da prestação direta de um leque cada vez maior de serviços, papel que dantes, ainda que de maneira precária, desempenhava.

De outra banda, na trajetória da regulação no Brasil se reconhece, de maneira cristalina, a 'índole constitucional' recepcionada, que lhe destinou o Poder Constituinte, mormente porque a Constituição Federal de 1988, em seu artigo 174, *caput*, reserva ao Estado o papel de "agente normativo e regulador da atividade econômica", que exerce as funções de fiscalização, incentivo e planejamento.

Nessa direção, Carlos Ari Sundfeld sustenta que, apesar do reconhecimento do papel de regulador da atividade econômica pela Constituição de 1988,

> ela não designava uma imagem forte das mentes dos aplicadores e autores jurídicos. Isso começou a mudar a partir de 1995, quando as Emendas Constitucionais nº 8/95 e 9/95 determinaram a instituição de órgãos reguladores dos setores de telecomunicações e petróleo, o que desencadeou uma onda de criação de agências reguladoras e, rapidamente, transformou a ideia de regulação em lugar-comum jurídico.[255]

Vários autores nacionais evidenciam o fato de a ordem econômica estabelecida na Constituição Federal ter sido ajustada à ideologia neoliberal, ao modelo que predominava nas democracias ocidentais. José Afonso da Silva, nesta direção, assevera que a Carta Política de 1988 contemplou uma economia de mercado distanciada do modelo liberal puro, filiada ao neoliberalismo, com a possibilidade da intervenção estatal na economia, intervenção que não se dá contra o mercado, mas a seu favor.[256]

Depreende-se, do Texto constitucional, o privilégio estabelecido à iniciativa privada (art. 170, *caput*), e no inciso IV, do mesmo ditame, a livre concorrência enquanto princípio basilar da ordem econômica. À iniciativa privada é conferida a atuação no domínio econômico, mas o Estado pode, excepcionalmente, atuar diretamente no domínio econômico, conforme o disposto no art. 173. Nesse norte, a Constituição Federal vai além da possibilidade de o Estado atuar na economia, definindo, inclusive, o regime jurídico que deverá a empresa estatal

---

[255] SUNDFELD, Carlos Ari. Direito público e regulação no Brasil. In: GUERRA, Sérgio. *Regulação no Brasil*: uma visão multidisciplinar. Rio de Janeiro: Editora FGV, 2014. p. 98.
[256] SILVA, José Afonso da. *Curso de direito constitucional positivo*. 22. ed. São Paulo: Malheiros, 2003. p. 689.

seguir, qual seja, o regime jurídico de direito privado (art. 173, §1º, inciso II e §2º).

Destarte, a exploração direta pelo Estado na atividade econômica só é possível quando a Constituição Federal autoriza, podendo ser mediante monopólio (art. 177 CF) ou ainda, quando necessária aos imperativos da segurança nacional ou a relevante interesse coletivo (art. 173 CF). A participação do Estado na economia tem como instrumentos jurídicos a empresa pública e a sociedade de economia mista, que deverão ser criadas por lei específica (§1º, do art. 173 da CF).

Quanto aos princípios constitucionais, regentes da regulação no país, a própria Constituição Federal, no Título VII, que trata *Da Ordem Econômica e Financeira*, os estabelece como fundamentos da atividade regulatória. Além do Título VII, os princípios fundamentais da Ordem Econômica na Constituição Federal estão dispostos no art. 1º, que estabelece os fundamentos do Estado Democrático de Direito; o art. 5º, inciso II, que enuncia o princípio da legalidade, a ser observado pelas Agências Reguladoras; o art. 37, onde estão previstos os princípios expressos, regentes da Administração Pública; o art. 170, que estabelece os princípios gerais da Ordem Econômica; os arts. 173 e 175, que tratam da prestação pelo Estado de atividades econômicas e de serviços públicos, e o art. 174, que estabelece o Estado como agente normativo e regulador da atividade econômica, com as funções de fiscalização, incentivo e planejamento.

Ainda, na seara da índole constitucional da regulação, é de fundamental importância perceber o percurso histórico e cronológico e as mudanças no Texto da Constituição Federal que transformaram a Ordem Econômica do país, rompendo monopólios, privatizando estatais, abrindo mais o mercado interno ao capital estrangeiro e ensejando a criação, em sequência, de Agências Reguladoras.

Para os propósitos da presente pesquisa, se apresenta de maneira classificatória a transformação ocorrida na ordem econômica nacional, a partir de três vertentes: abertura para a participação do capital estrangeiro; a flexibilização dos monopólios estatais e a privatização.

Com efeito, a primeira transformação relevante da ordem econômica brasileira que pode ser considerada, na vertente de abertura para participação do capital estrangeiro, é a introduzida pela Emenda Constitucional nº 6, de 15.08.95, extinguindo algumas restrições ao capital estrangeiro no país. A EC nº 6 alterou o art. 170, modificando a redação do inciso IX e suprimindo o art. 171, que estabelecia o conceito de empresa brasileira de capital nacional e admitia a outorga de proteção a elas, benefícios especiais e preferências. A EC nº 6 modificou ainda o *caput* do art. 176, permitindo que a pesquisa, a lavra de recursos minerais e o aproveitamento dos potenciais de energia elétrica sejam efetuados por concessão ou autorização a empresas constituídas sob as leis nacionais, não se exigindo o controle do capital nacional.

Na mesma data, bem como na mesma direção, entrou em vigor a Emenda Constitucional nº 7, de 15.08.95, que modificou o art. 178. Pela EC nº 7, caiu a exigência de que as navegações de cabotagem e interior sejam privativas de embarcações nacionais.

Em 28.05.2002, entrou em vigor a Emenda Constitucional nº 36, de 28.05.02, que permitiu a participação de estrangeiros em até 30% (trinta por cento) do capital das empresas jornalísticas e de radiodifusão.

A Emenda Constitucional nº 40, de 29.05.2003, alterou o art. 192, ao estabelecer que o sistema financeiro nacional será regulado por leis complementares que disporão, inclusive, sobre a participação do capital estrangeiro nas instituições que o integram.

A Lei nº 13.097, de 19.01.2005 (art. 142), alterou o art. 23 da Lei nº 8.080, de 19.09.1990 (Lei do SUS), para inserir a permissão da participação direta ou indireta, inclusive o controle, de empresas ou de capital estrangeiro na assistência à saúde, e acrescentou o art. 53-A, possibilitando que, na qualidade de ações e serviços de saúde, as atividades de apoio à assistência à saúde (desenvolvidas pelos laboratórios de genética humana, produção e fornecimento de medicamentos e produtos para saúde, laboratórios de analises clínicas, anatomia patológica e de diagnóstico por imagem), são livres à participação direta ou indireta de empresas ou de capitais estrangeiros.

A Lei nº 13.416, de 29.11.2016, oriunda da Medida Provisória nº 745/2016, possibilitou a exploração de petróleo do Pré-Sal por empresas estrangeiras em regime de partilha de produção.

Mais recentemente, sobre a abertura ao capital estrangeiro, a Lei nº 13.416, de 23.02.2017, autorizou o Banco Central do Brasil a adquirir papel-moeda e moeda metálica, fabricados fora do País por fornecedor estrangeiro, com o objetivo de abastecer o meio circulante nacional.

A segunda vertente de reformas constitucionais que operam mudanças na ordem econômica brasileira é representada pela flexibilização dos monopólios estatais. Nesse passo, em 15.08.1995, é promulgada a Emenda Constitucional nº 5, que alterou o disposto no §2º do art. 25, abrindo aos Estados-membros a possibilidade de concederem às empresas privadas a exploração dos serviços públicos locais de distribuição de gás canalizado.

A Emenda Constitucional nº 8, de 15.08.1995, seguiu o mesmo caminho, possibilitando a concessão às empresas privadas, dos serviços de telecomunicações e de radiodifusão sonora e de sons e imagens, alterando o disposto nos incisos XI e XII, do art. 21.

O mesmo se dá em relação ao petróleo, pois a Emenda Constitucional nº 9, promulgada em 09.11.1995, rompeu com o monopólio estatal e facultou à União Federal a contratação com empresas privadas de atividades relativas à pesquisa e lavra de jazidas de petróleo, gás natural e outros hidrocarbonetos fluidos, a refinação do petróleo nacional ou estrangeiro, a importação, exportação e o transporte dos produtos e derivados básicos de petróleo, de que trata o art. 177, incisos I, II, II e IV.

Quanto a terceira vertente da transformação da ordem econômica, chamada de privatização, a mesma não necessitou de alteração no Texto constitucional, iniciando com a edição da Lei nº 8.031, de 12.04.1990, que criou o Programa Nacional de Desestatização – PND.

Os objetivos fundamentais do PND eram: I – reordenar a posição estratégica do Estado na economia, transferindo à iniciativa privada atividades indevidamente exploradas pelo setor público; II – contribuir para a redução da dívida pública, concorrendo para o saneamento das finanças do setor público; III – permitir a retomada de investimentos nas empresas e atividades que vierem a ser transferidas à iniciativa privada; IV – contribuir para a modernização do parque industrial do País, ampliando sua competitividade e reforçando a capacidade empresarial nos diversos setores da economia; V – permitir que a administração pública concentre seus esforços nas atividades em que a presença do Estado seja fundamental para a consecução das prioridades nacionais; VI – contribuir para o fortalecimento do mercado de capitais, através do acréscimo da oferta de valores mobiliários e da democratização da propriedade do capital das empresas que integrarem o Programa.

A Lei que criou o PND (Lei nº 8.031/90) foi revogada pela Lei nº 9.491, de 09.09.1997, que alterou os procedimentos do Programa Nacional de Desestatização. Os novos objetivos fundamentais (praticamente os mesmos de 1990), estabelecidos mais de sete anos após a criação do PND, pela Lei nº 9.491/97, foram: I – reordenar a posição estratégica do Estado na economia, transferindo à iniciativa privada atividades indevidamente exploradas pelo setor público; II – contribuir para a reestruturação econômica do setor público, especialmente através da melhoria do perfil e da redução da dívida pública líquida; III – permitir a retomada de investimentos nas empresas e atividades que vierem a ser transferidas à iniciativa privada; IV – contribuir para a reestruturação econômica do setor privado, especialmente para a modernização da infraestrutura e do parque industrial do País, ampliando sua competitividade e reforçando a capacidade empresarial nos diversos setores da economia, inclusive através da concessão de crédito; V – permitir que a Administração Pública concentre seus esforços nas atividades em que a presença do Estado seja fundamental para a consecução das prioridades nacionais; VI – contribuir para o fortalecimento do mercado de capitais, através do acréscimo da oferta de valores mobiliários e da democratização da propriedade do capital das empresas que integrarem o Programa.

Com efeito, além de Emendas Constitucionais, a ordem econômica tem sido objeto de significativa mudança, dando sequência aos aspectos da índole constitucional regulatória, anteriormente abordados, operada através de relevante produção normativa, inclusive, com a criação de Agências Reguladoras pela via infraconstitucional.

Cumpre ainda destacar que, seguindo a trilha da regulação da reforma do Estado, com a normatização referente aos aspectos da economia brasileira, várias leis, sobre diversos temas, foram editadas, dentre as quais, destacam-se: a Lei nº 9.427, de 26.12.1996 (energia), a Lei nº 9.472, de 16.07.1997 (telecomunicações), a Lei nº 9.478, de 6.08.1997 (petróleo), a Lei nº 8.630, de 25.02.1993 (modernização dos portos), a Lei nº 8.884, de 11.06.1994 (defesa da concorrência, transforma o CADE em autarquia – alterada pela Lei nº 10.149, de 21.12.2000 e complementada pela Lei nº 12.529, de 30.11.2011, que estruturou o Sistema Brasileiro de Defesa da Concorrência), as Leis nº 8.987, de 13.02.1995 e nº 9.074, de 7.07.1995 (concessões e permissões) e, ainda, com as leis de criação das Agências Reguladoras, que serão tratadas adiante.

Percebe-se, da índole constitucional e infraconstitucional da regulação brasileira, que a intervenção direta do Estado na ordem econômica foi reduzida, ampliando a atuação estatal através da regulação, sendo o Estado empresário substituído pelo Estado regulador, fiscalizador dos serviços públicos regulados e das atividades econômicas que foram objeto do processo regulatório.

Pode-se assim dizer que, a partir desse momento, o Estado brasileiro assume um novel perfil diante das mudanças operadas no plano interno, ao abrir vários setores da economia ao capital internacional, ao flexibilizar monopólios, ao privatizar empresas estatais e ao criar em profusão Agências Reguladoras, a novidade instrumental regulatória, experimentada pela Administração Pública gerencial, conforme aqui sustentado, egressas da ambiência do repasse à iniciativa privada, da execução de inúmeros serviços públicos, deixando o Estado, portanto, de ser executor, e passando a regular, planejar e fiscalizar os setores transferidos.

Argumente-se, ainda, nesta direção, que apesar dos serviços prestados por empresas privadas permanecerem com características de serviços públicos, não se vislumbra das novéis funções do Estado brasileiro, um protagonismo que ensejasse o reconhecimento e a apropriação social de avanços, com a redução substancial dos bolsões de pobreza, melhoria na distribuição de renda, enfim, um desenvolvimento econômico conjugado com o desenvolvimento social, a espelhar um índice de desenvolvimento humano (IDH) compatível com os fundamentos e os objetivos fundamentais estabelecidos na Constituição Federal.

Com efeito, o redimensionamento do Estado brasileiro no ambiente da desestatização conferiu-lhe a condição de regulador, inclusive com o poder normativo conferido aos novos entes reguladores,[257] acreditando que as reformas procedidas trariam maior agilidade e eficiência na prestação de serviços, conferindo, ainda, maior legitimidade e transparência através do estabelecimento de mecanismos regulatórios.[258]

Infere-se, portanto, que houve no Brasil, a partir da ótica neoliberal dirigente dos anos 90, diante da movimentação internacional de regulação que verberava pela necessidade de diminuição do Estado, uma expressa opção pelo modelo gerencial de Administração Pública, de privatização de grande quantidade de patrimônio público, sem, contudo, ter sido democratizado o capital.[259]

---

[257] Há um sólido consenso na doutrina, de que as Agências Reguladoras são dotadas de poder normativo (característica fundamental) e regulamentar, não sendo objeto do presente estudo imiscuir-se nos desdobramentos desse poder e se ele afeta o princípio da separação dos poderes. Sobre esse aspecto, ver, destacadamente: ARAGÃO, Alexandre Santos. As agências reguladoras independentes e a separação de poderes: uma contribuição da teoria dos ordenamentos setoriais. *Revista Diálogo Jurídico*, Salvador: Direito Público, n. 13, abr./mai. 2002.

[258] Sobre esse enfoque, Dinorá Grotti assevera: "Nesse contexto de desestatização, o Estado brasileiro redimensionou sua atuação como agente normativo e regulador da atividade econômica (art. 174 CF), voltando-se para a criação de agências reguladoras e para um novo modelo de regulação para a competição". GROTTI, Dinorá Adelaide Musetti. As agências reguladoras. In: *Revista Eletrônica de Direito Administrativo Econômico*, n. 6, Salvador: Instituto de Direito Público da Bahia, p. 1-3, mai./jun./jul. 2006.

[259] Nesse sentido, Luiz Roberto Barroso, sustenta: "A privatização de serviços e atividades empresariais, por paradoxal que possa parecer, foi, em muitos domínios, a alternativa possível de publicização de um Estado apropriado privadamente, embora, é verdade, o modelo escolhido não tenha sido o da democratização do capital. Ao fim desse exercício de desconstrução, será preciso então repensar qual o projeto de país que se pretende concretizar sobre as ruínas de um Estado que, infelizmente, não cumpriu adequadamente o seu papel". BARROSO, Luís Roberto. Agências reguladoras. Constituição, transformação do Estado e legitimidade democrática. *Revista da Procuradoria Geral do Estado do Rio de Janeiro*, 56, p. 288, jul./set. 2002.

3.2 Legislação regulatória brasileira

Conforme referências anteriormente feitas sobre o cenário do nascedouro da regulação nacional, as Agências Reguladoras, de maneira sistemática, surgiram no país logo em seguida à 'formalização' da instituição do Estado regulador, procedida pelo Poder Constituinte, com a promulgação da Constituição Federal de 1988. Percebe-se, sob a perspectiva histórica da Administração Pública, que a criação das agências foi ato contínuo ao manejo, pelo governo federal, do Plano Diretor da Reforma do Aparelho do Estado (PDRAE), em 1995, cuja estrutura de implantação comportava a Câmara da Reforma do Estado, composta por Clóvis Carvalho – Ministro Chefe da Casa Civil (Presidente), e pelos Membros, Luiz Carlos Bresser Pereira – Ministro da Administração Federal e Reforma do Estado, Paulo Paiva – Ministro do Trabalho, Pedro Malan – Ministro da Fazenda, José Serra – Ministro do Planejamento e Orçamento, e pelo General Benedito Onofre Bezerra Leonel – Ministro Chefe do Estado Maior das Forças Armadas.[260]

Para iniciar o processo de instituição das Agências Reguladoras (autônomas), o PDRAE partiu de uma avaliação estrutural da Administração Pública nacional em seus aspectos estruturais e orgânicos, cujo objetivo foi o de analisar as missões dos órgãos e entidades governamentais, identificando superposições, inadequação de funções e possibilidades de descentralização, visando assim a dotar o Estado de uma estrutura organizacional moderna, ágil e permeável à participação popular.[261]

Constava, portanto, de maneira expressa, no Plano Diretor da Reforma Administrativa do Estado, que as agências autônomas teriam, doravante, a responsabilização por resultados e a consequente autonomia de gestão decorrente da transformação de autarquias e de fundações que exercessem atividades exclusivas do Estado, em agências autônomas com foco na modernização da gestão. Este processo se desenvolveria em duas dimensões, quais sejam: a elaboração de instrumentos legais necessários à viabilização das transformações e um levantamento visando a superar os obstáculos na legislação, normas e regulações existentes, selecionando autarquias que passariam por um processo de

---

[260] PLANO DIRETOR DA REFORMA DO APARELHO DO ESTADO – Brasília: Presidência da República, Câmara da Reforma do Estado, Ministério da Administração Federal e Reforma do Estado, 1995. Disponível em: <http://www.bresserpereira.org.br/Documents/MARE/PlanoDiretor/planodiretor>. Acesso em: 02 out. 2017.

[261] Idem, p. 57-58.

experimentação laboratorial.[262] Inaugura-se, portanto, a nova face do Estado brasileiro, o Estado regulador, com o surgimento das Agências Reguladoras.[263]

Sérgio Guerra sistematizou, com minudência, as características básicas que as Agências Reguladoras deveriam possuir, a saber: a) definição do marco legal, com atribuições expressas das funções técnicas neutrais a serem exercidas pelo ente; b) formação de um conselho consultivo, composto de pessoas de notório reconhecimento público no setor, escolhidas pelo chefe do Poder Executivo, com a responsabilidade, inclusive, de defender o orçamento do novo órgão junto ao poder público central; c) direção por órgão colegiado, com cinco membros; d) identificação dos candidatos aos cargos de direção no mercado; e) identificação dos diretores feita pelo conselho consultivo ou por meio de um "comitê de busca" formado por personalidades de notório reconhecimento público, a serem escolhidas pelo conselho consultivo da entidade; f) "busca" por meio de editais públicos de chamadas de candidaturas amplamente divulgados, visando a identificar entre

---

[262] Idem, p. 59.

[263] Sobre esse aspecto, Paulo Lessa Matos, sustenta que: "O novo Estado regulador – caracterizado pela criação de agências reguladoras independentes, pelas privatizações de empresas estatais, por terceirizações de funções administrativas do Estado e pela regulação da economia segundo técnicas administrativas de defesa da concorrência e correção de "falhas de mercado", em substituição a políticas de planejamento industrial – representou uma clara descentralização do poder do presidente da República e de seus ministros, ao mesmo tempo em que se tentaram criar novos mecanismos jurídico-institucionais de participação de diferentes setores da sociedade civil no controle democrático do processo de formulação do conteúdo da regulação de setores da economia brasileira. A criação de uma burocracia estatal para regulação de mercados – especialmente centralizada no modelo de agências reguladoras independentes – marcou uma redefinição dos canais de circulação de poder político para a formulação de políticas públicas para setores estratégicos da economia, tais como os de telecomunicações, energia elétrica, gás e petróleo, transportes, água e saneamento, saúde e medicamentos, seguros, etc. A formulação de políticas setoriais, antes restrita aos gabinetes ministeriais, aos conselhos institucionalizados no interior da burocracia estatal da administração direta, às decisões políticas do presidente da República e ao jogo de barganhas políticas com o Congresso, passou a adotar critérios técnicos e uma forma "negociada", segundo procedimentos juridicamente institucionalizados, com o público afetado pelas normas editadas pelas agências. Dessa forma, criou-se um novo lócus de circulação de poder político, redefinindo as relações internas ao Poder Executivo na regulação de setores da economia brasileira e as condições de barganha política entre este e o Legislativo. Ao mesmo tempo, as agências se transformaram em uma nova arena política de participação de atores da 'sociedade civil' na elaboração do conteúdo da regulação". MATTOS, Paulo Todescan Lessa. A formação do estado regulador. Novos estudos. *Centro Brasileiro de Análise e Planejamento – CEBRAP*, n. 76, São Paulo, p. 151, nov. 2006.

integrantes da esfera pública, da comunidade científica/tecnológica e do meio empresarial, nomes que se identifiquem com as diretrizes técnicas e político-administrativas estabelecidas legalmente para a entidade; g) poderiam se candidatar ao cargo de dirigente da entidade brasileiros com formação acadêmica e atuação profissional comprovada no setor público ou privado em atividades técnicas de produção de bens e serviços, pesquisa, consultoria, ensino e assessoramento em quaisquer das áreas de atuação da entidade; h) os candidatos deveriam possuir experiência gerencial mínima de 10 anos, computados pela soma de anos ou frações dos tempos de exercício profissional em cargos comprovadamente ocupados; i) por experiência gerencial, poderia ser aceito o exercício de cargos de chefia superior, tais como ministro do governo federal, secretário de governo municipal ou estadual, presidente ou diretor de instituições e empresas públicas ou privadas, superintendência de órgãos ou empresas, diretoria executiva, chefia de assessorias técnicas, chefia ou diretoria de centros e/ou departamentos de pesquisa, ensino e extensão e de entidades de ensino superior ou tecnológico, entre outras, a critério da "comissão de busca"; j) candidato a dirigente não poderia manter, com entidade do setor regulado, qualquer um dos seguintes vínculos: acionista ou sócio com participação no capital social de empresa coligada, controlada ou controladora; membro de conselho de administração fiscal, de diretoria executiva ou de órgão gerencial; empregado, mesmo com contrato de trabalho suspenso; prestador de serviço permanente ou temporário, inclusive das empresas controladoras e controladas ou das fundações de previdência de que sejam patrocinadoras; ou membro de conselho ou de diretoria de associação regional ou nacional representativa de interesses dos associados ou de órgãos governamentais, de conselho ou diretoria de categoria profissional de empregados dos associados ou de órgãos governamentais, bem como membro de conselho ou diretoria de associação ou classe de usuários/consumidores do setor; k) formação de lista tríplice pelo "comitê de busca", para a escolha dos dirigentes; l) escolha dos dirigentes pelo presidente da República e sabatina pelo Senado Federal; m) nomeação a termo, tendo o mandato fixo de quatro anos, vedada a recondução; n) impossibilidade de demissão *ad nutum*, salvo nas situações previstas em lei; o) autonomia administrativa e financeira efetiva, sem a possibilidade de contingenciamento de recursos orçamentários pela administração pública direta. Os orçamentos seriam segregados, constituindo o ente uma unidade orçamentária autônoma; p) independência decisória, vedado expressamente na lei recurso hierárquico impróprio contra decisões proferidas na esfera de sua competência legal; q) estabelecimento de "plano de gestão" e "plano de execução das metas", estas a serem alcançadas anualmente, a exemplo do Inmetro; r) controle efetivo (não meramente formal), pelo conselho consultivo, entre outros controles já institucionalizados no país, das atividades desenvolvidas pela direção; s) disponibilização, via internet, do processo de acompanhamento e controle do "plano de gestão" e do "plano de metas".[264]

Desde logo, se destaca que, apesar de o Plano Diretor da Reforma Administrativa do Estado ter a intenção de conferir homogeneidade às características estruturais das agências, através de instrumentos jurídicos (leis criadoras), percebe-se assimetria, no decorrer do processo normativo de instituição dessas entidades, em alguns aspectos de sua estruturação, tais como: o período de quarentena[265] dos Diretores, após o cumprimento do mandato (variando entre 12 e 6 meses); os mandatos não coincidentes da Diretoria Colegiada (oscilando entre 3 e 5 anos); a permissão para a recondução de mandato (leis instituidoras de algumas agências vedam a recondução, outras admitem uma única recondução); a composição da Diretoria Colegiada (oscilando entre 3 a 5 Diretores, incluindo o Diretor-Presidente ou Diretor-Geral), conforme pode-se inferir com maiores detalhes, a partir da leitura da estrutura de cada agência adiante referida.

Por outra face, parte-se da premissa de que as Agências Reguladoras, no modelo introduzido em nosso ordenamento jurídico, possuem como principal característica a autonomia, comumente denominada de independência, que as distinguem das demais autarquias, conferindo-lhes a natureza especial expressa nas leis de criação.

Alexandre Aragão reforça esse entendimento ao sustentar que: "Já sabemos que o tantas vezes repisado caráter de "independência" das agências reguladoras retrata na verdade uma autonomia reforçada, uma maior autonomia em relação à de que normalmente são dotadas as entidades da Administração Indireta".[266]

Sobre esse aspecto, ficam evidenciadas dimensões dessa 'independência', terminologia utilizada aqui, para efeito de apresentação,

---

[264] GUERRA, Sérgio. Regulação estatal sob a ótica da organização administrativa brasileira. In: GUERRA, Sérgio (Org.). *Regulação no Brasil*: uma visão multidisciplinar. Rio de Janeiro: Editora FGV, 2014. p. 377-379.

[265] Período em que ao Diretor é vedado representar qualquer pessoa ou interesse perante a Agência na qual cumpriu mandato, ou ainda, a proibição de aceitar emprego em empresas em uma atividade relacionada.

[266] ARAGÃO, Alexandre Santos de. *Agências reguladoras e a evolução do Direito Administrativo Econômico*. Rio de Janeiro: Editora Forense, 2002. p. 298.

destacando-se: 1ª) independência política dos Diretores, integrantes da Diretoria Colegiada que, apesar de serem nomeados pelo Presidente da República, após aprovação pelo Senado Federal,[267] com investidura em cargos com mandato fixo e não coincidente, inclusive com estabilidade, sendo vedada a exoneração *ad nutum*, pelo Chefe do Poder; 2ª) independência técnica decisional, na qual deve haver o predomínio técnico na fundamentação dos atos emanados pela agência (motivação técnica), atos que não estão submetidos ao crivo revisional do Ministério ao qual se encontra vinculada, ou mesmo, do Presidente da República, no denominado recurso hierárquico impróprio, ensejando, portanto, a impossibilidade de manejo recursal com o objetivo de reforma das decisões das agências na esfera administrativa; 3ª) independência normativa, relacionada à necessidade de disciplinar a atividade econômica que está submetida ao controle da agência, encontrando balizas na Constituição Federal e na lei de criação, não sendo, portanto, de amplitude normativa ilimitada; 4ª) independência gerencial, representada pela autonomia financeira e orçamentária das agências, com expressa previsão legal na lei de criação de cada agência, incluindo receitas orçamentária e extraorçamentária.[268]

Impende referir-se, ainda, às funções mais relevantes das agências reguladoras (além da normativa referida anteriormente), quais sejam: a fiscalizatória, a sancionatória e a julgadora.

A *função fiscalizadora* representa a atividade da agência sobre o agente integrante da atividade econômica regulada, na esfera de sua atuação, podendo sofrer variação, dependendo da espécie da regulação, se serviço público, exploração privada de monopólio ou bem público, ou ainda, atividade econômica privada.

Já a *função sancionatória* é decorrente da atividade fiscalizatória, ensejando por parte das agências, a aplicação de sanções aos agentes econômicos regulados, em virtude do descumprimento de preceitos legais, regulamentares ou contratuais.

---

[267] É o que determina a Constituição Federal, *verbis*: "Art. 52. Compete privativamente ao Senado Federal: III – aprovar previamente, por voto secreto, após arguição pública, a escolha de: f) titulares de outros cargos que a lei determina.

[268] Sobre essas dimensões, ver por outros: GUERRA, Sérgio. Regulação estatal sob a ótica da organização administrativa brasileira. In: GUERRA, Sérgio (Org.). *Regulação no Brasil*: uma visão multidisciplinar. Rio de Janeiro: Editora FGV, 2014. p. 269-271.
Nesse particular, é importante destacar que as receitas das agências reguladoras, em quase sua totalidade, são oriundas de taxas de fiscalização ou regulação pagas pelos que integram a atividade econômica regulada, para que a agência não necessite recorrer ao Tesouro Nacional quando necessitar obter recursos necessários ao seu funcionamento.

No que se refere à *função julgadora*, a agência tem a competência, na esfera administrativa, de decidir sobre os conflitos estabelecidos, seja entre os que são objeto da regulação específica (delegatários), em relação ao Poder Concedente, sejam os oriundos da relação entre agência e usuários.[269]

Com efeito, percebe-se que, no modelo de agência implantado no Brasil, além do regime autárquico especial, onde foi destacada a estabilidade da Diretoria Colegiada (insulamento político), procurou-se nesse regime diferenciado, conferido às agências reguladoras, estabelecer autonomia reforçada, bem como, a necessária concentração de funções públicas, normalmente de atribuição dos Poderes estatais, notadamente, o poder normativo, conforme articulado alhures.

E por derradeira abordagem, nesse item capitular, sobre as agências brasileiras, Maria Sylvia Zanella Di Pietro sustenta que, dentro da função regulatória em sentido amplo, existem dois tipos de agências reguladoras no Brasil: 1º) as que exercem poder de polícia e que, por isso, possuem atribuições inerentes a esse poder, tais como as de normatizar a atividade, fiscalizar o cumprimento das normas e aplicar sanções; e 2º) as que regulam e controlam as atividades que constituem objeto de concessão, permissão ou autorização de serviço público ou de concessão para exploração de bem público.[270]

Quanto às agências, em espécie, no percurso regulatório do Estado brasileiro, apresentam-se os passos empreendidos, de maneira cronológica, palmilhados a partir da instituição de Agências Reguladoras no plano da Administração Pública Federal, demonstrando, assim, o espectro em que se encontra estruturada, organicamente, a regulação nacional, até o presente momento, vejamos:

> (i) *Agência Nacional de Energia Elétrica – ANEEL*, instituída pela Lei nº 9.427, de 26.12.1996, que instituiu a Agência Nacional de Energia Elétrica – ANEEL e disciplinou o regime das concessões de serviços públicos de energia elétrica.

A lei instituidora da ANEEL estabelece que a agência é uma autarquia sob regime especial, vinculada ao Ministério de Minas e Energia, tendo por finalidade regular e fiscalizar a produção, a

---

[269] ARAGÃO, Alexandre Santos de. *Agências reguladoras e a evolução do Direito Administrativo Econômico*. Rio de Janeiro: Editora Forense, 2002. p. 317-318.
[270] DI PIETRO, Maria Sylvia Zanella. *Direito Administrativo*. 15. ed. São Paulo: Atlas, 2003. p. 406-407.

transmissão, a distribuição e a comercialização de energia elétrica, em conformidade com as políticas e diretrizes do governo federal, com as seguintes competências: I – implementar as políticas e diretrizes do governo federal para a exploração da energia elétrica e o aproveitamento dos potenciais hidráulicos, expedindo os atos regulamentares necessários ao cumprimento das normas estabelecidas pela Lei nº 9.074; II – promover, mediante delegação, com base no plano de outorgas e diretrizes aprovadas pelo Poder Concedente, os procedimentos licitatórios para a contratação de concessionárias e permissionárias de serviço público para produção, transmissão e distribuição de energia elétrica e para a outorga de concessão para aproveitamento de potenciais hidráulicos; IV – gerir os contratos de concessão ou de permissão de serviços públicos de energia elétrica, de concessão de uso de bem público, bem como fiscalizar, diretamente ou mediante convênios com órgãos estaduais, as concessões, as permissões e a prestação dos serviços de energia elétrica; V – dirimir, no âmbito administrativo, as divergências entre concessionárias, permissionárias, autorizadas, produtores independentes e autoprodutores, bem como entre esses agentes e seus consumidores; VI – fixar os critérios para cálculo do preço de transporte de que trata o §6º do art. 15 da Lei nº 9.074, e arbitrar seus valores nos casos de negociação frustrada entre os agentes envolvidos; VII – articular com o órgão regulador do setor de combustíveis fósseis e gás natural os critérios para fixação dos preços de transporte desses combustíveis, quando destinados à geração de energia elétrica, e para arbitramento de seus valores, nos casos de negociação frustrada entre os agentes envolvidos; VIII – estabelecer, com vistas a propiciar concorrência efetiva entre os agentes e a impedir a concentração econômica nos serviços e atividades de energia elétrica, restrições, limites ou condições para empresas, grupos empresariais e acionistas, quanto à obtenção e transferência de concessões, permissões e autorizações, à concentração societária e à realização de negócios entre si; IX – zelar pelo cumprimento da legislação de defesa da concorrência, monitorando e acompanhando as práticas de mercado dos agentes do setor de energia elétrica; X – fixar as multas administrativas a serem impostas aos concessionários, permissionários e autorizados de instalações e serviços de energia elétrica, observado o limite, por infração, de 2% (dois por cento) do faturamento, ou do valor estimado da energia produzida nos casos de autoprodução e produção independente, correspondente aos últimos doze meses anteriores à lavratura do auto de infração ou estimados para um período de doze meses caso o infrator não esteja em operação ou esteja operando por um período inferior a doze meses; XI – estabelecer tarifas para o suprimento de energia elétrica realizado às concessionárias e às permissionárias de distribuição, inclusive às cooperativas de eletrificação rural enquadradas como permissionárias, cujos mercados próprios sejam inferiores a 700GWh/ano, e tarifas de fornecimento às cooperativas autorizadas, considerando parâmetros técnicos, econômicos, operacionais e a estrutura dos mercados atendidos; XII – estabelecer, para cumprimento por parte de cada concessionária e permissionária de serviço público de distribuição de energia elétrica, as metas a serem periodicamente alcançadas, visando a universalização do uso da energia elétrica; XIII – efetuar o controle prévio e *a posteriori* de atos e negócios jurídicos a serem celebrados entre concessionárias, permissionárias, autorizadas e seus controladores, suas sociedades controladas ou coligadas e outras sociedades controladas ou coligadas de controlador comum, impondo-lhes restrições à mútua constituição de direitos e obrigações, especialmente comerciais e, no limite, a abstenção do próprio ato ou contrato. XIV – aprovar as regras e os procedimentos de comercialização de energia elétrica, contratada de formas regulada e livre; XV – promover processos licitatórios para atendimento às necessidades do mercado; XVI – homologar as receitas dos agentes de geração na contratação regulada e as tarifas a serem pagas pelas concessionárias, permissionárias ou autorizadas de distribuição de energia elétrica, observados os resultados dos processos licitatórios referidos no inciso XV do *caput* deste artigo; XVII – estabelecer mecanismos de regulação e fiscalização para garantir o atendimento à totalidade do mercado de cada agente de distribuição e de comercialização de energia elétrica, bem como à carga dos consumidores que tenham exercido a opção prevista nos arts. 15 e 16, da Lei nº 9.074; XVIII – definir as tarifas de uso dos sistemas de transmissão e distribuição; XIX – regular o serviço concedido, permitido e autorizado e fiscalizar permanentemente a sua prestação; XX – definir adicional de tarifas de uso específico das instalações de interligações internacionais para exportação e importação de energia elétrica, visando à modicidade tarifária dos usuários do sistema de transmissão ou distribuição; XXI – definir as tarifas das concessionárias de geração hidrelétrica que comercializarem energia no regime de cotas.[271]

A ANEEL é dirigida por um Diretor-Geral e por quatro Diretores, em regime de colegiado, nomeados pelo Presidente da República, com

---

[271] Arts. 1º, 2º e 3º, da Lei nº 9.427/96.

mandatos não coincidentes de quatro anos, sendo administrada por contrato de gestão negociado e celebrado entre a Diretoria e o Poder Executivo.[272]

(ii) Agência Nacional de Telecomunicações – ANATEL, criada pela Lei nº 9.472, de 16.07.1997, que dispõe sobre a organização dos serviços de telecomunicações e a criação e funcionamento de um órgão regulador.

O art. 8º, da lei instituidora da ANATEL estabelece que a agência é uma entidade integrante da Administração Pública Federal indireta, submetida a regime autárquico especial e vinculada ao Ministério das Comunicações, com a função de ser órgão regulador das telecomunicações.

A ANATEL tem como órgão máximo o Conselho Diretor, possuindo a natureza de autarquia especial, conferida à Agência, caracterizada por independência administrativa, ausência de subordinação hierárquica, mandato fixo e estabilidade de seus dirigentes, e autonomia financeira, atuando como autoridade administrativa independente.[273]

De acordo com a Lei nº 9.472/97, compete à ANATEL, além da adoção de medidas necessárias para o atendimento do interesse público e para o desenvolvimento das telecomunicações brasileiras: I – implementar, em sua esfera de atribuições, a política nacional de telecomunicações; II – representar o Brasil nos organismos internacionais de telecomunicações, sob a coordenação do Poder Executivo; III – elaborar e propor ao Presidente da República, por intermédio do Ministro de Estado das Comunicações, a adoção das medidas a que se referem os incisos I a IV do artigo anterior, submetendo previamente a consulta pública, as relativas aos incisos I a III; IV – expedir normas quanto à outorga, prestação e fruição dos serviços de telecomunicações no regime público; V – editar atos de outorga e extinção de direito de exploração do serviço no regime público; VI – celebrar e gerenciar contratos de concessão e fiscalizar a prestação do serviço no regime público, aplicando sanções e realizando intervenções; VII – controlar, acompanhar e proceder à revisão de tarifas dos serviços prestados no regime público, podendo fixá-las nas condições previstas nesta Lei, bem como homologar reajustes; VIII – administrar o espectro de radiofrequências e o uso de órbitas, expedindo as respectivas

---

[272] Arts. 4º, 5º e 7º, da Lei nº 9.427/96.
[273] §§1º e 2º e art. 9º, da Lei nº 9.472/97.

normas; IX – editar atos de outorga e extinção do direito de uso de radiofrequência e de órbita, fiscalizando e aplicando sanções; X – expedir normas sobre prestação de serviços de telecomunicações no regime privado; XI – expedir e extinguir autorização para prestação de serviço no regime privado, fiscalizando e aplicando sanções; XII – expedir normas e padrões a serem cumpridos pelas prestadoras de serviços de telecomunicações quanto aos equipamentos que utilizarem; XIII – expedir ou reconhecer a certificação de produtos, observados os padrões e as normas por ela estabelecidos; XIV – expedir normas e padrões que assegurem a compatibilidade, a operação integrada e a interconexão entre as redes, abrangendo, inclusive, os equipamentos terminais; XV – realizar busca e apreensão de bens no âmbito de sua competência; XVI – deliberar na esfera administrativa quanto à interpretação da legislação de telecomunicações e sobre os casos omissos; XVII – compor administrativamente conflitos de interesses entre prestadoras de serviço de telecomunicações; XVIII – reprimir infrações dos direitos dos usuários; XIX – exercer, relativamente às telecomunicações, as competências legais em matéria de controle, prevenção e repressão das infrações da ordem econômica, ressalvadas as pertencentes ao Conselho Administrativo de Defesa Econômica – CADE; XX – propor ao Presidente da República, por intermédio do Ministério das Comunicações, a declaração de utilidade pública, para fins de desapropriação ou instituição de servidão administrativa dos bens necessários à implantação ou à manutenção de serviço no regime público; XXI – arrecadar e aplicar suas receitas; XXII – resolver quanto à celebração, alteração ou extinção de seus contratos, bem como quanto à nomeação, exoneração e demissão de servidores, realizando os procedimentos necessários, na forma em que dispuser o regulamento; XXIII – contratar pessoal por prazo determinado; XXIV – adquirir, administrar e alienar seus bens; XXV – decidir em último grau sobre as matérias de sua alçada, sempre admitido recurso ao Conselho Diretor; XXVI – formular ao Ministério das Comunicações proposta de orçamento; XXVII – aprovar o seu regimento interno; XXVIII – elaborar relatório anual de suas atividades, nele destacando o cumprimento da política do setor definida nos termos do artigo anterior; XXIX – enviar o relatório anual de suas atividades ao Ministério das Comunicações e, por intermédio da Presidência da República, ao Congresso Nacional; XXX – rever, periodicamente, os planos enumerados nos incisos II e III do artigo anterior, submetendo-os, por intermédio do Ministro de Estado das Comunicações, ao Presidente da República, para aprovação; XXXI – promover interação com administrações de telecomunicações dos países do Mercado Comum do Sul – MERCOSUL, com vistas à consecução de objetivos de interesse comum.[274]

O Conselho Diretor da ANATEL é composto por cinco conselheiros, que devem ser brasileiros, de reputação ilibada, formação universitária e elevado conceito no campo de sua especialidade, escolhidos pelo Presidente da República e ser por ele nomeados após aprovação pelo Senado Federal, com mandato de cinco anos.

(iii) Agência Nacional do Petróleo – ANP, foi instituída pela Lei nº 9.478, de 06.08.1997, que dispõe sobre a política energética nacional, as atividades relativas ao monopólio do petróleo, instituindo o Conselho Nacional de Política Energética e a Agência Nacional do Petróleo, Gás Natural e Biocombustíveis.

A lei instituidora da ANP estabelece que a agência é entidade integrante da Administração Federal Indireta, submetida ao regime autárquico especial, como órgão regulador da indústria do petróleo, gás natural, seus derivados e biocombustíveis, vinculada ao Ministério de Minas e Energia, tendo como finalidade promover a regulação, a contratação e a fiscalização das atividades econômicas integrantes da indústria do petróleo, do gás natural e dos biocombustíveis, cabendo-lhe: I – implementar, em sua esfera de atribuições, a política nacional de petróleo, gás natural e biocombustíveis, contida na política energética nacional, com ênfase na garantia do suprimento de derivados de petróleo, gás natural e seus derivados, e de biocombustíveis, em todo o território nacional, e na proteção dos interesses dos consumidores quanto a preço, qualidade e oferta dos produtos; II – promover estudos visando à delimitação de blocos, para efeito de concessão ou contratação sob o regime de partilha de produção das atividades de exploração, desenvolvimento e produção; III – regular a execução de serviços de geologia e geofísica aplicados à prospecção petrolífera, visando ao levantamento de dados técnicos destinados à comercialização em bases não exclusivas; IV – elaborar os editais e promover as licitações para a concessão de exploração, desenvolvimento e produção, celebrando os contratos delas decorrentes e fiscalizando a sua execução; V – autorizar a prática das atividades de refinação, liquefação, regaseificação, carregamento, processamento, tratamento, transporte, estocagem e acondicionamento; VI – estabelecer critérios para o cálculo de tarifas de transporte dutoviário e arbitrar seus valores; VII – fiscalizar diretamente

---

[274] Art. 19, da Lei nº 9.472/97.

e de forma concorrente, ou mediante convênios com órgãos dos Estados e do Distrito Federal, as atividades integrantes da indústria do petróleo, do gás natural e dos biocombustíveis, bem como aplicar as sanções administrativas e pecuniárias previstas em lei, regulamento ou contrato; VIII – instruir processo com vistas à declaração de utilidade pública, para fins de desapropriação e instituição de servidão administrativa, das áreas necessárias à exploração, desenvolvimento e produção de petróleo e gás natural, construção de refinarias, de dutos e de terminais; IX – fazer cumprir as boas práticas de conservação e uso racional do petróleo, gás natural, seus derivados e biocombustíveis e de preservação do meio ambiente; X – estimular a pesquisa e a adoção de novas tecnologias na exploração, produção, transporte, refino e processamento; XI – organizar e manter o acervo das informações e dados técnicos relativos às atividades reguladas da indústria do petróleo, do gás natural e dos biocombustíveis; XII – consolidar anualmente as informações sobre as reservas nacionais de petróleo e gás natural transmitidas pelas empresas, responsabilizando-se por sua divulgação; XIII – fiscalizar o adequado funcionamento do Sistema Nacional de Estoques de Combustíveis e o cumprimento do Plano Anual de Estoques Estratégicos de Combustíveis; XIV – articular-se com os outros órgãos reguladores do setor energético sobre matérias de interesse comum, inclusive para efeito de apoio técnico ao CNPE; XV – regular e autorizar as atividades relacionadas com o abastecimento nacional de combustíveis, fiscalizando-as diretamente ou mediante convênios com outros órgãos da União, Estados, Distrito Federal ou Municípios; XVI – regular e autorizar as atividades relacionadas à produção, à importação, à exportação, à armazenagem, à estocagem, ao transporte, à transferência, à distribuição, à revenda e à comercialização de biocombustíveis, assim como avaliação de conformidade e certificação de sua qualidade, fiscalizando-as diretamente ou mediante convênios com outros órgãos da União, Estados, Distrito Federal ou Municípios; XVII – exigir dos agentes regulados o envio de informações relativas às operações de produção, importação, exportação, refino, beneficiamento, tratamento, processamento, transporte, transferência, armazenagem, estocagem, distribuição, revenda, destinação e comercialização de produtos sujeitos à sua regulação; XVIII – especificar a qualidade dos derivados de petróleo, gás natural e seus derivados e dos biocombustíveis; XIX – regular e fiscalizar o acesso à capacidade dos gasodutos; XX – promover, direta ou indiretamente, as chamadas públicas para a contratação de capacidade de transporte de gás natural, conforme as diretrizes do Ministério de Minas e Energia; XXI – registrar os contratos de transporte e de interconexão entre instalações de transporte, inclusive as procedentes do exterior, e os contratos de comercialização celebrados entre os agentes de mercado; XXII – informar a origem ou a caracterização das reservas do gás natural contratado e a ser contratado entre os agentes de mercado; XXIII – regular e fiscalizar o exercício da atividade de estocagem de gás natural, inclusive no que se refere ao direito de acesso de terceiros às instalações concedidas; XXIV – elaborar os editais e promover as licitações destinadas à contratação de concessionários para a exploração das atividades de transporte e de estocagem de gás natural; XXV – celebrar, mediante delegação do Ministério de Minas e Energia, os contratos de concessão para a exploração das atividades de transporte e estocagem de gás natural sujeitas ao regime de concessão; XXVI – autorizar a prática da atividade de comercialização de gás natural, dentro da esfera de competência da União; XXVII – estabelecer critérios para a aferição da capacidade dos gasodutos de transporte e de transferência; XXVIII – articular-se com órgãos reguladores estaduais e ambientais, objetivando compatibilizar e uniformizar as normas aplicáveis à indústria e aos mercados de gás natural.[275]

A ANP é dirigida, em regime de colegiado, por uma Diretoria composta de um Diretor-Geral e quatro Diretores nomeados pelo Presidente da República, após aprovação dos respectivos nomes pelo Senado Federal, com mandato de quatro anos, não coincidentes, permitida a recondução.

> *(iv) Agência Nacional de Vigilância Sanitária – ANVISA*, criada pela Lei nº 9.782, de 26.01.1999, que define o Sistema Nacional de Vigilância Sanitária, cria a Agência Nacional de Vigilância Sanitária.

A lei instituidora da ANVISA estabelece a agência como autarquia sob regime especial vinculada ao Ministério da Saúde, caracterizada pela independência administrativa, estabilidade de seus dirigentes e autonomia financeira, atuando como entidade administrativa independente, competindo-lhe: I – coordenar o Sistema Nacional de Vigilância Sanitária; II – fomentar e realizar estudos e pesquisas no âmbito de suas atribuições; III – estabelecer normas, propor, acompanhar e executar as políticas, as diretrizes e as ações de vigilância sanitária; IV – estabelecer normas e padrões sobre limites de contaminantes, resíduos tóxicos, desinfetantes, metais pesados e outros que envolvam risco à saúde;

---

[275] Art. 7º e 8º, da Lei nº 9.478/97.

V – intervir temporariamente na administração de entidades produtoras que sejam financiadas, subsidiadas ou mantidas com recursos públicos, assim como nos prestadores de serviços e produtores exclusivos ou estratégicos para o abastecimento do mercado nacional; VI – administrar e arrecadar a taxa de fiscalização de vigilância sanitária; VII – autorizar o funcionamento de empresas de fabricação, distribuição e importação dos produtos mencionados no art. 8º desta Lei; VIII – anuir com a importação e a exportação dos produtos mencionados no art. 8º desta Lei; IX – conceder registros de produtos, segundo as normas de sua área de atuação; X – conceder e cancelar o certificado de cumprimento de boas práticas de fabricação; XIV – interditar, como medida de vigilância sanitária, os locais de fabricação, controle, importação, armazenamento, distribuição e venda de produtos e de prestação de serviços relativos à saúde, em caso de violação da legislação pertinente ou de risco iminente à saúde; XV – proibir a fabricação, a importação, o armazenamento, a distribuição e a comercialização de produtos e insumos, em caso de violação da legislação pertinente ou de risco iminente à saúde; XVI – cancelar a autorização de funcionamento e a autorização especial de funcionamento de empresas, em caso de violação da legislação pertinente ou de risco iminente à saúde; XVII – coordenar as ações de vigilância sanitária realizadas por todos os laboratórios que compõem a rede oficial de laboratórios de controle de qualidade em saúde; XVIII – estabelecer, coordenar e monitorar os sistemas de vigilância toxicológica e farmacológica; XIX – promover a revisão e a atualização periódica da farmacopeia; XX – manter sistema de informação contínuo e permanente para integrar suas atividades com as demais ações de saúde, com prioridade às ações de vigilância epidemiológica e assistência ambulatorial e hospitalar; XXI – monitorar e auditar os órgãos e entidades estaduais, distrital e municipais que integram o Sistema Nacional de Vigilância Sanitária, incluindo os laboratórios oficiais de controle de qualidade em saúde; XXII – coordenar e executar o controle da qualidade de bens e produtos relacionados no art. 8º desta Lei, por meio de análises previstas na legislação sanitária ou de programas especiais de monitoramento da qualidade em saúde; XXIII – fomentar o desenvolvimento de recursos humanos para o sistema e a cooperação técnico-científica nacional e internacional; XXIV – autuar e aplicar as penalidades previstas em lei; XXV – monitorar a evolução dos preços de medicamentos, equipamentos, componentes, insumos e serviços de saúde; XXVI – controlar, fiscalizar e acompanhar, sob o prisma da legislação sanitária, a propaganda e a publicidade de produtos submetidos ao regime de vigilância sanitária; XXVII – definir, em ato próprio, os locais de entrada e saída de entorpecentes, psicotrópicos e precursores no país, ouvido o Departamento de Polícia Federal e a Secretaria de Receita Federal.[276]

A ANVISA é dirigida por uma Diretoria Colegiada, composta por até cinco membros, escolhidos dentre brasileiros, nomeados pelo Presidente da República após aprovação prévia do Senado Federal, com mandato de três anos, admitida uma única recondução.

Sobre a ANVISA, se terá maior detença, notadamente, nos aspectos relacionados ao objeto da presente obra, a regulação de medicamentos, adiante esmiuçados, inclusive com abordagem de controle e fiscalização.

(v) Agência Nacional de Saúde Suplementar – ANS, criada pela Lei nº 9.961, de 28.01.2000.

A Lei instituidora da ANS estabelece que a agência é uma autarquia sob o regime especial vinculada ao Ministério da Saúde como órgão de regulação, normatização, controle e fiscalização das atividades que garantam a assistência suplementar à saúde, caracterizada por autonomia administrativa, financeira, patrimonial e de gestão de recursos humanos, autonomia nas suas decisões técnicas e mandato fixo de seus dirigentes, com a finalidade institucional de promover a defesa do interesse público na assistência suplementar à saúde, regulando as operadoras setoriais, inclusive quanto às suas relações com prestadores e consumidores, contribuindo para o desenvolvimento das ações de saúde no País.[277]

É de competência da ANS: I – propor políticas e diretrizes gerais ao Conselho Nacional de Saúde Suplementar para a regulação do setor de saúde suplementar; II – estabelecer as características gerais dos instrumentos contratuais utilizados na atividade das operadoras; III – elaborar o rol de procedimentos e eventos em saúde que constituirão referência básica e suas excepcionalidades; IV – fixar critérios para os procedimentos de credenciamento e descredenciamento de prestadores de serviço às operadoras; V – estabelecer parâmetros e indicadores de qualidade e de cobertura em assistência à saúde para os serviços próprios e de terceiros oferecidos pelas operadoras; VI – estabelecer normas para ressarcimento ao Sistema Único de Saúde; VII – estabelecer normas relativas à adoção e utilização, pelas operadoras de planos de assistência à saúde, de mecanismos de regulação do uso dos serviços de saúde; VIII – deliberar

---

[276] Arts. 3º, 4º e 7º, da Lei nº 9.782/99.
[277] Arts. 1º e 3º, da Lei nº 9.961/2000.

sobre a criação de câmaras técnicas, de caráter consultivo, de forma a subsidiar suas decisões; IX – normatizar os conceitos de doença e lesão preexistentes; X – definir, para fins de aplicação da Lei nº 9.656/98, a segmentação das operadoras e administradoras de planos privados de assistência à saúde, observando as suas peculiaridades; XI – estabelecer critérios, responsabilidades, obrigações e normas de procedimento; XII – estabelecer normas para registro dos produtos definidos na Lei nº 9.656/98; XIII – decidir sobre o estabelecimento de subsegmentações aos tipos de planos definidos na Lei nº 9.656/98; XIV – estabelecer critérios gerais para o exercício de cargos diretivos das operadoras de planos privados de assistência à saúde; XV – estabelecer critérios de aferição e controle da qualidade dos serviços oferecidos pelas operadoras de planos privados de assistência à saúde, sejam eles próprios, referenciados, contratados ou conveniados; XVI – estabelecer normas, rotinas e procedimentos para concessão, manutenção e cancelamento de registro dos produtos das operadoras de planos privados de assistência à saúde; XVII – autorizar reajustes e revisões das contraprestações pecuniárias dos planos privados de assistência à saúde, de acordo com parâmetros e diretrizes gerais fixados conjuntamente pelos Ministérios da Fazenda e da Saúde; XVII – autorizar reajustes e revisões das contraprestações pecuniárias dos planos privados de assistência à saúde, ouvido o Ministério da Fazenda; XVIII – expedir normas e padrões para o envio de informações de natureza econômico-financeira pelas operadoras, com vistas à homologação de reajustes e revisões; XIX – proceder à integração de informações com os bancos de dados do Sistema Único de Saúde; XX – autorizar o registro dos planos privados de assistência à saúde; XXI – monitorar a evolução dos preços de planos de assistência à saúde, seus prestadores de serviços e respectivos componentes e insumos; XXII – autorizar o registro e o funcionamento das operadoras de planos privados de assistência à saúde, bem assim, ouvidos previamente os órgãos do sistema de defesa da concorrência, sua cisão, fusão, incorporação, alteração ou transferência do controle societário; XXII – autorizar o registro e o funcionamento das operadoras de planos privados de assistência à saúde, bem assim sua cisão, fusão, incorporação, alteração ou transferência do controle societário; XXIII – fiscalizar as atividades das operadoras de planos privados de assistência à saúde e zelar pelo cumprimento das normas atinentes ao seu funcionamento; XXIV – exercer o controle e a avaliação dos aspectos concernentes à garantia de acesso, manutenção e qualidade dos serviços prestados, direta ou indiretamente, pelas operadoras de planos privados de assistência à saúde; XXV – avaliar a capacidade técnico-operacional das operadoras de planos privados de assistência à saúde para garantir a compatibilidade da cobertura oferecida com os recursos disponíveis na área geográfica de abrangência; XXVI – fiscalizar a atuação das operadoras e prestadores de serviços de saúde com relação à abrangência das coberturas de patologias e procedimentos; XXVII – fiscalizar aspectos concernentes às coberturas e o cumprimento da legislação referente aos aspectos sanitários e epidemiológicos relativos à prestação de serviços médicos e hospitalares no âmbito da saúde suplementar; XXVIII – avaliar os mecanismos de regulação utilizados pelas operadoras de planos privados de assistência à saúde; XXIX – fiscalizar o cumprimento das disposições da Lei nº 9.656/98 e de sua regulamentação; XXX – aplicar as penalidades pelo descumprimento da Lei nº 9.656/98 e de sua regulamentação; XXXI – requisitar o fornecimento de informações às operadoras de planos privados de assistência à saúde, bem como da rede prestadora de serviços a elas credenciadas; XXXII – adotar as medidas necessárias para estimular a competição no setor de planos privados de assistência à saúde; XXXIII – instituir o regime de direção fiscal ou técnica nas operadoras; XXXIV – proceder à liquidação das operadoras que tiverem cassada a autorização de funcionamento; XXXIV – proceder à liquidação extrajudicial e autorizar o liquidante a requerer a falência ou insolvência civil das operadoras de planos privados de assistência à saúde; XXXV – promover a alienação da carteira de planos privados de assistência à saúde das operadoras; XXXV – determinar ou promover a alienação da carteira de planos privados de assistência à saúde das operadoras; XXXVI – articular-se com os órgãos de defesa do consumidor visando a eficácia da proteção e defesa do consumidor de serviços privados de assistência à saúde; XXXVII – zelar pela qualidade dos serviços de assistência à saúde no âmbito da assistência à saúde suplementar; XXXVIII – administrar e arrecadar as taxas instituídas por esta Lei; XXXIX – celebrar, nas condições que estabelecer, termo de compromisso de ajuste de conduta e termo de compromisso e fiscalizar os seus cumprimentos; XL – definir as atribuições e competências do diretor técnico, do diretor fiscal, do liquidante e do responsável pela alienação de carteira; XLI – fixar as normas para constituição, organização, funcionamento e fiscalização das operadoras de produtos de que tratam o inciso I e o §1º do art. 1º da Lei nº 9.656/98; XLII – estipular índices e demais condições técnicas sobre investimentos e outras relações patrimoniais a serem observadas pelas operadoras de planos de assistência à saúde.[278]

---

[278] Art. 4º, da Lei nº 9.961/2000.

A ANS é dirigida por uma Diretoria Colegiada composta por até cinco Diretores, nomeados pelo Presidente da República após aprovação prévia pelo Senado Federal, com mandato de três anos, admitida uma única recondução.[279]

(vi) *Agência Nacional de Águas – ANA*, criada pela Lei nº 9.984, de 17.07.2000, que dispõe sobre a criação da Agência Nacional de Águas, entidade federal de implementação da Política Nacional de Recursos Hídricos e de coordenação do Sistema Nacional de Gerenciamento de Recursos Hídricos.

A Lei instituidora da Agência Nacional de Águas estabelece que a agência é uma autarquia sob regime especial, com autonomia administrativa e financeira vinculada ao Ministério do Meio Ambiente, com a finalidade de implementar, em sua esfera de atribuições, a Política Nacional de Recursos Hídricos, integrando o Sistema Nacional de Gerenciamento de Recursos Hídricos, obedecendo aos fundamentos, objetivos, diretrizes e instrumentos da Política Nacional de Recursos Hídricos e será desenvolvida em articulação com órgãos e entidades públicas e privadas integrantes do Sistema Nacional de Gerenciamento de Recursos Hídricos.[280]

Compete à Agência Nacional de Águas: I – supervisionar, controlar e avaliar as ações e atividades decorrentes do cumprimento da legislação federal pertinente aos recursos hídricos; II – disciplinar, em caráter normativo, a implementação, a operacionalização, o controle e a avaliação dos instrumentos da Política Nacional de Recursos Hídricos; III – vetado; IV – outorgar, por intermédio de autorização, o direito de uso de recursos hídricos em corpos de água de domínio da União; V – fiscalizar os usos de recursos hídricos nos corpos de água de domínio da União; VI – elaborar estudos técnicos para subsidiar a definição, pelo Conselho Nacional de Recursos Hídricos, dos valores a serem cobrados pelo uso de recursos hídricos de domínio da União, com base nos mecanismos e quantitativos sugeridos pelos Comitês de Bacia Hidrográfica, na forma do inciso VI do art. 38 da Lei nº 9.433, de 1997; VII – estimular e apoiar as iniciativas voltadas para a criação de Comitês de Bacia Hidrográfica; VIII – implementar, em articulação com os Comitês de Bacia Hidrográfica, a cobrança pelo uso de recursos hídricos de domínio da União; IX – arrecadar, distribuir e aplicar receitas

---

[279] Arts. 5º e 6º, da Lei nº 9.961/2000.
[280] Arts. 3º e 4º, da Lei nº 9.984/2000.

auferidas por intermédio da cobrança pelo uso de recursos hídricos de domínio da União; X – planejar e promover ações destinadas a prevenir ou a minimizar os efeitos de secas e inundações, no âmbito do Sistema Nacional de Gerenciamento de Recursos Hídricos, em articulação com o órgão central do Sistema Nacional de Defesa Civil, em apoio aos Estados e Municípios; XI – promover a elaboração de estudos para subsidiar a aplicação de recursos financeiros da União em obras e serviços de regularização de cursos de água, de alocação e distribuição de água, e de controle da poluição hídrica, em consonância com o estabelecido nos planos de recursos hídricos; XII – definir e fiscalizar as condições de operação de reservatórios por agentes públicos e privados, visando a garantir o uso múltiplo dos recursos hídricos, conforme estabelecido nos planos de recursos hídricos das respectivas bacias hidrográficas; XIII – promover a coordenação das atividades desenvolvidas no âmbito da rede hidrometeorológica nacional, em articulação com órgãos e entidades públicas ou privadas que a integram, ou que dela sejam usuárias; XIV – organizar, implantar e gerir o Sistema Nacional de Informações sobre Recursos Hídricos; XV – estimular a pesquisa e a capacitação de recursos humanos para a gestão de recursos hídricos; XVI – prestar apoio aos Estados na criação de órgãos gestores de recursos hídricos; XVII – propor ao Conselho Nacional de Recursos Hídricos o estabelecimento de incentivos, inclusive financeiros, à conservação qualitativa e quantitativa de recursos hídricos; XVIII – participar da elaboração do Plano Nacional de Recursos Hídricos e supervisionar a sua implementação; XIX – regular e fiscalizar, quando envolverem corpos d'água de domínio da União, a prestação dos serviços públicos de irrigação, se em regime de concessão, e adução de água bruta, cabendo-lhe, inclusive, a disciplina, em caráter normativo, da prestação desses serviços, bem como a fixação de padrões de eficiência e o estabelecimento de tarifa, quando cabíveis, e a gestão e auditagem de todos os aspectos dos respectivos contratos de concessão, quando existentes; XIX – regular e fiscalizar, quando envolverem corpos d'água de domínio da União, a prestação dos serviços públicos de irrigação, se em regime de concessão, e adução de água bruta, cabendo-lhe, inclusive, a disciplina, em caráter normativo, da prestação desses serviços, bem como a fixação de padrões de eficiência e o estabelecimento de tarifa, quando cabíveis, e a gestão e auditagem de todos os aspectos dos respectivos contratos de concessão, quando existentes; XX – organizar, implantar e gerir o Sistema Nacional de Informações sobre Segurança de Barragens; XXI – promover a articulação entre os órgãos fiscalizadores de barragens; XXII – coordenar a elaboração do Relatório de Segurança de Barragens e encaminhá-lo, anualmente, ao Conselho Nacional de Recursos Hídricos (CNRH), de forma consolidada.[281]

A ANA é dirigida por uma Diretoria Colegiada composta por cinco membros nomeados pelo Presidente da República, com mandatos não coincidentes de quatro anos, admitida uma única recondução consecutiva.[282]

> (vii) *Agência Nacional de Transportes Terrestres – ANTT*, foi criada pela Lei nº 10.233, de 05.06.2001, que dispõe sobre a reestruturação dos transportes aquaviário e terrestre, cria o Conselho Nacional de Integração de Políticas de Transporte, a Agência Nacional de Transportes Terrestres, a Agência Nacional de Transportes Aquaviários e o Departamento Nacional de Infraestrutura de Transportes.

A Lei instituidora da Agência Nacional de Transportes Terrestres estabelece que a agência integra a administração federal indireta, submetida ao regime autárquico especial e vinculada ao Ministério dos Transportes, constituindo sua esfera de atuação: I – o transporte ferroviário de passageiros e cargas ao longo do Sistema Nacional de Viação; II – a exploração da infraestrutura ferroviária e o arrendamento dos ativos operacionais correspondentes; III – o transporte rodoviário interestadual e internacional de passageiros; IV – o transporte rodoviário de cargas; V – a exploração da infraestrutura rodoviária federal; VI – o transporte multimodal; VII – o transporte de cargas especiais e perigosas em rodovias e ferrovias.[283]

É de competência da ANTT: I – promover pesquisas e estudos específicos de tráfego e de demanda de serviços de transporte; II – promover estudos aplicados às definições de tarifas, preços e fretes, em confronto com os custos e os benefícios econômicos transferidos aos usuários pelos investimentos realizados; III – propor ao Ministério dos Transportes, nos casos de concessão e permissão, os planos de outorgas instruídos por estudos específicos de viabilidade técnica e econômica, para exploração da infraestrutura e a prestação de serviços de transporte terrestre; IV – elaborar e editar normas e regulamentos relativos à exploração de vias e terminais, garantindo isonomia no seu acesso e uso, bem como à prestação de serviços de transporte, mantendo

---

[281] Art. 4º, da Lei nº 9.984/2000.
[282] Art. 9º, da Lei nº 9.984/2000.
[283] Arts. 21 e 22, da Lei nº 10.233/2001.

os itinerários outorgados e fomentando a competição; V – editar atos de outorga e de extinção de direito de exploração de infraestrutura e de prestação de serviços de transporte terrestre, celebrando e gerindo os respectivos contratos e demais instrumentos administrativos; VI – reunir, sob sua administração, os instrumentos de outorga para exploração de infraestrutura e prestação de serviços de transporte terrestre já celebrados antes da vigência desta Lei, resguardando os direitos das partes e o equilíbrio econômico-financeiro dos respectivos contratos; VII – proceder à revisão e ao reajuste de tarifas dos serviços prestados, segundo as disposições contratuais, após prévia comunicação ao Ministério da Fazenda; VIII – fiscalizar a prestação dos serviços e a manutenção dos bens arrendados, cumprindo e fazendo cumprir as cláusulas e condições avençadas nas outorgas e aplicando penalidades pelo seu descumprimento; IX – autorizar projetos e investimentos no âmbito das outorgas estabelecidas; X – adotar procedimentos para a incorporação ou desincorporação de bens, no âmbito dos arrendamentos contratados; XI – promover estudos sobre a logística do transporte intermodal, ao longo de eixos ou fluxos de produção; XII – habilitar o Operador do Transporte Multimodal, em articulação com as demais agências reguladoras de transportes; XIII – promover levantamentos e organizar cadastros relativos ao sistema de dutovias do Brasil e às empresas proprietárias de equipamentos e instalações de transporte dutoviário; XIV – estabelecer padrões e normas técnicas complementares relativos às operações de transporte terrestre de cargas especiais e perigosas; XV – elaborar o seu orçamento e proceder a respectiva execução financeira; XVI – representar o Brasil junto aos organismos internacionais e em convenções, acordos e tratados na sua área de competência, observadas as diretrizes do Ministro de Estado dos Transportes e as atribuições específicas dos demais órgãos federais; XVII – exercer, diretamente ou mediante convênio, as competências expressas no inciso no Código de Trânsito Brasileiro, nas rodovias federais por ela administradas; XVIII – dispor sobre as infrações, sanções e medidas administrativas aplicáveis aos serviços de transportes; XIX – declarar a utilidade pública para fins de desapropriação ou de servidão administrativa de bens e propriedades necessários à execução de obras no âmbito das outorgas estabelecidas.[284]

A ANTT possui uma Diretoria atuando em regime de colegiado como órgão máximo de sua estrutura organizacional, composta por

---

[284] Art. 24, da Lei nº 10.233/2001.

um Diretor-Geral e quatro Diretores, devendo ser brasileiros, de reputação ilibada, formação universitária e elevado conceito no campo de especialidade dos cargos a serem exercidos, nomeados pelo Presidente da República, após aprovação pelo Senado Federal, com mandato de quatro anos, não coincidentes, admitida uma recondução.[285]

> *(viii) Agência Nacional de Transportes Aquaviários – ANTAQ*, criada pela Lei nº 10.233, de 05.06.2001, que dispõe sobre a reestruturação dos transportes aquaviário e terrestre, cria o Conselho Nacional de Integração de Políticas de Transporte, a Agência Nacional de Transportes Terrestres, a Agência Nacional de Transportes Aquaviários e o Departamento Nacional de Infraestrutura de Transportes.

A Lei instituidora da Agência Nacional de Transportes Terrestres estabelece que a agência integra a administração federal indireta, submetida ao regime autárquico especial e vinculada à Secretaria dos Portos da Presidência da República, constituindo sua esfera de atuação da ANTAQ: I – a navegação fluvial, lacustre, de travessia, de apoio marítimo, de apoio portuário, de cabotagem e de longo curso; II – os portos organizados e as instalações portuárias neles localizadas; III – as instalações portuárias; IV – o transporte aquaviário de cargas especiais e perigosas; V – a exploração da infraestrutura aquaviária federal.[286]

Compete à ANTAQ: I – promover estudos específicos de demanda de transporte aquaviário e de atividades portuárias; II – promover estudos aplicados às definições de tarifas, preços e fretes, em confronto com os custos e os benefícios econômicos transferidos aos usuários pelos investimentos realizados; III – propor ao Ministério dos Transportes o plano geral de outorgas de exploração da infraestrutura aquaviária e de prestação de serviços de transporte aquaviário; IV – elaborar e editar normas e regulamentos relativos à prestação de serviços de transporte e à exploração da infraestrutura aquaviária e portuária, garantindo isonomia no seu acesso e uso, assegurando os direitos dos usuários e fomentando a competição entre os operadores; V – celebrar atos de outorga de permissão ou autorização de prestação de serviços de transporte pelas empresas de navegação fluvial, lacustre, de travessia, de apoio marítimo, de apoio portuário, de cabotagem e de longo curso, gerindo os respectivos contratos e demais instrumentos

---

[285] Arts. 52, 53 e 54, da Lei nº 10.233/2001.
[286] Arts. 21 e 23, da Lei nº 10.233/2001.

administrativos; VI – reunir, sob sua administração, os instrumentos de outorga para exploração de infraestrutura e de prestação de serviços de transporte aquaviário celebrados antes da vigência desta Lei, resguardando os direitos das partes; VII – promover as revisões e os reajustes das tarifas portuárias, assegurada a comunicação prévia, com antecedência mínima de 15 (quinze) dias úteis, ao poder concedente e ao Ministério da Fazenda; VIII – promover estudos referentes à composição da frota mercante brasileira e à prática de afretamentos de embarcações, para subsidiar as decisões governamentais quanto à política de apoio à indústria de construção naval e de afretamento de embarcações estrangeiras; X – representar o Brasil junto aos organismos internacionais de navegação e em convenções, acordos e tratados sobre transporte aquaviário, observadas as diretrizes do Ministro de Estado dos Transportes e as atribuições específicas dos demais órgãos federais; XII – supervisionar a participação de empresas brasileiras e estrangeiras na navegação de longo curso, em cumprimento aos tratados, convenções, acordos e outros instrumentos internacionais dos quais o Brasil seja signatário; XIV – estabelecer normas e padrões a serem observados pelas administrações portuárias, concessionários, arrendatários, autorizatários e operadores portuários; XV – elaborar editais e instrumentos de convocação e promover os procedimentos de licitação e seleção para concessão, arrendamento ou autorização da exploração de portos organizados ou instalações portuárias, de acordo com as diretrizes do poder concedente; XVI – cumprir e fazer cumprir as cláusulas e condições dos contratos de concessão de porto organizado ou dos contratos de arrendamento de instalações portuárias quanto à manutenção e reposição dos bens e equipamentos reversíveis à União; XVII – autorizar projetos e investimentos no âmbito das outorgas estabelecidas, encaminhando ao Ministro de Estado dos Transportes ou ao Secretário Especial de Portos, conforme o caso, propostas de declaração de utilidade pública; XIX – estabelecer padrões e normas técnicas relativos às operações de transporte aquaviário de cargas especiais e perigosas; XX – elaborar o seu orçamento e proceder à respectiva execução financeira; XXI – fiscalizar o funcionamento e a prestação de serviços das empresas de navegação de longo curso, de cabotagem, de apoio marítimo, de apoio portuário, fluvial e lacustre; XXII – fiscalizar a execução dos contratos de adesão das autorizações de instalação portuária; XXIII – adotar procedimentos para a incorporação ou a desincorporação de bens, no âmbito das outorgas; XXIV – autorizar as empresas brasileiras de navegação de longo curso, de cabotagem, de apoio marítimo, de apoio portuário, fluvial e lacustre, o afretamento de embarcações estrangeiras para o transporte de carga; XXV – celebrar atos de outorga de concessão para a exploração da infraestrutura aquaviária, gerindo e fiscalizando os respectivos contratos e demais instrumentos administrativos; XXVI – fiscalizar a execução dos contratos de concessão de porto organizado e de arrendamento de instalação portuária; XXVIII – publicar os editais, julgar as licitações e celebrar os contratos de concessão, precedida ou não de execução de obra pública, para a exploração de serviços de operação de eclusas ou de outros dispositivos de transposição hidroviária de níveis situados em corpos de água de domínio da União.

A ANTAQ possui uma Diretoria atuando em regime de colegiado como órgão máximo de sua estrutura organizacional, composta por um Diretor-Geral e dois Diretores, devendo ser brasileiros, de reputação ilibada, formação universitária e elevado conceito no campo de especialidade dos cargos a serem exercidos, nomeados pelo Presidente da República, após aprovação pelo Senado Federal, com mandato de quatro anos, não coincidentes, admitida uma recondução.[287]

> (ix) *Agência Nacional de Cinema – ANCINE,* criada pela Medida Provisória nº 2.228/01, de 06.09.2001, que estabelece princípios gerais da Política Nacional do Cinema, cria o Conselho Superior do Cinema e a Agência Nacional do Cinema – ANCINE, institui o Programa de Apoio ao Desenvolvimento do Cinema Nacional – PRODECINE, autoriza a criação de Fundos de Financiamento da Indústria Cinematográfica Nacional – FUNCINES, altera a legislação sobre a Contribuição para o Desenvolvimento da Indústria Cinematográfica Nacional.

A Medida Provisória nº 2228-1, com força de lei, instituidora da ANCINE, estabeleceu que a agência tem como atribuições o fomento, a regulação e a fiscalização do mercado do cinema e audiovisual no Brasil, estabelecida como autarquia especial vinculada. Até um ano após a sua criação, ficou vinculada à Casa Civil da Presidência da República e, após esse período inicial, vinculou-se ao Ministério do Desenvolvimento, Indústria e Comércio Exterior. Em 13 de outubro de 2003, passou a ser vinculada ao Ministério da Cultura.[288]

---

[287] Arts. 52, 53 e 54, da Lei nº 10.233/2001.
[288] Arts. 5º e 62, da Medida Provisória nº 2.228-1, de 06.09.2001.

A ANCINE é administrada por uma diretoria colegiada composta por um diretor-presidente e três diretores, nomeados pelo Presidente e aprovada pelo Senado Federal, com mandato fixo e não coincidente de quatro anos, tendo a agência, como objetivos: I – promover a cultura nacional e a língua portuguesa mediante o estímulo ao desenvolvimento da indústria cinematográfica e videofonográfica nacional em sua área de atuação; II – promover a integração programática, econômica e financeira de atividades governamentais relacionadas à indústria cinematográfica e videofonográfica; III – aumentar a competitividade da indústria cinematográfica e videofonográfica nacional por meio do fomento à produção, à distribuição e à exibição nos diversos segmentos de mercado; IV – promover a autossustentabilidade da indústria cinematográfica nacional, visando ao aumento da produção e da exibição das obras cinematográficas brasileiras; V – promover a articulação dos vários elos da cadeia produtiva da indústria cinematográfica nacional; VI – estimular a diversificação da produção cinematográfica e videofonográfica nacional e o fortalecimento da produção independente e das produções regionais com vistas ao incremento de sua oferta e à melhoria permanente de seus padrões de qualidade; VII – estimular a universalização do acesso às obras cinematográficas e videofonográficas, em especial as nacionais; VIII – garantir a participação diversificada de obras cinematográficas e videofonográficas estrangeiras no mercado brasileiro; IX – garantir a participação das obras cinematográficas e videofonográficas de produção nacional em todos os segmentos do mercado interno e estimulá-la no mercado externo; X – estimular a capacitação dos recursos humanos e o desenvolvimento tecnológico da indústria cinematográfica e videofonográfica nacional; XI – zelar pelo respeito ao direito autoral sobre obras audiovisuais nacionais e estrangeiras.[289]

O diploma legal, instituidor da ANCINE, estabelece as seguintes competências à agência: I – executar a política nacional de fomento ao cinema; II – fiscalizar o cumprimento da legislação referente à atividade cinematográfica e videofonográfica nacional e estrangeira nos diversos segmentos de mercados, na forma do regulamento; III – promover o combate à pirataria de obras audiovisuais; IV – aplicar multas e sanções, na forma da lei; V – regular, na forma da lei, as atividades de fomento e proteção à indústria cinematográfica e videofonográfica nacional, resguardando a livre manifestação do pensamento, da

---

[289] Arts. 6º e 8º, da Medida Provisória nº 2.228-1, de 06.09.2001.

criação, da expressão e da informação; VI – coordenar as ações e as atividades governamentais referentes à indústria cinematográfica e videofonográfica, ressalvadas as competências dos Ministérios da Cultura e das Comunicações; VII – articular-se com os órgãos competentes dos entes federados com vistas a otimizar a consecução dos seus objetivos; VIII – gerir programas e mecanismos de fomento à indústria cinematográfica e videofonográfica nacional; IX – estabelecer critérios para a aplicação de recursos de fomento e financiamento à indústria cinematográfica e videofonográfica nacional; X – promover a participação de obras cinematográficas e videofonográficas nacionais em festivais internacionais; XI – aprovar e controlar a execução de projetos de co-produção, produção, distribuição, exibição e infraestrutura técnica a serem realizados com recursos públicos e incentivos fiscais, ressalvadas as competências dos Ministérios da Cultura e das Comunicações; XII – fornecer os Certificados de Produto Brasileiro às obras cinematográficas e videofonográficas; XIII – fornecer Certificados de Registro dos contratos de produção, co-produção, distribuição, licenciamento, cessão de direitos de exploração, veiculação e exibição de obras cinematográficas e videofonográficas; XIV – gerir o sistema de informações para o monitoramento das atividades da indústria cinematográfica e videofonográfica nos seus diversos meios de produção, distribuição, exibição e difusão; XV – articular-se com órgãos e entidades voltados ao fomento da produção, da programação e da distribuição de obras cinematográficas e videofonográficas dos Estados membros do MERCOSUL e demais membros da comunidade internacional; XVI – prestar apoio técnico e administrativo ao Conselho Superior do Cinema; XVII – atualizar, em consonância com a evolução tecnológica, as definições referidas no art. 1º.[290]

(x) Agência Nacional de Aviação Civil – ANAC, criada pela Lei nº 11.182, de 27.09.2005.

A Lei instituidora da Agência Nacional de Aviação Civil estabelece que a agência integra a administração federal indireta, submetida ao regime autárquico especial e vinculada ao Ministério da Defesa, tendo as seguintes competências: I – implementar, em sua esfera de atuação, a política de aviação civil; II – representar o País junto aos organismos internacionais de aviação civil, exceto nos assuntos relativos ao sistema de controle do espaço aéreo e ao sistema de investigação e prevenção

---

[290] Art. 7º, da Medida Provisória nº 2.228-1, de 06.09.2001.

de acidentes aeronáuticos; III – elaborar relatórios e emitir pareceres sobre acordos, tratados, convenções e outros atos relativos ao transporte aéreo internacional, celebrados ou a serem celebrados com outros países ou organizações internacionais; IV – realizar estudos, estabelecer normas, promover a implementação das normas e recomendações internacionais de aviação civil, observados os acordos, tratados e convenções internacionais de que seja parte a República Federativa do Brasil; V – negociar o estabelecimento de acordos e tratados sobre transporte aéreo internacional, observadas as diretrizes do CONAC; VI – negociar, realizar intercâmbio e articular-se com autoridades aeronáuticas estrangeiras, para validação recíproca de atividades relativas ao sistema de segurança de voo, inclusive quando envolvam certificação de produtos aeronáuticos, de empresas prestadoras de serviços e fabricantes de produtos aeronáuticos, para a aviação civil; VII – regular e fiscalizar a operação de serviços aéreos prestados no País por empresas estrangeiras, observados os acordos, tratados e convenções internacionais de que seja parte a República Federativa do Brasil; VIII – promover, junto aos órgãos competentes, o cumprimento dos atos internacionais sobre aviação civil ratificados pela República Federativa do Brasil; IX – regular as condições e a designação de empresa aérea brasileira para operar no exterior; X – regular e fiscalizar os serviços aéreos, os produtos e processos aeronáuticos, a formação e o treinamento de pessoal especializado, os serviços auxiliares, a segurança da aviação civil, a facilitação do transporte aéreo, a habilitação de tripulantes, as emissões de poluentes e o ruído aeronáutico, os sistemas de reservas, a movimentação de passageiros e carga e as demais atividades de aviação civil; XI – expedir regras sobre segurança em área aeroportuária e a bordo de aeronaves civis, porte e transporte de cargas perigosas, inclusive o porte ou o transporte de armamento, explosivos, material bélico ou de quaisquer outros produtos, substâncias ou objetos que possam pôr em risco os tripulantes ou passageiros, ou a própria aeronave ou, ainda, que sejam nocivos à saúde; XII – regular e fiscalizar as medidas a serem adotadas pelas empresas prestadoras de serviços aéreos e exploradoras de infraestrutura aeroportuária, para prevenção quanto ao uso por seus tripulantes ou pessoal técnico de manutenção e operação que tenha acesso às aeronaves, de substâncias entorpecentes ou psicotrópicas, que possam determinar dependência física ou psíquica, permanente ou transitória; XIII – regular e fiscalizar a outorga de serviços aéreos; XIV – conceder, permitir ou autorizar a exploração de serviços aéreos; XV – promover a apreensão de bens e produtos aeronáuticos de uso civil, que estejam em desacordo com as especificações; XVI – fiscalizar as aeronaves civis, seus componentes, equipamentos e serviços de manutenção, com o objetivo de assegurar o cumprimento das normas de segurança de voo; XVII – proceder à homologação e emitir certificados, atestados, aprovações e autorizações relativos às atividades de competência do sistema de segurança de voo da aviação civil, bem como licenças de tripulantes e certificados de habilitação técnica e de capacidade física e mental, observados os padrões e normas por ela estabelecidos; XVIII – administrar o Registro Aeronáutico Brasileiro; XIX – regular as autorizações de horários de pouso e decolagem de aeronaves civis, observadas as condicionantes do sistema de controle do espaço aéreo e da infraestrutura aeroportuária disponível; XX – compor, administrativamente, conflitos de interesses entre prestadoras de serviços aéreos e de infraestrutura aeronáutica e aeroportuária; XXI – regular e fiscalizar a infraestrutura aeronáutica e aeroportuária, com exceção das atividades e procedimentos relacionados com o sistema de controle do espaço aéreo e com o sistema de investigação e prevenção de acidentes aeronáuticos; XXII – aprovar os planos diretores dos aeroportos; XXIV – conceder ou autorizar a exploração da infraestrutura aeroportuária, no todo ou em parte; XXV – estabelecer o regime tarifário da exploração da infraestrutura aeroportuária, no todo ou em parte; XXVI – homologar, registrar e cadastrar os aeródromos; XXVIII – fiscalizar a observância dos requisitos técnicos na construção, reforma e ampliação de aeródromos e aprovar sua abertura ao tráfego; XXIX – expedir normas e padrões que assegurem a compatibilidade, a operação integrada e a interconexão de informações entre aeródromos; XXX – expedir normas e estabelecer padrões mínimos de segurança de voo, de desempenho e eficiência, a serem cumpridos pelas prestadoras de serviços aéreos e de infraestrutura aeronáutica e aeroportuária, inclusive quanto a equipamentos, materiais, produtos e processos que utilizarem e serviços que prestarem; XXXI – expedir certificados de aeronavegabilidade; XXXII – regular, fiscalizar e autorizar os serviços aéreos prestados por aeroclubes, escolas e cursos de aviação civil; XXXIII – expedir, homologar ou reconhecer a certificação de produtos e processos aeronáuticos de uso civil, observados os padrões e normas por ela estabelecidos; XXXIV – integrar o Sistema de Investigação e Prevenção de Acidentes Aeronáuticos; XXXV – reprimir infrações à legislação, inclusive quanto aos direitos dos usuários, e aplicar as sanções cabíveis; XXXVI – arrecadar, administrar e aplicar suas receitas; XXXVII – contratar pessoal por prazo determinado, de acordo com a legislação aplicável; XXXVIII – adquirir, administrar e alienar seus bens; XXXIX – apresentar ao Ministro de Estado Chefe da Secretaria de Aviação

Civil da Presidência da República proposta de orçamento; XL – elaborar e enviar o relatório anual de suas atividades à Secretaria de Aviação Civil da Presidência da República e, por intermédio da Presidência da República, ao Congresso Nacional; XLI – aprovar o seu regimento interno; XLII – administrar os cargos efetivos, os cargos comissionados e as gratificações; XLIII – decidir, em último grau, sobre as matérias de sua competência; XLIV – deliberar, na esfera administrativa, quanto à interpretação da legislação, sobre serviços aéreos e de infraestrutura aeronáutica e aeroportuária, inclusive casos omissos, quando não houver orientação normativa da Advocacia-Geral da União; XLV – deliberar, na esfera técnica, quanto à interpretação das normas e recomendações internacionais relativas ao sistema de segurança de voo da aviação civil, inclusive os casos omissos; XLVI – editar e dar publicidade às instruções e aos regulamentos necessários à aplicação desta Lei; XLVIII – firmar convênios de cooperação técnica e administrativa com órgãos e entidades governamentais, nacionais ou estrangeiros, tendo em vista a descentralização e a fiscalização eficiente dos setores de aviação civil e infraestrutura aeronáutica e aeroportuária; XLIX – contribuir para a preservação do patrimônio histórico, da memória da aviação civil e da infraestrutura aeronáutica e aeroportuária, em cooperação com as instituições dedicadas à cultura nacional, orientando e incentivando a participação das empresas do setor.[291]

A ANAC possui uma Diretoria, atuando em regime de colegiado como órgão máximo de sua estrutura organizacional, composta por um Diretor-Presidente e quatro Diretores, escolhidos dentre brasileiros, de reputação ilibada, formação universitária e elevado conceito no campo de especialidade dos cargos ocupados, nomeados pelo Presidente da República, após serem aprovados pelo Senado Federal, com mandato de cinco anos.[292]

> (xi) *Agência Nacional de Mineração – ANM*, instituída pela Medida Provisória nº 791, de 25.07.2017, que cria a Agência Nacional de Mineração e extingue o Departamento Nacional de Produção Mineral, transformada na Lei nº 13.575, de 26 de dezembro de 2017.

A norma que institui a Agência Nacional de Mineração – ANM estabeleceu que a agência integra a administração pública federal

---

[291] Arts. 1º e 8º, da Lei nº 11.182/2005.
[292] Arts. 9º, 10 e 13, da Lei nº 11.182/2005.

indireta, submetendo-se ao regime autárquico especial e vinculada ao Ministério de Minas e Energia, tendo por finalidade implementar as políticas nacionais para as atividades integrantes do setor de mineração, compreendidas a normatização, a gestão de informações e a fiscalização do aproveitamento dos recursos minerais no país.[293]

É de competência da ANM: I – implementar a política nacional para as atividades de mineração; II – estabelecer normas e padrões para o aproveitamento dos recursos minerais, observadas as políticas de planejamento setorial definidas pelo Ministério de Minas e Energia e as melhores práticas da indústria de mineração; III – prestar apoio técnico ao Ministério de Minas e Energia; IV – requisitar, guardar e administrar os dados e as informações sobre as atividades de pesquisa e lavra produzidos por titulares de direitos minerários; V – gerir os direitos e os títulos minerários para fins de aproveitamento de recursos minerais; VI – estabelecer os requisitos técnicos, jurídicos, financeiros e econômicos a serem atendidos pelos interessados na obtenção de títulos minerários; VII – estabelecer os requisitos, os procedimentos e os critérios de julgamento dos procedimentos de disponibilidade de área, conforme diretrizes fixadas em atos da ANM; VIII – regulamentar os processos administrativos sob sua competência, notadamente os relacionados com a outorga de títulos minerários, a fiscalização da atividade de mineração e a aplicação de sanções; IX – consolidar as informações do setor mineral fornecidas pelos titulares de direitos minerários, cabendo-lhe a sua divulgação periódica, em prazo não superior a um ano; X – emitir o Certificado do Processo de Kimberley[294] de que trata a Lei nº 10.743, de 9 de outubro de 2003, ressalvada a competência prevista no §2º do art. 6º da referida Lei; XI – fiscalizar a atividade de mineração, adotar medidas acautelatórias, como de interdição e de paralisação, e impor as sanções cabíveis, firmar termo de ajustamento de conduta, constituir e cobrar os créditos delas decorrentes, bem como comunicar aos órgãos competentes a eventual ocorrência de infração, quando for o caso; XII – regular, fiscalizar, arrecadar, constituir e cobrar os créditos decorrentes: a) da Compensação Financeira pela Exploração de Recursos Minerais – CFEM;

---

[293] Art. 1º da Lei nº 13.575/2017. A Medida Provisória nº 791, de 25.07.2017, em 26 de dezembro de 2017, foi transformada na Lei nº 13.575.

[294] *Kimberley Process Certification Scheme*, abreviadamente KPCS, ou SCPK em português, é um Processo de Certificação de origem de diamantes concebido para evitar a compra e a venda de diamantes de sangue, isto é, procedentes de áreas de conflito, guerras civis e de abusos de direitos humanos, instituída no Brasil pela Lei nº 10.743, de 09.10.2003.

b) da taxa anual, por hectare, do Código de Mineração; e c) das multas aplicadas pela ANM; XIII – normatizar, orientar e fiscalizar a extração e a coleta de espécimes fósseis e adotar medidas para a promoção de sua preservação; XIV – mediar, conciliar e decidir os conflitos entre agentes da atividade de mineração; XV – decidir sobre direitos minerários e outros requerimentos em procedimentos administrativos de outorga ou de fiscalização da atividade de mineração, observado o disposto no art. 3º desta Lei; XVI – julgar o processo administrativo instaurado em função de suas decisões; XVII – expedir os títulos minerários e os demais atos referentes à execução da legislação minerária; XVIII – decidir requerimentos de lavra e outorgar concessões de lavra das substâncias minerais de que trata o art. 1º da Lei nº 6.567, de 24 de setembro de 1978; XIX – declarar a caducidade da outorga dos títulos e direitos minerários, cuja outorga de concessões de lavra seja de sua competência; XX – estabelecer as condições para a extração das substâncias minerais destinadas à realização de obras de responsabilidade do Poder Público; XXI – aprovar a delimitação das áreas para fins de constituição de servidão mineral; XXII – estabelecer normas complementares relativas à higiene, à segurança e ao controle ambiental das atividades de mineração e fiscalizar o seu cumprimento, em articulação com os demais órgãos responsáveis pelo meio ambiente e pela higiene, pela segurança e pela saúde ocupacional dos trabalhadores; XXIII – definir e disciplinar os conceitos técnicos aplicáveis ao setor de mineração; XXIV – fomentar a concorrência entre os agentes econômicos, monitorar e acompanhar as práticas de mercado do setor de mineração brasileiro e cooperar com os órgãos de defesa da concorrência, observado o disposto na Lei nº 12.529, de 30 de novembro de 2011, e na legislação pertinente; XXV – regular e autorizar a execução de serviços de geologia e geofísica aplicados à atividade de mineração, visando ao levantamento de dados técnicos destinados à comercialização em bases não exclusivas; XXVI – estabelecer os requisitos e procedimentos para a aprovação e decidir sobre o relatório final de pesquisa; XXVII – apreender, destruir, doar a instituição pública substâncias minerais e equipamentos encontrados ou provenientes de atividades ilegais ou promover leilão deles, conforme dispuser resolução da ANM, com acompanhamento de força policial sempre que necessário, ficando autorizado o leilão antecipado de substâncias minerais e equipamentos, no caso de risco de depreciação, mantido o valor apurado em depósito até o término do procedimento administrativo de perdimento pertinente; XXVIII – normatizar, fiscalizar e arrecadar os encargos financeiros do titular do direito minerário e os demais valores devidos ao poder público nos termos desta Lei, bem como constituir e cobrar os créditos deles decorrentes e efetuar as restituições devidas; XXIX – normatizar e reprimir as infrações à legislação e aplicar as sanções cabíveis, observado o disposto nesta Lei; XXX – instituir o contencioso administrativo para julgar os créditos devidos à ANM em 1ª instância administrativa e os recursos voluntários, assim como os pedidos de restituição do indébito, assegurados o contraditório e a ampla defesa; XXXI – manter o registro mineral e as averbações referentes aos títulos e aos direitos minerários; XXXII – expedir certidões e autorizações; XXXIII – conceder anuência prévia aos atos de cessão ou transferência de concessão de lavra cuja outorga seja de sua competência, conforme estabelecido pelo §3º do art. 176 da Constituição Federal; XXXIV – regulamentar o compartilhamento de informações sobre a atividade de mineração entre órgãos e entidades da União, dos Estados, do Distrito Federal e dos Municípios; XXXV – normatizar o sistema brasileiro de certificação de reservas e recursos minerais, no prazo de até um ano, contado da publicação desta Lei; XXXVI – aprovar seu regimento interno; XXXVII – regulamentar a aplicação de recursos de pesquisa, desenvolvimento tecnológico e inovação, do setor mineral.[295]

A ANM é dirigida por uma Diretoria, atuando em regime de colegiado como órgão máximo de sua estrutura organizacional, composta por um Diretor-Geral e quatro Diretores, escolhidos dentre brasileiros, de reputação ilibada e notório conhecimento no campo de especialidade, nomeados pelo Presidente da República, após serem aprovados pelo Senado Federal, com mandato de quatro anos não coincidentes, permitida única recondução.[296] Somente em 27 de novembro de 2018, mais de um ano após a sua criação, através do Decreto nº 9.587/2018, foi instalada a Agência Nacional de Mineração e aprovada a sua Estrutura Regimental e o seu Quadro Demonstrativo dos Cargos em Comissão, contando sua estrutura organizacional com uma Diretoria Colegiada (Diretor-Geral e quatro Diretores), Gabinete do Diretor-Geral, Secretaria-Geral, Procuradoria Federal Especializada, Ouvidoria, Auditoria Interna, Corregedoria, Superintendências e Unidades Administrativas Regionais.[297]

Das Agências Reguladoras do país, a ANM é a única que, de maneira modesta, procurou em sua norma instituidora evitar a ingerência político-partidária na composição da diretoria colegiada. Nessa direção,

---

[295] Art. 2º, da Lei nº 13.575, de 26.12.2017 (art. 4º da Medida Provisória nº 791, de 25.07.2017).
[296] Art. 5º da Lei nº 13.575, de 26.12.2017 (Arts. 8º, 9º e 10º, da Medida Provisória nº 791, de 25.07.2017).
[297] Art. 3º, do Decreto nº 9.587, de 27.11.2018.

a Lei nº 13.575, de 26 de dezembro de 2017, perdeu a oportunidade de tornar ainda mais criteriosa a indicação da Diretoria Colegiada, para que se primasse pelo caráter técnico na ocupação dos cargos de seus Diretores,[298] tendo ficado fora da lei instituidora o que encontrava-se estabelecido na Medida Provisória nº 791, de 25.07.2017, notadamente os requisitos específicos para a ocupação do cargo de Diretor-Geral e de membro da Diretoria Colegiada, a saber: I – ter experiência profissional de, no mínimo: a) dez anos, no setor público ou privado, no campo de atividade da agência reguladora ou em área a ela conexa, em função de direção superior; ou b) quatro anos, ocupando, no mínimo, um dos seguintes cargos: 1) cargo de direção ou de chefia superior em empresa no campo de atividade da agência reguladora, entendendo-se como cargo de chefia superior aquele situado nos dois níveis hierárquicos não estatutários mais altos da empresa; 2) cargo em comissão ou função de confiança equivalente a Grupo-Direção e Assessoramento Superiores – DAS-4 ou superior, no setor público; 3) cargo de docente ou de pesquisador no campo de atividade da agência reguladora ou em área conexa; ou c) dez anos de experiência como profissional liberal no campo de atividade da agência reguladora ou em área conexa; e II – ter formação acadêmica compatível com o cargo para o qual foi indicado.[299] Essa supressão do texto que constava da Medida Provisória nº 791, pela Lei nº 13.575, por muitas formas demonstra que o legislador ainda deseja que fique ao seu dispor e ao Executivo uma 'reserva técnica' que faça persistir a possibilidade de se conferir características político-partidárias aos integrantes da diretoria colegiada das agências, ainda que algumas salvaguardas fossem mantidas no texto da MP nº 791, pela lei instituidora da ANM.

Com efeito, para evitar que o caráter político-partidário figurasse com total predominância (que em muito tem permeado a escolha dos diretores das Agências Reguladoras), a Lei nº 13.575, de 26.12.2017, veda a indicação para a Diretoria Colegiada, nas seguintes hipóteses: I – de Ministro de Estado, Secretário de Estado, Secretário Municipal, dirigente estatutário de partido político e titular de mandato no Poder

---

[298] As leis criadoras das 10 agências reguladoras, anteriores a ANM, estabeleceram como requisitos para a ocupação dos cargos de Direção, apenas possuir reputação ilibada, formação universitária e elevado conceito no campo de especialidade dos cargos a serem exercidos, o que, além de genérico, possibilita ingerência político-partidária, comprometendo o caráter técnico de que deve ser revestida a ocupação.
[299] §1º, do art. 9º, da Medida Provisória nº 791, de 25.07.2017, suprimido pela Lei nº 13.575, de 26.12.2017.

Legislativo de qualquer ente federativo, ainda que licenciados dos cargos; II – de pessoa que tenha atuado, nos últimos seis meses, como participante de estrutura decisória de partido político; III – de pessoa que tenha participação, direta ou indireta, em empresa ou entidade que atue no setor sujeito à regulação exercida pela ANM; IV – de pessoa que se enquadre nas hipóteses de inelegibilidade, previstas no inciso I, do *caput* do art. 1º, da Lei Complementar nº 64, de 18 de maio de 1990; V – de membro de conselho ou de diretoria de associação, regional ou nacional, representativa de interesses patronais ou trabalhistas ligados às atividades reguladas pela ANM.[300]

Essa é uma novidade importante introduzida no campo regulatório brasileiro no bojo da criação da ANM, concernente à formatação da estrutura dos entes reguladores, mormente por representar avanços, possibilitando conferir maior legitimidade aos que exercem cargos de direção nas agências.[301] Quanto menor a coloração partidária,[302] que possa revestir a nomeação da Diretoria Colegiada das agências, tanto melhor será o atendimento à tecnicidade, de como foi concebida no nascedouro da regulação.

Ainda sobre a Agência Nacional de Mineração, importante acontecimento sobre o ambiente de sua criação foi veiculado pela British Broadcasting Corporation – BBC, em 26.08.2017, sob o título "Empresas canadenses souberam de extinção de Reserva na Amazônia cinco meses antes do anúncio oficial",[303] matéria que trata sobre a extinção da Reserva Nacional de Cobre e Associados (RENCA).[304] Durante o *Prospectors and Developers Association of Canada* (PDAC), realizado em março de 2017, em Toronto, Canadá, o Ministro de Minas e Energia, Fernando Coelho Filho, representando o Brasil, anunciou um pacote de medidas de reformulação do setor mineral brasileiro que incluiria

---

[300] Art. 9º, da Lei nº 13.575, de 26.12.2017 (art. 12, da Medida Provisória nº 791, de 25.07.2017).

[301] O art. 5º, da Lei nº 9.986/2000, que dispõe sobre a gestão de recursos humanos das Agências Reguladoras, estabelece que o Presidente ou o Diretor-Geral ou o Diretor-Presidente e os demais membros do Conselho Diretor ou da Diretoria das Agências serão brasileiros, de reputação ilibada, formação universitária e elevado conceito no campo de especialidade dos cargos para os quais serão nomeados.

[302] Essa característica das agências reguladoras é denominada de insulamento político, que objetiva evitar ingerência política, notadamente do Chefe do Executivo, na condução direta do ente regulador.

[303] Disponível em: <www.bbc.com>. Acesso em: 02 out. 2017.

[304] Reserva criada através do Decreto nº 89.404, de 24.02.1984.

a extinção da RENCA e a criação de Agência Nacional de Mineração e outras iniciativas para estimular o setor.

A sequência, no plano interno, do acontecimento noticiado no exterior, foi a edição do Decreto nº 9.142, de 22.08.2017 (28 dias após a criação da ANM), extinguindo a Reserva de Cobre e Associados – RENCA, situada entre os Estados do Pará e do Amapá, com uma área do tamanho do Estado do Espírito Santo e da Dinamarca. (46.000 km², ou seja, mais de 4 milhões de hectares). O Decreto nº 9.142, de 22.08.2017, foi revogado pelo Decreto nº 9.147, de 28.08.2017, que detalhava, ainda mais, a extinção da Reserva e os poderes da ANM sobre a RENCA, notadamente, a análise dos títulos de direto minerário relativos à pesquisa ou à lavra em área da extinta RENCA sobreposta a unidades federais de conservação da natureza ou a terras indígenas demarcadas, iniciando os processos administrativos para o cancelamento dos títulos concedidos e indeferindo os requerimentos de novos títulos.[305]

Com as pressões interna e da comunidade internacional,[306] o presidente Michel Temer, editou o Decreto nº 9.159, de 25.09.2017, que revogou o Decreto nº 9.147, de 28 de agosto de 2017, revigorando os Decretos nº 89.404, de 24.02.1984 (que criou a RENCA) e o Decreto nº 92.107, de 10.12.1985 (que havia alterado o Decreto nº 89.404/84).

Percebe-se, nesta direção, que a ANM não foi objeto de debates, para o processo de sua instituição, tanto no meio político,[307] quanto na sociedade civil, que lhe conferisse legitimidade, dentro do contexto

---

[305] Art. 4º, do Decreto nº 9.147, de 28.08.2017.

[306] Disponível em: <http://www.bbc.com/portuguese/brasil-41118408>. Acesso em: 02 out. 2017. Acrescente-se, ainda, sobre o imbróglio da extinção, a decisão do juiz federal Rolando Valcir Spanholo, da 21ª Vara Federal de Brasília, que tornou sem efeito o decreto nº 9.147, de 28 de agosto de 2017, e proibiu novas decisões do Executivo sobre mineração na área, ao fundamento de que o governo Michel Temer desobedeceu a Constituição ao decidir por decreto, sem levar a discussão a parlamentares e audiências públicas, que a Reserva deveria ser extinta.

[307] Sobre esse aspecto, Sérgio Guerra destaca que: "Hoje, há certa estabilidade em termos políticos e econômicos no Brasil, de modo que a criação de entes estatais autônomos (órgãos de Estado) só se justifica se, além da ampliação da complexidade técnica, outra razão se apresentar plausível. É fato que no atual quadro político nacional, a chefia do Poder Executivo federal – e seu partido político – se vale de um 'governo de coalizão' com outros partidos para obter maioria no Congresso Nacional e aprovar as políticas públicas de seu interesse. Também parece ser indisputável que esses partidos políticos 'aliados', que apoiam o governo, acabam por não ter compromisso com os programas do governo eleito e, assim, visam, salvo raras exceções, alcançar interesses menores que se aproximam do fisiologismo". GUERRA, Sérgio. Regulação estatal sob a ótica da organização administrativa brasileira. In: GUERRA, Sérgio (Org.). *Regulação no Brasil*: uma visão multidisciplinar. Rio de Janeiro: Editora FGV, 2014. p. 376.

democrático nacional, com participação e deliberação social, até mesmo pelo fato de que sua criação se operou por via de Medida Provisória,[308] de iniciativa privativa do Presidente da República, nas hipóteses previstas na Constituição Federal, e que necessitam de substrato político-social, de extração constitucional, para sua legítima efetivação.

De outra banda, a extinção da RENCA representava o prenúncio de um novo desastre étnico-ambiental,[309] pela falta de planejamento, diante da evidente possibilidade de degradação ambiental (atração de garimpos ilegais, por exemplo), quanto pela presença de etnias indígenas na área da reserva,[310] que, certamente, resistiriam a uma invasão de suas terras tradicionais.

Com efeito, a criação da ANM, através de Medida Provisória, seguida da extinção da RENCA, revela que a regulação brasileira carece ainda de procedimentos que confiram às agências maior legitimidade democrática, diante do evidente déficit democrático, nos termos sustentados na presente obra, necessitando, pois, de avançar no controle político e social da gestão regulatória, na direção dos objetivos fundamentais da nossa República.

Cumpre ainda fazer referência da existência até mesmo anterior à primeira agência reguladora nacional (ANEEL), nos moldes estabelecidos na década de 90, conforme tratado alhures, de entidades que apresentam características análogas as das agências, destacadamente, a Comissão de Valores Mobiliários – CVM, criada em 07.12.1976, pela Lei nº 6.385/76, alterada pela Lei nº 10.411, de 26.02.2002, que lhe conferiu maior grau de autonomia; O CADE, criado pela Lei nº 4.137, de 10.09.1962, sendo alterado pela Lei nº 8.884, de 11.06.1994, que o transformou em uma

---

[308] Os arts. 62 e 84, inc. XXVI, da Constituição Federal, estabelecem a competência privativa do Presidente da República, para editar medidas provisórias, com força de lei, em caso de relevância e urgência".

[309] Sobre essa possibilidade, calha lembrar que o Estado do Pará experimentou, na década de 80, em Serra Pelada, a extração mineral sem planejamento, que começou em 1980, paralisando as atividades em 1992. Serra Pelada foi uma serra brasileira localizada no sudeste do Pará, no Município de Curionópolis (criado em 1989), removida pela atividade de garimpagem de ouro, local onde funcionou o maior garimpo a céu aberto do mundo. Curionópolis, no ranking nacional de IDH por Município, ficou em 3.378º, um dos piores do país, de acordo com o levantamento feito pelo Atlas do Desenvolvimento Humano no Brasil 2013, divulgado pelo Programa das Nações Unidas para o Desenvolvimento – PNUD, Instituto de Pesquisa Econômica Aplicada – IPEA. Disponível em: <www.ipea.gov.br>. Acesso em: 02 out. 2017.

[310] Há terras indígenas cortadas pela RENCA. De acordo com a FUNAI, na área estão presentes as etnias Waiãpi, Apalaí e Wayana. Disponível em: <funai.gov.br>. e <ibge.gov.br>. Acesso em: 02 out. 2017.

autarquia federal vinculada ao Ministério da Justiça. A Lei nº 12.529 alterou as atribuições do CADE e instaurou a obrigatoriedade de análise prévia em atos de concentração; e o BACEN, criado pela da Lei nº 4.595, de 31.12.1964, atualmente vinculado ao Ministério da Fazenda. Os Estados e Municípios também instituíram agências reguladoras em seus âmbitos, pelo que se registra essa ocorrência no plano da Federação.

Do que foi exposto, percebe-se que as Agências Reguladoras no Brasil foram instituídas na forma de autarquias de regime especial,[311] com características distintas das autarquias, criadas ainda sob a égide do Decreto-Lei nº 200/67.

Antes de encerrar o presente capítulo, convém abordar um aspecto importante incidente sobre as Agências Reguladoras, acerca de sua atuação autônoma, qual seja, o controle externo dos atos emanados por essas entidades, ou seja, os atos administrativos praticados pelas agências, quaisquer que sejam sua natureza, se normativos, ordinatórios, negociais, enunciativos ou punitivos.

Para o alcance estabelecido no recorte desta pesquisa, importa destacar que o controle dos atos das Agências Reguladoras pode ser realizado pelos três Poderes constituídos, Executivo, Legislativo e Judiciário.[312]

A premissa que se parte é a de que, dentro do Estado Democrático de Direito, não há Poder ilimitado, possuindo limitação de competências qualquer representação do poder estatal, de qualquer esfera, estabelecida nos textos constitucionais regentes de cada Estado.

Com isso, não se está a defender a revisão sistemática dos atos emanados das Agências Reguladoras pelos Poderes constituídos, mas, necessariamente, sustentar que sobre elas incide controle externo que

---

[311] No Brasil, as agências reguladoras, sem exceção, foram criadas com a qualificação institucional de 'autarquia especial' pela respectiva lei instituidora. Sobre esse particular, Alexandre Aragão faz importante observação, ao sustentar: "O que deve ser frisado é que não há maior grau de autonomia que advenha pura e simplesmente da mera expressão "autarquia de regime especial", mas sim do regime jurídico objetivamente dado pela lei instituidora da entidade, até porque existem muitas autarquias nominalmente "de regime especial" cuja autonomia nada tem de especial em relação às demais autarquias. Neste caso teríamos um regime especial meramente formal, desvestido de maiores consequências práticas (ex.: o IBAMA). Em outros casos, em que realmente a autarquia possui um regime jurídico que lhe confere considerável autonomia em relação à Administração Pública centralizada". ARAGÃO, Alexandre Santos de. *Agências reguladoras e a evolução do Direito Administrativo Econômico*. Rio de Janeiro: Editora Forense, 2002. p. 273.
[312] Ver, nesse sentido, BINENBOJM, Gustavo. Agências reguladoras independentes e democracia no Brasil. *Revista de Direito Administrativo*, Rio de Janeiro, p. 158, abr./jun, 2005.

"envolve especificamente a fiscalização destinada à identificação de defeitos ou abusos no exercício das competências próprias e privativas das agências".[313]

Na hipótese do controle pelo Poder Executivo, importante destacar que as agências reguladoras devem se submeter às políticas públicas estabelecidas pela Administração Central, vinculação esta com previsão nas leis que criaram as agências e que representa uma espécie de controle permanente do Executivo, que se encontra prevista nas próprias leis instituidoras das agências.

O controle que o Poder Executivo exerce sobre os atos das agências reguladoras não é, portanto, um controle direto, haja vista que, sobre as decisões das agências, no âmbito administrativo, não é cabível a interposição de recursos impróprios que ensejem a revisão dos atos das agências, diante de sua autonomia. Há exceções, como, por exemplo, no caso da ANVISA, a Lei nº 9.782, de 26.01.1999, ao estabelecer que "dos atos praticados pela Agência caberá recurso à Diretoria Colegiada, com efeito suspensivo, como última instância administrativa".[314]

Nessa direção, a Advocacia Geral da União já se manifestou sobre a possibilidade de interposição de recurso hierárquico impróprio contra atos decisórios das agências, ao fundamento de que inexiste área administrativa imune à supervisão ministerial.[315]

---

[313] JUSTEN FILHO, Marçal. Agências reguladoras e democracia. Existe um déficit democrático na regulação independente? In: ARAGÃO, Alexandre Santos (Coord.). *O poder normativo das Agências Reguladoras*. 2. ed. rev. e amp. Rio de Janeiro: Forense, 2011. p. 228.

[314] §2º, do art. 15, da Lei nº 9.782, de 26.01.1999, que criou a Agência Nacional de Vigilância Sanitária.

[315] Parecer nº AC – 051/2006-AGU, de 05.06.2006. Disponível em: <http://www.agu.gov.br/page/atos>. Acesso em: 07.10.2017. O parecer é conclusivo nos seguintes termos: I – não há suficiente autonomia para as agências que lhes possa permitir ladear, mesmo dentro da lei, as políticas e orientações da administração superior, visto que a autonomia de que dispõem serve justamente para a precípua atenção aos objetivos públicos. Não é outra, portanto, a conclusão com respeito à supervisão ministerial que se há de exercer sempre pela autoridade ministerial competente, reduzindo-se, no entanto, à medida que, nos limites da lei, se atendam às políticas públicas legitimamente formuladas pelos Ministérios setoriais; II – Estão sujeitas à revisão ministerial, de ofício ou por provocação dos interessados, inclusive pela apresentação de recurso hierárquico impróprio, as decisões das agências reguladoras referentes às suas atividades administrativas; III – As orientações normativas da AGU vinculam as agências reguladoras. Argumente-se, ainda, que o art. 40, §1º da Lei Complementar nº 73/93 (Lei Orgânica da Advocacia-Geral da União), o parecer aprovado e publicado juntamente com o despacho presidencial vincula a Administração Federal, cujos órgãos e entidades ficam obrigados a lhe dar fiel cumprimento.

Na esfera administrativa, ainda há o direito de petição (não judicial), estabelecido no art. 5º, XXXIV, da Constituição Federal, que assegura a todos os assegurados, independentemente do pagamento de taxas, o direito de petição aos Poderes Públicos em defesa de direitos ou contra ilegalidade ou abuso de poder, abrangendo, portanto, direitos individuais e coletivos.

Quanto ao controle externo exercido pelo Poder Legislativo, a Constituição Federal estabelece, no art. 49, inc. V, que é da competência exclusiva do Congresso Nacional sustar os atos normativos do Poder Executivo que exorbitem do poder regulamentar ou dos limites de delegação legislativa. Ademais, cabe ao Legislativo, na condição fiscalizatória da atividade administrativa, de acordo com o art. 49, inc. X, fiscalizar e controlar, diretamente, ou por qualquer de suas Casas, os atos do Poder Executivo, incluídos os da administração indireta, bem como, conforme preceitua o art. 50, poderão ainda convocar Ministro de Estado ou quaisquer titulares de órgãos diretamente subordinados à Presidência da República para prestarem, pessoalmente, informações sobre assunto previamente determinado, importando crime de responsabilidade a ausência sem justificação adequada.

Infere-se, contudo, do Texto constitucional, que a interferência do Legislativo é medida de extrema excepcionalidade, restrita ao controle de eventuais atos administrativos das agências que porventura extrapolem os limites legais, não significando, com isso, que estejam em sua atuação regulatória, subordinadas hierarquicamente, no plano administrativo, aos ditames do Parlamento.

Em relação ao controle dos atos das agências pelo Poder Judiciário, Alexandre Aragão se posiciona da seguinte maneira: Em relação ao Poder Judiciário, a independência das agências reguladoras não pode ser afirmada, pelo menos em sistemas que, como o nosso (art. 5º, XXXV, CF/88), adotam a unidade de jurisdição. Logicamente que sempre será possível o acionamento do Judiciário contra as decisões das agências reguladoras. Todavia, em razão da ampla discricionariedade conferida pela lei e ao caráter técnico-especializado do seu exercício, prevalece, na dúvida e desde que seja razoável, a decisão do órgão ou entidade reguladora, até porque, pela natureza da matéria, ela acabaria deixando de ser decidida pela agência para, na prática, passar a ser decidida pelo perito técnico do Judiciário.[316]

---

[316] ARAGÃO, Alexandre Santos de. *Agências reguladoras e a evolução do Direito Administrativo Econômico*. Rio de Janeiro: Editora Forense, 2002. p. 350-351.

Com efeito, infere-se que o Judiciário não tem grande ingerência material nas decisões das agências, ficando limitado aos aspectos procedimentais assecuratórios do devido processo legal, e da participação dos interessados, direta ou indiretamente, no objeto da regulação, e à manutenção da razoabilidade/proporcionalidade das decisões da agência reguladora.[317]

Por oportuno, impende fazer referência ao fato de aspectos atinentes à regulação aos atos das agências terem sido objeto de judicialização e ainda continuarem sendo demandadas no exercício da atividade regulatória. As ementas a seguir transcritas representam o entendimento do STF sobre a matéria:

> ADI nº 1.949 – RS. Agência Estadual de Regulação dos Serviços Públicos Delegados do Rio Grande do Sul (AGERGS). Necessidade de prévia aprovação pela Assembleia Legislativa da indicação dos conselheiros. Constitucionalidade. Demissão por atuação exclusiva do Poder Legislativo. Ofensa à separação dos poderes. Vácuo normativo. Necessidade de fixação das hipóteses de perda de mandato. Ação julgada parcialmente procedente. 1. O art. 7º da Lei estadual nº 10.931/97 determina que a nomeação e a posse dos dirigentes da autarquia reguladora somente ocorra após a aprovação da indicação pela Assembleia Legislativa do Estado do Rio Grande do Sul. A Constituição Federal permite que a legislação condicione a nomeação de determinados titulares de cargos públicos à prévia aprovação do Senado Federal. A lei gaúcha, nessa parte, é, portanto, constitucional, uma vez que observa a simetria constitucional. Precedentes. 2. São inconstitucionais as disposições que amarram a destituição dos dirigentes da agência reguladora estadual somente à decisão da Assembleia Legislativa. O voluntarismo do legislador infraconstitucional não está apto a criar ou a ampliar os campos de intersecção entre os poderes estatais constituídos sem autorização constitucional, como no caso em que se extirpa a possibilidade de qualquer participação do governador do estado na destituição do dirigente da agência reguladora, transferindo-se, de maneira ilegítima, a totalidade da atribuição ao Poder Legislativo local. Julgamento em 17.09.2014.

> ADI Nº 4093 – SP. LEI ESTADUAL Nº 12.623/2007. DISCIPLINA DO COMÉRCIO DE ARTIGOS DE CONVENIÊNCIA EM FARMÁCIAS E DROGARIAS. USURPAÇÃO DA COMPETÊNCIA DA UNIÃO. IMPROCEDÊNCIA. A Lei Federal nº 5.991/73, ao dispor sobre o controle sanitário do comércio de drogas, medicamentos, insumos farmacêuticos e correlatos, destinou a farmácias e drogarias a exclusividade na

---

[317] Idem.

comercialização de tais produtos sem proibir, contudo, a oferta de artigos de conveniência. A mera disciplina acerca dos produtos de conveniência que também podem ser comercializados em tais estabelecimentos não extrapola a competência supletiva estadual. O Plenário desta Corte já enfrentou a questão ao julgamento de ações diretas de inconstitucionalidade propostas pelo Procurador-Geral da República contra diversas leis estaduais – que também disciplinavam a comercialização de artigos de conveniência em farmácias e drogarias – concluindo pela constitucionalidade das normas impugnadas. Julgamento em 24.09.2014.

ADI Nº 4954 – AGÊNCIA REGULADORA – PRINCÍPIO DA LEGALIDADE. As agências reguladoras estão submetidas, como órgãos administrativos, ao princípio da legalidade. COMPETÊNCIA NORMATIVA – COMÉRCIO – FARMÁCIAS – ARTIGOS DE CONVENIÊNCIA. Constitucional é a lei de estado-membro que verse sobre o comércio varejista de artigos de conveniência em farmácias e drogarias. Julgamento em 20.08.2014.[318]

Por seu turno, o STJ, apreciando matéria de competência das agências reguladoras, em vários momentos firmou entendimento, conforme se infere nos julgados a seguir ementados:

SUSPENSÃO DE LIMINAR E DE SENTENÇA Nº 163 – PE Nº (2005/0128970-7). Corte Especial do Superior Tribunal de Justiça. Determinar que as operadoras de planos de saúde Bradesco e Sul América podem reajustar, respectivamente, em 25,8% e 26,1%, os contratos firmados antes de janeiro de 1999, bem como aumentar em 11,69% os novos contratos de planos de saúde. Suspender a liminar que impedia a aplicação dos índices determinados pela Agência Nacional de Saúde Suplementar (ANS), confirmando decisão anteriormente proferida pelo ministro Edson Vidigal, presidente do STJ. Julgado em 19.12.2005.

REsp Nº 894442 – RJ. PROCESSUAL CIVIL. ADMINISTRATIVO. RECURSO ESPECIAL. AUTORIZAÇÃO PARA O EXERCÍCIO DA ATIVIDADE DE NAVEGAÇÃO DE LONGO CURSO. DEVER DE OBEDIÊNCIA AOS REQUISITOS PREVISTOS NA RESOLUÇÃO ANTAQ 843/2007. EXERCÍCIO DO PODER NORMATIVO CONFERIDO ÀS AGÊNCIAS REGULADORAS. Julgado em 16.10.2008.

AgRg na SLS Nº 1161 – SP. AGRAVO REGIMENTAL NA SUSPENSÃO DE LIMINAR E DE SENTENÇA. AGRAVOS REGIMENTAIS.

---

[318] Disponível em: <http://www.stf.jus.br/portal>. Acesso em: 04 out. 2017.

ALIENAÇÃO JUDICIAL DE SLOTS DE COMPANHIA AÉREA EM RECUPERAÇÃO JUDICIAL. AEROPORTO DE CONGONHAS. COMPETÊNCIA DA AGÊNCIA NACIONAL DE AVIAÇÃO CIVIL – ANAC AFETADA NEGATIVAMENTE. PRESENÇA DOS REQUISITOS PARA O DEFERIMENTO DO PEDIDO DE SUSPENSÃO. A eventual alienação judicial de slots, juntamente com parte da empresa Pantanal Linhas Aéreas S.A., em recuperação judicial, pode causar grave lesão à ordem e à economia públicas, afetando negativamente a competência da ANAC, a quem cabe gerir o transporte aéreo privado mediante o controle de linhas, horários de decolagem e de pouso, preços de passagens e outros, evitando monopólios e abusos de empresas e sempre preservando os direitos dos usuários do serviço de transporte aéreo.[319]

Com efeito, percebe-se que no controle do Judiciário de atos oriundos das agências, tanto o STF quanto o STJ têm ratificado a competência dos entes reguladores em questões de registro, tarifárias, reajustes, nomeação e demissão de Diretores, regime jurídico do corpo técnico, dentre outros. Também ainda sobre o controle judicial, importante destacar que o Judiciário aprecia miríades de ações relativas ao fornecimento de medicamentos,[320] inclusive os de alto custo e experimental, diante da interpretação do disposto no art. 196, da Constituição

---

[319] Disponível em: <http://www.stj.jus.br/portal>. Acesso em: 04 out. 2017.
[320] Ver, neste sentido, a ADI nº 5501 MC/DF. SAÚDE – MEDICAMENTO – AUSÊNCIA DE REGISTRO. Surge relevante pedido no sentido de suspender a eficácia de lei que autoriza o fornecimento de certa substância sem o registro no órgão competente, correndo o risco, ante a preservação da saúde, os cidadãos em geral. Através desta ADI, o STF suspendeu as liminares que autorizavam a entrega da fosfoetanolamina sintética desenvolvida na Universidade de São Paulo (USP) para pacientes com câncer. Disponível em: <http://www.stf.jus.br/portal>. Acesso em: 04 out. 2017.
Nesse episódio, vale ressaltar que foi aprovada pelo Congresso a Lei nº 13.269, de 13.04.2016, que autoriza o uso da fosfoetanolamina sintética por pacientes diagnosticados com neoplasia maligna. A ANVISA manifestou preocupação com as decisões judiciais concessivas, anteriores à decisão do STF, já que o produto, estando fora do ambiente regulatório (sem registro), não há como fiscalizar o processo de fabricação e distribuição. Disponível em: <http://g1.globo.com>. Acesso em: 04 out. 2017.
Ainda sobre a judicialização em setores regulados, Sérgio Guerra, durante o 13º Fórum Brasileiro de Controle da Administração Pública, realizado no Rio de Janeiro em 28.09.2017, apresentou na palestra "Regulação e novas tecnologias: reflexos no controle judicial", estatística sobre a crescente demanda no STF, que envolvem serviços de inovações disruptivas, que afetam serviços e utilidade pública, como por exemplo, os aplicativos UBER (ADPF nº 449 e RCL nº 25700) e WhatsApp (ADPF nº 403 e ADI nº 5527). Em, 05.06.2017, o STF realizou audiência pública sobre o WhatsApp e Marco Civil da Internet, que debateu o bloqueio judicial do WhatsApp, para possibilitar adequação aos julgamentos, a partir das exposições de diversos setores da sociedade civil envolvidos. Disponível em: <editoraforum.com.br>. (hotsite). Acesso em: 13 out. 2017.

Federal, com decisões majoritariamente concessivas, ao apreciar direitos individuais.

Encerrando os aspectos do controle, deve se destacar que os atos emanados pelas agências reguladoras federais e por seus gestores estão sujeitos à fiscalização do Tribunal de Contas da União, cujas competências, estabelecidas no art. 71 da Constituição Federal,são: 1) julgar as contas dos administradores e demais responsáveis por dinheiros, bens e valores públicos da administração direta e indireta, incluídas as fundações e sociedades instituídas e mantidas pelo Poder Público federal, e as contas daqueles que derem causa a perda, extravio ou outra irregularidade de que resulte prejuízo ao erário público; 2) realizar, por iniciativa própria da Câmara dos Deputados, do Senado Federal, de Comissão técnica ou de inquérito, inspeções e auditorias de natureza contábil, financeira, orçamentária, operacional e patrimonial, nas unidades administrativas dos Poderes Legislativo, Executivo e Judiciário, e demais entidades referidas no inciso II do art. 71; 3), prestar as informações solicitadas pelo Congresso Nacional, por qualquer de suas Casas, ou por qualquer das respectivas Comissões, sobre a fiscalização contábil, financeira, orçamentária, operacional e patrimonial e sobre resultados de auditorias e inspeções realizadas e aplicar aos responsáveis, em caso de ilegalidade de despesa ou irregularidade de contas, as sanções previstas em lei, que estabelecerá, entre outras cominações, multa proporcional ao dano causado ao erário; 4) assinar prazo para que o órgão ou a entidade adote as providências necessárias ao exato cumprimento da lei, se verificada ilegalidade; sustar, se não atendido, a execução do ato impugnado, comunicando a decisão à Câmara dos Deputados e ao Senado Federal; e representar ao Poder competente sobre irregularidades ou abusos apurados.

Logo, percebe-se que os poderes conferidos às agências reguladoras, mediante as leis que as instituíram, não são ilimitados. Além do controle administrativo, referido anteriormente, incide sobre seus atos o controle externo do Executivo, do Legislativo e do Judiciário, bem como o de competência do Tribunal de Contas da União, no caso das agências reguladoras federais.

Destarte, percorrida neste capítulo, a legislação regulatória brasileira, as agências em espécie e suas leis instituidoras, na trilha da regulação nacional, chega-se ao momento de percorrer a regulação de medicamentos, abordando com maior detença a Agência Nacional de Vigilância Sanitária – ANVISA, além da legislação regulatória específica sobre medicamentos, que se passa a tratar.

3.3 Regulação de medicamentos no Brasil

Cabe, inicialmente, em relação à regulação de medicamentos no Brasil, partir-se da premissa de que ela encontra-se inserida no cenário da saúde e da vigilância sanitária (também da segurança sanitária),[321] além de sua contextualização mercadológica, premissa importante para a compreensão de seus aspectos normativo-regulatórios, bem como, da sua inserção no processo regulatório brasileiro, diante da realidade do mercado global para, em seguida, abordá-la em seus aspectos estruturantes e funcionais, partindo-se do órgão regulador que a dirige – a ANVISA e demais entidades atuantes em sua regulação, bem como sobre as normas incidentes na temática.

É consenso na comunidade internacional a fundamentalidade dos medicamentos, no que se reporta à saúde do ser humano, em seus aspectos preventivos e curativos (recuperação, proteção e promoção). Isso já representa fundamento suficiente para remeter o tema dos medicamentos ao cenário da globalização, na medida em que todo o processo de sua produção, em larga escala,[322] encontra-se concentrado (nos países mais ricos e desenvolvidos), de maneira que torna seletivo e desigual o seu consumo, que em grandes dimensões não caminha com as necessidades das pessoas, notadamente, das populações que integram os países mais pobres do mundo.

Esse aspecto socioeconômico revela também o tratamento mercadológico com o qual os medicamentos são tratados pelos interesses hegemônicos da poderosa e gigante indústria farmacêutica, ensejando, na grande maioria dos países, a regulação sobre essa atividade econômica, possibilitando profundas mudanças na legislação temática interna das nações, bem como a necessidade de firmamento de acordos

---

[321] "A segurança sanitária estende-se a todos os produtos e a todas as atividades necessários à preservação da saúde, e implica em medidas para avaliar e prevenir riscos e para reduzir seus efeitos, caso ocorram". DURAND, Christelle, A segurança sanitária num mundo global: os aspectos legais. O sistema de segurança sanitária da França. In: *Revista de Direito Sanitário*, v. II, n. 1, p. 68, mar. 2001.

[322] A produção de medicamentos no mundo é uma atividade altamente concentrada, com mais de 90% produzidos em alguns poucos países desenvolvidos. Aproximadamente dois terços do valor dos medicamentos produzidos no globo são movimentados por empresas com sede em apenas cinco países: Estados Unidos, Japão, Alemanha, França e Reino Unido. WHO – World Health Organization. (2004). The world medicines situation. Disponível em: <http://apps.who.int/medicinedocs/pdf>. Acesso em: 02 out. 2017.

internacionais[323] na busca de melhor compor os interesses econômicos e políticos que incidem sobre a regulação de medicamentos. Nesse sentido, Fernando Aith e Sueli Dallari sustentam que:

> Cientes da importância do controle deste mercado para a proteção da saúde individual e coletiva, os Estados nacionais vêm desenvolvendo políticas regulatórias bastante abrangentes, que envolvem desde a criação de agências governamentais específicas para a regulação de medicamentos, até a aprovação de um arcabouço jurídico-normativo abrangente voltado ao controle do mercado.[324]

Sobre o aspecto do mercado, Elba Rêgo assinala que a concorrência nos mercados farmacêuticos é limitada pela presença de várias falhas que conferem grande poder às grandes empresas, destacando: 1ª) a existência de oligopólios e de monopólios – uma das principais características do mercado farmacêutico é a existência de grandes monopólios e oligopólios por classes e subclasses terapêuticas, sendo comuns os casos em que um único laboratório domina mais da metade de um mercado específico; 2ª) proteção por patentes e lealdade a marcas – O setor farmacêutico depende de altos investimentos em P&D (pesquisa e desenvolvimento), mas não se caracteriza pela existência de barreiras naturais ou técnicas significativas à entrada de competidores potenciais, em razão de a indústria farmacêutica não ser muito intensiva em capital e depender de uma tecnologia facilmente copiável em determinadas fases produtivas. Isso faz com que as empresas do setor busquem barreiras institucionais como as marcas e, principalmente, as patentes; 3ª) assimetria de informação – nos mercados farmacêuticos os consumidores finais, além de não decidirem sobre o que devem consumir, sabem muito pouco sobre a qualidade, a segurança, a eficácia, o preço e as características específicas do medicamento que lhes foi prescrito. O médico e o farmacêutico, que seriam os mais bem informados, sabem menos que os laboratórios; 4ª) separação das decisões sobre prescrição, consumo e financiamento – há interesses contrapostos, dado que quem paga quer minimizar custos, quem consome quer o melhor e, quem

---

[323] Exemplo de acordo envolvendo a regulação de medicamentos é o Trade-Related Aspects of Intellectual Property Rights – TRIPS, da Organização Mundial do Comércio (OMC), possibilitando mudanças significativas nas normas internacionais sobre direitos de propriedade intelectual envolvendo patentes, o consumo e a indústria farmacêutica.
[324] AITH Fernando; DALLARI, Sueli Gandolfi. *Regulação de medicamentos no mundo globalizado*. São Paulo: CEPEDISA, 2014. p. 18.

decide é influenciado pela oferta, que, além de ser concentrada, procura induzir a um maior consumo.[325]

Nessa direção, percebe-se que temas relacionados à saúde, dentre os quais, os medicamentos, têm experimentado nas últimas décadas profundas transformações, perpassando pela regulação. Se por um lado, a saúde vem ganhando importância, configurando-se, na grande maioria dos países, como um direito de crescente acessibilidade, por outro, evoluiu vertiginosamente, como bem econômico, com mercantilização da oferta, consolidando-se como campo de acumulação de capital, com a formação e o crescimento progressivo do complexo médico-industrial.[326]

Com efeito, além da amplitude social, da demanda na área da saúde em franco processo expansivo, encontra-se incorporado a esse processo o segmento industrial da produção de medicamentos, cuja regulação será tratada a seguir, sob o viés da vigilância sanitária,[327] estabelecido como premissa nesse tópico capitular.

É de ser ressaltado, por oportuno, que os medicamentos têm uma significativa participação no orçamento público e no gasto do setor privado em relação à saúde, constituindo a tecnologia de maior utilização nos serviços de saúde,[328] importante fundamento para sua regulação.

Destarte, percebe-se que as ações na área de saúde, que envolvem medicamentos, seja através de políticas públicas, seja no desenvolvimento da atividade econômica pela iniciativa privada (da produção à

---

[325] RÊGO, Elba Cristina Lima. Políticas de regulação do mercado de medicamentos: a experiência internacional. In: *Revista do BNDES*, Rio de Janeiro, v. 7, n. 14, p. 367-400, dez. 2000.

[326] COSTA, Ediná Alves. Regulação e vigilância sanitária para a proteção da saúde. In: VIEIRA, Fernanda Pires; REDIGUIERI, Camila Fracalossi; REDIGUIERI, Carolina Fracalossi. A regulação de medicamentos no Brasil. *ArtMed*, 08/2013, p. 21-37. VitalBook file.

[327] O tema dos medicamentos e suas múltiplas questões aparecem, historicamente, como um dos mais sensíveis nos sistemas de saúde de todo o mundo e o mais emblemático na área de regulação e vigilância sanitária. Os serviços e as ações dessa área constituem uma exigência social para a promoção de eficácia, segurança, qualidade e uso racional dos medicamentos e de outras tecnologias incorporadas às práticas em saúde. Idem, p. 24.

[328] "A tecnologia em saúde se refere à aplicação de conhecimentos com o objetivo de promover a saúde, prevenir e tratar as doenças e reabilitar as pessoas. São exemplos de tecnologias em saúde: medicamentos, produtos para a saúde, procedimentos, sistemas organizacionais, educacionais, de informação e de suporte e os programas e protocolos assistenciais por meio dos quais a atenção e os cuidados com a saúde são prestados à população". Disponível em: <http://conitec.gov.br>. Acesso em: 04 out. 2017. p. 9.

comercialização), representam grande relevância social, constituindo, portanto, uma exigência da sociedade no processo de apropriação de todo o processo de produção, manejo e viabilização econômica dos medicamentos, que está a exigir da comunidade internacional, que se debruce por encontrar tratamento adequado à complexidade temática, cujo desafio tem se apresentado à regulação no Brasil e no mundo.

Portanto, a regulação de medicamentos constitui-se numa tarefa de grande complexidade, mormente por necessitar de ações e articulações multilaterais e interdisciplinares, envolvendo, portanto, as esferas política, administrativa, científica e a regulatória da atividade econômica.

Ao se iniciar o tratamento da regulação de medicamentos na perspectiva regulatória brasileira, é importante que se considerem aspectos fundamentais estabelecidos na Constituição Federal, haja vista que adotou-se um Sistema Único de Saúde,[329] reconhecendo a saúde como direito de todos e dever do Estado,[330] portanto, um direito humano fundamental, que para ser garantido, impõe ao Estado que adote políticas sociais e econômicas.

Logo, para a garantia desse direito constitucionalmente estabelecido, os medicamentos constituem parte integrante da prestação dos serviços essenciais à saúde, nos aspectos da universalidade e integralidade, alcançando, conforme mencionado anteriormente, as políticas públicas do Estado e as ações da iniciativa privada.[331]

A regulação de medicamentos tem passado por grandes mudanças, antes mesmo da criação da Agência Reguladora de Vigilância Sanitária – ANVISA (Lei nº 9.782, de 26.01.1999), autarquia especial que centralizou grande parte das competências regulatórias vinculadas aos medicamentos.

---

[329] CF/88. Art. 198. As ações e serviços públicos de saúde integram uma rede regionalizada e hierarquizada e constituem um sistema único, organizado de acordo com as seguintes diretrizes: I – descentralização, com direção única em cada esfera de governo; II – atendimento integral, com prioridade para as atividades preventivas, sem prejuízo dos serviços assistenciais; III – participação da comunidade. Disponível em: <http://www.planalto.gov.br>. Acesso em: 04 out. 2017.
[330] CF/88. Art. 196. A saúde é direito de todos e dever do Estado, garantido mediante políticas sociais e econômicas que visem à redução do risco de doença e de outros agravos e ao acesso universal e igualitário às ações e serviços para sua promoção, proteção e recuperação. Disponível em: <http://www.planalto.gov.br>. Acesso em: 04 out. 2017.
[331] A Constituição Federal estabelece, no art. 199 – A assistência à saúde é livre à iniciativa privada. Disponível em: <http://www.planalto.gov.br>. Acesso em: 04 out. 2017.

De início, destaca-se o eixo normativo regulatório, de onde se infere que parte importante do arcabouço jurídico federal regente da regulação de medicamentos é egressa dos anos 70. São desse período a Lei nº 5.991, de 17.12.1973 (Dispõe sobre o controle sanitário do comércio de drogas, medicamentos, insumos farmacêuticos e correlatos); Lei nº 6.360, de 23.09.1976 (Dispõe sobre a vigilância sanitária a que ficam sujeitos os medicamentos, as drogas, os insumos farmacêuticos e correlatos, cosméticos, saneantes e outros produtos) e a Lei nº 6.437, de 20.08.1977 (Configura infrações à legislação sanitária federal, estabelece as sanções respectivas). Ambas leis federais, bem anteriores à promulgação da Constituição Federal de 1988, à Lei nº 8.080, de 19.09.1990 (Dispõe sobre as condições para a promoção, proteção e recuperação da saúde, a organização e o funcionamento dos serviços correspondentes e implanta o SUS), e à Lei nº 9.782, de 26.01.1999 (Define o Sistema Nacional de Vigilância Sanitária – SNVS e cria a Agência Nacional de Vigilância Sanitária – ANVISA).

Infere-se, logo de início, na abordagem da estratificação normativa temporal regulatória, que, no Brasil, a regulação de medicamentos vem tomando corpo, tendo como fato mais relevante a criação de um órgão regulador, instituído para centralizar as ações regulatórias, expressão do desenvolvimento da estrutura regulatória,[332] representando expressivo aumento da organização do setor.

Destarte, conforme discorrido anteriormente, a criação de uma agência reguladora, onde ficou concentrada a maior parte das competências regulatórias, constata-se que a regulação de medicamentos permanece sendo realizada por outros órgãos estatais, o que revela a complexidade do setor e as dificuldades que a regulação enfrenta para sua organização, para seu desempenho e usufruto social.

No caso da regulação de medicamentos, o feixe de órgãos do Estado, atuante nessa regulação, é composto, dentre outros, pelo Conselho Nacional de Saúde (CNS), pelo Ministério da Saúde, pelo Instituto Nacional de Propriedade Intelectual (INPI), pelo Departamento Nacional de Proteção do Consumidor do Ministério da Justiça, pela ANVISA, percebendo-se, diante dessa formatação, a necessidade de intensa e permanente articulação entre os órgãos envolvidos no

---

[332] Por estrutura regulatória estatal entende-se um conjunto significativo de diferentes instituições ligadas à administração direta e indireta dos níveis federal, estaduais e municipais, que no caso da regulação de medicamentos tem como órgão coordenador a ANVISA, que integra o Sistema Nacional de Vigilância Sanitária (SNVS).

processo regulatório, complementando as ações através de suas atuações específicas, evitando-se o paralelismo no desempenho das competências.

Some-se a tudo isso, de acordo com o que foi referido anteriormente, que a legislação regente da regulação de medicamentos necessita de atualização[333] (algumas com mais de 40 anos), sugerindo-se, pelo que aponta a presente obra, a edição de uma codificação setorial, diante de sua evidente fragmentação, de modo a consolidar as normas reguladoras regentes, servindo de norte para a regulação de todo o setor de medicamentos, que possa imprimir à organização estatal maior sincronia e harmonia na atuação regulatória.

Por oportuno, destaca-se que a regulação de medicamentos, integrante da Política Nacional de Saúde, apresenta características de uma política intersetorial, implicando na necessidade de diálogo e negociação do setor saúde com outros setores do aparelho de Estado, dentre os quais se assinala os ministérios de Ciência e Tecnologia, da Indústria e Comércio, os da área econômica, e com outros atores políticos, econômicos e sociais, como a indústria farmacêutica, o Parlamento, as entidades de profissionais de saúde e outras da sociedade civil organizada, inclusive, organizações internacionais.[334]

Ademais, decorrente da Política Nacional de Saúde (PNS), introduzida pela Lei nº 8.080, de 19.09.1990, foram estabelecidos dois eixos fundamentais no setor de medicamentos, na busca de atingir os objetivos estabelecidos na PNS, quais sejam: a Política Nacional de Medicamentos (PNM) e a Política de Assistência Farmacêutica (PAF), que buscam promover o acesso a medicamentos, por toda a população. Dentro da Política Nacional de Saúde, desenvolve-se, também, a Política

---

[333] Nesse sentido, Fernando Aith e Sueli Dallari sustentam que: "Como resultado da desatualização, as diferentes instituições do Poder Executivo, responsáveis em alguma medida pela vigilância sanitária no país, produzem normas infralegais inovadoras, com obrigações primárias ou acessórias que não necessariamente estão previstas de forma clara na legislação federal. Embora se possa interpretar que a normatização infralegal feita pelo Executivo esteja de acordo com as competências fixadas nas Leis nºs 5.991/1973, 6.360/1976, 6.437/1977 ou 9.782/1999, é certo que esse contexto pode gerar questionamentos a respeito da obediência ao princípio constitucional da legalidade, já que em grande parte o Poder Executivo inova em sua atividade normativa". AITH Fernando; DALLARI, Sueli Gandolfi. *Regulação de medicamentos no mundo globalizado*. São Paulo: CEPEDISA, 2014. p. 20.

[334] COSTA, Ediná Alves. Regulação e vigilância sanitária para a proteção da saúde. In: VIEIRA, Fernanda Pires; REDIGUIERI, Camila Fracalossi; REDIGUIERI, Carolina Fracalossi. A regulação de medicamentos no Brasil. *ArtMed*, 08/2013, p. 29. VitalBook file.

Nacional de Ciência, Tecnologia e Inovação em Saúde (PNCTIS), devendo, ainda, ser considerada a política industrial[335] do setor.

Estabelecida pela Portaria nº 3.916, de 30.10.1998, a Política Nacional de Medicamentos (PNM) decorreu da desativação da Central de Medicamentos – CEME, procedida pelo Decreto nº 2.283, de 24.07.1997, que também extinguiu o Instituto Nacional de Alimentação e Nutrição. As principais diretrizes da Política Nacional de Medicamentos são:[336] 1ª) Adoção de relação de medicamentos essenciais – integram o elenco dos medicamentos essenciais aqueles produtos considerados básicos e indispensáveis para atender a maioria dos problemas de saúde da população. Esses produtos devem estar continuamente disponíveis aos segmentos da sociedade que deles necessitem, nas formas farmacêuticas apropriadas, e compõem uma relação nacional de referência,[337] que servirá de base para o direcionamento da produção farmacêutica e para o desenvolvimento científico e tecnológico; 2ª) Regulamentação sanitária de medicamentos – serão enfatizadas as questões relativas ao registro de medicamentos e à autorização para o funcionamento de empresas e estabelecimentos, bem como as restrições e eliminações de produtos que venham a se revelar inadequados ao uso, na conformidade das informações decorrentes da farmacovigilância. Deverão ser utilizadas comissões técnicas e grupos assessores com a finalidade de respaldar e subsidiar as atividades de regulamentação e as decisões que

---

[335] O Ministério da Saúde desenvolve o Programa de Desenvolvimento Produtivo (PDP), desenhado a partir das necessidades da população. Parte do princípio que nem toda incorporação tecnológica é adequada. Cabe ao Ministério da Saúde definir as prioridades, pois o Brasil possui uma rede de laboratórios públicos, fundações de pesquisa e produção de vacinas e medicamentos. Quando são definidas as prioridades, o Ministério da Saúde define as compras, o BNDES financia as empresas e a FINEP financia a pesquisa. Um laboratório público é incumbido de assimilar a tecnologia, uma multinacional, incumbida de transferir a tecnologia e um laboratório brasileiro é definido para o acesso ao mercado. Isso é estabelecido através de parcerias, que envolve acordos com instituições públicas e privadas. Disponível em: <portalsaude.saude.gov.br>. Acesso em: 04 out. 2017.
Acrescente-se, ainda, que o Brasil possui Institutos, Fundações e Empresas Públicas, com inserção no mercado. A FIOCRUZ produz vacinas, medicamentos e reativos para diagnóstico. Vinculado à FIOCRUZ, o Instituto Nacional de Controle de Qualidade em Saúde (INCQS) faz pesquisas, ensaios e controle de medicamentos. A HEMOBRÁS produz hemoderivados, medicamentos recombinantes, albumina, Imunoglobulina, utilizando biotecnologia.

[336] Portaria nº 3.916, de 30.10.1998. Disponível em: <http://bvsms.saude.gov.br/>. Acesso em: 04 out. 2017.

[337] Essa relação é a Relação Nacional de Medicamentos Essenciais – RENAME, atualizada periodicamente. Disponível em: <http://bvsms.saude.gov.br/bvs/publicacoes/>. Acesso em: 04 out. 2017.

envolvam questões de natureza científica e técnica. A promoção do uso de medicamentos genéricos será, igualmente, objeto de atenção especial; 3ª) Reorientação da assistência farmacêutica – O modelo de assistência farmacêutica é reorientado de modo a que não se restrinja à aquisição e à distribuição de medicamentos. As ações incluídas nesse campo da assistência terão por objetivo implementar, no âmbito das três esferas do SUS, todas as atividades relacionadas à promoção do acesso da população aos medicamentos essenciais. A reorientação do modelo de assistência farmacêutica, coordenada e disciplinada em âmbito nacional pelos três gestores do Sistema, deverá estar fundamentada: a) na descentralização da gestão; b) na promoção do uso racional dos medicamentos; c) na otimização e na eficácia do sistema de distribuição no setor público; d) no desenvolvimento de iniciativas que possibilitem a redução nos preços dos produtos, viabilizando, inclusive, o acesso da população aos produtos no âmbito do setor privado; 4ª) Promoção do uso racional de medicamentos – atenção especial à informação relativa às repercussões sociais e econômicas do receituário médico, principalmente no nível ambulatorial, no tratamento de doenças prevalentes. Especial ênfase ao processo educativo dos usuários ou consumidores acerca dos riscos da automedicação, da interrupção e da troca da medicação prescrita, bem como quanto à necessidade da receita médica, no tocante à dispensação de medicamentos tarjados e atividades dirigidas aos profissionais prescritores dos produtos e aos dispensadores, bem como a adequação dos currículos dos cursos de formação dos profissionais de saúde, além da adoção de medicamentos genéricos, envolvendo a produção, a comercialização, a prescrição e o uso, mediante ação intersetorial; 5ª) Desenvolvimento científico e tecnológico – incentivo à revisão das tecnologias de formulação farmacêutica e promoção da dinamização de pesquisas na área, incentivando a integração entre universidades, instituições de pesquisa e empresas do setor produtivo. Continuação e expansão do apoio a pesquisas que visem ao aproveitamento do potencial terapêutico da flora e fauna nacionais, enfatizando-se a certificação de suas propriedades medicamentosas. Estímulo ao desenvolvimento de tecnologia de produção de fármacos, em especial os constantes da RENAME, e de estímulo à sua produção nacional, de forma a assegurar o fornecimento regular ao mercado interno e a consolidação e expansão do parque produtivo instalado no país; 6ª) Promoção da produção de medicamentos – estabelecimento de uma efetiva articulação das atividades de produção de medicamentos da RENAME, a cargo dos diferentes segmentos industriais (oficial, privado nacional e transnacional). A capacidade dos laboratórios estatais deverá ser utilizada, preferencialmente, para atender as necessidades de medicamentos essenciais, favorecendo o monitoramento de preços no mercado; 7ª) Garantia da segurança, eficácia e qualidade dos medicamentos – o processo para garantir a qualidade, a segurança e a eficácia dos medicamentos fundamenta-se no cumprimento da regulamentação sanitária, destacando-se as atividades de inspeção e fiscalização com as quais é feita a verificação regular e sistemática. Essas atividades, coordenadas em âmbito nacional pela Secretaria de Vigilância Sanitária, serão efetivadas mediante ações próprias do Sistema Nacional de Vigilância Sanitária, no cumprimento dos regulamentos concernentes às boas práticas de fabricação; 8ª) Desenvolvimento e capacitação de recursos humanos – contínuo desenvolvimento e capacitação do pessoal envolvido nos diferentes planos, programas e atividades que operacionalizarão a Política Nacional de Medicamentos, deverão configurar mecanismos privilegiados de articulação intersetorial de modo a que o setor saúde possa dispor de recursos humanos em qualidade e quantidade.

Percebe-se que a Política Nacional de Medicamentos, a partir de suas diretrizes, se constitui em um instrumento de política pública, relacionado à regulação de medicamentos, com capacidade de promover a melhoria das condições da assistência à saúde da população, no aspecto de acesso a medicamentos. Mas para a sua eficácia, necessita de programas que complementem suas ações, como, por exemplo, a distribuição e a comercialização da produção estatal de medicamentos,[338] considerando-se que o setor sofre forte regulação e onde a iniciativa privada, com a imponente indústria farmacêutica atuando de maneira hegemônica no mercado.

Quanto à Política Nacional de Assistência Farmacêutica (PNAF), aprovada pela Resolução nº 338, de 06.05.2004, do Conselho Nacional de Saúde, tendo como princípios:[339] I – a Política Nacional de Assistência Farmacêutica é parte integrante da Política Nacional de Saúde, envolvendo um conjunto de ações voltadas à promoção, proteção e recuperação

---

[338] O Governo Federal criou, em 2004, o Programa Farmácia Popular do Brasil, para ampliar o acesso aos medicamentos para as doenças mais comuns entre os cidadãos. O Programa possui duas modalidades: uma Rede Própria de Farmácias Populares e a parceria com farmácias e drogarias da rede privada, chamada de "Aqui tem Farmácia Popular". Existe tabela de medicamentos e preços da Farmácia Popular do Brasil, sendo que o valor do medicamento pode custar até 90% mais barato que o comercializado na rede privada. Disponível em: <http://portalsaude.saude.gov.br>. Acesso em: 04 out. 2017.

[339] Art. 1º, da Resolução nº 338, de 06.05.2004, do Conselho Nacional de Saúde. Disponível em: <http://bvsms.saude.gov.br/bvs/saudelegis/cns/>. Acesso em: 04 out. 2017.

da saúde e garantindo os princípios da universalidade, integralidade e equidade; II – a Assistência Farmacêutica deve ser compreendida como política pública norteadora para a formulação de políticas setoriais, entre as quais se destacam as políticas de medicamentos, de ciência e tecnologia, de desenvolvimento industrial e de formação de recursos humanos, dentre outras, garantindo a intersetorialidade inerente ao sistema de saúde do país (SUS) e cuja implantação envolve tanto o setor público quanto o setor privado de atenção à saúde; III – a Assistência Farmacêutica trata de um conjunto de ações voltadas à promoção, proteção e recuperação da saúde, tanto individual quanto coletivo, tendo o medicamento como insumo essencial e visando o acesso ao seu uso racional. Este conjunto envolve a pesquisa, o desenvolvimento e a produção de medicamentos e insumos, bem como a sua seleção, programação, aquisição, distribuição, dispensação, garantia da qualidade dos produtos e serviços, acompanhamento e avaliação de sua utilização, na perspectiva da obtenção de resultados concretos e da melhoria da qualidade de vida da população; IV – as ações de Assistência Farmacêutica envolvem aquelas referentes à Atenção Farmacêutica, considerada como um modelo de prática farmacêutica desenvolvida no contexto da Assistência Farmacêutica e compreendendo atitudes, valores éticos, comportamentos, habilidades, compromissos e co-responsabilidades na prevenção de doenças, promoção e recuperação da saúde, de forma integrada à equipe de saúde. É a interação direta do farmacêutico com o usuário, visando uma farmacoterapia racional e a obtenção de resultados definidos e mensuráveis, voltados para a melhoria da qualidade de vida. Esta interação também deve envolver as concepções dos seus sujeitos, respeitadas as suas especificidades bio-psico-sociais, sob a ótica da integralidade das ações de saúde.

A Política Nacional de Assistência Farmacêutica tem como eixos estratégicos:[340] I – a garantia de acesso e equidade às ações de saúde, inclui, necessariamente, a Assistência Farmacêutica; II – a manutenção de serviços de assistência farmacêutica na rede pública de saúde; III – a qualificação dos serviços de assistência farmacêutica existentes; IV – a descentralização das ações, com definição das responsabilidades das diferentes instâncias gestoras, de forma pactuada; V – o desenvolvimento, a valorização, a formação, a fixação e a capacitação de recursos humanos; VI – a modernização e a ampliação da capacidade

---

[340] Art. 2º, da Resolução nº 338, de 06.05.2004, do Conselho Nacional de Saúde. Disponível em: <http://bvsms.saude.gov.br/bvs/saudelegis/cns/>. Acesso em: 04 out. 2017.

instalada e de produção dos Laboratórios Farmacêuticos Oficiais; VII – a utilização da Relação Nacional de Medicamentos Essenciais (RENAME), atualizada periodicamente como instrumento racionalizador das ações no âmbito da assistência farmacêutica; VIII – a pactuação de ações intersetoriais que visem à internalização e o desenvolvimento de tecnologias que atendam às necessidades de produtos e serviços do SUS; IX – a implementação de forma intersetorial, de uma política pública de desenvolvimento científico e tecnológico, envolvendo os centros de pesquisa e as universidades brasileiras; X – a definição e a pactuação de ações intersetoriais que visem à utilização das plantas medicinais e medicamentos fitoterápicos no processo de atenção à saúde; XI – a construção de uma Política de Vigilância Sanitária que garanta o acesso da população a serviços e produtos seguros, eficazes e com qualidade; XII – o estabelecimento de mecanismos adequados para a regulação e a monitoração do mercado de insumos e produtos estratégicos para a saúde, incluindo os medicamentos; XIII – a promoção do uso racional de medicamentos, por intermédio de ações que disciplinem a prescrição, a dispensação e o consumo.

Com efeito, a partir dos princípios estabelecidos, é possível definir a Política Nacional de Assistência Farmacêutica como sendo uma política norteadora da formulação de políticas setoriais, abrangendo as políticas de medicamentos, de ciência e tecnologia, de desenvolvimento industrial e de formação de recursos humanos, necessitando de constante atualização nas suas ações e na legislação incidente sobre a matéria.

Trata-se, portanto, de instrumental utilizado na regulação de medicamentos, representando uma política pública, conforme mencionado anteriormente, que necessita da atuação de outros órgãos para atingir seus objetivos, nos termos análogos aos indicados na Política Nacional de Medicamentos.

3.4 A ANVISA e a regulação de medicamentos em espécie

Quando se tratou das agências em espécie, foi referida a criação da Agência Nacional de Vigilância Sanitária – ANVISA, suas competências, estabelecidas no art. 7º, da Lei nº 9.782, de 26.01.1999 (Lei de criação), bem como a estrutura e a composição de sua Diretoria Colegiada, agência tratada a partir deste momento de forma mais abrangente e contextualizada aos meandros regulatórios de medicamentos, aspectos normativos para os fins colimados na presente pesquisa.

De início, faz-se alusão a aspectos históricos, ao que a doutrina aponta também como causa motivadora da criação da ANVISA, além da reforma gerencial do Estado brasileiro, expresso no Plano Diretor da Reforma do Aparelho do Estado, da extinção da Central de Medicamentos e da substituição da Secretaria Nacional de Vigilância Sanitária do Ministério da Saúde, reporta-se à ocorrência de circulação de grande quantidade de medicamentos falsificados no país, período no qual se registrou o agravamento da crise de legitimidade da vigilância sanitária, ao final da década de 1990.[341]

Quanto ao importante papel regulatório desempenhado pela ANVISA, faz-se expressa referência à sua condição de órgão coordenador do Sistema Nacional de Vigilância Sanitária,[342] com poderes para regulamentar, controlar e fiscalizar os produtos e serviços que envolvam risco à saúde pública, destacadamente, medicamentos de uso humano, suas substâncias ativas e demais insumos, processos e tecnologias, alimentos, inclusive bebidas, águas envasadas, seus insumos, suas embalagens, aditivos alimentares, limites de contaminantes orgânicos, resíduos de agrotóxicos e de medicamentos veterinários, cosméticos, produtos de higiene pessoal e perfumes conjuntos, reagentes e insumos destinados a diagnóstico, equipamentos e materiais médico-hospitalares, odontológicos e hemoterápicos e de diagnóstico laboratorial e por imagem, imunobiológicos e suas substâncias ativas, sangue e hemoderivados, órgãos, tecidos humanos e veterinários para uso em transplantes ou reconstituições, radioisótopos para uso diagnóstico *in vivo* e radiofármacos e produtos radioativos utilizados em diagnóstico e terapia, cigarros, cigarrilhas, charutos e qualquer outro produto fumígero, derivado ou não do tabaco, e quaisquer outros produtos que envolvam a possibilidade de risco à saúde, obtidos por engenharia

---

[341] Neste sentido, ver por outros, RAMALHO, Pedro Ivo Sebba. Insulamento burocrático, accountability e transparência: dez anos de regulação da Agência Nacional de Vigilância Sanitária. *Revista do Serviço Público*, Brasília, v. 60, n. 4, 2009; COSTA, Ediná Alves. Regulação e vigilância sanitária para a proteção da saúde. In: VIEIRA, Fernanda Pires; REDIGUIERI, Camila Fracalossi; REDIGUIERI, Carolina Fracalossi. A regulação de medicamentos no Brasil. *ArtMed*, 08/2013. VitalBook file.

[342] De acordo com o art. 1º, da Lei nº 9.782, de 26.01.1999, o Sistema Nacional de Vigilância Sanitária compreende o conjunto de ações definido pelo §1º do art. 6º e pelos arts. 15 a 18, da Lei nº 8.080, de 19 de setembro de 1990, executado por instituições da Administração Pública direta e indireta da União, dos Estados, do Distrito Federal e dos Municípios que exerçam atividades de regulação, normatização, controle e fiscalização na área de vigilância sanitária. Isso representa a 'eixo da estrutura regulatória estatal'.

genética, por outro procedimento ou ainda submetidos a fontes de radiação.[343]

Sobre essa particularidade, acrescente-se, ainda, a competência da ANVISA para estabelecer normas, propor, acompanhar e executar as políticas, as diretrizes e as ações de vigilância sanitária, bem como autorizar o funcionamento de empresas de fabricação, distribuição e importação (de medicamentos e demais produtos mencionados) e de comercialização de medicamentos e monitoramento de seus preços.[344]

Regula, ainda, a ANVISA, os serviços de saúde e de produtos de interesse à saúde, de laboratórios de saúde pública, da propaganda de produtos de interesse à saúde. Outra responsabilidade regulatória importante da ANVISA refere-se à análise e à anuência prévia nos processos de concessão de patentes para produtos e processos farmacêuticos pelo Instituto Nacional da Propriedade Industrial – INPI, que é vinculado ao Ministério da Indústria, Comércio Exterior e Serviços. Nesse sentido, a Lei nº 9.279, de 14.05.1996, que regula direitos e obrigações relativos à propriedade industrial, estabelece que a concessão de patentes para produtos e processos farmacêuticos dependerá da prévia anuência da Agência Nacional de Vigilância Sanitária – ANVISA.[345]

A ANVISA possui Diretoria de Coordenação e Articulação do Sistema Nacional de Vigilância Sanitária (DSNVS), Diretoria de Autorização e Registros Sanitários (DIARE), Diretoria de Controle e Monitoramento Sanitário (DIMON), Diretoria de Regulação Sanitária (DIREG) e Diretoria de Gestão Institucional, além do Diretor-Presidente (Diretoria de Gestão Institucional – DIGES), estrutura atual estabelecida pela Portaria nº 498, de 29.03.2012.

À cada Diretoria encontram-se vinculadas Gerências e Coordenações (unidades organizacionais) que viabilizam a atuação setorizada da agência. Assim, vinculada à Diretoria de Autorização e Registros Sanitários (DIARE) estão vinculadas: a Gerência-Geral de Alimentos (GGALI), a Gerência Geral de Medicamentos e Produtos Biológicos (GGMED), a Gerência-Geral de Toxicologia (GGTOX), a Coordenação de Instrução e Análise de Recursos de Tabaco e Produtos para a Saúde (CRTPS), a Gerência-Geral de Tecnologia de Produtos para Saúde (GGTPS), a Gerência-Geral de Registro e Fiscalização de Produtos Fumígenos, derivados ou não do Tabaco (GGTAB), a Gerência de

---

[343] §1º, do art. 8º, da Lei nº 9.782, de 26.01.1999.
[344] Art. 7º, da Lei nº 9.782, de 26.01.1999.
[345] Art. 229-C, da Lei nº 9.279, de 14.05.1996. Essa alteração na legislação patentária foi incluída pela Lei nº 10.196, de 14.02.2001.

Cosméticos (Gecos), a Gerência de Saneantes (Gesan). À Diretoria de Regulação Sanitária (DIREG) vincula-se a Gerência-Geral de Regulamentação e Boas Práticas Regulatórias (GGREG). À Diretoria de Coordenação e Articulação do Sistema Nacional de Vigilância Sanitária (DSNVS) encontram-se vinculadas: a Gerência-Geral de Coordenação e Fortalecimento do Sistema Nacional de Vigilância Sanitária (GGCOF), a Gerência-Geral de Tecnologia em Serviços de Saúde (GGTES), a Coordenação de Programas Estratégicos do Sistema Único de Saúde (Copes), a Coordenação do Centro de Gerenciamento de Informações sobre Emergências em Vigilância Sanitária (CVISA). À Diretoria de Controle e Monitoramento Sanitário (DIMON) estão vinculadas: a Coordenação de Análise e Julgamento das Infrações Sanitárias (CAJIS), a Coordenação de Análise e Instrução de Recursos da Inspeção e Fiscalização (CORIF), a Coordenação de Análise e Instrução de Recursos Administrativos (COARE), a Gerência-Geral de Inspeção e Fiscalização Sanitária (GGFIS), a Gerência-Geral de Monitoramento de Produtos Sujeitos à Vigilância Sanitária (GGMON), a Gerência-Geral de Portos, Aeroportos, Fronteiras e Recintos Alfandegados (GGPAF), os Postos de vigilância sanitária em Portos, Aeroportos e Fronteiras, a Gerência de Laboratórios de Saúde Pública (Gelas).[346]

Ainda na estrutura organizacional da ANVISA, importante atuação possuem as Câmaras Técnicas e Câmaras Setoriais. As Câmaras Técnicas são: Câmara Técnica de Medicamentos Fitoterápicos – CATEF, Câmara Técnica de Medicamentos – CATEME, Câmara Técnica – Pareceres Técnicos. As Câmaras Setoriais são: Câmara Setorial de Portos, Aeroportos e Fronteiras, Câmara Setorial de Cosméticos, Câmara Setorial de Serviços de Saúde, Câmara Setorial de Agrotóxicos e Toxicologia, Câmara Setorial de Alimentos e Câmara Setorial de Saneantes.

As Câmaras Setoriais e Técnicas representam estruturas colegiadas de assessoramento da Diretoria Colegiada, ambas de caráter consultivo, em matérias que exijam um nível de aprofundamento técnico maior de que necessitem as Diretorias. As Câmaras técnicas são integradas por pessoas da comunidade científica de composição reduzida. Já as Câmaras Setoriais possuem composição mais ampla e diversificada, integradas por representantes de instituições de abrangência nacional, de órgãos de governo, de entidades do setor produtivo e da sociedade

---

[346] Disponível em: <http://portal.anvisa.gov.br>. Acesso em: 04 out. 2017.

civil, tratando sobre temas importantes e estratégicos, com o objetivo de auxiliar no processo decisório da Diretoria.[347]

Por ter composição plural e representação setorizada de vários seguimentos da área regulatória da vigilância sanitária, onde estão inseridos os medicamentos, as Câmaras, enquanto instâncias colegiadas onde a sociedade é consultada, acabam por representar espaços onde os setores representados disputam poder na defesa de seus interesses coorporativos, sendo também fundamento técnico e de legitimidade política para o insulamento burocrático das estruturas de Estado.[348]

Nesse norte participativo-social é importante destacar que a ANVISA possui instrumentos de participação, transparência e *accountability*, o que possibilita a inserção social em processos de competência da agência e contribuem para a redução do déficit democrático inerente às agências. No caso da ANVISA, são instrumentos: a) as *consultas públicas*: objetivam obter subsídios e informações da sociedade para o processo de tomada de decisões por parte da agência, auxiliando no processo decisório, na medida em que podem fornecer informações importantes à gestão da agência. A consulta pública pode ser formulada por pessoa física ou jurídica, por meio de sistema eletrônico (FormSus), via postal ou pessoalmente, recebida normalmente em até 30 dias após a publicação da consulta no Diário Oficial da União (ANVISA). Todas as contribuições recebidas da sociedade passam por análise técnica da área responsável, depois consolidadas em um relatório, avaliadas pelo setor responsável e encaminhadas à Diretoria Colegiada, a quem compete deliberar; b) *as audiências públicas*: são obrigatórias nas hipóteses de anteprojeto de lei elaborado pela ANVISA, mas nas hipóteses de projetos de leis ou de normas administrativas que impliquem 'afetação de direitos sociais atinentes ao setor de saúde ou aos consumidores' poderão ser precedidas de audiências públicas.[349] Tem como objetivos básicos identificar e debater os aspectos relevantes da matéria em discussão, recolher subsídios, informações e dados para a decisão ou o encaminhamento final do assunto, propiciar aos agentes econômicos, usuários e consumidores a possibilidade de oferecerem propostas sobre a matéria em discussão, dando publicidade e transparência às ações

---

[347] Sobre as Câmaras Setoriais e Técnicas, ver: RAMALHO, Pedro Ivo Sebba. Insulamento burocrático, accountability e transparência: dez anos de regulação da Agência Nacional de Vigilância Sanitária. *Revista do Serviço Público*, Brasília, v. 60, n. 4, p. 349, 2009.

[348] Idem, p. 349.

[349] Art. 51, do Regimento Interno da ANVISA. Disponível em: <http://portal.anvisa.gov.br>. Acesso em: 04 out. 2017.

da agência, ocorrendo debates orais em sessão previamente designada para essa finalidade, traço característico que as difere das consultas públicas – a oralidade. Compete à Diretoria Colegiada determinar a realização de audiências públicas, feita através da publicação de ato próprio, com antecedência mínima de sete dias da data de realização da audiência, no Diário Oficial da União; c) a *agenda regulatória (AR)*: tem como propósito conferir maior previsibilidade, transparência e eficiência à regulação empreendida pela agência, bem como ampliar a participação da sociedade civil em questões relacionadas à vigilância sanitária. É formada por temas considerados estratégicos e prioritários que precisam ser regulados em determinado período, discutidos previamente com representantes da sociedade civil, do setor regulado e do SNVS. Cada agenda regulatória possui um ciclo quadrienal, dentro do qual são publicadas duas agendas regulatórias com vigência bienal, cada uma; d) *análise de impacto regulatório (AIR)*: representa um conjunto de procedimentos prévios que servem de base para o processo de tomada de decisão, disponibilizando dados recolhidos empiricamente, a partir dos quais os gestores podem avaliar as opções disponíveis e as possíveis consequências. Estão previstas pela agência três fases para a análise de impacto regulatório – análises de impacto regulatório níveis 1, 2 e 3; e) *Conselho Consultivo*:[350] composto por representantes da União, dos Estados, do Distrito Federal e dos Municípios, do setor produtivo, dos comerciantes, da comunidade científica e da sociedade civil organizada. Propõe à Diretoria Colegiada da ANVISA diretrizes e recomendações técnicas de assuntos de competência da agência, opina sobre as propostas de políticas governamentais; aprecia e emite parecer sobre os relatórios anuais de atividade, requere informações e elabora proposições a respeito das ações da ANVISA. Dispõe de duas comissões responsáveis pela apreciação do cumprimento do contrato de gestão pela ANVISA: a Comissão de Acompanhamento, coordenada pela Assessoria de Planejamento da agência, e a Comissão de Avaliação, coordenada pela Secretaria Executiva do Ministério da Saúde; f) as *Câmaras Setoriais*: têm caráter consultivo e reúnem órgãos públicos, sociedade civil e setor produtivo para debater assuntos estratégicos e subsidiar as decisões da Diretoria Colegiada da agência. Identificam assuntos prioritários para discussão e proposição de diretrizes estratégicas para a atuação da agência. A composição das câmaras setoriais ocorre mediante a nomeação

---

[350] Instituído pela Medida Provisória nº 1.791/1998, posteriormente convertida na Lei nº 9.782/1999, Lei de criação da ANVISA.

dos representantes pela Diretoria Colegiada, observando o perfil da entidade que pleiteia a vaga, parecer da área técnica e possibilidades de contribuições diante dos objetivos da câmara. O mandato de cada membro é de dois anos, sendo permitido o rodízio das entidades de cada setor representado; g) a *Ouvidoria*: o ouvidor é nomeado pelo Presidente da República, após indicação do Ministro da Saúde. Possui mandato de dois anos, admitida uma única recondução, sendo vedado a ele possuir, direta ou indiretamente, interesse em quaisquer empresas ou pessoas sujeitas à regulação da ANVISA, não estando subordinada a qualquer outro órgão da agência, nem mesmo à Diretoria Colegiada; h) a *Central de atendimento*: é o canal de acesso mais utilizado por aqueles que desejam informações sobre a agência. O acesso se dá mediante o número telefônico 0800 e através dele é possível, além de solicitar informações, realizar reclamações à Ouvidoria, tendo a vantagem de permitir a utilização por pessoas que não possuem acesso à internet; i) o *formulário eletrônico*: meio digital para a formulação de questionamento de natureza mais técnica e específica. Permite anexar documentos à demanda e serve também para consulta de processos; j) as *reuniões públicas da Diretoria Colegiada*: ocorrem, pelo menos, uma vez ao mês e sua pauta é divulgada com cinco dias de antecedência. São transmitidas pela internet e admitem a participação presencial do público. Não consiste em fórum onde a sociedade civil expõe suas demandas, mas objetiva assegurar a transparência do processo regulatório.[351]

O processo de regulamentação, no âmbito da ANVISA, segue o roteiro, estabelecido no Guia de Boas Práticas Regulatórias, compreendendo a seguinte sequência de fases: (1ª) iniciativa; (2ª) instrução e elaboração das propostas; (3ª) proposição; (4ª) análise de impacto regulatório (AIR); (5ª) análise jurídica; (6ª) deliberação; (7ª) consulta pública; (8ª) audiência pública; (9ª) deliberação final; (10ª) publicação; (11ª) implementação, divulgação e acompanhamento; e (12ª) compilação, consolidação e revisão.[352]

Essas fases do processo de regulamentação podem ser encurtadas, na hipótese do processo pelo rito do regime de urgência. A agência tem o entendimento de que situações de urgência e regulamentos com

---

[351] Disponível em: <http://portal.anvisa.gov.br>. Acesso em: 04 out. 2017.
Sobre esse tema, ver: COUTINHO, Diogo R.; MIZIARA, Nathália. Participação social, transparência e accountability na regulação sanitária da ANVISA. In: AITH Fernando; DALLARI, Sueli Gandolfi. *Regulação de medicamentos no mundo globalizado*. São Paulo: CEPEDISA, 2014. p. 335-364.

[352] Disponível em: <http://portal.anvisa.gov.br/documents>. Acesso em: 04 out. 2017.

conteúdos considerados de baixo impacto e de menor complexidade, além de casos específicos, podem dispensar a realização de consulta pública, não havendo, contudo, nos regramentos da agência, a especificação dessas hipóteses. O ato da consulta pública é formalizado mediante publicação no Diário Oficial da União. Nessa publicação, indicam-se o texto da proposta de regulamento, o período de admissão de contribuições, o endereço e a forma de envio das contribuições, além de outras informações relevantes para a participação dos interessados.

Por oportuno, impende destacar que a ANVISA, no procedimento regulatório, utiliza como instrumento jurídico as Resoluções da Diretoria Colegiada (RDC) que possuem eficácia jurídica para normatizar os objetos e processos sujeitos à vigilância sanitária, sob a competência da agência, sendo de observância obrigatória por todos aqueles segmentos que integram a regulação sanitária, sob jurisdição da agência. No caso da regulação de medicamentos, a última Resolução da Diretoria Colegiada (RDC) da ANVISA, de nº 168, de 08.08.2017,[353] estabeleceu o procedimento administrativo relativo à prévia anuência da ANVISA para a concessão de patentes para produtos e processos farmacêuticos, regulamentado pela Portaria Conjunta ANVISA-INPI nº 01, de 12.04.2017.[354] Essa Portaria Conjunta, editada com o INPI, já denota que a ANVISA, apesar de coordenar o Sistema Nacional de Vigilância Sanitária, não é o único órgão que atua na regulação de medicamentos, haja vista que o Instituto Nacional de Propriedade Industrial é vinculado ao Ministério da Indústria, Comércio Exterior e Serviços.

Infere-se, pois, essa característica singular na atuação regulatória da ANVISA, haja vista que a regulação da vigilância sanitária abrange os setores da economia que possuem relação com produtos e serviços que podem de alguma forma interferir e/ou afetar a saúde da população.

Percebe-se, nesta direção, que a ANVISA atua no binômio – regulação econômica e regulação sanitária, mediando interesses da

---

[353] Disponível em: <http://portal.anvisa.gov.br/documents>. Acesso em: 04 out. 2017.
[354] A Portaria Conjunta ANVISA-INPI nº 01, de 12.04.2017, estabelece em seus arts. 1º e 2º que para o cumprimento do disposto no artigo 229-C da Lei nº 9.279, de 1996 (que regula direitos e obrigações relativos à propriedade industrial), a concessão de patentes de invenção aos pedidos referentes a produtos e processos farmacêuticos dependerá da prévia anuência da ANVISA. Após a realização do exame formal pelo INPI, o procedimento para a concessão da prévia anuência será iniciado após o requerimento do pedido de exame.

produção e do consumo, interesses que estabelecem relação verossímil à natureza sinalagmática dos contratos.[355]

Com efeito, no aspecto de regulação de medicamentos, conforme se aduziu, anteriormente, depreende-se que, juntamente com a ANVISA, outros órgãos atuam de maneira a regular, de forma específica, alguns aspectos relacionados aos medicamentos. São exemplos: o Ministério da Saúde (participa da formulação da Política Nacional de Medicamentos), ao qual se encontram vinculados a Comissão Nacional de Incorporação Tecnológica em Saúde (CONITEC), que coordena a aprovação da incorporação de novas tecnologias, inclusive medicamentos no SUS e o Conselho Nacional de Saúde (CNS), com funções de fiscalização e formulação de políticas de saúde. Ainda, no interior do Conselho Nacional de Saúde, se encontra a Comissão Nacional de Ética em Pesquisa (CONEP/CNS) e a rede de Comissões de Ética em Pesquisa (CEPs), coordenada pelo CNS, com competências regulatórias.

O Conselho Nacional de Saúde (CNS) foi instituído pela Lei nº 8.142, de 22.12.1990, órgão colegiado de caráter permanente e deliberativo que integra o quadro regimental do Ministério da Saúde, composto por representantes do governo, prestadores de serviço, profissionais de saúde e usuários, atuando na formulação de estratégias e no controle da execução da política de saúde na instância correspondente, inclusive nos aspectos econômicos e financeiros, cujas decisões são homologadas pelo chefe do poder legalmente constituído em cada esfera do governo.[356]

A composição e formação do Conselho encontram-se estabelecidas no Regimento Interno do CNS, sendo feita da seguinte maneira: I – cinquenta por cento dos membros representantes de entidades e dos movimentos sociais de usuários do SUS, escolhidos em processo eleitoral direto; e II – cinquenta por cento dos membros representantes de entidades de profissionais de saúde, incluída a comunidade científica da área de saúde, entidades de prestadores de serviços de saúde, entidades empresariais com atividade na área de saúde, todas eleitas em processo eleitoral direto; os representantes do governo, do Conselho Nacional de Secretários de Saúde (CONASS) e o Conselho Nacional de Secretarias Municipais de Saúde (CONASEMS) são indicados pelos seus respectivos dirigentes. A fim de manter equilíbrio dos interesses

---

[355] Sobre a singularidade de atuação da ANVISA, ver: RAMALHO, Pedro Ivo Sebba. Insulamento burocrático, accountability e transparência: dez anos de regulação da Agência Nacional de Vigilância Sanitária. *Revista do Serviço Público*, Brasília, v. 60, n. 4, p. 345, 2009.

[356] §2º, do art. 1º, da Lei nº 8.142, de 28.12.1990.

envolvidos, a distribuição das vagas é paritária, ou seja, 50% de usuários, 25% de trabalhadores e 25% de prestadores de serviço e gestores.[357]

São competências do Conselho Nacional de Saúde: I – atuar na formulação de estratégias e no controle da execução da Política Nacional de Saúde, na esfera do Governo Federal, inclusive nos aspectos econômicos e financeiros; II – estabelecer diretrizes a serem observadas na elaboração dos planos de saúde, em razão das características epidemiológicas e da organização dos serviços; III – elaborar cronograma de transferência de recursos financeiros aos Estados, ao Distrito Federal e aos Municípios, consignados ao SUS; IV – aprovar os critérios e os valores para remuneração de serviços e os parâmetros de cobertura de assistência; V – propor critérios para a definição de padrões e parâmetros assistenciais; VI – acompanhar e controlar a atuação do setor privado da área da saúde, credenciado mediante contrato ou convênio; VII – acompanhar o processo de desenvolvimento e incorporação científica e tecnológica na área de saúde, visando à observação de padrões éticos compatíveis com o desenvolvimento sociocultural do País; VIII – articular com o Ministério da Educação, quanto à criação de novos cursos de ensino superior na área da saúde, no que concerne à caracterização das necessidades sociais; e IX – fortalecer a participação e o controle social no SUS.[358]

De acordo com o Regimento Interno do CNS, as deliberações do Conselho, observado o quórum estabelecido, são consubstanciadas em: I – Resolução; II – Recomendação; e III – Moção. A Resolução é ato geral, de caráter normativo. A Recomendação é uma sugestão, advertência ou aviso a respeito do conteúdo ou forma de execução de políticas e estratégias setoriais ou sobre a conveniência ou oportunidade de se adotar determinada providência. A Moção é uma forma de manifestar aprovação, reconhecimento ou repúdio a respeito de determinado assunto ou fato.[359]

Desenvolvendo relevantes funções regulatórias, tem-se, ainda, no plano federal, o Instituto Nacional de Propriedade Industrial (já referido anteriormente), cuja responsabilidade se reporta à concessão de patentes de medicamentos, mediante anuência prévia da ANVISA, e a Câmara de Regulação do Mercado de Medicamentos (CMED), na qual a ANVISA funciona como Secretaria Executiva.

---

[357] Disponível em: <http://conselho.saude.gov.br>. Acesso em: 07 out. 2017.
[358] Art. 10, da Resolução nº 407, do CNS, de 12.09.2008, que aprova o Regimento Interno do CNS.
[359] Arts. 57, 58, 59 e 60, da Resolução nº 407, do CNS, de 12.09.2008.

A Câmara de Regulação do Mercado de Medicamentos (CMED) é um órgão interministerial responsável por regular o mercado e estabelecer critérios para a definição e o ajuste de preços. Foi instituída pela Lei nº 10.742, de 06.10.2003, que além de criar a CMED, definiu as normas de regulação para o setor farmacêutico. A Câmara tem por objetivos a adoção, a implementação e a coordenação de atividades relativas à regulação econômica do mercado de medicamentos voltados a promover a assistência farmacêutica à população, por meio de mecanismos que estimulem a oferta de medicamentos e a competitividade do setor.[360]

De acordo sua lei de criação, compete à CMED: I – definir diretrizes e procedimentos relativos à regulação econômica do mercado de medicamentos; II – estabelecer critérios para fixação e ajuste de preços de medicamentos; III – definir, com clareza, os critérios para a fixação dos preços dos produtos novos e novas apresentações de medicamentos; IV – decidir pela exclusão de grupos, classes, subclasses de medicamentos e produtos farmacêuticos da incidência de critérios de estabelecimento ou ajuste de preços, bem como decidir pela eventual reinclusão de grupos, classes, subclasses de medicamentos e produtos farmacêuticos à incidência de critérios de determinação ou ajuste de preços, nos termos desta Lei; V – estabelecer critérios para fixação de margens de comercialização de medicamentos a serem observados pelos representantes, distribuidores, farmácias e drogarias, inclusive das margens de farmácias voltadas especificamente ao atendimento privativo de unidade hospitalar ou de qualquer outra equivalente de assistência médica; VI – coordenar ações dos órgãos componentes da CMED voltadas à implementação dos objetivos; VII – sugerir a adoção, pelos órgãos competentes, de diretrizes e procedimentos voltados à implementação da política de acesso a medicamentos; VIII – propor a adoção de legislações e regulamentações referentes à regulação econômica do mercado de medicamentos; IX – opinar sobre regulamentações que envolvam tributação de medicamentos; X – assegurar o efetivo repasse aos preços dos medicamentos de qualquer alteração da carga tributária; XI – sugerir a celebração de acordos e convênios internacionais relativos ao setor de medicamentos; XII – monitorar, para os fins desta Lei, o mercado de medicamentos, podendo, para tanto, requisitar informações sobre produção, insumos, matérias-primas, vendas e quaisquer outros dados que julgar necessários ao exercício desta competência, em poder de pessoas de direito público ou privado;

---

[360] Art. 5º, da Lei nº Lei nº 10.742, de 06.10.2003.

XIII – zelar pela proteção dos interesses do consumidor de medicamentos;
XIV – decidir sobre a aplicação de penalidades previstas nesta Lei e relativamente ao mercado de medicamentos, aquelas previstas na Lei nº 8.078, de 11 de setembro de 1990, sem prejuízo das competências dos demais órgãos do Sistema Nacional de Defesa do Consumidor;
XV – elaborar seu regimento interno.[361]

A composição da CMED é formada pelo Conselho de Ministros, quais sejam: o Ministro da Saúde, o Chefe da Casa Civil, o Ministro da Justiça, o Ministro da Fazenda e pelo Ministro do Desenvolvimento Indústria e Comércio Exterior.

Além da ANVISA, as instituições regulatórias sobre as quais se apresentou competências, objetivos e composições, integram a esfera federal, devendo ser destacado que atribuições no campo da vigilância sanitária foram delegadas para a execução pelos Estados e Municípios, de acordo com o disposto na Lei nº 9.782, de 26.01.1999, que criou a ANVISA e definiu o Sistema Nacional de Vigilância Sanitária.

Logo, reveste-se de fundamental importância a coordenação da ANVISA na atuação regulatória, notadamente, na elaboração de normas e diretrizes do Sistema Nacional de Vigilância Sanitária, diante da existência de vigilâncias sanitárias estaduais e municipais que integram a estrutura da regulação estatal voltada ao setor de medicamentos. As vigilâncias sanitárias dos Estados e Municípios, além de receberem delegação para a execução das normas federais, assumem na ponta do processo regulatório, o importante papel de atividades regulatórias relacionadas ao setor de medicamentos, realizando inspeções, emitindo licenças e certificados, conferindo eficácia à regulação de medicamentos.

Tendo sido apresentado o quadro normativo da regulação de medicamentos, com o espectro da estrutura estatal regulatória, discorre-se, nesta oportunidade, sobre os processos regulatórios em espécie, específicos da regulação de medicamentos, seus procedimentos e base normativa, fechando, assim, o ciclo da regulação a que se propôs tratar a presente pesquisa.

Cabe aduzir, inicialmente, que para chegar ao pedido de registro é necessário que se percorra o caminho para a obtenção de um novo medicamento, cujo processo possui três fases: descoberta, desenvolvimento e registro no órgão regulador. A 'descoberta' é desenvolvida entre dois a quatro anos, envolvendo a identificação de novos alvos terapêuticos. O 'desenvolvimento' tem duração de oito a dez anos,

---

[361] Art. 6º da Lei nº 10.742, de 06.10.2003.

implicando na realização dos estudos não clínicos e clínicos. Os estudos clínicos são realizados em três fases, através de estudos em voluntários sadios para, preliminarmente, avaliar os aspectos de segurança, tolerabilidade e farmacocinética do fármaco; em seguida, vem a pesquisa clínica.[362] E a última fase está relacionada ao 'registro' do medicamento pela autoridade regulatória do país onde será comercializado, momento em que serão submetidos todos os dados coletados durante as fases de descoberta e desenvolvimento, para a avaliação e a aprovação do órgão regulador. Após a inserção do medicamento no mercado, são iniciados os estudos de pós-comercialização para obter-se mais informações de segurança e eficácia do medicamento, utilizando-se mecanismos de farmacovigilância.[363]

Pertinente ao registro, a ANVISA é o órgão responsável pelo registro de medicamentos no Brasil. A Resolução da Diretoria Colegiada (RDC) nº 136, de 29.05.2003, é a norma que estabelece todo o processo de registro de medicamentos novos, especificando: 1) medicamentos novos com princípios ativos sintéticos ou semissintéticos associados ou não; 2) novas formas farmacêuticas e concentrações, nova via de administração e indicações no país com princípios ativos sintéticos ou semissintéticos por parte de empresas não detentoras de registro inicial daquele(s) princípio(s) ativo(s); 3) produto resultante de: a) alteração de propriedades farmacocinéticas; b) retirada de componente ativo de produto já registrado; c) sais novos, isômeros, embora a entidade molecular correspondente já tenha sido autorizada.[364]

Quando do protocolo de pedido de registro de um medicamento novo, a empresa deverá protocolar um processo único, com relatórios em separado para cada forma farmacêutica, apresentando os seguintes documentos: a) Formulários de petição de registro; b) Via original do comprovante de recolhimento da taxa de fiscalização de vigilância sanitária; ou comprovante de isenção, quando for o caso; c) Cópia de Licença de Funcionamento da empresa (Alvará Sanitário) atualizada; d) Certificado de Responsabilidade Técnica, atualizado, emitido pelo

---

[362] A ANVISA exige como 'medidas antecedentes' ao registro de medicamentos, a apresentação dos protocolos de pesquisas clínicas e resultados do andamento destas pesquisas de acordo com a legislação, conforme estabelece a RDC nº 136, de 29.05.2003, da ANVISA.

[363] REDIGUIERI, Carolina Fracalossi; DIAS, Alessandra Paixão; GRADIM, Mariana Marins. Registro de medicamentos novos. In: VIEIRA, Fernanda Pires; REDIGUIERI, Camila Fracalossi; REDIGUIERI, Carolina Fracalossi (Orgs). A regulação de medicamentos no Brasil. *ArtMed*, 08/2013, p. 41-42. VitalBook file.

[364] Anexo da RDC nº 136, de 29.05.2003, da ANVISA.

Conselho Regional de Farmácia; e) Cópia do protocolo da notificação da produção de lotes-piloto; f) Certificado de Boas Práticas de Fabricação e Controle (BPFC) emitido pela ANVISA, para a linha de produção na qual o produto classificado como medicamento novo será fabricado, ou ainda, cópia do protocolo de solicitação de inspeção para fins de emissão do certificado de BPFC.[365]

Ainda no ato de protocolo do pedido de registro, o proponente deve apresentar relatório técnico, contendo: a) Dados gerais: texto de bula, esboço de "layout" de rótulo e embalagem; b) Prazo de validade; c) Relatório de ensaios pré-clínicos; d) Relatório de ensaios clínicos para comprovar a eficácia terapêutica de acordo com a legislação específica; e) No caso de associações medicamentosas, ou duas ou mais apresentações em uma mesma embalagem para uso concomitante ou sequencial, o proponente deve apresentar o resultado de estudos de biodisponibilidade relativa entre os princípios ativos associados, ensaios clínicos controlados para cada indicação terapêutica e estudos que demonstrem que a associação previna o advento de resistência microbiana quando se tratar de antibióticos; f) No caso de novas formas farmacêuticas, concentrações, nova via de administração e indicações no país com princípios ativos sintéticos ou semissintéticos; g) Relatório contendo o preço atualizado do medicamento no varejo, em países onde ele já esteja sendo comercializado, acompanhado da respectiva fonte de informação. Em caso de produto novo ainda não comercializado em outro País, encaminhar proposta de preço do produto no varejo; h) Informações técnicas do(s) princípio(s) ativo(s); i) Rota de síntese do fármaco; j) Farmacodinâmica; k) Farmacocinética de cada princípio ativo na formulação; l) Enviar informações adicionais de acordo com a legislação vigente sobre controle da Encefalopatia Espongiforme Transmissível, quando cabível; m) Relatório de produção; n) Controle de qualidade de todas as matérias-primas utilizadas; o) Controle de qualidade do produto terminado; p) Especificações do material de embalagem primária.[366]

Observadas as medidas antecedentes ao registro, bem como as medidas de registro, resta ainda especificar as medidas pós-registro, ou seja, as referentes a toda documentação e procedimentos que o proponente deve providenciar durante os quinquênios de vigência do registro. São medidas de pós-registro a renovação do registro e as

---

[365] Idem.
[366] Bis in idem.

modificações do registro, que abrangem as alterações, as inclusões, as suspensões, as reativações e os cancelamentos pós-registro de medicamentos.

Existem, ainda, procedimentos específicos de registro, para algumas espécies de medicamentos. É o caso dos medicamentos genéricos e similares. Medicamentos genéricos são os similares a um produto de referência ou inovador, que se pretende ser com estes intercambiáveis, geralmente produzidos após a expiração ou a renúncia da proteção patentária ou de outros direitos de exclusividade, sendo comprovada a eficácia, a segurança e a qualidade e designados pela Denominação Comum Brasileira (DCB) ou, na sua ausência, pela denominação comum internacional. Medicamentos similares são aqueles que contêm os mesmos princípios ativos, na mesma concentração, forma farmacêutica, via de administração, posologia e indicação que contém o medicamento de referência, podendo diferir somente em características relativas ao tamanho e à forma do produto, prazo de validade, embalagem, rotulagem, excipientes e veículos. Devem ser sempre identificados por nome comercial ou marca.[367]

A Lei nº 9.787, de 10.02.1999, representa o marco regulatório para os medicamentos genéricos e similares, estabelecendo denominações, conceitos e a condição intercambiável com o produto de referência.[368] Guardadas as semelhanças entre os genéricos e similares, percebe-se que requisitos regulatórios para o registro de medicamentos genéricos e similares não progrediram concomitantemente.[369]

A RDC nº 16, de 02.03.2007, da ANVISA, estabelece os procedimentos para o registro de medicamentos genéricos, mas nem todo medicamento pode ser registrado como genérico. De acordo com a RDC nº 16, não serão admitidos, para fins de registro como medicamento

---

[367] ROCHA, Daniela Barros; MELO, Sâmia Rocha de Oliveira; CASTELO BRANCO, Tereza Amanda Correia Lima. Registro de medicamentos genérico e similares. In: VIEIRA, Fernanda Pires; REDIGUIERI, Camila Fracalossi; REDIGUIERI, Carolina Fracalossi (Orgs). A regulação de medicamentos no Brasil. *ArtMed*, 08/2013, p. 58. VitalBook file.
O conceito de medicamentos genéricos e similares encontra-se estabelecido na Lei nº 9.787, de 10.02.1999.

[368] A comprovação da equivalência terapêutica entre dois medicamentos se dá por meio da comprovação da equivalência farmacêutica e da bioequivalência, quando aplicável. Um medicamento genérico ou similar é dito equivalente farmacêutico a um medicamento de referência se possui mesma forma farmacêutica, via de administração e quantidade da mesma substância ativa, isto é, mesmo sal ou éster da molécula terapêutica. Idem, p. 58.

[369] Bis in idem, p. 59.

genérico: 1) Medicamentos isentos de registro; 2) Soluções parenterais de pequeno volume (SPPV) e soluções parenterais de grande volume (SPGV) unitárias, isentas de fármacos, tais como água para injeção, soluções de glicose, cloreto de sódio, demais compostos eletrolíticos ou açúcares; 3) Produtos biológicos, imunoterápicos, derivados do plasma e sangue humano; 4) Produtos obtidos por biotecnologia, excetuando-se os antibióticos, fungicidas e outros, a critério da ANVISA; 5) Fitoterápicos; 6) Medicamentos que contenham vitaminas e/ou sais minerais; 7) Antissépticos de uso hospitalar; 8) Produtos com fins diagnósticos e contrastes radiológicos; 9) Medicamentos isentos de prescrição médica.[370]

Destaque-se ainda, sobre o registro de medicamentos genéricos, no caso os fabricados no exterior, são exigidos a mesma documentação para registro de medicamento genérico ou similar produzidos no Brasil, devendo a empresa importadora realizar novamente o controle de qualidade do medicamento no território nacional. Acrescente-se a isso, o estabelecido na Lei nº 6.360, de 23.09.1976, que o registro de drogas, medicamentos e insumos farmacêuticos de procedência estrangeira dependerá, além das condições, das exigências e dos procedimentos previstos, da comprovação de que já é registrado no país de origem.[371]

Sobre o registro de medicamentos fitoterápicos, o mesmo é regido pelo disposto na RDC nº 26, de 13.05.2014,[372] que define as categorias de medicamento fitoterápico e produto tradicional fitoterápico, estabelecendo os requisitos mínimos para o registro e a renovação de registro de medicamento fitoterápico, e para o registro, renovação de registro e notificação de produto tradicional fitoterápico.

De acordo com a RDC nº 26, são considerados medicamentos fitoterápicos os obtidos com emprego exclusivo de matérias primas ativas vegetais, cuja segurança e eficácia sejam baseadas em evidências clínicas e que sejam caracterizados pela constância de sua qualidade. Os produtos tradicionais fitoterápicos são aqueles obtidos com emprego exclusivo de matérias-primas ativas vegetais, cuja segurança e efetividade sejam baseadas em dados de uso seguro e efetivo publicados na literatura técnico-científica e que sejam concebidos para serem utilizados sem a vigilância de um médico para fins de diagnóstico, de prescrição ou de monitorização.[373]

---

[370] Regulamento Técnico para medicamentos genéricos – anexo da RDC nº 16, de 02.03.2007.
[371] Art. 18, *caput*, da Lei nº 6.360, de 23.09.1976.
[372] Disponível em: <http://portal.anvisa.gov.br>. Acesso em: 07 out. 2017.
[373] §§1º e 2º, do art. 2º, da RDC nº 26, de 13.05.2014.

Para o registro de medicamentos fitoterápicos,[374] o solicitante do registro deverá requerer à Farmacopeia Brasileira a inclusão dos constituintes do fitoterápico na lista da Denominação Comum Brasileira (DCB), caso esses ainda não estejam presentes nessa lista, devendo apresentar: I – formulários de petição; II – comprovante de pagamento da Taxa de Fiscalização de Vigilância Sanitária – TFVS e a respectiva Guia de Recolhimento da União – GRU, ou isenção, quando for o caso; III – cópia da autorização de funcionamento, emitida pela Anvisa para a empresa solicitante do registro do medicamento; IV – cópia do Certificado de Boas Práticas de Fabricação e Controle (CBPFC), válido, emitido pela ANVISA, para a linha de produção na qual o fitoterápico será fabricado, ou ainda, cópia do protocolo de solicitação de inspeção para fins de emissão do certificado de BPFC; V – relatório técnico separado para cada forma farmacêutica; e VI – cópia do Certificado de Responsabilidade Técnica (CRT), atualizado, emitido pelo Conselho Regional de Farmácia.

Em relação ao registro de medicamentos específicos,[375] a norma regente é a RDC nº 24, de 14.06.2011,[376] que define como medicamentos específicos os produtos farmacêuticos, tecnicamente obtidos ou elaborados com finalidade profilática, curativa ou paliativa, não enquadrados nas categorias de medicamento novo, genérico, similar, biológico, fitoterápico ou notificado, e cuja(s) substância(s) ativa(s), independentemente da natureza ou origem, não é passível de ensaio de bioequivalência frente a um produto comparador.[377]

Para o registro de medicamentos específicos, a empresa deverá protocolar um processo para cada medicamento específico, com relatórios separados para cada forma farmacêutica, apresentando: I – formulários de petição; II – via original do comprovante de recolhimento da taxa de fiscalização de vigilância sanitária, ou isenção, quando for o caso; III – cópia da licença de funcionamento da empresa (alvará sanitário), atualizada, ou protocolo da solicitação da renovação da

---

[374] Sobre o registro de medicamentos fitoterápicos, ver: CARVALHO, Ana Cecília Bezerra *et al*. Registro de medicamentos fitoterápicos. In: VIEIRA, Fernanda Pires; REDIGUIERI, Camila Fracalossi; REDIGUIERI, Carolina Fracalossi (Orgs). A regulação de medicamentos no Brasil. *ArtMed*, 08/2013. VitalBook file.

[375] Sobre o registro de medicamentos específicos, ver: VIANA, Leandro; MACHADO, Rodrigo Balbuena; MACIEL, Artur. Registro de medicamentos específicos. In: VIEIRA, Fernanda Pires; REDIGUIERI, Camila Fracalossi; REDIGUIERI, Carolina Fracalossi (Orgs). A regulação de medicamentos no Brasil. *ArtMed*, 08/2013. VitalBook file.

[376] Disponível em: <http://portal.anvisa.gov.br>. Acesso em: 07 out. 2017.

[377] §1º, do art. 3º, da RDC nº 24, de 14.06.2011.

referida licença; IV – cópia do CRT, atualizado, emitido pelo Conselho Regional de Farmácia; V – cópia do CBPFC, atualizado, emitido pela ANVISA para a linha de produção na qual o medicamento especifico será fabricado; e VI – relatório técnico.

Quanto ao registro de medicamentos dinamizados, a RDC nº 26, de 30.03.2007,[378] que define os medicamentos dinamizados, os medicamentos homeopáticos, antroposóficos e anti-homotóxicos, sendo passíveis de registro e notificação todas as formas farmacêuticas (glóbulos, comprimidos, pós, óvulos, supositórios, cremes, pomadas, géis, soluções orais, soluções injetáveis, soluções oftálmicas, soluções nasais e outras formas farmacêuticas), para uso interno e/ou externo. São preparados a partir de substâncias que são submetidas a triturações sucessivas ou diluições seguidas de sucção, ou outra forma de agitação ritmada, com finalidade preventiva ou curativa a serem administrados conforme a terapêutica homeopática, homotoxicológica e antroposófica.[379]

Para o registro de medicamentos dinamizados,[380] a empresa interessada em peticionar o registro ou a notificação de comercialização de medicamentos dinamizados industrializados deverá, com antecedência, notificar a produção de lotes-piloto, de acordo com o Guia para Notificação de Lotes Piloto de Medicamentos em vigor. Ainda para registro do medicamento homeopático, deverão ser obedecidas as codificações homeopáticas e a Farmacopeia Homeopática Brasileira, no que se refere à denominação, nomenclatura homeopática, escala e abreviatura, nome tradicional e símbolos.[381]

Sobre o registro de produtos biológicos, a RDC nº 55, de 16.12.2010, define como medicamentos biológicos as moléculas complexas de alto peso molecular, obtidas a partir de fluidos biológicos, tecidos de origem animal ou procedimentos biotecnológicos por meio de manipulação ou inserção de outro material genético (tecnologia do DNA recombinante) ou alteração dos genes que ocorrem devido à irradiação, produtos químicos ou seleção forçada.[382]

---

[378] Disponível em: <http://portal.anvisa.gov.br>. Acesso em: 07 out. 2017.
[379] Art. 1º, §§1º e 2º, e art. 2º da RDC nº 26, de 30.03.2007.
[380] Sobre registro de medicamentos dinamizados, ver: MORERA, Marcelo Camilo; MARQUES, Robelma France de Oliveira; ARAUJO, Ana Carolina Moreira Marino. Registro de medicamentos dinamizados. In: VIEIRA, Fernanda Pires; REDIGUIERI, Camila Fracalossi; REDIGUIERI, Carolina Fracalossi (Orgs). A regulação de medicamentos no Brasil. ArtMed, 08/2013. VitalBook file.
[381] Arts. 14 e 15, da RDC nº 26, de 30.03.2007.
[382] GAMA, Monique Monia Pontes; ANDREOLI, Silmara Cristiane da Silveira. Registro de produtos biológicos. In: VIEIRA, Fernanda Pires; REDIGUIERI, Camila Fracalossi;

Para que um produto biológico seja registrado, a empresa proponente tem que elaborar um dossiê de registro contendo a caracterização completa do produto e a descrição detalhada do processo produtivo, devendo, ainda, comprovar a consistência na fabricação do medicamento, além de evidências substanciais de segurança e eficácia, por meio de estudos pré-clínicos e clínicos, seguindo a legislação vigente.[383] Os registros são pertinentes às categorias de vacinas, soros hiperimunes, hemoderivados, bimedicamentos (classificados em medicamentos obtidos a partir de fluidos biológicos ou de tecidos de origem animal, medicamentos obtidos por procedimentos biotecnológicos), anticorpos monoclonais e medicamentos que contêm microrganismos vivos, atenuados ou mortos.[384]

Ainda relacionado ao registro de medicamentos, o processo regulatório inclui as 'alterações pós-registro',[385] regida pela RDC nº 48, de 06.10.2009,[386] relativas a: I. Alteração ou inclusão de local de embalagem secundária; II. Alteração ou inclusão de local de embalagem primária; III. Alteração menor do processo de produção; IV. Alteração ou inclusão de equipamento de embalagem primária; V. Alteração ou inclusão de equipamento com mesmo desenho e princípio de funcionamento; VI. Inclusão de tamanho de lote em até dez vezes; VII. Alteração menor de excipiente; VIII. Adequação de especificações e métodos analíticos a compêndio oficial ou estreitamento de faixa de especificação; IX. Exclusão de local de fabricação do fármaco ou local de embalagem primária ou local de embalagem secundária ou local de fabricação do produto; X. Redução do prazo de validade com manutenção dos cuidados de conservação.

Destarte, para uma empresa detentora de registro realizar modificações de fórmula, alteração de elementos de composição ou de seus quantitativos, adição, subtração ou inovação introduzidas na elaboração do medicamento ou alterações nas características originais

---

REDIGUIERI, Carolina Fracalossi (Orgs). A regulação de medicamentos no Brasil. *ArtMed*, 08/2013, p. 71. VitalBook file.

[383] Idem, p. 73.

[384] RDC nº 55, de 16.12.2010. Disponível em: <http://portal.anvisa.gov.br>. Acesso em: 07 out. 2017.

[385] Sobre registro de 'alterações pós-registro' de medicamentos, ver: SOUSA, Claudiosvam M. A.; ROCHA, Daniela Barros; CASTILHO, Patrícia Fernandes Nantes de. In: VIEIRA, Fernanda Pires; REDIGUIERI, Camila Fracalossi; REDIGUIERI, Carolina Fracalossi (Orgs). A regulação de medicamentos no Brasil. *ArtMed*, 08/2013. VitalBook file.

[386] Disponível em: <http://portal.anvisa.gov.br>. Acesso em 07.10.2017. Acesso em: 07 out. 2017.

do medicamento inicialmente registradas, necessário se faz a obtenção de autorização prévia da ANVISA. Essa medida de fiscalização objetiva o acompanhamento pelo setor regulatório, do seu ciclo de vida do medicamento, bem como, para aferir as razões econômicas relacionadas à redução de custos de produção, à racionalização e às melhorias de processos produtivos, à ampliação do parque fabril, às fusões, às incorporações, às transferências de marcas entre empresas e adequações relacionadas.[387]

Outro importante aspecto na regulação de medicamentos se refere ao desenvolvimento de um novo produto e seu respectivo registro. A RDC nº 60, de 10.10.2014,[388] cujo objetivo é estabelecer os critérios e a documentação mínima necessária para a concessão e a renovação do registro de medicamentos com princípios ativos sintéticos e semissintéticos, classificados como novos, genéricos e similares, visando garantir a qualidade, a segurança e a eficácia destes medicamentos.

Neste sentido, se reveste em atividade de extrema importância para a saúde pública o desenvolvimento de novos medicamentos, bem como, do ponto de vista econômico, a movimentação do mercado, a atuação das empresas e a competitividade, fatores determinantes para o resultado da qualificação do novo medicamento que estará disponível à comunidade. Representa uma atividade cientificamente planejada e controlada, com a utilização de tecnologia farmacêutica avançada,

> direcionada para a determinação dos parâmetros críticos de qualidade, desde a concepção até o produto final, visando à eliminação ou à redução de eventuais problemas decorrentes de síntese/extração ou purificação de insumo farmacêutico ativo (IFA), fármaco ou princípio ativo do processo ou da formulação.[389]

É importante destacar que a requisição para o desenvolvimento de produtos envolve diferentes ações no âmbito da ciência farmacêutica, pois enseja a criação, a igualação ou a suplantação de algo já existente. Considere-se, também, os aspectos mercadológicos no setor econômico de medicamentos, a competição empresarial da indústria farmacêutica, a atuação do poder público, inclusive, na produção, os aspectos

---

[387] Op. cit., p. 157.
[388] Disponível em: <http://portal.anvisa.gov.br>. Acesso em: 07 out. 2017.
[389] CALIXTO, Jair; ZARDO, Humberto. Desenvolvimento de produtos. In: VIEIRA, Fernanda Pires; REDIGUIERI, Camila Fracalossi; REDIGUIERI, Carolina Fracalossi (Orgs). A regulação de medicamentos no Brasil. ArtMed, 08/2013, p. 174. VitalBook file.

tecnológicos e tantos outros que tornam complexo o desenvolvimento e o registro de novos produtos.

Parte integrante da regulação de medicamentos diz respeito às bulas e rótulos, cujo conteúdo se reveste em informações absolutamente necessárias para o uso, bem como para a precaução do manuseio, sendo imprescindível para a comercialização de medicamentos, informações de necessário fornecimento aos cidadãos. A partir da edição da Lei de criação do SUS (Lei nº 8.080/90) e do Código de Defesa do Consumidor (Lei nº 8.078/90), a acessibilidade às informações sobre medicamentos por meio das 'bulas e rótulos'[390] ganhou força ao exercício da cidadania.[391] As bulas contêm informações mais detalhadas, enquanto que os rótulos apresentam informações resumidas, identificando o medicamento, alertando sobre o seu uso para populações especiais, orientando acerca do correto armazenamento e possibilitando o rastreamento de sua origem.

Duas normas incidem sobre as bulas e os rótulos, quais sejam: a Lei nº 6.360, de 23.09.1976,[392] e a RDC nº 47, de 08.09.2009.[393] A Lei nº 6.360/1976 remete a questões mais gerais de proibições, como por exemplo, a indução a erro em rótulos e embalagens, ou anúncio em bulas de modificações não autorizadas que ensejam o cancelamento do registro. Já a RDC nº 47 estabelece regras para elaboração, harmonização, atualização, publicação e disponibilização de bulas de medicamentos para pacientes e profissionais de saúde, definindo conceitos básicos, tais como: a) bula – documento legal sanitário que contém informações técnico-científicas e orientadoras sobre os medicamentos para o seu uso racional; b) embalagem – invólucro, recipiente ou qualquer forma de acondicionamento removível, ou não, destinado a cobrir, empacotar, envasar, proteger ou manter, especificamente ou não, medicamentos; c) rótulos do medicamento – substituem as informações de bulas, de acordo com norma específica, e seus textos devem ser submetidos eletronicamente à ANVISA.[394]

---

[390] Sobre bulas e rótulos, ver: CRUZ, Flávia Moreira; CALDEIRA, Telma Rodrigues; REDIGUIERI, Carolina Fracalossi. Bulas e rótulos. In: VIEIRA, Fernanda Pires; REDIGUIERI, Camila Fracalossi; REDIGUIERI, Carolina Fracalossi (Orgs). A regulação de medicamentos no Brasil. *ArtMed*, 08/2013. VitalBook file.

[391] Idem, p. 506.

[392] Disponível em: <http://www.planalto.gov.br>. Acesso em: 07 out. 2017.

[393] Disponível em: <http://portal.anvisa.gov.br>. Acesso em: 07 out. 2017.

[394] Arts. 4º e 19, da RDC nº 47, de 08.09.2009.

Infere-se da RDC nº 47, em relação às bulas, o estabelecimento de regras para a definição da forma, especificando-se o tipo e o tamanho de letra, a cor de impressão e outros parâmetros para a diagramação; a estruturação do conteúdo, reorganizando as informações para um texto mais coerente, objetivo e direcionado às necessidades de cada público; a separação do conteúdo das bulas para o paciente por formas farmacêuticas; o agrupamento das informações referentes a precauções e advertências em um único item de bula; a alteração da forma de apontamento da indicação terapêutica; e a separação das alterações de texto de bulas em dois tipos: passíveis de notificação e de petição; a instituição do guia de submissão eletrônica de bulas; a permissão de disponibilização das bulas nos sites das empresas; a exigência de bula para os medicamentos dispensados apenas em embalagem primária, ou seja, sem embalagem secundária; a exigência de bulas em formato especial para as pessoas portadoras de deficiência visual; a definição dos prazos para adequação e disponibilização das bulas nos diferentes meios.[395]

Informa-se, que as bulas para o paciente são separadas das bulas para os profissionais de saúde e estão disponíveis apenas nas embalagens que o paciente leva ao adquirir o medicamento. De acordo com a normatização indicada, as bulas devem apresentar linguagem adequada, texto acessível ao leitor e termos técnicos explicados com sinônimos populares ou frases. Além de serem organizadas na forma de pergunta e resposta, devem constar nelas apenas informações sobre o medicamento que acompanham.[396]

O caminho percorrido na cadeia regulatória perpassa desde a produção do insumo farmacêutico até a dispensação medicamentosa, conforme se aduziu anteriormente, onde diversos agentes desempenham atividades complexas, que necessitam apresentar qualidade para tornar o medicamento eficaz e acessível. Mas, nesse desempenho produtivo podem ocorrer erros, e é por esse motivo que tais atividades, para serem exercidas, possuem regramento específico, com os requisitos necessários que devem ser preenchidos pelas empresas do setor. No caso da atividade de fabricação, os procedimentos estabelecidos são os atinentes às 'boas práticas de fabricação' (BPF). Outras regras semelhantes são exigidas de cumprimento aos fabricantes de insumos farmacêuticos ativos.[397]

---

[395] Op. cit., p. 509.
[396] Id. ibid., p. 510.
[397] VOGLER, Marcelo. Inspeção de boas práticas de fabricação. In: VIEIRA, Fernanda Pires; REDIGUIERI, Camila Fracalossi; REDIGUIERI, Carolina Fracalossi (Orgs). A regulação de medicamentos no Brasil. *ArtMed*, 08/2013. VitalBook file.

No caso da regulação de medicamentos, ainda estão relacionadas às atividades de distribuição e armazenagem, as atividades de transporte, de comercialização de medicamentos no varejo, de manipulação de preparações magistrais e oficinais, cada qual com as boas práticas respectivas.

Apesar de todas as atividades desempenhadas inadequadamente causarem risco à qualidade do medicamento, há consenso sobre o fato de a atividade de fabricação ser a mais complexa delas e representar grande preocupação para as autoridades sanitárias.[398]

As boas práticas de fabricação (BPF) são regidas pela RDC nº 17, de 16.04.2010,[399] que dispõe sobre as boas práticas de fabricação, cujo objetivo é estabelecer os requisitos mínimos a serem seguidos na fabricação de medicamentos para padronizar a verificação do cumprimento das Boas Práticas de Fabricação de Medicamentos (BPF) de uso humano durante as inspeções sanitárias,[400] destacando-se que a norma regente estabelece a obrigatoriedade de implantação de uma 'política de qualidade', a 'garantia de qualidade'. Define, assim, a RDC nº 17, como sendo boas práticas de fabricação, a parte da Garantia da Qualidade que assegura que os produtos são consistentemente produzidos e controlados com padrões de qualidade apropriados para o uso pretendido e requerido pelo registro.[401]

Mas, para se aferir a eficácia dos medicamentos que são registrados, o atendimento às boas práticas de fabricação, até chegar à sua dispensação, há um longo caminho que os antecedem, representado pela fase da 'pesquisa clínica', de relação direta com a regulação de medicamentos.

A pesquisa clínica é regida pela RDC nº 39, de 05.06.2008,[402] que estabelece o conceito de pesquisa clínica como sendo qualquer investigação em seres humanos, envolvendo intervenção terapêutica e diagnóstica com produtos registrados ou passíveis de registro, objetivando descobrir ou verificar os efeitos farmacodinâmicos, farmacocinéticos, farmacológicos, clínicos e/ou outros efeitos do(s) produto(s) investigado(s), e/ou identificar eventos adversos ao(s) produto(s) em investigação, averiguando sua segurança e/ou eficácia, que poderão subsidiar o seu registro ou a alteração deste junto à

---

[398] Idem, p. 529.
[399] Disponível em: <http://www.planalto.gov.br>. Acesso em: 07 out. 2017.
[400] Art. 1º, da RDC nº 17, de 16.04.2010.
[401] Art. 13, da RDC nº 17, de 16.04.2010.
[402] Disponível em: <http://www.planalto.gov.br>. Acesso em: 07 out. 2017.

ANVISA. Os ensaios podem enquadrar-se em quatro grupos: estudos de farmacologia humana, estudos terapêuticos ou profiláticos de exploração, estudos terapêuticos ou profiláticos confirmatórios e os ensaios pós-comercialização.[403]

Atuam sobre as pesquisas clínicas realizadas no Brasil, o Comitê de Ética em Pesquisa (CEP), em algumas hipóteses, a Comissão Nacional de Ética em Pesquisa (CONEP), do Ministério da Saúde e, ainda, a autoridade reguladora – a ANVISA.

O Comitê de Ética em Pesquisa (CEP), colegiado interdisciplinar e independente, deve fazer parte das instituições que realizam pesquisas envolvendo seres humanos no Brasil, cujo objetivo é defender os interesses dos sujeitos em sua integridade e dignidade, contribuindo para o desenvolvimento da pesquisa dentro dos padrões éticos, segundo as Normas e Diretrizes Regulamentadoras da Pesquisa Envolvendo Seres Humanos, estabelecida na Resolução nº 196, de 10.10.1996,[404] do Conselho Nacional de Saúde – CNS.

A Comissão Nacional de Ética em Pesquisa (CONEP) é uma comissão do Conselho Nacional de Saúde criada pela Resolução nº 196/96, e tem a função de implementar as normas e diretrizes regulamentadoras de pesquisas envolvendo seres humanos, aprovadas pelo Conselho, tendo funções consultiva, deliberativa, normativa e educativa, atuando conjuntamente com uma rede de Comitês de Ética em Pesquisa (CEP), organizadas nas instituições onde as pesquisas se realizam.[405]

Quando a pesquisa tratar de produto sujeito a registro, a pesquisa clínica deve ser autorizada pela ANVISA. Com efeito, o Sistema CEP/CONEP possui competência avaliativa, do ponto de vista ético, objetivando proteger os seres humanos participantes da pesquisa, com base em princípios da bioética. No caso da ANVISA, a agência é competente para avaliar a metodologia e os aspectos sanitários das pesquisas, para obter informações que serão utilizadas quando da concessão ou não do registro de medicamentos.[406]

Finalizando a regulação de medicamentos no país, abordam-se os aspectos relacionados à publicidade de medicamentos, matéria que

---

[403] Art. 8º, inc. XVIII, da RDC nº 39, de 05.06.2008.
[404] SOBRAL, Flávia Regina Souza; VIANA, Fanny Nascimento Moura. Requisitos regulatórios para a pesquisa clínica. In: VIEIRA, Fernanda Pires; REDIGUIERI, Camila Fracalossi; REDIGUIERI, Carolina Fracalossi (Orgs). A regulação de medicamentos no Brasil. *ArtMed*, p. 211, 08/2013. VitalBook file.
[405] Disponível em: <http://portal2.saude.gov.br/sisnep>. Acesso em: 07 out. 2017.
[406] Op. cit., p. 211.

também se encontra relacionada ao complexo campo regulatório, na forma aqui articulada.

Duas normas básicas regem a publicidade do setor de medicamentos, quais sejam: a Lei nº 6360, de 23.09.1976,[407] dispondo sobre a Vigilância Sanitária a que ficam sujeitos os medicamentos, as drogas, os insumos farmacêuticos e correlatos, os cosméticos, os saneantes e outros produtos, e a RDC nº 96, de 17.12.2008,[408] trata da propaganda, publicidade, informação e outras práticas cujo objetivo seja a divulgação ou a promoção comercial de medicamentos.

De acordo com o estabelecido na RDC nº 96, de 17.12.2008, propaganda/publicidade, para a ANVISA, é o conjunto de técnicas e atividades de informação e persuasão com o objetivo de divulgar conhecimentos, tornar mais conhecido e/ou prestigiado determinado produto ou marca, visando exercer influência sobre o público por meio de ações que objetivem promover e/ou induzir à prescrição, dispensação, aquisição e utilização de medicamento.[409]

De acordo com o órgão regulador, somente é permitida a propaganda ou a publicidade de medicamentos regularizados na ANVISA, devendo ser procedente de empresas regularizadas perante o órgão sanitário competente. As alegações presentes na peça publicitária, referentes à ação do medicamento, indicações, posologia, modo de usar, reações adversas, eficácia, segurança, qualidade e demais características do medicamento, devem ser compatíveis com as informações registradas na ANVISA.[410]

No Brasil, é permitido realizar a publicidade de medicamentos e divulgar seus preços desde que seja seguida a legislação sanitária vigente, que estabelece restrições, bem como informações obrigatórias, sendo a ANVISA o órgão federal responsável pelo monitoramento e pela fiscalização dessa atividade no País.

As normas para divulgação de medicamentos variam de acordo com a classificação destes quanto à prescrição e à dispensação. Assim, é possível dividi-los em dois grandes grupos: 1) Medicamentos de venda isentos de prescrição médica (MIP): são aqueles que podem ser adquiridos e utilizados pela população sem prévia consulta ao médico ou cirurgião-dentista; 2) Medicamentos de venda sob prescrição médica

---

[407] Disponível em: <http://www.planalto.gov.br>. Acesso em: 07 out. 2017.
[408] Disponível em: <http://portal.anvisa.gov.br>. Acesso em: 07 out. 2017.
[409] Art. 2º, da RDC nº 96, de 17.12.2008.
[410] Art. 3º, §§1º e 2º, da RDC nº 96, de 17.12.2008.

(MSPM), incluindo aqueles sujeitos a controle especial, que somente podem ser adquiridos mediante a apresentação da prescrição/receita.[411]

Mesmo no caso dos medicamentos de venda sob prescrição, a publicidade deve apresentar informações importantes para uma prescrição correta e fornecer esclarecimentos para o profissional de saúde, tanto sobre as situações em que o medicamento deve ser utilizado ou evitado, quanto sobre os demais riscos do produto.

Para o aspecto da publicidade em medicamentos, deve ser considerado, ainda, as peculiaridades do mercado consumidor brasileiro, diante de um sistema público de saúde com sérias deficiências, bem como de um público consumidor, na grande maioria com limitações de escolaridade e de informações, sem acesso a consultas médicas, com a prática da automedicação, desempenhando a publicidade, portanto, papel de fundamental importância na escolha do medicamento, ressalte-se, por um público-alvo majoritariamente frágil e de fácil convencimento, que será capturado pelas informações veiculadas nas peças publicitárias, que podem acarretar riscos à saúde, nas hipóteses de uso de medicamento contraindicado para determinados pacientes, para indicações não previstas, ou ainda, em dosagem superior ou inferior às recomendadas para os mesmos.[412]

Com efeito, percebe-se que a regulação de medicamentos encontra-se estratificada em uma rede complexa e de extensa capilaridade, com vários órgãos atuando no processo regulatório. Apesar da ANVISA figurar como órgão coordenador do sistema, não é o único órgão que atua na regulação de medicamentos, destacando-se o Ministério da Saúde, o INPI, a Câmara de Regulação do Mercado de Medicamentos, dentre outros. Aliás, restou evidenciado o papel relevante desempenhado pela agência, seu fortalecimento estrutural de atuação na direção do Sistema Nacional de Vigilância Sanitária ao longo do tempo, destacando-se como a maior agência reguladora do país.

Apesar dos avanços e dos esforços empreendidos pela ANVISA, é perceptível a necessidade de constante atualização das normas regentes da regulação, da necessidade cada vez maior de participação social na estrutura da agência e no processo decisório da regulação

---

[411] COLLANI, Mariana Adelheit Von; TOKARSKI, Patrícia Domingues Masera. Publicidade de medicamentos. In: VIEIRA, Fernanda Pires; REDIGUIERI, Camila Fracalossi; REDIGUIERI, Carolina Fracalossi (Orgs). A regulação de medicamentos no Brasil. ArtMed, 08/2013, p. 586. VitalBook file.

[412] Idem, p. 586.

de medicamentos.[413] A agência foi criticada, por exemplo, quando da divulgação do Relatório do Programa de Análises de Resíduos de Agrotóxicos em Alimentos,[414] quando propôs o funcionamento dos serviços de vacinação em farmácias,[415] ou ainda, por liberar medicamento chinês.[416]

Mais do que críticas, a ANVISA foi demandada judicialmente pela Associação Brasileira da Indústria de Alta Tecnologia de Equipamentos, Produtos e Suprimentos Médico-Hospitalares (ABIMED), por atraso na liberação de registros, prazos não cumpridos e represamento de demandas, que conseguiu o direito de ter os certificados de boas práticas de fabricação e controle (CBPF) substituídos pelo seu congênere americano (GPM), emitido pelo respeitado *US Food and Drug Administration* (FDA), tendo registro de dezenas de ações no Judiciário contra a ANVISA, por atraso na emissão de certificados e registros.[417] A ANVISA é extremamente estruturada, ocupando o primeiro lugar dentre as agências reguladoras brasileiras em dimensão e número de funcionários, mas não tem conseguido responder às demandas, por exemplo, da fiscalização da indústria farmacêutica, na realização de inspeções e certificações.

Tratou-se, aqui, da regulação de medicamentos em espécie, do arcabouço normativo sobre cada medicamento, das boas práticas de fabricação, da pesquisa clínica, destacando a necessidade de permanente atualização da regulação, do registro de cada espécie de medicamento, das medidas pós-registro, da publicidade de medicamentos, das bulas e rótulos, bem como, ainda, da necessidade de formulação de políticas públicas de acessibilidade aos medicamentos, diante de um mercado

---

[413] A OCDE, no 'Relatório sobre a Reforma Regulatória no Brasil, fortalecendo a governança para o crescimento', de 2007, dentre as suas conclusões, constata: "Se, por um lado, existem estruturas relativamente organizadas para preparar os atos regulatórios, com mecanismos informais de consulta e alguns procedimentos de controle de qualidade, por outro, o Brasil necessita fazer o uso sistemático de diferentes ferramentas de qualidade regulatória. A consulta pública poderia ser aproveitada mais plenamente. Mesmo ao assegurar o acesso por meios eletrônicos, garantir a participação efetiva dos cidadãos, o procedimento de consulta pública continua sendo um desafio. O baixo nível de participação social pode ser comparado à dificuldade de representação da sociedade civil". Disponível em: <http://www.seae.fazenda.gov.br>. Acesso em: 10 out. 2017. p. 8.

[414] Disponível em: <https://www.idec.org.br>. Acesso em: 10 out. 2017.

[415] Disponível em: <http://agenciabrasil.ebc.com.br>. Acesso em: 10 out. 2017.

[416] Disponível em: <http://www2.camara.leg.br>. Acesso em: 10 out. 2017.

[417] Disponível em: <http://www.diagnosticoweb.com.br/noticias/gestao/anvisa-x-industria-um-embate-anunciado.html>. Acesso em: 10 out. 2017.

extremamente globalizado, tendo sido apresentado os dois eixos da Política Nacional de Saúde para o setor, quais sejam: a Política Nacional de Medicamentos e a Política de Assistência Farmacêutica, com as diretrizes regulatórias.

Dotar de maior legitimidade e participação social a regulação de medicamentos e atualizar a normatização do setor são desafios prementes que o país precisa enfrentar no aprimoramento da regulação setorial.

O fato inequívoco do crescimento do mercado de medicamentos no país, da participação pública na produção e na elaboração de políticas inclusivas, de acessibilidade, são também referenciais a serem considerados no contexto do poder político regulatório. A nova arquitetura administrativa, que hoje gerencia a regulação do setor de medicamentos, na qual se encontra inserida a atuação econômica da poderosa indústria farmacêutica, deve seguir os eixos do Poder central, que não pode, qualquer que seja o governo, afastar-se dos objetivos constitucionais, atendendo somente a lógica mercantilista e regulatória do mercado, mas, sobretudo, seguir da direção do aperfeiçoamento da regulação, sem perder de mira o que os medicamentos representam para o social, para a redução de problemas de saúde com os quais grande parte da população brasileira das camadas mais pobres ainda se encontram vergonhosamente submetidas em nosso Sistema Único de Saúde.

Enfrentada a regulação no Brasil, as especificidades da regulação de medicamentos, importa, a partir deste momento, adentrar-se nos meandros da regulação estadunidense, no desenho institucional que o país mais desenvolvido economicamente formatou ao longo de sua história, procurando tratar, de maneira análoga, os temas regulatórios que se abordou sobre o Brasil.

CAPÍTULO 4

A REGULAÇÃO NOS ESTADOS UNIDOS DA AMÉRICA

4.1 Contexto histórico e aspectos constitucionais da regulação norte-americana

A regulação estadunidense tem como marco histórico o ano de 1887, momento em que foi instituída a *Interstate Commerce Act*[418] (Lei de Comércio Interestadual), Lei Federal cuja finalidade era a regulamentação dos serviços interestaduais das ferrovias,[419] notadamente, para coibir as práticas monopolísticas e discriminatórias[420] do setor. Esse mesmo diploma legal criou a *Interstate Commerce Commission*, primeira agência reguladora norte-americana, cujo propósito inicial era a regulamentação das ferrovias, de forma a dar efetividade ao disposto na *Interstate Commerce Act* e garantir tarifas justas, eliminando a discriminação tarifária que predominava nesse setor da economia americana.

---

[418] *Interstate Commerce Act* of 1887, ch. 104, 24 Stat. 379, approved 1887-02-04.
[419] Ver por outros: ARAGÃO, Alexandre Santos. As agências reguladoras independentes e a separação de poderes: uma contribuição da teoria dos ordenamentos setoriais. *Revista Diálogo Jurídico*, Salvador: Direito Público, n. 13, p. 7, abr./mai. 2002.
[420] O art. 2º (Sec. 2), do *Interstate Commerce Act*, dispõe: That if any common carrier subject to the provisions of this act shall, directly or indirectly, by any special rate, rebate, drawback, or other device, charge, demand, collect, or receive from any person or persons a greater or less compensation for any service rendered, or to be rendered, in the transportation of passengers or property, subject to the provisions of this act, than it charges, demands, collects, or receives from any other person or persons for doing for him or them a like and contemporaneous service in the transportation of a like kind of traffic under substantially similar circumstances and conditions, such common carrier shall be deemed guilty of unjust discrimination, which is hereby prohibited and declared to be unlawful. Disponível em: <http://www.u-s-history.com>. Acesso em: 13 out. 2017.

A doutrina norte-americana indica que, antes mesmo da criação da *Interstate Commerce Commission*, o governo já havia iniciado um processo de regulação, ainda incipiente, mas reconhece que a ICC foi o marco do início da regulação do direito administrativo norte-americano. Nesse sentido, Bernard Schwartz, sustenta:

> Well before the setting up of the Interstate Commerce Commission (ICC) in 1887 – the date usually considered the beginning of American administrative law – agencies were established which possessed the rule-making and/or adjudicatory powers that are usually considered to be characteristic of the administrative agency. Modern American administrative law, nevertheless, may be said to start with the Interstate Commerce Commission, the archetype of the contemporary administrative agency in the United States. 1t has served as the model for a host of federal and state agencies vested with delegated powers patterned after those conferred upon the first federal regulatory commission.[421]

É importante destacar que a criação de uma agência no século XIX revelou a disposição do governo norte-americano da época de intervir nas relações econômicas,[422] considerando a necessidade de regular o setor, diante da existência de conflitos de interesses das companhias que atuavam no serviço interestadual de transporte ferroviário. Esse conflito reportava-se ao poderio econômico e ao oligopólio exercido pelas grandes ferrovias, fazendo-se necessária, portanto, a intervenção estatal para organizar o setor de forma a contemplar os transportadores de menor porte que sofriam discriminação na política tarifária, que privilegiava as grandes ferrovias nos serviços de fretes. A *Interstate Commerce Commission* foi criada, portanto, para atuar com independência

---

[421] "Bem antes da criação da Comissão Interestadual de Comércio (ICC) em 1887 – data geralmente considerada como o início do direito administrativo americano – , foram criadas agências que possuíam poderes normativos e/ou adjudicatórios que normalmente são considerados características da agência administrativa. O direito administrativo americano moderno começa, portanto, com a Comissão Interestadual de Comércio, o arquétipo da agência administrativa contemporânea nos Estados Unidos. Isso serviu de modelo para uma série de órgãos federais e estaduais investidos de poderes delegados, padronizados após aqueles conferidos à primeira comissão federal de regulamentação". Tradução nossa. SCHWARTZ, Bernard. *American administrative law*: an overview. Disponível em: <www.austlii.edu.au/au/journals/AdminRw/1996/2.pdf>. Acesso em: 13 out. 2017.

[422] Sobre esse aspecto, ver: BINENBOJM, Gustavo. *Uma teoria do Direito Administrativo*: direitos fundamentais, democracia e constitucionalização. 3. ed. Rio de Janeiro: Renovar, 2014.

política, pois sua composição era formada por especialistas do setor ferroviário.[423]

Nas décadas de 1850 e 1860, o sistema ferroviário norte-americano viveu seu auge no século XIX, sucedendo, assim, o período entre 1829 e 1830, que pontuou o crescimento do transporte ferroviário, onde ocorreram fusões, falências e encampações de empresas ferroviárias, dando origem às grandes corporações ferroviárias. As dívidas e falências das ferrovias geraram graves prejuízos para financiadores, acionistas, bancos, governos, clientes, empregados e fornecedores. Destaca-se, que os construtores (dirigentes) do processo ferroviário "tiveram amplo apoio do erário público dos governos nacional e estaduais (nas formas de subsídios, doações de terras, liberação de tarifas, perdão de dívidas, garantias, isenção de impostos, etc.), além de favores menores de governos locais".[424]

Parte da base teórica que representa esse movimento de mudança na forma de administração estatal norte-americana, ou seja, o debate entre o *Public Service orientation* e o *Public Management orientation*, tem como marco histórico o pensamento de Woodrow Wilson, na publicação de seu artigo "The study of Administration", em 1887, no qual defendia, de forma mais adequada, a separação entre a política e a administração,[425] através de ajustes nas funções executivas, e prescrevia melhores métodos de organização e ação executiva.

---

[423] Sobre esse aspecto histórico-econômico, ver: BREYER, Stephen G. *et al*. *Administrative law and regulatory policy*: problems, text, and cases. Nova York: Aspen, 2006. p. 16-17.

[424] DRUMOND, José Augusto. *As grandes ferrovias e o capitalismo monopolista nos EUA do século XIX*. Disponível em: <http://www.scielo.br/pdf/topoi/v14n26/1518-3319>. Acesso em: 12 out. 2017.

[425] Woodrow Wilson sustentava: "The field of administration is a field of business. It is removed from the hurry and strife of politics; it at most points stands apart even from the debatable ground of constitutional study. It is a part of political life only as the methods of the counting-house are a part of the life of society; only as machinery is part of the manufactured product. But it is, at the same time, raised very far above the dull level of mere technical detail by the fact that through its greater principles it is directly connected with the lasting maxims of political wisdom, the permanent truths of political progress. The object of administrative study is to rescue executive methods from the confusion and costliness of empirical experiment and set them upon foundations laid deep in stable principle. It is for this reason that we must regard civil-service reform in its present stages as but a prelude to a fuller administrative reform. We are now rectifying methods of appointment; we must go on to adjust executive functions more fitly and to prescribe better methods of executive organization and action. Civil-service reform is thus but a moral preparation for what is to follow. It is clearing the moral atmosphere of official life by establishing the sanctity of public office as a public trust, and, by making the service unpartisan, it is opening the way for making it businesslike. By sweetening its motives it is rendering it capable of

Isso vem a demonstrar que a gênese da regulação norte-americana, em seu contexto histórico-econômico conflituoso no setor ferroviário expansionista e monopolista àquela época, nasce também como resultado da pressão da sociedade civil e consolida-se, desde sua origem, como uma política de intervenção estatal que proliferava via estruturas burocráticas de regulação, sem intervenção direta na economia.[426]

Com efeito, depreende-se do ambiente histórico, que a iniciação regulatória dos Estados Unidos da América foi concretizada pelo Poder Público ao instituir uma entidade administrativa de natureza independente, cuja expansividade e formatação de suas características regulatórias mais marcantes irão ocorrer após o *New Deal*.

É o *New Deal*,[427] portanto, que apresenta o cenário com as feições mais próximas das atuais, de que são dotadas as agências reguladoras independentes, como elemento integrante da Administração Pública estadunidense, período que adiante receberá maior detença, haja vista ter sido o momento de maior proliferação das agências reguladoras norte-americanas, e onde a concepção regulatória se configurou com mais desenvoltura, enquanto pensamento estruturante da Administração Pública.

Na gestão do Presidente Franklin Roosevelt (1933-1945), quando da implementação dos programas de seu governo, que tinham como pano de fundo a revisão do capitalismo liberal e dos *standards* jurídicos representativos do *common law*, tais propostas governistas necessitavam

---

improving its methods of work. Let me expand a little what I have said of the province of administration. Most important to be observed is the truth already so much and so fortunately insisted upon by our civil-service reformers; namely, that administration lies outside the proper sphere of politics. Administrative questions are not political questions. Although politics sets the tasks for administration, it should not be suffered to manipulate its offices". WILSON, Woodrow. The study of administration. In: *Political science quarterly*, v. 2, n. 2, jun. 1887, p. 209-210. Disponível em: <http://www.jstor.org/stable/2139277>. Acesso em: 13 out. 2017.

[426] PECI, Alketa. Regulação e administração pública. In: GUERRA, Sérgio (Org.). *Regulação no Brasil*: uma visão multidisciplinar. Rio de Janeiro: Editora FGV, 2014. p. 61.

[427] *New Deal*: "programas e políticas introduzidos na década de 30 para promover a recuperação econômica e a reforma social de Franklin Roosevelt". STRAUSS, Peter L. O acesso do público a materiais de regulamentação e seu papel no desenvolvimento desses materiais. In: FIGUEIREDO, Marcelo (Org.). *Direito e regulação no Brasil e nos EUA*. São Paulo: Malheiros Editores, 2004. p. 40.
Para Cass Sustein, o *New Deal* foi "o período inicial de crescimento das agências reguladoras que ocorreu antes do *New Deal*, no final do século XIX e nas duas primeiras décadas do século XX". SUSTEIN, Cass R. O constitucionalismo após o The New Deal. In: MATTOS, Paulo (Coord.). *Regulação econômica e democracia – o debate norte-americano*. (Trad. Jean Paul Cabral Veiga da Rocha). São Paulo: Editora 34, 2004. p. 203.

de um novo cenário institucional, que reorientasse a Administração Pública para assumir novéis papéis, notadamente, nas atribuições e no desempenho do Executivo, com o desenho institucional e características regulatórias das agências independentes que, em seu nascedouro, foram concebidas para atuar com neutralidade e especialidade técnica de gestão, diante do quadro de profunda transformação econômica pelo qual passava os Estados Unidos da América àquela altura, a exigir respostas céleres e eficazes, destacadamente, nos aspectos econômico e social.

Nesta direção, torna-se relevante se fazer expressa referência de que, historicamente, o surgimento dessas entidades independentes e a criação de um núcleo de poder político-administrativo representado pelas agências estão relacionados aos marcos históricos da experiência norte-americana, de onde se inferem os movimentos sociais, econômicos e políticos de cada período.

Destarte, sobre essa cronologia, destaca-se que, entre a promulgação da Constituição e o término da Guerra Civil, foram criadas onze agências reguladoras. No período de 1865 até o final do século XIX, seis agências foram instituídas. Entre o início do século XX e a Primeira Guerra Mundial foram criadas nove agências. De 1918 até a grande depressão de 1929, mais nove agências reguladoras surgiram. Já no período de 1930 a 1940, que compreende ao *New Deal*, um total de dezessete agências foram criadas, destacando-se, entre elas: *Federal Home Loan Bank Board* (1932); *Public Works Administration* (1933); *Tennessee Valley Authority* (1933); *Civil Works Administration* (1933); *Rural Electrification Administration* (1933); *Civilian Conservation Corps* (1933); *Federal Deposit Insurance Corporation* (1933); *Securities and Exchange Commission* (1934); *National Labor Relations Board* (1934); *Federal Housing Administration* (1934); *Social Security Administration* (1935); *Federal Power Commission* (1935); *Federal Communication Commission* (1936); *Soil Conservation Service* (1938).[428]

Reitere-se que, embora a *Interstate Commerce Commission* (ICC) de 1887, a *Federal Trade Commission* (FTC) de 1914 e a *Federal Radio Commission* (FRC) de 1926 tenham sido criadas entre o final do século XIX e o primeiro terço do século XX, foi somente com o *New Deal* que a moderna agência reguladora se tornou um elemento característico da Administração Pública norte-americana. É nesse período que toma

---

[428] Disponível em: <http://www.historycentral.com/documents/Depression>. Acesso em: 13 out. 2017.

corpo, quantitativa e qualitativamente, a ideia de uma Administração policêntrica e insulada de influências políticas, caracterizada por sua expertise e por sua melhor capacidade de responder pronta e eficientemente às demandas crescentes de uma sociedade cada vez mais complexa.[429]

Percebe-se, nesse norte, que, no período do *New Deal*, o desenho constitucional americano sofreu reformulação em três aspectos importantes. Ao rejeitar as premissas estabelecidas pelo sistema do *common law*, iniciou uma nova concepção de direitos subjetivos, ensejando um processo mais preciso de definição sobre o que era de competência do governo e o que representava inação executiva da Administração central; modificou aspectos significativos da atuação presidencial, ao introduzir as características modernas da regulação norte-americana, inserindo novas competências aos dirigentes administrativos das agências reguladoras; e rechaçou premissas básicas do federalismo tradicional.[430]

Na perspectiva de estabelecer uma sequência cronológica da regulação norte-americana, apresenta-se esse processo histórico em fases regulatórias, de maneira a perceber-se a evolução da forma que as agências foram adquirindo, bem como suas características, a partir do contexto onde estavam inseridas, na tentativa de se estabelecer um recorte histórico a partir de marcos significativos da regulação.[431]

---

[429] BINENBOJM, Gustavo. *Uma teoria do Direito Administrativo*: direitos fundamentais, democracia e constitucionalização. 3. ed. Rio de Janeiro: Renovar, 2014. p. 282.

[430] Sobre esses aspectos das fases da regulação, ver: SUSTEIN, Cass R. O constitucionalismo após o new deal. In: MATTOS, Paulo (Coord.). *Regulação econômica e democracia – o debate norte-americano*. (Trad. Jean Paul Cabral Veiga da Rocha). São Paulo: Editora 34, 2004. p. 134.
Ainda, de acordo com Sustein, "o sistema regulatório estabelecido durante o New Deal falhou em cumprir sua promessa original. Naquela época, os reformadores acreditavam que os agentes públicos funcionariam como agentes transformadores independentes, com iniciativa própria, politicamente neutros e com grande conhecimento técnico. Essa ideia básica uniu a crença constitucional original na necessidade de um governo nacional enérgico ao desejo, associado ao movimento progressista de isolar agentes públicos de pressões particularistas, a serviço do interesse público de longo prazo. Os New Dealers acreditavam que mudanças institucionais eram necessárias para permitir que o governo federal enfrentasse os múltiplos problemas econômicos e sociais que surgiram no rastro da depressão. O *New Deal* se constituiu em uma revisão consciente do arranjo constitucional original de freios e contrapesos, e alguns dos problemas da regulação moderna são um produto da reação míope dos reformistas que fizeram do New Deal o sistema de separação e divisão de poderes". Idem, p. 132-138.

[431] Sobre as fases da regulação norte-americana, ver: LIMA, Gustavo Augusto Freitas de. *Agências reguladoras e o poder normativo*. São Paulo: Baraúna, 2013.

O período compreendido entre 1776 (Independência dos Estados Unidos da América) e 1887 (surgimento da primeira agência com características regulatórias), representa uma fase preliminar do processo de regulação norte-americana, onde se identifica o desenvolvimento do pensamento liberal. Conforme se destacou, anteriormente, diversos fatores econômicos (ocorrência de oligopólios, monopólios, tarifas discriminatórias), formavam as características do mercado norte-americano desse período inicial, de intensa instabilidade, notadamente, no setor ferroviário.

Nesse momento histórico do liberalismo, apenas os setores de transporte, correios, comércio marítimo, eram alcançados pela regulação que se iniciava, ocorrendo, como se referiu, monopólios da iniciativa privada que recebiam, inclusive, incentivo estatal, mas a maior parte do mercado, não estava submetida à regulação estatal. Não havia, portanto, ainda, a intervenção do Estado através de agências, apesar da intervenção estatal na economia ser realizada principalmente pelo governo central.

A primeira fase reporta-se à criação das agências reguladoras, conforme foi referido, anteriormente, tendo sido instituída a *Interstate Commerce Comission* – ICC (Comissão de Comércio Interestadual), em 1887, cuja missão regulatória, com pretensa isenção política por sua natureza independente, destinava-se a regular o setor ferroviário norte-americano, diante da realidade que imperava no setor, com a ocorrência de oligopólios, tarifas discriminatórias, fazendo-se necessária a atuação regulatória estatal, de modo a proteger categorias menores, tais quais, a dos pequenos transportadores.

Ainda, nesse período, foi criada, em 1914, a *Federal Trade Comission* – FTC (Comissão Federal de Comércio). A missão destinada à *Federal Trade Comission* foi a de atuar na regulação da concorrência, fiscalizando as práticas de concorrência desleal, bem como a ocorrência de abuso do poder econômico, característica da atividade antitruste, tendo sido ampliada sua atuação, posteriormente, para contemplar a defesa dos consumidores. Um ano antes da chegada da FTC, em 1913, foi criado o *Federal Reserve System* – FED – (Sistema Federal de Reservas), atuando no comando da política monetária, atividades típicas de Banco Central, portanto, com natureza regulatória.

A segunda fase compreende o período da grande depressão (1929) ao *New Deal* (1930-1945), momento em que o Estado passou por um redimensionamento de seu papel, incluindo as atividades das agências reguladoras. Percebe-se nesse período uma maior concentração de poder ao governo central. A regulação passa a ser, assim, comandada pelo governo federal e de julgamento, dando início ao questionamento da constitucionalidade do processo administrativo efetuado pelas agências reguladoras, devido a essa concentração de poder.

Àquela altura já restava evidente que o mercado não era capaz de autorregular-se, motivação suficiente para a proliferação das agências reguladoras, no modelo formatado pelo *New Deal*, destacando-se que, além de ter sido o período onde foi criado o maior número de agências reguladoras, ocorreu, também, o fortalecimento das agências que já existiam.

Cabe destacar que nesta fase são criadas entidades reguladoras, notadamente, o *Securities and Exchange Comission* – SEC (Comissão de Valores Mobiliários e Câmbio), em 1934, cuja missão é o controle do mercado de capitais; a *Federal Communications Comission* – FCC (Comissão Federal de Comunicações), em 1934, para atuar na regulação do setor de telecomunicações; o *National Labor Relations Board* – NLRB (Conselho Nacional de Relações Trabalhistas), em 1935, para atuar na regulação das relações trabalhistas e dos sindicatos; e a *Social Security Administration* – SSA (Administração da Seguridade Social), também em 1935, para exercer o papel regulatório na gerência da seguridade social, aposentadorias e pensões.

A edição do APA – *Administrative Procedure Act*[432] (Lei de Procedimentos Administrativos), que ensejou o amadurecimento dessas entidades, compreendido entre os anos de 1946 a 1965, pode não ser considerada uma fase delimitada da regulação, mas, certamente, representou mais do que um marco legal regulatório para o sistema norte-americano. No *Administrative Procedure Act* encontram-se estabelecidos definições, informação pública, regras de agência, ordens, registros e procedimentos, reuniões abertas, adjudicações, assuntos auxiliares, audiências, membros, pessoal, poderes e deveres, ônus da prova, evidência, registro como base da decisão, decisões iniciais, conclusividade, revisão por agência, inscrições das partes, conteúdo das

---

[432] O *Administrative Procedure Act* conceitua agência como "cada autoridade do Governo dos Estados Unidos, independentemente de estar sujeita à revisão por outra agência, mas não incluindo o Congresso; os tribunais dos Estados Unidos; os governos dos territórios ou possessões dos Estados Unidos; o governo do Distrito de Columbia; ou com exceção dos requisitos da seção; organismos compostos por representantes das partes ou de representantes das organizações das partes às controvérsias por eles determinadas; comissões marciais e militares; autoridade militar exercida no campo em tempo de guerra ou em território ocupado; ou funções conferidas por seções". Disponível em: <https://www.archives.gov/federal-register/laws/administrative-procedure/551.html>. Acesso em: 13 out. 2017.

decisões, imposição de sanções, determinação de pedidos de licenças, suspensão, revogação e expiração de licenças, efeito em outras leis e efeito do estatuto subsequente.

O *Administrative Procedure Act*, além de ser considerada a lei geral das agências reguladoras, teve reflexo em aspectos da interpretação constitucional, recebendo o crivo do Poder Judiciário.

Foi um período de acirrada crítica à atuação discricionária das agências reguladoras, reconhecendo-se o seu poder normativo e de julgamento das matérias atinentes às suas competências, mas, também, pode ser observada a imposição de limites, de controle procedimental, efetuada através do Judiciário.

Fato importante de ser destacado, ainda nesse período (década de 1950), é quando a *Commission on Organization of the Executive Branch of The Government* (Comissão para a Organização do Executivo do Governo), através do relatório *The Hoover Commission report on organization of the Executive*, fez recomendações ao Congresso para o estabelecimento de um maior controle do Presidente sobre as agências reguladoras independentes. Eis as recomendações da *Commission on Organization of the Executive Branch of The Government*:

> Recommendation to the Congress – It is hereby declared to be the policy of Congress to promote economy, efficiency, and improved service in the transaction of the public business in the departments, bureaus, agencies, boards, commissions, offices, independent establishments, and instrumentalities of the executive branch of the Government by: 1. Limiting expenditures to the lowest amount consistent with the efficient performance of essential services, activities, and functions; 2. Eliminating duplication and overlapping of services, activities, and functions; 3. Consolidating services, activities, and functions of a similar nature; 4. Abolishing services, activities, and functions not necessary to the efficient conduct of Government. 5. Defining and limiting executive functions, services, and activities.[433]

---

[433] Recomendações ao Congresso: "É declarado como a política do Congresso para promover a economia, a eficiência e a melhoria na prestação de serviço público nos departamentos, agências, conselhos, comissários, escritórios, estabelecimentos independentes e instrumentos do poder executivo do governo. 1. Limitar os gastos ao menor valor consistente com o desempenho eficiente de serviços, atividades e funções essenciais; 2. Eliminar duplicações e sobreposições de serviços, atividades e funções; 3. Consolidação de serviços, atividades e funções de natureza similar; 4. Abolir serviços, atividades e funções não necessárias à conduta eficiente do Governo. 5. Definir e limitar funções, serviços e atividades executivas". Tradução nossa. Disponível em: <https://babel.hathitrust.org/cgi/pt?id=mdp.39015043507113>. Acesso em: 13 out. 2017.

Logo, depreende-se desse importante documento, que foi indicado ao Congresso que o Presidente recebesse poderes de reorganização, o que expressava uma preocupação do Congresso com a economia e a eficiência da Administração Pública, estabelecendo uma visão futurista de administração. Em certo trecho do relatório, é refletida essa visão:

> The writing and adoption of the Federal Constitution proved that a republic could deliberately analyze its political institutions and redesign its Government to meet the demands of the future. The broad pattern that America then selected is sound. Today we must deal with the infinitely more complicated Government of the twentieth century. In doing so, we must reorganize the executive branch to give it the simplicity of structure, the unity of purpose, and the clear line of executive authority that was originally intended under the Constitution.[434]

A terceira fase da regulação norte-americana está relacionada à desregulação e ao controle sobre as agências reguladoras, período compreendido entre os anos de 1965 a 1980, momento de acirramento das críticas sobre a ausência de controle político sobre a atuação das agências independentes, notadamente, na década de 1960.

Foram criadas, nesse período, agências reguladoras e outros órgãos administrativos, dentre outros, destacando-se o *Department of Energy* (1977) e a *Nuclear Regulatory Commission* (1975),[435] momento em que o Congresso, através dessa iniciativa, procurou proteger direitos dos consumidores, direitos ambientais e direitos trabalhistas, até então sem regramento no ordenamento jurídico e institucional norte-americano.

Marcante registro desse período foi a organização de movimentos de ativistas políticos, os *civil rights movements*,[436] que reivindicavam maior participação na vida política e social, que deram motivação prática e

---

[434] "A redação e a adoção da Constituição Federal provaram que uma república pode, deliberadamente, analisar suas instituições políticas e redesenhar seu governo para atender às demandas do futuro. O padrão amplo que a América selecionou é sólido. Hoje, devemos lidar com o governo infinitamente mais complicado do século XX. Ao fazê-lo, devemos reorganizar o poder executivo para dar-lhe a simplicidade de estrutura, a unidade de propósito e a linha direta de autoridade executiva inicialmente prevista na Constituição". Tradução nossa.

[435] Disponível em: <www.historycentral.com/documents/>. Acesso em: 13 out. 2017.

[436] Disponível em: <https://www.gilderlehrman.org/history-by-era/civil-rights-movement/>. Acesso em: 13 out. 2017.
Sobre os movimentos civis e regulação social, ver ainda: MATTOS, Paulo Todescan Lessa. *O novo Estado regulador no Brasil*: eficiência e legitimidade. São Paulo: Editora Singular, 2006. p. 86-87.

teórica para a *New Social Regulation*,[437] a segunda onda regulatória nos Estados Unidos.

Na década de 1970 foi formulada a teoria econômica da regulação (ET), iniciada por George Stigler e depois complementada por Richard Posner, Sam Peltzman e Gary Becker, tendo sido, a partir da interpretação dessa teoria, o processo crítico questionador da eficácia da própria regulação econômica, onde se inferia que a regulação era destinada a grupos de interesses econômicos do setor regulado, não alcançando a finalidade social a que se propunha a regulação.[438]

Essa década foi caracterizada, ainda, pela preocupação constante sobre o controle dos índices inflacionários, bem como pela descrença sobre a intervenção do Estado na economia, através das agências reguladoras, tendo surgido inúmeras iniciativas do Congresso, cujo conteúdo era a desregulação. Foi também o momento em que emergiu com maior evidência a teoria da captura.

A captura surge, portanto, como efeito do processo regulatório, pois a regulação é necessária para controlar o poder monopolístico. Para a teoria da captura, a regulação serve ao interesse dos produtores, seja por criar cartéis em indústrias em que eles não existiriam, seja por ser incapaz de controlar o poder do monopólio, tendo atuação decisiva de políticos que agem em benefício próprio, não importando o bem-estar social.[439]

O objetivo da teoria da captura é evitar uma "vinculação promíscua entre a agência, de um lado, e o governo instituidor ou os entes regulados, de outro, com flagrante comprometimento da independência pública".[440]

A captura regulatória tem, portanto, uma interpretação ampla e estreita. É o processo através do qual interesses especiais afetam a

---

[437] Sobre a *New Social Regulation*, ver: RASMUSEN, Eric. *Economic regulation and social regulation*. Disponível em: <http://www.rasmusen.org/ssocial/01social-intro>. Acesso em: 13 out. 2017.

[438] Peltzman assevera que "o que se convencionou chamar a teoria econômica da regulação, ou ET, começou com um artigo escrito por George Stigler em 1971. O elemento mais importante desta teoria é a análise do comportamento político a partir dos parâmetros da análise econômica. Isso significa dizer que grupos de interesses podem influenciar os resultados do processo regulatório ao fornecer apoio financeiro ou de outra natureza aos políticos ou reguladores". PELTZMAN, Sam. A teoria econômica da regulação depois de uma década de desregulação. In: MATTOS, Paulo (Coord.). *Regulação econômica e democracia: o debate norte-americano*. São Paulo: Editora 34, 2004. p. 81.

[439] Idem, p. 85-87.

[440] CARVALHO FILHO, José dos Santos. *Manual de Direito Administrativo*. São Paulo: Atlas, 2012. p. 485.

intervenção do Estado em qualquer uma das suas formas, enquanto que, mais estreitamente, representa o processo através do qual os monopólios regulados acabam manipulando as agências estatais que deveriam controlá-los.[441]

Com efeito, a captura das agências reguladoras pode ter origem pela iniciativa privada, quando empresas do setor regulado utilizam o poderio econômico, interferindo na atividade regulatória, de modo a influenciar na atuação da agência, ou quando de iniciativa da Administração Pública, se estabelecem vínculos da atividade da entidade reguladora com interesses de agentes públicos, incluindo os dirigentes das agências.

Na sequência da década de 70, percebe-se, ainda, que o posicionamento do Judiciário norte-americano foi se aperfeiçoando, no sentido da ampliação do controle sobre os atos administrativos emanados das agências reguladoras, garantindo maior participação dos grupos de interesse da sociedade civil no processo de decisão das agências, bem como impôs às agências maior formalidade no procedimento decisório e maior demonstração de documentos regulatórios produzidos pelas agências, oportunizando, assim, a possibilidade de contestação sobre essa produção regulatória.[442]

Consequência das mudanças econômicas e sociais dentro do sistema norte-americano, seja no mercado, seja na concepção político-constitucional da regulação, bem como, ainda, motivado pelo aumento do controle sobre os atos regulatórios, notadamente, pelo Judiciário, tais mudanças ensejaram o processo da desregulação que caracterizou a metade da década de 1970.

O movimento de desregulação se deu, notadamente, por força da ação legislativa do Congresso, com a edição de legislação que retirou da regulação, anteriormente estabelecida pelo Estado, diversos setores da economia.

Nesse sentido, o processo de desregulação atingiu o setor ferroviário, que estava em plena evolução regulatória, desde a promulgação da *Interstate Commerce Act*, em 1887, tendo sido concluída a regulação

---

[441] BÓ, Ernesto Dal. Regulatory capture: a review. *Oxford Review of Economic Policy*, v. 22, n. 2, 2006. Disponível em: <http://faculty.haas.berkeley.edu/dalbo/regulatory_capture_published.pdf>. Acesso em: 17 out. 2017.

[442] Sobre esse aspecto do entendimento do Poder Judiciário dos EUA, ver: LIMA, Gustavo Augusto Freitas de. *Agências reguladoras e o poder normativo*. São Paulo: Baraúna, 2013.

setorial em 1920, com a promulgação da *Transportation Act*,[443] que estabeleceu uma estrutura tarifária caracterizada por subsídios cruzados em favor de transportadores de custos elevados, discriminação de preços de acordo com o tipo de mercadoria e controles de saída de cargas e passageiros.

Da análise econômica desse setor, percebe-se que houve um declínio na demanda do transporte ferroviário e a diminuição dos ganhos, ensejando o surgimento de um movimento político pela desregulação, fatores determinantes que representaram a motivação de uma série de falências na indústria do setor, ocorrida na década de 1970, tendo as próprias ferrovias optado pela desregulação, que foi concluída em 1980.

Ainda sofreram desregulação o setor de transporte rodoviário de cargas, o de transporte aéreo, o de telecomunicações de longa distância, o de corretagem de valores, e, ainda, os setores de gás e petróleo.[444]

A quarta fase, seguindo a classificação periódica da regulação norte-americana, está compreendida entre o ano de 1981 e os dias atuais, apresentada de maneira cronológica, a partir da gestão de cada presidente em seu respectivo período de gestão.

A década de 1980 tem início com o governo de Ronald Reagan (1981-1989), momento em que se percebe a reformulação do papel das agências, perdendo estas parte de sua autonomia (independência) e passando a ter maior controle e supervisão por parte do Presidente da República.

A estratégia que impôs maior controle das agências, no governo Reagan, foi procedida através da *Executive Order* nº 12.291,[445] de 17 de fevereiro de 1981. As principais determinações dessa Ordem Executiva para as agências, quando da promulgação de novos regulamentos, revisão dos regulamentos existentes e elaboração de propostas legislativas relativas à regulação, foram: (a) As decisões administrativas devem basear-se em

---

[443] Disponível em: <www.historycentral.com/documents/Transportationact>. Acesso em: 13 out. 2017.

[444] Sobre a desregulação de setores da economia norte-americana na década de 1970, ver: PELTZMAN, Sam. A teoria econômica da regulação depois de uma década de desregulação. In: MATTOS, Paulo (Coord.). *Regulação econômica e democracia*: o debate norte-americano. São Paulo: Editora 34, 2004. p. 102-120.

[445] Disponível em: <http://www.presidency.ucsb.edu/ws/?pid=43424>. Acesso em: 13 out. 2017.
A *Executive Order* (Ordem Executiva) é uma regra ou ordem emitida pelo Presidente a um ramo executivo do governo e tendo força de Lei. Disponível em: <dictionary.law.com>. Acesso em: 13 out. 2017.

informações adequadas sobre a necessidade e as consequências das ações propostas pelo governo; (b) A ação regulatória não deve ser realizada, a menos que os potenciais benefícios para o setor regulado superem os custos potenciais para a sociedade; (c) Os objetivos regulatórios devem ser escolhidos para maximizar os benefícios líquidos para a sociedade; (d) Entre as abordagens alternativas de qualquer determinado objetivo regulatório, será escolhida a alternativa que envolve o menor custo líquido para a sociedade; e (e) As agências devem estabelecer prioridades regulatórias com o objetivo de maximizar os benefícios líquidos globais para a sociedade, levando em consideração a condição das indústrias específicas afetadas pela regulação, a condição da economia nacional e outras ações regulatórias contempladas para o futuro.[446]

Objetivamente, esse controle das agências começou a ser executado pelo *Office of Management and Budget* – OMB[447] (Escritório de Gestão e Orçamento). É o OMB que atende o Presidente dos Estados Unidos na supervisão da implementação de sua visão em todo o Poder Executivo, ajudando-o a cumprir os seus objetivos de política, orçamento, gerenciamento e regulação e no cumprimento das responsabilidades legais das agências. Logo, a nova sistemática de controle das agências e o exame do custo-benefício dos atos regulatórios passaram a ser usados como uma forma de controle das agências por parte da Administração Central.

Calha destacar que as mudanças operadas na gestão do Presidente Ronald Reagan tiveram como base teórica o *New Public Management* (NPM), egresso do Reino Unido, quando da eleição da primeira-ministra Margareth Tatcher. Os conceitos do *managerialism* invadiram o setor público dos Estados Unidos e da Grã-Bretanha a partir da eleição dos governos conservadores, cujo centro da filosofia gerencial de administração estava direcionado à redução de custos e ao aumento da eficiência e produtividade da organização. Representava, portanto, um projeto de reforma do Estado, caracterizado como um movimento de retração da máquina governamental a um menor número de atividades, significando a privatização de empresas nacionalizadas no pós-guerra, a desregulamentação, a devolução de atividades governamentais à iniciativa privada ou à comunidade e as constantes tentativas de reduzir os gastos públicos.[448]

---

[446] *Sec. 2, da Executive Order* nº 12.291.
[447] Disponível em: <https://www.whitehouse.gov/omb>. Acesso em: 13 out. 2017.
[448] ABRUCIO, Fernando Luiz. O impacto do modelo gerencial na Administração Pública – um breve estudo sobre a experiência internacional recente. *Cadernos ENAP*, Brasília-DF, n. 10, p. 11-12, 1997.

No governo do Presidente Willian J. Clinton (1993-2001), as linhas centrais desta política de maior controle sobre as agências foram mantidas pelo governo, que editou a *Executive Order* nº 12.866,[449] de 30 de setembro de 1993, na perspectiva de estabelecer um processo eficiente de planejamento e revisão de regulação, para garantir que o sistema regulatório do governo federal atendesse melhor o povo americano.

As principais determinações da *Executive Order* nº 12.866, para as agências, foram: (a) Como as agências federais são os repositórios de experiência substantiva e significativa, elas são responsáveis pelo desenvolvimento de regulamentos e asseguram que os regulamentos sejam consistentes com as leis aplicáveis, as prioridades do presidente e os princípios estabelecidos nesta Ordem; (b) A revisão coordenada da elaboração de regras da agência é necessária para garantir que os regulamentos sejam consistentes com as leis aplicáveis, as prioridades do presidente e os princípios estabelecidos neste mandato executivo e que as decisões tomadas por uma agência não estejam em conflito com as políticas ou ações tomadas ou planejadas por outra agência. O *Office of Management and Budget* – OMB (Escritório de Gestão e Orçamento) deve realizar essa função de revisão. Dentro do OMB, o Escritório de Informação e Assuntos Regulatórios (OIRA) é o repositório de especialistas em questões regulatórias, incluindo metodologias e procedimentos que afetam mais de uma agência, esta ordem executiva e as políticas regulatórias do presidente. Na medida permitida por lei, a OMB deve orientar as agências e assistir o Presidente, o Vice-presidente e outros assessores de políticas regulatórias do Presidente no planejamento regulatório e deve ser a entidade que analisa os regulamentos individuais; (c) O Vice-presidente é o principal assessor do presidente e deve coordenar o desenvolvimento e a apresentação de recomendações sobre políticas reguladoras, planejamento e revisão, conforme estabelecido neste pedido executivo. No cumprimento das suas responsabilidades, o Presidente e o Vice-presidente serão assistidos pelos assessores de políticas regulatórias no escritório executivo do Presidente e por funcionários da agência.[450]

Ainda na gestão do Presidente Bill Clinton, o Congresso, em mais uma iniciativa, visando limitar a discricionariedade e aumentar o controle sobre as agências reguladoras norte-americanas, promulgou a

---

[449] Disponível em: <http://www.presidency.ucsb.edu/ws/index.php?pid=61560>. Acesso em: 13 out. 2017.
[450] Sec. 2, da *Executive Order* nº 12.866.

Unfunded Mandates Reform Act – UMRA[451] (Lei de Reforma dos Mandatos não Financiados), em 04 de janeiro de 1995. A UMRA estabeleceu que as agências federais devem avaliar o custo de todos os novos regulamentos para os governos estaduais; a Comissão Consultiva dos Estados Unidos sobre Relações Intergovernamentais foi orientada a rever o papel dos mandatos nas relações entre o governo federal e os governos estaduais, recomendando ao Congresso e ao Presidente oportunidades de simplificar ou eliminar mandatos federais; os tribunais federais podem obrigar as agências a cumprir as suas responsabilidades; obriga as agências a proverem informações sobre os custos das políticas públicas e da regulação, a buscar dados de outros órgãos do governo antes de emitirem qualquer regulação e a encontrar alternativas que diminuam a carga financeira da regulação.[452]

No ano seguinte, 1996, o Congresso aprovou a *Congressional Review Act*[453] – CRA (Lei de Revisão do Congresso), lei que habilita o Congresso a rever, por meio de um processo legislativo acelerado, novos regulamentos federais emitidos por agências governamentais e, mediante a aprovação de uma resolução conjunta, para anular um regulamento.

No mandato do Presidente George W. Bush (2001-2009), as Ordens Executivas de Reagan e Clinton, que impuseram maior controle às agências, permaneceram inalteradas, com o estabelecimento, apenas, de normas pontuais em relação à regulação, sem mudanças significativas, tais como a *Executive Order* nº 13.261,[454] de 19 de março de 2002, proporcionando uma ordem de sucessão na *Environmental Protection Agency* – EPA (Agência de Proteção Ambiental) e alterando certas ordens de sucessão, e a *Executive Order* nº 13.392,[455] de 14 de dezembro, de 2005, determinando melhorias na divulgação de informações das agências.

No governo do Presidente Barack Obama (2009-2017), diante das crises imobiliária e do sistema financeiro, ocorridas em 2008, houve modificações em relação às Ordens Executivas anteriores. Obama editou

---

[451] UNFUNDED MANDATES REFORM ACT. Disponível em: <https://www.gsa.gov/policy-regulations/policy/federal-advisory-committee-management/legislation-and-regulations/unfunded-mandates-reform-act,>. Acesso em: 13 out. 2017.

[452] Idem. Acesso em: 13 out. 2017.

[453] Disponível em: <https://www.law.cornell.edu/uscode/text/5/part-I/chapter-8>. Acesso em: 17 out. 2017.

[454] Disponível em: <http://www.presidency.ucsb.edu/ws/index.php?pid=61357>. Acesso em: 13 out. 2017.

[455] Disponível em: <http://www.presidency.ucsb.edu/ws/index.php?pid=65227>. Acesso em: 13 out. 2017.

a *Executive Order* nº 13.497,[456] de 30 de janeiro de 2009 (que revoga as *Executives Orders* nº 13.258/2002, e a nº 13.422/2007), determinando ao Diretor do *Office of Management and Budget* – OMB (Escritório de Gestão e Orçamento) e aos chefes de departamentos e agências executivas, que rescindissem quaisquer ordens, regras, regulamentos, diretrizes ou políticas que implementassem ou executassem as ordens revogadas, destacando que a medida não se destina e não cria qualquer direito ou benefício executável em lei ou em equidade por qualquer parte contra os Estados Unidos, seus departamentos, agências ou entidades, seus diretores, funcionários, agentes ou qualquer outra pessoa.

Barack Obama editou, também, a *Executive Order* nº 13.563,[457] de 18 de janeiro de 2011, cujas principais determinações, são: (a) o sistema regulatório deve proteger a saúde pública, o bem-estar, a segurança e o meio ambiente, promovendo o crescimento econômico, a inovação, a competitividade e a criação de emprego. Deve permitir a participação pública e uma troca aberta de ideias. Deve levar em consideração benefícios e custos, tanto quantitativos quanto qualitativos. Deve garantir que os regulamentos sejam acessíveis, consistentes, escritos em linguagem simples e fácil de entender. Deve medir e procurar melhorar os resultados reais dos requisitos regulamentares. (b) Esta ordem é complementar e reafirma os princípios, estruturas e definições que regem a revisão regulatória contemporânea que foram estabelecidos na Ordem Executiva nº 12.866, de 30 de setembro de 1993. Cada agência deve: (1) propor ou adotar um regulamento somente após uma determinação fundamentada de que seus benefícios justificam seus custos; (2) adaptar seus regulamentos para impor o menor peso para a sociedade, consistente com a obtenção de objetivos regulatórios; (3) selecionar, ao escolher entre abordagens regulatórias alternativas, as abordagens que maximizam os benefícios; (4), na medida do possível, especificar objetivos de desempenho, em vez de especificar o comportamento ou o modo de conformidade que as entidades reguladas devem adotar; e (5) identificar e avaliar as alternativas disponíveis para a regulamentação direta, incluindo o fornecimento de incentivos econômicos para incentivar o comportamento desejado, como taxas de usuário ou permissões comercializáveis, ou fornecer informações sobre quais escolhas podem ser feitas pelo público; c) cada agência destina-se

---

[456] Disponível em: <http://www.presidency.ucsb.edu/ws/index.php?pid=85754>. Acesso em: 13 out. 2017.
[457] Disponível em: <http://www.presidency.ucsb.edu/ws/index.php?pid=88917>. Acesso em: 13 out. 2017.

a utilizar as melhores técnicas disponíveis para quantificar os benefícios e custos futuros. Quando apropriado e permitido por lei, cada agência pode considerar valores que são difíceis ou impossíveis de quantificar, incluindo equidade, dignidade humana e impactos distributivos.[458]

Para fins de representatividade e legitimidade dos atos administrativos das agências, a *Executive Order* nº 13.563, editada por Barack Obama, avançou na participação popular, estabelecendo que os regulamentos das agências devem ser adotados por meio de um processo que envolva a participação pública, baseados no intercâmbio aberto de informações e perspectivas entre os funcionários públicos, especialistas em disciplinas relevantes, interessados no setor privado e público em geral.

Para os propósitos da presente pesquisa, relacionados à regulação de medicamentos, abordam-se aspectos regulatórios pertinentes ao sistema de saúde norte-americano, destacando-se a *Patient Protection and Affordable Care Act* – ACA (Lei de Proteção ao Paciente e Assistência Econômica), de 23 de março de 2010, conhecida como '"Obama Care"', o *Public Health Service* – PHS e os programas Medicare e Medicaid.

Na estrutura administrativa do sistema de saúde estadunidense, é importante destacar como órgãos atuantes, o *U.S. Public Health Service*[459] – PHS (Serviço de Saúde Pública) e o *U.S. Department Of Health And Human Service*[460] – HHS (Departamento de Saúde e Serviços Humanos dos EUA). A *US Food and Drug Administration* – FDA, que será tratada em capítulo próprio, encontra-se vinculada, administrativamente, ao HHS.

O *U.S. Public Health Service* – PHS foi criado pela *Public Health Service Act*[461] (Lei do Serviço de Saúde Pública), Lei Federal promulgada em 01 de julho de 1944. O *Public Health Service* compreende todas as Divisões do *Department Of Health And Human Service*, tendo por missão supervisionar e promover a saúde e a segurança da Nação, atuando na prestação de cuidados de saúde a populações desatendidas e vulneráveis, controle e prevenção de doenças, pesquisa biomédica, regulação de alimentos e drogas, serviços de saúde mental e abuso de drogas e esforços de resposta a catástrofes naturais e causadas pelo homem.

O *U.S. Department Of Health And Human Service* – HHS tem como principais atribuições, atuar no sentido de melhorar e proteger a saúde e o bem-estar de todos os americanos, providenciando serviços de

---

[458] Idem. Acesso em: 13 out. 2017.
[459] Disponível em: <https://www.usphs.gov>. Acesso em: 17 out. 2017.
[460] Disponível em: <https://www.hhs.gov>. Acesso em: 17 out. 2017.
[461] Disponível em: <https://www.ncbi.nlm.nih.gov/pmc/articles/PMC1403520>. Acesso em: 17 out. 2017.

saúde e efetivos e promovendo avanços em medicina, saúde pública e serviços sociais.

É importante ressaltar que, diferentemente do Brasil (que possui atuação universal à saúde em um Sistema Único), o sistema norte-americano de saúde possui caráter plural de serviços, envolvendo o poder público e a iniciativa privada, atuando, conforme mencionado anteriormente, em ações de vigilância epidemiológica e sanitária, bem como no atendimento à saúde de parcela específica da população através dos programas Medicare e Medicaid.

Medicare[462] e Medicaid,[463] ambos instituídos pelo Congresso em 30 de julho de 1965, na gestão do presidente Lyndon B. Johnson, são bastante distintos. O Medicaid é um programa federal destinado a pessoas de baixa renda, financeiramente carentes, criado pelo governo federal e administrado de forma diferente em cada estado. Já o Medicare foi idealizado para suportar os altos custos em saúde que os idosos enfrentam em relação ao resto da população. Não é escolhido pela necessidade, é um direito de quem o pagou, por meio de impostos sobre Segurança Social. É possível receber cobertura de ambos os programas, desde que atenda aos requisitos de elegibilidade de cada um.

O Medicare abrange cidadãos com 65 anos ou mais, pessoas com algum tipo de deficiência e pessoas com insuficiência renal permanente. É um programa federal, cujas regras são as mesmas em todo o país. Possui uma estratificação de coberturas, dependendo do plano (Parte). O seguro hospitalar (Parte A),[464] é financiado pelo *Hospital Insurance Trust Fund*,[465] fornecendo cobertura básica para internações hospitalares, enfermagem pós-hospitalar e cuidados de saúde em casa. O seguro

---

[462] Disponível em: <https://www.medicare.gov>. Acesso em: 17 out. 2017.
[463] Disponível em: <https://www.medicaid.gov>. Acesso em: 17 out. 2017.
[464] Seguro hospitalar da Parte A – A maioria das pessoas não paga um prêmio pela "Parte A", porque elas ou um cônjuge já pagaram por meio de seus impostos sobre salários durante o trabalho. O Medicare Parte A (Seguro Hospitalar) ajuda a cobrir o atendimento hospitalar em hospitais, incluindo hospitais de acesso crítico e instalações de enfermagem especializadas (não cuidados de custódia ou de longo prazo). Também ajuda a cuidar de cuidados paliativos e alguns cuidados de saúde em casa. Os beneficiários devem atender a certas condições para obter esses benefícios. Disponível em: <https://www.medicare.gov>. Acesso em: 17 out. 2017.
[465] Fundo do Tesouro Americano composto de impostos sobre salários provenientes de trabalhadores ativos e empregadores, supervisionado por um Conselho de Curadores que reporta anualmente ao Congresso quanto ao seu estado financeiro. Prevê-se que o Fundo se torne insolvente ao longo dos anos, devido a mudanças legislativas. Disponível em: <http://www.investopedia.com/terms/h/hospital-insurance-trust-fund.asp>. Acesso em: 17 out. 2017.

médico (Parte B),[466] paga os custos básicos de médicos e laboratórios e alguns serviços médicos ambulatoriais, incluindo equipamentos médicos e suprimentos, cuidados de saúde em casa e fisioterapia. A cobertura de medicamentos (Parte D),[467] paga alguns dos custos de medicamentos prescritos. A Parte A e a Parte D são financiadas pelo *Supplemental Medical Insurance* (SMI) *Trust Fund*.[468] Deve ser paga uma franquia anual tanto para a "Parte A" quanto para a "Parte B", e fazer pagamentos maiores para hospitalizações prolongadas. A "Parte B" também cobra um prêmio mensal. De acordo com a "Parte D", deve ser pago um prêmio mensal, uma franquia e todos os custos de medicamentos prescritos por um determinado valor anual e até um valor máximo, exceto se for qualificado para um subsídio de baixa renda.

Quanto ao Medicaid, representa um programa criado pelo governo federal. É o programa de seguro de saúde público para pessoas com baixa renda, cobrindo mais de 74 milhões de americanos, incluindo muitos com necessidades complexas e onerosas de atendimento. A grande maioria dos inscritos no programa não tem acesso a outros seguros de saúde acessíveis, abrangendo uma ampla gama de serviços de saúde e limitando os custos de desembolso de inscrição. É

---

[466] Seguro Médico da "Parte B" – A maioria das pessoas paga um prêmio mensal pela Parte B. A Parte B do Medicare (Seguro Médico) ajuda a cobrir os serviços médicos e atendimento ambulatorial. Ele também cobre alguns outros serviços médicos que a "Parte A" não cobre, como alguns dos serviços de fisioterapeutas e terapeutas ocupacionais e alguns cuidados de saúde em casa. A "Parte B" ajuda a pagar esses serviços e suprimentos cobertos quando são medicamente necessários. In: Disponível em: <https://www.medicare.gov>. Acesso em: 17 out. 2017.

[467] A cobertura de medicamentos com receita médica – A maioria das pessoas pagará um prêmio mensal por essa cobertura. Todos com o Medicare podem obter essa cobertura que ajuda a reduzir os custos de medicamentos prescritos e protege contra custos mais elevados no futuro. As empresas privadas fornecem a cobertura. Os beneficiários escolhem o plano de medicamentos e pagam um prêmio mensal. Para ter acesso à cobertura de medicamentos do Medicare, é necessário participar de um plano administrado por uma companhia de seguros ou outra empresa privada aprovada pelo Medicare. Cada plano de medicamentos do Medicare tem sua própria lista de medicamentos cobertos (chamado de formulário). Muitos planos de medicamentos do Medicare colocam medicamentos em "níveis" diferentes em seus formulários. As drogas em cada nível têm um custo diferente. Disponível em: <https://www.medicare.gov>. Acesso em: 17 out. 2017.

[468] Fundo do Tesouro Americano composto que tem como principais fontes de receita as contribuições do fundo geral (recibos de outras fontes, tais como impostos individuais de renda, impostos corporativos e impostos especiais de consumo), prêmios de participantes (há prêmios separados para as Partes B e D) e uma pequena quantidade de juros sobre os saldos dos fundos fiduciários e receitas diversas. Disponível em: <http://www.taxpolicycenter.org/briefing-book/what-medicare-trust-fund-and-how-it-financed>. Acesso em: 17 out. 2017.

a principal fonte de cobertura de cuidados de longa duração para os americanos. Como a maior seguradora do país, fornece financiamento significativo para hospitais, centros de saúde comunitários, médicos e asilos de idosos, bem como empregos no setor de cuidados de saúde. O Medicaid financia mais de 16% de todos os gastos com cuidados de saúde pessoais nos EUA.[469]

A *American Health Insurance Association* (Associação Americana de Seguros de Saúde) descreve o Medicaid como "um programa do governo para pessoas de todas as idades, com recursos insuficientes para ajudá-los a pagar por um seguro de saúde".[470]

Para receber o Medicaid é necessário ter a cidadania americana ou ser um cidadão com visto permanente de residência, estando inclusos adultos de baixa renda, seus filhos e pessoas com alguma deficiência. Destaca-se, contudo, que apenas o fato de ser pobre não é o fator determinante para ter acesso ao Medicaid. É administrado pelos 50 estados, diferindo as regras em cada um, de forma independente, na respectiva unidade federativa.

O Medicaid fornece uma abrangente cobertura de cuidados de saúde para pacientes internados e ambulatoriais, incluindo muitos serviços e custos que o Medicare não cobre, notadamente, medicamentos de prescrição, cuidados diagnósticos preventivos e óculos. A quantidade de cobertura, no entanto, varia de estado para estado. Em alguns estados, a Medicaid cobra aos consumidores pequenos valores por determinados serviços.

O Congresso, através da *Deficit Reduction Act*[471] – DRA (Lei de Redução do Déficit, relativa ao orçamento federal), de 08 de fevereiro de 2006, determinou ao *Centers for Medicare & Medicaid Service*[472] – CMS, o estabelecimento do Medicaid *Integrity Program* – MIP (Programa de Integridade do Medicaid), aumentando consideravelmente os recursos disponíveis para a CMS para combater a fraude, o desperdício e o abuso no programa.[473]

---

[469] Disponível em: <https://www.kff.org/medicaid/fact-sheet/medicaid-pocket-primer>. Acesso em: 17 out. 2017.
[470] Disponível em: <https://www.ahip.org>. Acesso em: 17 out. 2017.
[471] Disponível em: <https://www.congress.gov/bill/109th-congress/senate-bill/1932>. Acesso em: 17 out. 2017.
[472] Disponível em: <https://www.cms.gov>. Acesso em: 17 out. 2017.
[473] Disponível em: <https://www.cms.gov/Regulations-and-Guidance/Legislation/DeficitReductionAct/repcongress.html>. Acesso em: 17 out. 2017.

O *Centers for Medicare & Medicaid Service* – CMS é obrigado a informar anualmente ao Congresso, sobre o uso e a eficácia dos fundos apropriados para o Medicaid *Integrity Program* – MIP. Há ocorrência de fraudes no Medicaid (principalmente pagamentos inadequados), motivo pelo qual o Centro de Comando do CMS abriu, em julho de 2012, a oportunidade para especialistas em políticas do Medicaid e Medicare, policiais, funcionários do FBI, clínicos e pesquisadores de fraude da CMS, para colaborar antes, durante e depois do desenvolvimento da fraude em tempo real.[474]

Em relação ao *Patient Protection and Affordable Care Act* – ACA (Lei de Proteção ao Paciente e Assistência Econômica), conhecida por "Obamacare", tal programa representa uma grande revisão do sistema de saúde norte-americano, com a previsão de inclusão na cobertura do sistema de cerca de 32 milhões de pessoas não seguradas,[475] expandindo o Medicaid, oferecendo subsídios para compra de seguro e proibindo exclusões de condições preexistentes. A oposição ao ACA foi imediata, com pelo menos 28 ações judiciais federais intentadas tendo sido manejadas pelos estados e arquivadas, desafiando, assim, a sua constitucionalidade.[476]

Na essência, o Obamacare torna planos de saúde privados acessíveis a praticamente todos os americanos e amplia o Medicaid. Para quem se recusar a adquirir cobertura médica, a multa mínima fixada, inicialmente, é de 1% da renda familiar. Um dos objetivos da ACA é o de impedir que as seguradoras aumentem os prêmios que estão sendo pagos pelas pessoas que já estão seguradas, o que enseja maior competitividade entre os produtos oferecidos por empresas do setor.[477]

---

[474] Idem.

[475] Até março de 2014, ou seja, a apenas dois anos da criação da Lei de Proteção ao Paciente e Assistência Econômica (Obamacare), mais de 10 milhões de americanos se inscreveram para a cobertura de saúde pública e privada do programa Medicaid. Disponível em: <http://www.newsweek.com/medicaid-enrollments-bring-obamacare-enrollment-more-10-million-244346>. Acesso em: 17 out. 2017.

[476] Disponível em: <https://www.supremecourt.gov>. Acesso em: 17 out. 2017.

[477] O Obamacare também criou mecanismos de inclusão para algumas faixas específicas da população. Por exemplo, a dependência dos adolescentes de seus pais, que até agora estava limitada a 19 anos, passa para a faixa dos 26 anos, para efeitos de cobertura de plano de saúde. Outra medida foi a de proibir as seguradoras de recusar, também a partir de 2014, o acesso de crianças e adolescentes com problemas de saúde preexistentes aos planos – ou mesmo de impor às famílias com crianças nessas condições, exclusões de cobertura ou prêmios "absurdamente altos". Disponível em: <https://jamanetwork.com/journals/jama/article-abstract/1104908>. Acesso em: 17 out. 2017.
Em 14.12.2018, o juiz federal Reed O'Connor, do Tribunal do Texas, declarou inconstitucional o Obamacare, o que ainda certamente irá ser apreciado em grau de recurso

A *Supreme Court of the United States* (Suprema Corte dos Estados Unidos), em 28 de junho de 2012, confirmou a constitucionalidade da *Patient Protection and Affordable Care Act*. Em outra parte da decisão, a Supreme Court fundamenta o *decisum* nos aspectos orçamentários e de equilíbrio fiscal, fornecendo elementos para a compreensão dos objetivos da ACA, considerados, quando da análise, ao concluir:

> The Affordable Care Act reduces payments by the Federal Government to hospitals by more than $200 billion over 10 years. The concept is straightforward: Near-universal coverage will reduce uncompensated care, which will increase hospitals revenues, which will offset the government's reductions in Medicare and Medicaid reimbursements to hospitals. Responsibility will be shared, as burdens and benefits balance each other. This is typical of the whole dynamic of the Act. Invalidating the key mechanisms for expanding insurance coverage, such as community rating and the Medicaid Expansion, without invalidating the reductions in Medicare and Medicaid, distorts the ACA's design of "shared responsibility". Some hospitals may be forced to raise the cost of care in order to offset the reductions in reimbursements, which could raise the cost of insurance premiums, in contravention of the Act's goal of lower[ing] health insurance premiums. There is a second, independent reason why the reductions in reimbursements to hospitals and the ACA's other Medicare cuts must be invalidated. The reductions allowed Congress to find that the ACA will reduce the Federal deficit between 2010 and 2019 and will continue to reduce budget deficits after 2019. The Act's "shared responsibility" concept extends to the federal budget. Congress chose to offset new federal expenditures with budget cuts and tax increases. That is why the United States has explained in the course of this litigation that [w]hen Congress passed the ACA, it was careful to ensure that any increased spending, including on Medicaid, was offset by other revenue-raising and cost-saving provisions. If the Medicare and Medicaid reductions would no longer be needed to offset the costs of the Medicaid Expansion, the reductions would no longer operate in the manner Congress intended. They would lose their justification and foundation. In addition, to preserve them would be "to eliminate a significant quid pro quo of the legislative com – promise" and create a statute Congress did not enact.[478]

---

pela *Supreme Court of the United States*. Disponível em <https://g1.globo.com>. Acesso em: 18 dez. 2018.

[478] "A Lei do Cuidado Acessível reduz os pagamentos do governo federal aos hospitais em mais de US$200 bilhões em 10 anos. O conceito é direto: a cobertura quase universal reduzirá os cuidados não compensados, o que aumentará as receitas dos hospitais, o que compensará as reduções do governo nos reembolsos do Medicare e Medicaid

Com efeito, da análise do processo de regulação, nos aspectos do estabelecimento das agências independentes, de sua cronologia com os contextos históricos, econômicos e políticos, respectivos, nas quais se encontram inseridas, é possível sustentar que prevalece, nos tempos atuais da regulação estadunidense, entendimento de que as agências devem estar submetidas aos controles Judicial e Executivo.

Isso fica tão mais evidente quando se verifica que continua a cargo do *Office of Management and Budget* – OMB (que executa as determinações do Presidente, no que se refere aos objetivos políticos da regulação e às responsabilidades legais das agências), o exame da relação custo-benefício dos atos emanados das agências, uma explícita forma, portanto, de controle, por parte do governo central. É perceptível, conforme mencionado alhures, por opção do Executivo e ratificação do Congresso, a ampliação da regulação para outros setores, como o meio ambiente, a saúde, a segurança,[479] dentre outros.

---

aos hospitais. A responsabilidade será compartilhada, à medida que os encargos e os benefícios se equilibrem mutuamente. Isso é típico de toda a dinâmica da Lei. A invalidação dos principais mecanismos para expandir a cobertura do seguro, como a classificação da comunidade e a Expansão da Medicaid, sem invalidar as reduções no Medicare e no Medicaid, distorce o desenho da responsabilidade compartilhada da ACA. Alguns hospitais podem ser forçados a elevar o custo dos cuidados em ordem para compensar as reduções nos reembolsos, o que poderia aumentar o custo dos prêmios de seguro, em violação do objetivo da Lei de menores prêmios de seguro de saúde. As reduções permitiram ao Congresso descobrir que o ACA reduziria o déficit federal entre 2010 e 2019 e continuará a reduzir os déficits orçamentários após 2019. O conceito de responsabilidade compartilhada da Lei se estende ao orçamento federal. O Congresso optou por compensar as novas despesas federais com cortes no orçamento e aumentos de impostos. É por isso que os Estados Unidos explicaram, no decorrer deste litígio, que quando o Congresso aprovou a ACA, foi cuidadoso assegurar que qualquer aumento nas despesas, inclusive no Medicaid, fosse compensado por outras receitas e economia de custos provisionados. Se as reduções do Medicare e Medicaid não seriam mais necessárias para compensar os custos da expansão do Medicaid, as reduções não funcionarão mais da forma prevista pelo Congresso. Eles perderiam suas justificativas e fundamentos. Além disso, preservá-los seria eliminar uma substituição significativa do compromisso legislativo e criar um estatuto que o Congresso não decretou". Tradução nossa. National Federation Of Independent Business *et al.* V. Sebelius, Secretary Of Health And Human Services, *et al.* (p. 58-59). Disponível em: <https://www.supremecourt.gov>. Acesso em: 13 out. 2017.

[479] A criação, na década de 70, da EPA – *Environmental Protection Agency* (Agência de Proteção ao Meio Ambiente), da *National Highway Traffic Safety Comission* (Comissão Nacional de Segurança no Tráfego Rodoviário), da *Consumer Product Safety Comission* (Comissão de Segurança e Proteção ao Consumidor), da *Mine Safety and Health Administration* (Administração da Segurança e Saúde das Minas), em 1973; e da *Nuclear Regulatory Comission* (Comissão de Regulação Nuclear), dão início a essa mudança no perfil regulatório norte-americano.

Percebe-se, ainda, nessa direção, que o controle, historicamente efetuado pelo Judiciário, de certa forma mitiga a denominada independência das agências, tornando-se, portanto, uma característica atual da regulação norte-americana, sendo objeto de deliberação do Judiciário, a modulação que deve incidir na dimensão do controle exercido pelo Presidente e pelo Congresso, sobre os atos das agências.

Importa, ainda, para dar um fecho nos aspectos abordados neste item capitular, destacar o status constitucional de criação das agências reguladoras norte-americanas. Nesse sentido, denota-se a perspectiva constitucional regulatória a partir do disposto no artigo II, Seção 1, da Constituição dos Estados Unidos,[480] ao conferir a chefia do Poder Executivo a um Presidente, que fica responsável pela fiel execução da lei. Estas previsões refletem a autoconsciência da decisão dos fundadores para criar um Executivo unitário que seria responsabilizável perante o eleitorado e capaz de assumir a enérgica execução das leis.[481]

Destarte, a fundamentalidade da concepção do status constitucional reside nas prerrogativas de atuação do Executivo, onde, por essa interpretação, estaria a possibilidade de criação de agências reguladoras que atuariam no âmbito administrativo de intervenção estatal. Reporta-se, também, ao poder do Presidente, indicar e remover agentes públicos do executivo, também inserido no artigo II. A Suprema Corte, em 1926, ratificando esse entendimento, decidiu, no caso Myerrs v. United States, que o Congresso não poderia apreciar decisão do Executivo sobre exoneração de agente postal.[482] Também nessa direção da índole constitucional, a Suprema Corte, no caso Humphrey's Executor v. United States, decidiu pela constitucionalidade das agências reguladoras independentes, acatando a tese de especialização técnica e imparcialidade.[483]

Logo, a Constituição norte-americana não define as configurações governamentais (as agências), as quais, em sua totalidade, resultam de leis estatuídas.[484] O Congresso, portanto, tem a competência de decidir

---

[480] Disponível em: <https://www.senate.gov/civics/constitution>. Acesso em: 17 out. 2017.
[481] SUSTEIN, Cass R. O constitucionalismo após o new deal. In: MATTOS, Paulo (Coord.). *Regulação econômica e democracia – o debate norte-americano*. (Trad. Jean Paul Cabral Veiga da Rocha). São Paulo: Editora 34, 2004. p. 191.
[482] 272U.S. 52 (1926). Disponível em: <https://supreme.justia.com/cases/federal/us/272/52/>. Acesso em: 13 out. 2017.
[483] 295U.S. 602 (1935). Disponível em: <https://supreme.justia.com/cases/federal/us/295/602/>. Acesso em: 13 out. 2017.
[484] De acordo com Gustavo Freitas de Lima: "Apesar da sua importância para o funcionamento do Estado nos EUA, as agências reguladoras não são mencionadas pela

sobre a criação das agências e os poderes a elas inerentes, bem como, ainda, a qual estrutura do Executivo devem estar vinculadas.[485]

Portanto, na legislação infraconstitucional norte-americana é que reside a estrutura das agências reguladoras, toda a estrutura funcional, atribuições e competências, poderes, áreas de atuação, vinculação com o Executivo e demais matérias administrativas pertinentes à regulação, que se passa a tratar a seguir.

4.2 Legislação regulatória norte-americana

Para iniciar o estudo da legislação regulatória norte-americana, necessário se faz estabelecer o marco conceitual das agências reguladoras estadunidenses, sua concepção no sistema estadunidense, haja vista já se ter trabalhado nos capítulos anteriores, o conceito de regulação e seus matizes.

Sobre este aspecto conceitual das agências norte-americanas, as agências *lato sensu* nos EUA são consideradas um gênero das quais

---

Constituição norte-americana ou por qualquer uma de suas emendas, não havendo qualquer previsão para o seu funcionamento no texto constitucional, nem mesmo de forma indireta. Assim, nos EUA, todas as agências reguladoras são previstas e criadas pelo texto infraconstitucional". LIMA, Gustavo Augusto Freitas de. Agências reguladoras e o poder normativo. São Paulo: Baraúna, 2013. *Revista Eletrônica sobre a Reforma do Estado*, n. 22, Salvador, jun./jul./ago. 2010, p. 103.

[485] Sobre a índole constitucional das agências, os poderes do Congresso e a atuação da Suprema Corte, ver: STRAUSS, Peter L. Órgãos do Sistema Federal Americano – sua responsabilidade e posicionamento. In: FIGUEIREDO, Marcelo (Org.). *Direito e regulação no Brasil e nos EUA*. São Paulo: Malheiros Editores, 2004.
Sobre o tema, Strauss acrescenta: "Não dispomos de nenhuma teoria geral abrangente a respeito de quando instituir cada tipo de órgão ou de quando lhe conferir os vários poderes possíveis. Em vez disso, contamos com mais de dois séculos de tentativas nesta ou naquela direção, normalmente empreendidas com motivos específicos em cada caso. Provavelmente, os integrantes do Congresso, ao tomar a decisão, por exemplo, sobre criar ou não uma comissão independente ou sobre posicionar ou não uma nova função governamental dentro de um departamento ministerial, analisam o nível e a participação que seriam adequados ao Presidente. No entanto, não existe nenhuma disciplina intelectual que se aplique a este processo e que crie uma coerência detectável. Isto nos colocou em dificuldades em algumas ocasiões. Nossa Suprema Corte já tentou, algumas vezes, organizar as configurações estruturais de nosso Governo dentro de uma simples teoria geral. A cada tentativa foi colocada em risco a legitimidade do Governo que vimos construindo gradativamente ao longo de mais de dois séculos. A construção desse Governo partiu dos alicerces e baseou-se na experiência; ele não surgiu de nenhuma teoria universal. Manter este fato em mente é um dos desafios que enfrentamos constantemente quando procuramos explicar o Governo que temos atualmente de acordo com os termos de uma Constituição de dois séculos de idade". Idem, p. 21-22.

resultam duas espécies, quais sejam: as agências regulatórias e as agências para o bem-estar social.

Nesse sentido, cada espécie possui o âmbito de atuação e competência estabelecidas na norma instituída pelo Congresso. As agências regulatórias, as quais se estudam na presente obra, dedicam-se à determinação de padrões de conduta para entes privados, os quais também são fiscalizados por elas.

Com efeito, a regulação acontece através da formulação de normas aplicáveis no âmbito de competência da referida agência. Ademais, na esfera federal norte-americana, existem duas outras distinções, quais sejam: as agências reguladoras independentes (*independent regulatory agencies*) e secretarias técnicas do poder executivo federal (*independent agencies*). As primeiras são encabeçadas por administradores técnicos, em tese, com conhecimento específico sobre a temática de responsabilidade e ação da agência. As segundas ficam sob o comando de um secretário do governo federal.

As agências independentes do governo dos Estados Unidos são encarregadas de administrar a lei em relação a áreas específicas, como ambiente, segurança social e assuntos de veteranos. Essas agências são especializadas na área que gerenciam e geralmente são encabeçadas por um Conselho ou Comissão, enquanto algumas, como a *Environmental Protection Agency* (EPA), são encabeçadas por um único administrador.

Apesar do modelo aparentemente ideal das agências como uma saída para os problemas do Estado, da complexidade da sociedade, muitas ainda são as dificuldades práticas e inseguranças trazidas com o advento do modelo regulatório, mesmo em se tratando dos Estados Unidos da América, berço onde seu arquétipo foi forjado, modelo que se espalhou mundo afora.

Os argumentos de autoridade trazidos com a expertise técnica dos dirigentes das agências podem resultar no estreitamento do panorama geral e unilateralidade para com a análise dos problemas e questões a serem reguladas pelas agências. Preocupações como insulamento do controle político, que pode resultar na não responsabilização dos atos decisórios imprudentes, são um fato e se apresentam como uma deficiência ao alcance do direito administrativo.[486]

Nesse sentido, o pragmatismo norte-americano identifica no Direito Administrativo o estudo das normas que orientam agências

---

[486] BURNHAM, William. *Introduction to the law and legal system of the United States*. 5th. Edition. West Group, 2006. p. 198-199.

governamentais (*administrative agencies*) e funcionários públicos (*officials*).[487] Logo, no sistema jurídico-econômico estadunidense, agência pública é todo órgão governamental que não seja militar e que não pertença ao Poder Judiciário ou ao Poder Legislativo. É a concretização do Poder Executivo, podendo orientar-se para a regulamentação da vida pública ou para a assistência social. No primeiro caso são agências reguladoras (*regulatory agencies*) e no segundo exemplo são agências de assistência (*social welfare agencies*).[488]

Criadas pelo Congresso, e com uma vinculação não subordinada ao Executivo, as agências reguladoras independentes (*independent regulatory agencies*) possuem poderes de elaboração e imposição de regras às pessoas e aos setores regulados, bem como para a resolução de conflitos em sua jurisdição. Nessa direção, são dotadas de funções legislativas (*rulemaking*) e adjudicatórias (*adjutication*) que se complementam efetivamente. Agências federais vinculam-se ao Poder Executivo (*executive branch*) quando dependem de secretaria ou são independentes (*independent agencies*), quando coordenadas por grupo diretivo não governamental (*board*).[489]

Nos aspectos de suas atividades precípuas, infere-se que as agências reguladoras independentes têm atuação legislativa. Na sistemática norte-americana, a agência reguladora legisla de maneira preliminar, quando noticia publicamente sua pretensão regulatória, momento em que recebe comentários de interessados e exerce poder discricionário na produção da regra relativa que será objeto da regulação. Destaca-se que todo o procedimento noticiante da agência tem regulamentação estabelecida em lei, estando o ente regulador balizado pela legislação que especificou de maneira clara a atuação, o objeto regulado.

Logo, quanto à substancialidade das normas produzidas pelas agências, observa-se que elas são mais consistentes à apreciação do Judiciário, haja vista que, tradicionalmente, na jurisprudência estadunidense há um reconhecimento da tecnicidade das agências nas matérias por elas regulamentadas.[490]

---

[487] GODOY, Arnaldo Sampaio de Moraes. *Direito nos Estados Unidos*. Barueri: Editora Manole, 2004. p. 114.
[488] Idem. p. 115.
[489] Bis in idem. p. 116.
[490] De 1986 e 1987, a Corte Suprema dos EUA validou 70% das decisões das agências. Ver: CANN, Steve J. *Administrative Law*. 2th edition. London: Sage Publications, 1998. p. 96.

Existe a classificação das normas, com suas respectivas características. As regras (normas) editadas pelas agências são denominadas de "rules", e podem ter natureza substantiva ("substantive rules"), interpretativa ("interpretive rules") e procedimental ("procedural rules").[491] As "substantive rules" possuem força jurídica consistente, pois representam a própria delegação da competência estatuída pelo Congresso. São, portanto, destinatárias e beneficiárias da delegação legislativa e reconhecida pelo Poder Judiciário, que episodicamente aprecia o mérito que encerra o conteúdo das "substantive rules". O não atendimento dessas normas substantivas sujeita quem as infringe a consequências análogas ao descumprimento das leis votadas pelo Congresso, tais como a imposição e o pagamento de multas. Quanto às "interpretive rules", estas têm passado de maneira mais frequente pelo crivo do Poder Judiciário, ainda que a intervenção judicial seja comedida. Sobre as "procedural rules", elas são pertinentes à funcionalidade das agências, à sua organização, como estão estruturadas, sendo basicamente tratadas de maneira regimental no plano interno das agências.

Além do procedimento preliminar-normativo, mencionado alhures, outra peculiaridade do processo decisório-regulamentar das agências é sua proximidade com o típico trâmite legislativo, a denominada "noticeand-comment rulemaking",[492] ou seja, o caminho observado por elas que vai desde a proposição até a final adoção de um determinada regulamentação, momento em que se verifica transparência e interação com a sociedade. Antes de adotar uma norma regulamentar sobre a atividade regulada, a agência reguladora promove estudos, consulta especialistas e prepara um relatório minucioso sobre a necessidade da regulamentação proposta. Logo em seguida, procede à publicação da documentação e aos planos relativos à regulamentação desejada no "Federal Register",[493] chamando a população, os especialistas e as pessoas interessadas na matéria, para que emitam considerações em um período de tempo determinado pela agência. Encerrado o prazo

---

[491] ARAÚJO, Marcos. *Agências regulamentadoras*. Disponível em: <http://www.egov.ufsc.br/portal/sites/default/files/anexos/16030-16031-1-PB.pdf>. Acesso em: 17 out. 2017.

[492] "A formulação de regras de notificação e comentário é um procedimento comum de criação de regras segundo o qual uma regra proposta é publicada no '"Federal Register"' e está aberta a comentários do público em geral". Disponível em: <https://www.foreffectivegov.org/node/2578>. Acesso em: 17 out. 2017.

[493] Diário Oficial do governo dos Estados Unidos. Disponível em: <https://www.federalregister.gov>. Acesso em: 17 out. 2017.

estabelecido para considerações, e apreciadas as observações oferecidas pela comunidade, a agência edita a regulamentação.[494]

Depreende-se, portanto, da configuração estruturante das normas estatuídas pelas agências reguladoras independentes norte-americanas, a sua densidade legislativa, o seu alcance e grau de exigibilidade de observância, egressas, portanto, de estruturas administrativas autorizadas pelo Legislativo, e integrantes do Executivo por vinculação administrativa (as agências), que exercem tripla função,[495] conforme aduzido, anteriormente.

Nesta direção, conclui-se que o Congresso delega poderes à agência reguladora que ele mesmo criou para administrar, através de procedimentos regulatórios, determinado setor, entidade administrativa que adota regulamentos que têm status e força de lei federal, estabelece prioridades administrativas, empreende medidas de execução em sua área de atuação e resolve demandas dos regulados e demais interessados nas controvérsias estabelecidas.

Por outras palavras, as agências normalmente legislam, executam e tomam decisões, sem que se note diferença se elas se posicionam como departamentos ministeriais, como estabelecimentos executivos independentes, ou como comissões reguladoras independentes, tal como a *Federal Communications Commission* – FCC.[496]

Para o alcance estabelecido no recorte desta pesquisa, importa aduzir sobre o controle dos atos das Agências Reguladoras, destacando-se,

---

[494] BARBOSA GOMES, Joaquim B. Agências reguladoras: a "metamorfose" do Estado e da democracia (Uma reflexão de Direito Constitucional Comparado). In: BINENBOJM, Gustavo (Coord.). *Agências reguladoras e Democracia*. Rio de Janeiro: Renovar, 2005.

[495] A *Federal Trade Commission* – FTC, por exemplo, agência reguladora federal independente, responsável pela proteção do consumidor e jurisdição de concorrência em amplos setores da economia, edita normas de validade nacional, função tipicamente legislativa, tem poderes para instauração de procedimento investigativo para verificação de observância das normas por ela editadas, que caracteriza a função executiva, e julga demandas, cujo objeto são violações das regras oriundas do processo investigativo que ela mesma procedeu. Disponível em: <https://www.ftc.gov>. Acesso em: 17 out. 2017.

[496] STRAUSS, Peter L. Órgãos do Sistema Federal Americano – sua responsabilidade e posicionamento. In: FIGUEIREDO, Marcelo (Org.). *Direito e regulação no Brasil e nos EUA*. São Paulo: Malheiros Editores, 2004. p. 27.
E continua Strauss: "A diferença fundamental que torna esta configuração tolerável, a nosso ver, é que estes órgãos estão embutidos na estrutura geral do Governo, mantendo o necessário relacionamento com cada um dos três repositórios diferenciados do poder que nossa Constituição define. Eles só podem existir de acordo com autorização legal conferida pelo Congresso e, na verdade, acreditamos que o Congresso se impõe limites quanto à delegação de poderes a esses órgãos por compreender que, uma vez criados, eles fugirão ao seu controle direto". Idem, p. 28.

desde logo, que este pode ser realizado pelos Poderes Executivo, Legislativo e Judiciário.

No caso do Poder Executivo, o Presidente, por certo, exerce controle sobre as agências, na medida em que possui autoridade para nomear os chefes das agências (ainda que tenha que ter a aprovação do Senado), requisita pareceres. Controla, ainda, de maneira mais específica, as atividades exercidas pelas agências, quando, através da Secretaria de Administração e de Controle Orçamentário (*Office of Management and Budget* – OMB), subordinada à presidência, procede na supervisão das solicitações de recursos (orçamentários) que as agências encaminham ao Congresso anualmente, exercendo, portanto, influência sobre o orçamento da respectiva agência.

O controle sobre as agências, exercido pelo Congresso, é bastante amplo, já que é da competência do Legislativo (além de criar as agências), legislar sobre a estrutura das agências, de matéria relativa aos cargos de direção e à estabilidade destes, a formatação do poder de decisão das agências, bem como os parâmetros, as diretrizes (legais) do setor regulado a serem seguidas pelas agências.

Ainda no âmbito do controle legislativo, destaca-se que o processo de confirmação de novos nomeados pelo Senado, não raramente, é marcado por sindicâncias, pressões e promessas sobre as políticas de cumprimento e as atitudes que um candidato pretende adotar. Também é recorrente a convocação, pelos Comitês de Supervisão Legislativa, dos chefes e de outros líderes das agências para explicar suas escolhas durante audiências as quais esses líderes sabem que lhes custará tempo e que poderão lhes trazer dificuldades quando quiserem garantir que o Congresso estabeleça uma determinada legislação que eles desejam.[497]

O controle exercido pelo Judiciário sobre as agências tem início dentro das próprias entidades reguladoras. Na esfera federal, a audiência de uma demanda em primeira instância ocorre perante um juiz de direito administrativo (*administrative law judge* – ALJ). Os juízes administrativos são integrantes de uma espécie de Judiciário do funcionalismo público, tendo atuação somente com a responsabilidade de julgar. As decisões prolatadas pelos juízes administrativos podem normalmente ser examinadas pelo próprio dirigente da agência, se houver apenas o chefe administrativo, ou por uma Comissão Reguladora independente,

---

[497] STRAUSS, Peter L. Órgãos do Sistema Federal Americano – sua responsabilidade e posicionamento. In: FIGUEIREDO, Marcelo (Org.). *Direito e regulação no Brasil e nos EUA*. São Paulo: Malheiros Editores, 2004. p. 61.

dependendo da estrutura que possua a agência, segundo sua lei de criação.

O que se observa, na prática, nesse percurso estruturante de controle das agências, é que os tribunais aceitaram[498] a sólida relação que se baseia no exame das decisões dos órgãos administrativos como uma alternativa adequada para um completo sistema judicial de julgamentos e apelações.[499]

Isso foi estabelecido no *Administrative Federal Act* de 1946, nos seguintes termos:

> 47 §706 – To the extent necessary to decision and when presented, the reviewing court shall decide all relevant questions of law, interpret constitutional and statutory provisions, and determine the meaning or aplicability of the terms of an agency action. The reviewing court shall – (1) compel agency action unlawfully withheld or unreasonably delayed; and (2) hold unlawful and set aside agency action, findings and conclusions found to be – (a) arbitrary, capricious, an abuse of discretion, or otherwise not in accordance with law; (b) contrary to constitutional right, power, privilege, or immunity; (c) in excess of statutory jurisdiction, authority, or limitations, or short of statutory right; (d) without observance of procedure required by law; (e) unsupported by substantial evidence in a case subject to sections 556 and 557 of this title or otherwise reviewed on the record of an agency hearing provided by statute; or (f) unwarranted by the facts to the extent that the facts are subject to trial de novo by the reviewing court. In making the foregoing determinations, the court shall review the whole record or those parts of it cited by a party, and due account shall be taken of the rule of prejudicial error.[500]

---

[498] De acordo com Strauss, "o que os tribunais não aceitaram foram leis que exigissem que o Presidente assegurasse aprovação legislativa para afastar um funcionário do governo, ou nos termos das quais o Congresso intentasse, ele mesmo, nomear alguns dos membros de um conselho administrativo, ou, nos termos das quais o Congresso condicionasse a validade da ação administrativa a uma ação informal do Congresso, ou segundo as quais o Congresso conferisse a um burocrata, desempenhando funções em um dos órgãos subordinados ao Congresso, o direito de controlar decisões presidenciais". Idem, p. 60.

[499] Idem. p. 63.

[500] Disponível em: <https://www.archives.gov/federal-register/laws/administrative-procedure>. Acesso em: 17 out. 2017. "Na medida necessária à decisão e quando apresentada, o tribunal de revisão deve decidir todas as questões relevantes de direito, interpretar as disposições estatutárias e determinar o significado ou a aplicabilidade dos termos de uma ação da agência. O tribunal de revisão deve: (1) obrigar a ação da agência ilegalmente retida ou injustamente adiada; e (2) manter ilegal e retirar as ações e conclusões da agência, que se considerem: (a) arbitrárias, caprichosas, abusivas de

É importante destacar, em sede de controle judicial, que o direito ao exame da legalidade dos atos e decisões emanadas pelas agências é garantido a qualquer cidadão que tenha participado de um processo administrativo em determinada agência, e que não tenha concordado com o resultado, cuja competência jurisdicional cabe normalmente aos Tribunais Federais.

Destarte, o caminho legal que o Congresso estabeleceu para descrever o papel do judiciário foi no sentido de determinar se uma ação de um órgão administrativo é arbitrária, tendenciosa, abusiva quanto a seu poder de decisão ou, de outra forma, contrária à lei. A agência é o órgão administrativo responsável por tomar decisões, cabendo ao Judiciário supervisionar, arbitrar e não impor o seu próprio julgamento como substituto.[501]

Acrescente-se ainda, ao contexto do controle judicial, a denominada *hard-look doctrine*, que permite ao Judiciário desincumbir-se das duas tarefas que lhe foram conferidas pelo *Administrative Procedure Act* – APA, quais sejam, garantir a fidelidade do processo regulatório ao direito e invalidar decisões arbitrárias ou caprichosas.[502] A aludida doutrina tem sido utilizada nas decisões judiciais para impor às agências que demonstrem as vantagens da regulação que se sobrepõem às desvantagens, bem como na invalidação ou devolução para a agência de medidas que não observam a prescrição legal, exigindo explicações dos entes reguladores sobre questionamentos ou comentários formulados por interessados e participantes de consulta pública.

Fechando os aspectos de controle das agências, importante marco legal foi estabelecido pelo Congresso, qual seja, a promulgação *Congressional Review Act* – CRA, em 29 de março de 1996 (gestão do Presidente Bill Clinton). O CRA habilita o Congresso a rever, por meio de um processo legislativo célere, novos regulamentos federais emitidos

---

discrição ou, de outra forma, não estão de acordo com a lei; (b) contrário ao direito, poder, privilégio ou imunidade constitucional; (c) em excesso de jurisdição, autoridade ou limitações estatutárias, ou inferior ao direito estatutário; (d) sem observância do procedimento exigido por lei; (e) não suportado por evidências substanciais em um caso sujeito às seções 556 e 557 deste título ou revisado de outra forma no registro de uma audiência da agência prevista pelo estatuto; ou (f) injustificado pelos fatos na medida em que os fatos sejam sujeitos a novo julgamento pelo tribunal de revisão. Ao fazer as determinações anteriores, o tribunal deve rever todo o registro ou as partes dele citadas por uma parte, e deve ser tida em devida conta a regra do erro prejudicial". Tradução nossa.

[501] Bis in idem. p. 66.
[502] BINENBOJM, Gustavo. *Uma teoria do Direito Administrativo*: direitos fundamentais, democracia e constitucionalização. 3. ed. Rio de Janeiro: Renovar, 2014. p. 286.

por agências governamentais e, mediante a aprovação de uma resolução conjunta, anular um regulamento. Permite, portanto, que o Congresso desaprove regulamentações das agências reguladoras, promulgando uma norma legal (substitutiva do regulamento), aprovada pelas duas casas e assinada pelo Presidente, que expressa tão somente a desaprovação da regulamentação administrativa do órgão regulador. Depois de promulgar a desaprovação, o órgão administrativo fica impedido de adotar qualquer regulamentação análoga ao texto desaprovado.

Dentro da ambiência regulatória, a participação popular no processo decisório, notadamente na atividade de produção legislativa das agências, tem se mostrado uma preocupação político-social permanente, ensejando sua precariedade, o surgimento do chamado déficit democrático, que desafia os aspectos de legitimidade dos atos regulatórios das agências.

Nos Estados Unidos, embora o direito norte-americano tenha avançado no reconhecimento da participação de cidadãos e dos integrantes de setores regulados, notadamente sobre matéria tarifária e de licenciamento que envolve a sociedade civil, essa matéria ainda não integra o campo do direito público no sistema jurídico estadunidense. Em decisões administrativas que não seja exigida a formalização de registro nos autos, os procedimentos decisórios não garantem aos partícipes do processo administrativo, acesso aos materiais de regulamentação, com direitos de participação no andamento processual bastante restritos.[503]

Mas, no que se reporta à previsibilidade de participação popular, de inclusão legislativa, é de se notar que, desde a edição do *Administrative Procedure Act*, de 1946, a própria legislação exige maior participação social, envolvendo o público no processo de elaboração de normas regulatórias, de competência das agências reguladoras. Reitere-se, conforme discorrido alhures, que a agência reguladora deve, primeiramente, proceder à notificação do público sobre a intenção de aprovar um regulamento. Logo, o público já terá conhecimento prévio da proposta e todo o seu processo que será desencadeado, tendo a agência proponente o compromisso legal de receber sugestões da comunidade, apresentando, na decisão final do texto regulatório, os fundamentos que justifiquem a opção por inclusão ou não das considerações apresentadas.

Mudanças recentes são perceptíveis no que se refere ao processo de regulamentação que precede à notificação da regulamentação ao conhecimento público, criando oportunidades para a participação

---

[503] Op. cit. p. 32.

pública ainda nos estágios iniciais. As tendências são: o desenvolvimento de análises reguladoras preliminares que ampliam, significativamente, o banco de dados aberto ao público em ações importantes; a criação de uma pauta periódica de regulamentações, identificando projetos em andamento junto ao órgão administrativo; e um novo sistema para o desenvolvimento de propostas de regulamentação por meio da negociação com os Comitês representativos.[504]

Quanto ao déficit democrático no contexto americano, essa crítica à legitimidade e representatividade da regulação foi desenvolvida nos anos 70, notadamente em função de que, àquela altura, o Judiciário e o Congresso não exerciam, efetivamente, o controle dos atos das agências,[505] seja pela ausência de conhecimento técnico, seja pela falta de mecanismos legais de controle, criados, posteriormente, para o exercício da supervisão, bem como, pelo desenvolvimento da doutrina *hard-look*, já tratada anteriormente, com desenvolvimento nessa mesma época. Porém, com a longa história regulatória, diante da cultura norte-americana de administração pública, é muito incipiente o processo de inserção do tema na pauta jurídico-política estadunidense. A legislação e a participação de organizações sociais mitigam a evidência do déficit democrático inerente às características da regulação.

Passa-se, às agências reguladoras independentes, em espécie, a cronologia regulatória norte-americana, até o presente momento, para que se tenha a compreensão da diversidade dos setores regulados nos Estados Unidos da América, apresentando-se, nesta oportunidade, as principais agências reguladoras independentes,[506] que se destacam com suas respectivas competências:

- *Central Intelligence Agency* – CIA (Agência Central de Inteligência). Agência independente do governo dos EUA, responsável por fornecer inteligência de segurança nacional para altos responsáveis políticos dos EUA.
- *Commodity Futures Trading Commission* – CFTC. A CFTC assegura a utilidade econômica dos mercados de futuros, incentivando sua competitividade e eficiência, protegendo

---

[504] STRAUSS, Peter L. Órgãos do Sistema Federal Americano – sua responsabilidade e posicionamento. In: FIGUEIREDO, Marcelo (Org.). *Direito e regulação no Brasil e nos EUA*. São Paulo: Malheiros Editores, 2004. p. 42.
[505] MELO, Marcos André. A política da ação regulatória: responsabilização, credibilidade e delegação. *Revista Brasileira de Ciências Sociais*, v. 16, n. 46, São Paulo, p. 55, jun. 2001.
[506] Disponível em: <https://www.usa.gov/federal-agencies>. Acesso em: 17 out. 2017.

os participantes do mercado contra fraudes, manipulação e práticas comerciais abusivas e garantindo a integridade financeira do processo de compensação.

- *Consumer Product Safety Commission* – CPSC (Comissão de Segurança dos Produtos do Consumidor). É a agência encarregada de proteger o público de riscos não razoáveis de ferimentos graves ou morte de milhares de tipos de produtos de consumo sob a jurisdição da agência.
- *Defense Nuclear Facilities Safety Board* – DNFSB. É uma agência independente do governo dos Estados Unidos, com sede em Washington, DC, encarregada de supervisionar o complexo de armas nucleares administrado pelo Departamento de Energia dos EUA.
- *Environmental Protection Agency* – EPA. A EPA lidera os esforços ambientais, de pesquisa, educação e avaliação ambiental dos EUA. A missão da Agência de Proteção Ambiental é proteger a saúde humana e o meio ambiente.
- *Export-Import Bank of the United States* – O Banco de Exportação e Importação dos Estados Unidos (Ex-Im Bank) é a agência oficial de crédito à exportação dos Estados Unidos (ECA). A missão do Ex-Im Bank é auxiliar no financiamento da exportação de bens e serviços dos EUA para os mercados internacionais.
- *Federal Communications Commission* – FCC. A FCC é a agência responsável por regularizar as comunicações interestaduais e internacionais por rádio, televisão, fio, satélite e cabo.
- *Federal Deposit Insurance Corporation* – FDIC. Agência criada para manter a estabilidade e a confiança pública no sistema financeiro do país, garantindo depósitos. Examina e supervisiona as instituições financeiras por segurança e solidez e proteção ao consumidor.
- *Federal Election Commission* – FEC. A missão da Comissão Eleitoral Federal (FEC) é administrar e fazer cumprir a Lei de Campanha Eleitoral Federal (FECA).
- *Federal Emergency Management Agency* – FEMA. É uma agência do Departamento de Segurança Interna dos Estados Unidos, cujo principal objetivo é coordenar a resposta a um desastre que ocorreu nos Estados Unidos e que supera os recursos das autoridades locais e estaduais. A missão da FEMA é

garantir que, enquanto nação, esteja preparada para proteger, responder, recuperar e mitigar todos os riscos.

- *Federal Reserve Board* – O Sistema da Reserva Federal é o banco central dos Estados Unidos. Conduz a política monetária do país, influenciando as condições monetárias e de crédito na economia em busca do emprego máximo, preços estáveis e taxas de juros moderadas em longo prazo. Supervisiona e regula as instituições bancárias para garantir a segurança e a solidez do sistema bancário e financeiro, para proteger os direitos de crédito dos consumidores. Mantém a estabilidade do sistema financeiro e contém riscos sistêmicos que podem surgir nos mercados financeiros. Fornece serviços financeiros a instituições depositárias, ao governo dos EUA e a instituições oficiais estrangeiras.

- *Federal Trade Commission* – FTC. A FTC é uma agência federal responsável pela proteção ao consumidor e jurisdição de concorrência em amplos setores da economia. Sua principal missão é a promoção da proteção ao consumidor e a eliminação e a prevenção de práticas comerciais anticompetitivas, como o monopólio coercivo.

- *General Services Administration* – GSA. A Administração de Serviços Gerais dos EUA é uma agência independente do governo dos Estados Unidos, criada em 1949 para ajudar a gerenciar e a apoiar o funcionamento básico das agências federais. A GSA fornece produtos e comunicações para escritórios governamentais dos EUA, espaço de transporte e escritórios a funcionários federais e desenvolve políticas de minimização de custos governamentais e outras tarefas de gerenciamento.

- *Institute of Museum Services* – A missão do Instituto é criar bibliotecas fortes e museus que liguem as pessoas a informações e ideias. O Instituto trabalha em nível nacional e em coordenação com organizações estatais e locais para sustentar patrimônio, cultura e conhecimento, melhorar a aprendizagem e a inovação; e apoiar o desenvolvimento profissional. É a principal fonte de apoio federal para as aproximadamente 120 mil bibliotecas dos EUA.

- *Merit Systems Protection Board* – É uma agência independente e quase judicial no Poder Executivo que atua como guardiã dos sistemas federais de mérito. Foi criada para proteger os sistemas federais de mérito contra práticas políticas partidárias e outras práticas de pessoal proibidas e garantir uma proteção adequada aos funcionários federais contra abusos pela administração da agência.

- *National Aeronautics and Space Administration* – NASA. É uma agência do Governo Federal dos Estados Unidos responsável pela pesquisa e desenvolvimento de tecnologias e programas de exploração espacial. Trabalha com fomento na pesquisa e exploração do Espaço.

- *National Archives and Records Administration* – NARA. A agência americana encarregada da preservação e documentação de registros históricos e governamentais. Tem por objetivo oportunizar o acesso público à documentação de sua guarda, sendo responsável, ainda, pela manutenção e publicação dos atos do Congresso, proclamações presidenciais, ordens executivas e regulamentos federais.

- *National Credit Union Administration* – NCUA. Agência criada para regulamentar, orientar e supervisionar as cooperativas de crédito federais. Opera e administra o National Credit Union Share Insurance Fund, garantindo os depósitos de titulares de contas em todas as cooperativas de crédito federais e a maioria das cooperativas de crédito dos estados.

- *National Endowment for the Arts* – NEA. Agência pública dedicada a apoiar a excelência nas artes. Financia, promove e fortalece a capacidade criativa da comunidade norte-americana, oferecendo diversas oportunidades de participação artística e apoio e financiamento para projetos artísticos.

- *National Science Foundation* – NSF. Agência federal independente criada para promover o progresso da ciência, a saúde nacional, a prosperidade e o bem-estar, e para garantir a defesa nacional. Promove o progresso da ciência e apoia a pesquisa básica e as pessoas para criar conhecimento que transforma o futuro.

- *National Security Agency* – NSA. A Agência de Segurança Nacional é um membro-chave da Comunidade de Inteligência e, por sua própria natureza, requer um alto grau de confidencialidade. Coleta, processa e divulga informações de inteligência a partir de sinais eletrônicos estrangeiros para fins de inteligência e contra inteligência e para apoiar operações militares. É encarregada de impedir que os adversários estrangeiros tenham acesso a informações de segurança nacional classificadas.

- *National Technology Transfer Center* – A missão do Centro Nacional de Transferência de Tecnologia é ligar a indústria dos EUA a laboratórios federais e universidades que possuem as tecnologias, instalações e pesquisadores que a indústria precisa para maximizar as oportunidades de desenvolvimento de produtos. Empenha-se em desenvolver parcerias duradouras entre a indústria, a academia e as agências governamentais, fornecendo serviços essenciais em nível nacional para a comercialização de tecnologias desenvolvidas por agências federais e outros clientes.

- *Nuclear Regulatory Commission* – NRC. A Comissão Reguladora Nuclear foi criada como uma agência independente para permitir que os EUA utilizem, com segurança, materiais radioativos para fins civis benéficos. Formula políticas, desenvolve regulamentos que regem a proteção de reator nuclear e materiais nucleares, ordena ordens a licenciados e julga questões legais.

- *Office of the Special Counsel* – OSC. É uma agência independente de investigação e promotoria federal. A principal missão da OSC é salvaguardar o sistema de mérito, protegendo empregados e candidatos federais de práticas de pessoal proibidas, especialmente represálias para denunciar.

- *Peace Corps* – É a agência federal estadunidense independente, criada para ajudar os países em desenvolvimento, prestando serviços essenciais e promovendo o melhor entendimento entre americanos e povos de outras culturas. É um serviço exclusivamente feito através de voluntários, trabalhando em 139 países, com o maior programa voltado à imunização e à educação em saúde.

- *Pension Benefit Guaranty Corporation* – PBGC. Agência governamental que protege os rendimentos de aposentadoria de quase 44 milhões de trabalhadores americanos em mais de 29 mil planos de previdência privada de benefício definido. Foi criada pela Lei de Segurança de Renda e Aposentadoria do Empregado de 1974. O PBGC cobra prêmios de seguros de empregadores que patrocinam planos de previdência segurados, ganha dinheiro com investimentos e recebe fundos de planos de previdência que assume.

- *Railroad Retirement Board* – É uma agência independente cuja principal função é administrar programas integrados de benefícios de previdência e seguro-desemprego para os ferroviários e suas famílias. Possui responsabilidades administrativas para certos pagamentos de benefícios e cobre o Medicare dos trabalhadores ferroviários.
- *Securities and Exchange Commission* – SEC. Agência independente dos Estados Unidos, principal responsável pela aplicação das leis federais de valores mobiliários, propondo regras de valores mobiliários. Regulamenta o setor de valores mobiliários, as ações e trocas de opções e outras atividades e organizações do país, incluindo os mercados eletrônicos de valores mobiliários nos Estados Unidos. Sua missão é proteger os investidores; manter mercados justos, ordenados e eficientes; e facilitar a formação de capital.
- *Selective Service System* – A agência independente do governo dos Estados Unidos que mantém informações sobre aqueles potencialmente sujeitos a recrutamento militar. Praticamente todos os cidadãos masculinos dos EUA e os cidadãos estrangeiros não imigrantes entre 18 e 25 anos são obrigados por lei a se registrarem no prazo de 30 dias após os 18 anos de idade. Também tem a missão de fornecer mão de obra às forças armadas em caso de emergência.
- *Small Business Administration* – SBA. Agência independente do governo federal destinada a auxiliar e a proteger os interesses das pequenas empresas, e a fortalecer a economia. Auxilia os americanos a começar, construir e desenvolver empresas, através de uma extensa rede de escritórios de campo e parcerias com organizações públicas e privadas.
- *Smithsonian Institute* – É uma instituição educacional e de pesquisa associada a um complexo de museus, fundada e administrada pelo governo dos Estados Unidos. Compreende 19 museus e sete centros de pesquisa e zoológico e tem 142 milhões de itens em suas coleções.
- *Social Security Administration* – A Administração da Segurança Social administra os programas de aposentadoria, inválidos

e seguros de invalidez conhecidos como Segurança Social, e administra o programa de Renda de Segurança Suplementar para idosos, cegos e deficientes. Entrega serviços de segurança social que atendam às mudanças das necessidades do público.
- *United States Agency for International Development* – USAID. É a principal agência governamental dos EUA, que trabalha para acabar com a extrema pobreza global e permitir que sociedades democráticas realizem o seu potencial. A missão da USAID é apoiar o crescimento econômico equitativo e em longo prazo e avançar nos objetivos da política externa dos EUA, apoiando o crescimento econômico, a agricultura e o comércio, a saúde global, a democracia, a prevenção de conflitos e a ajuda humanitária.
- *United States Postal Service* – Agência independente do governo federal dos Estados Unidos responsável pelo fornecimento de serviços postais nos Estados Unidos.

Com efeito, reputa-se debatido o cenário da regulação norte-americana, sua formatação e seus aspectos conceituais, a ambiência histórico-política, na qual tomou forma e ganhou musculatura, a ponto de exportar o paradigma formatado para inúmeros países. Percorrida a legislação geral, regente da regulação norte-americana, as características das agências, suas estruturas, o controle sobre elas incidente, parte-se para a abordagem específica da regulação de medicamentos nos Estados Unidos da América, constatando-se de maneira evidenciada, nessa perspectiva histórica, que a criação das agências foi ato contínuo ao manejo da Administração Pública norte-americana, a opção política regulatória eleita para comandar a economia e o bem-estar social.

4.3 Regulação de medicamentos nos EUA

Ao longo da história estadunidense, percebe-se que sucessivos governos se debruçaram sobre a regulação de medicamentos e produtos alimentares. Sobre esses produtos, depreende-se que o Poder Público centralizou seu foco regulatório, notadamente, nos aspectos da segurança de medicamentos e alimentos. Mas, a configuração regulatória que o sistema norte-americano apresenta, atualmente, tem suas origens no último quarto do século XIX, momento em que estados e governos locais iniciaram a edição de regras sobre drogas e alimentos.

No âmbito federal, a regulamentação da indústria farmacêutica e de alimentos, em grande escala, tem como marco legal o início do século XX. Em 1906, o Congresso norte-americano instituiu a *Food and Drugs Act* (Lei de Alimentos e Drogas). A Lei criou a *Food and Drug Administration* (FDA), que regula diretamente a entrada de produtos, as formas como os medicamentos e os alimentos são comercializados para os consumidores e as práticas de fabricação de empresas de alimentos e medicamentos, registros, dentre outras matérias que serão aprofundadas mais adiante.[507]

O controle da regulação de medicamentos efetuado pela *Food and Drug Administration* – FDA foi bastante ampliado com a edição da *Food, Drug and Cosmetic Act*[508] (Lei de Alimentos, Drogas e Cosméticos), de 1938. A FDA, com essa lei, recebeu uma autoridade ainda maior sobre o setor de drogas e alimentos, podendo, a partir desse momento, regular sobre a fabricação de medicamentos e reivindicações terapêuticas impressas nos rótulos de produtos. Além disso, a nova lei exigia que os medicamentos fossem comercializados com instruções adequadas para um uso seguro, tendo sido a autoridade da FDA estendida para incluir dispositivos médicos e cosméticos.

A característica mais marcante e inovadora da Lei de Alimentos, Drogas e Cosméticos, de 1938, foi a introdução da aprovação obrigatória pré-mercado para novos medicamentos. Os fabricantes de medicamentos ficaram obrigados a demonstrar à FDA, que uma nova droga era segura antes que ela pudesse ser lançada no mercado. A legislação sobre medicamentos e alimentos, estatuída no Congresso antes de 1938, não incluiu disposições que exigissem a aprovação obrigatória do pré-mercado de novos medicamentos.

No período Pós-Segunda Guerra Mundial, a mudança expansiva mais significativa na autoridade da FDA sobre drogas, ocorreu quando houve a aprovação, pelo Congresso, das Emendas à *Food, Drug and Cosmetic Act*, de 1962 (Emendas de Kefauver-Harris). Como resultado dessas alterações legislativas, as empresas farmacêuticas foram obrigadas a demonstrar que os medicamentos eram seguros e eficazes, antes da liberação ao mercado (a lei de 1938 exigia apenas uma prova de

---

[507] LAW, Marc. History of Food and Drug Regulation in the United States. *EH. Net Encyclopedia*, edited by Robert Whaples, october 11, 2004. p. 1. Disponível em: <http://eh.net/encyclopedia/history-of-food-and-drug-regulation-in-the-united-states/>. Acesso em: 17 out. 2017.

[508] Disponível em: <https://www.fda.gov/aboutfda/whatwedo/history/productregulation/ucm132818.htm>. Acesso em: 17 out. 2017.

segurança), tendo a FDA recebido maior autoridade para supervisionar ensaios clínicos para novas drogas. Com as Emendas Kefauver-Harris, a responsabilidade pela regulamentação da publicidade de medicamentos prescritos foi transferida para a FDA. A FDA recebeu, também, a competência para estabelecer boas práticas de fabricação no setor de drogas e o poder de acessar registros de empresas farmacêuticas para monitorar essas práticas.[509]

Após as Emendas de medicamentos de 1962, a regulamentação federal de alimentos e drogas nos Estados Unidos evoluiu em várias frentes, fortalecendo a autoridade da FDA sobre vários aspectos do comércio de medicamentos e alimentos. Exemplo disso são as Emendas de Dispositivos Médicos de 1976, que passaram a exigir aos fabricantes de dispositivos médicos, que se inscrevessem na FDA e seguissem a diretriz de controle de qualidade.

Porém, em alguns casos, a legislação retirou poderes da FDA sobre medicamentos e alimentos. As Emendas de Vitaminas e Minerais de 1976 impediram o FDA de estabelecer padrões que limitassem a potência de vitaminas e minerais adicionados aos alimentos. Nessa mesma direção de diminuição da autoridade da FDA, a Lei de Eficácia Dietética e Suplementação Nutricional, de 1994, enfraqueceu a competência da FDA para regular suplementos dietéticos, ao classificá-los como alimentos em vez de drogas.

Para fins de cronologia e compreensão histórico-evolutiva da regulação de medicamentos norte-americana, apresenta-se minuciosa cronologia dos marcos da regulamentação de medicamentos estadunidense, de acordo com os registros da *Food and Drug Administration* – FDA:[510] *1820* – Onze médicos se encontram em Washington, DC, para estabelecer a Farmacopeia dos EUA, o primeiro compêndio de medicamentos padrão para os Estados Unidos; *1848* – A Lei de Importação de Drogas aprovada pelo Congresso requer inspeção do Serviço de Alfândega dos EUA para impedir a entrada de drogas adulteradas do exterior; *1883* – Doutor Harvey W. Wiley torna-se químico-chefe, ampliando os estudos de adulteração de alimentos do Bureau of Chemistry. Fazendo campanha por uma lei federal, o Doutor Wiley é chamado de "Crusading Chemist" e "Father of the Pure Food and Drugs Act"; *1902* – A Lei de Controle Biológico é aprovada para garantir pureza e segurança de soros, vacinas

---

[509] Disponível em: <https://www.fda.gov/aboutfda/whatwedo/history/productregulation/ucm132818.htm>. Acesso em: 17 out. 2017.
[510] Disponível em: <https://www.fda.gov/AboutFDA/WhatWeDo/History/FOrgsHistoryChronology/htm>. Acesso em: 17 out. 2017.

e produtos similares usados para prevenir ou tratar doenças em seres humanos; *1905* – A exposição, em dez partes, de Samuel Hopkins Adams, da indústria de medicamentos patenteados, "The Great American Fraud", começa em Collier's. A American Medical Association, através do seu Conselho de Farmácia e Química, inicia um programa voluntário de aprovação de medicamentos que duraria até 1955. Para ganhar o direito de anunciar em revistas relacionadas, as empresas apresentaram provas para revisão pelo Conselho e especialistas externos, para apoiar suas reivindicações terapêuticas para drogas; *1906* – A Lei original de alimentos e drogas (Federal Food and Drugs Act of 1906) é aprovada pelo Congresso em 30 de junho de 1906; *1911* – U.S. v. Johnson, o Supremo determina que a Lei de Alimentos e Medicamentos de 1906 não proíbe falsas alegações terapêuticas, mas apenas declarações falsas e enganosas sobre os ingredientes ou a identidade de uma droga; *1912* – O Congresso decreta a Emenda Sherley para superar a decisão no EUA contra Johnson. Proíbe a rotulagem de medicamentos com falsas alegações terapêuticas destinadas a fraudar o comprador; *1914* – O Harrison Narcotic Act exige prescrições para produtos que ultrapassem o limite permitido de narcóticos e exige maior manutenção de registros para médicos e farmacêuticos que dispensam narcóticos; *1930* – O nome da Administração de Alimentos, Medicamentos e Inseticidas é encurtado para Food and Drug Administration (FDA); *1933* – A FDA recomenda uma revisão completa da Lei de Alimentos e Drogas de 1906; *1937* – Elixir Sulfanilamida, contendo o solvente venenoso, mata 107 pessoas, muitas delas crianças, realçando a necessidade de estabelecer a segurança da droga antes do marketing e promulgar a lei de alimentos e drogas pendentes; *1938* – A Lei Federal de Alimentos, Drogas e Cosméticos, de 1938, é aprovada pelo Congresso, estendendo o controle para cosméticos e dispositivos terapêuticos, exigindo que novos medicamentos sejam mostrados seguros antes do marketing, iniciando um novo sistema de regulamentação de drogas e autorizando inspeções na fábrica; *1941* – A alteração da insulina exige que a FDA teste e certifique a pureza e a potência desse medicamento para o diabetes. Cerca de 300 óbitos e mortes resultam da distribuição de comprimidos de sulfatiazol manchados com sedativos. O incidente impõe à FDA que revise os controles de fabricação e qualidade drasticamente, o que dá início ao que mais tarde se chamaria de Boas Práticas de Fabricação (GMPs); *1945* – A alteração da penicilina requer testes da FDA e certificação de segurança e eficácia de todos os produtos de penicilina. Emendas posteriores estenderiam esse requisito a todos os antibióticos; *1948* – A Suprema Corte decide, no caso U. S. v. Sullivan, que a jurisdição da FDA se estende à distribuição de varejo, permitindo que interdite, nas farmácias, vendas ilegais de drogas – os mais problemáticos são os barbitúricos e as anfetaminas; *1950* – No caso Alberty Food Products Co. contra os Estados Unidos, um tribunal de recursos declara que as instruções de uso em um rótulo de medicamento devem incluir a finalidade para a qual o medicamento é oferecido. Portanto, um remédio sem valor não pode escapar à lei ao não indicar a condição que deveria tratar; *1951* – A alteração de Durham--Humphrey define os tipos de drogas que não podem ser utilizadas de forma segura sem supervisão médica e restringe sua venda à prescrição por um profissional licenciado; *1952* – No caso EUA v. Cardiff, a Suprema Corte declara que a disposição de inspeção de fábrica da Lei FDC de 1938 é muito vaga para ser aplicada como lei penal; uma investigação nacional pela FDA revela que o cloranfenicol, um antibiótico de amplo espectro, causou quase 180 casos de doenças sanguíneas, muitas dessas fatais; *1953* – A alteração de inspeção de fábrica esclarece legislação anterior e exige que a FDA forneça aos fabricantes relatórios escritos de condições observadas durante as inspeções e análises de amostras de fábrica; *1955* – A FDA nega um novo pedido de droga para um medicamento contra o câncer, Hepasyn, com o argumento de que não foi provado ser seguro e comprovadamente efetivo, uma consideração importante para uma doença grave em que existiam outras terapias úteis; *1961* – A FDA foi desafiada em uma audiência sobre a mesma questão envolvendo uma droga anti-infecciosa, Altafur, que foi decidida a favor da FDA; *1962* – A talidomida, uma nova pílula para dormir, é acusada de ser causadora de defeitos congênitos em milhares de bebês nascidos na Europa Ocidental. Os relatórios de notícias sobre o papel da Doutora Frances Kelsey, médica da FDA, ao manterem a droga fora do mercado americano, estimulam o apoio público para uma regulamentação de drogas mais fortes. As Emendas de medicamentos Kefauver-Harris, pela primeira vez obrigaram os fabricantes de medicamentos a demonstrar à FDA a eficácia de seus produtos antes de comercializá-los; *1963* – O Comitê Consultivo de Medicamentos de Investigação reúne-se na primeira reunião de um comitê para assessorar a FDA na aprovação e política do produto em uma base contínua; *1965* – As alterações de controle de abuso de drogas são promulgadas para lidar com problemas causados pelo abuso de depressores, estimulantes e alucinógenos; *1966* – A FDA contrata com a Academia Nacional de Ciências/Conselho Nacional de Pesquisa para avaliar a eficácia de quatro mil medicamentos aprovados apenas com base em segurança entre 1938 e 1962. A Fair Packaging and Labelling Act exige que todos os produtos de consumo no comércio interestadual sejam rotulados de forma honesta e informativa, com a FDA aplicando disposições sobre alimentos, drogas, cosméticos e dispositivos médicos; *1968* – A FDA formula o Estudo de Eficácia de Drogas (DESI) para implementar recomendações da investigação da Academia Nacional de Ciências sobre a eficácia das drogas comercializadas pela primeira vez entre 1938 e 1962; *1970* – No caso Upjohn v. Finch, o Tribunal de Apelação defendeu a aplicação das emendas de eficácia de medicamentos de 1962 ao decidir que o sucesso comercial por si só não constitui uma evidência substancial de segurança e eficácia de medicamentos. O FDA exige que na embalagem de anticoncepcionais orais deva conter informações para o paciente sobre riscos e benefícios específicos. A Lei Global de Controle e Prevenção de Abuso de Drogas substitui leis anteriores e categoriza drogas baseadas em abusos e potencial de dependência em comparação com seu valor terapêutico; *1972* – Over-the-Counter Drug Review começou a melhorar a segurança, a eficácia e a rotulagem apropriada de medicamentos vendidos sem receita médica; *1973* – A Suprema Corte ratifica a lei da eficácia da droga de 1962 e endossa a ação da FDA para controlar classes inteiras de produtos por meio de regulamentos, em vez de confiar apenas em litígios demorados; *1976* – As Emendas de vitaminas e minerais ("Proxmire Amendments") impedem o FDA de estabelecer padrões que limitam a potência de vitaminas e minerais em suplementos alimentares ou regulá-los como medicamentos baseados exclusivamente na potência; *1977* – A introdução do Programa de Monitoramento de Bioresearch como uma iniciativa de toda a agência garante a qualidade e a integridade dos dados submetidos à FDA e prevê a proteção de seres humanos em ensaios clínicos, concentrando-se em estudos pré-clínicos em animais, investigações clínicas e o trabalho de revisão institucional Pranchas; *1981* – A FDA e o Departamento de Saúde e Serviços Humanos revisam os regulamentos para proteção de ser humano, com base no Relatório Belmont, de 1979, que havia sido emitido pela Comissão Nacional para a Proteção em Assuntos Humanos de Pesquisa Biomédica e de Comportamento; *1982* – Regulamentos de embalagem resistentes a falsificações emitidos pela FDA para prevenir envenenamentos, como mortes por cianeto colocado em cápsulas de Tylenol. O *Federal Anti-Tampering Act*, aprovado em 1983, torna um crime adulterar produtos de consumo embalados; *1983* – Aprovada a Lei das Drogas Órfãs, permitindo que a FDA promova pesquisa e comercialização de drogas necessárias para o tratamento de doenças raras; *1984* – A Lei de Preços de Medicamentos e a Lei de Restauração de Termo de Patentes (*Hatch-Waxman Act*) aceleram a disponibilidade de medicamentos genéricos menos onerosos, permitindo que a FDA aprove os aplicativos para comercializar versões genéricas de medicamentos de marca, sem a necessidade de repetir a pesquisa realizada para provar sua segurança e eficácia. Ao mesmo tempo, as empresas de marca podem solicitar proteção de patente adicional de até cinco anos para os novos medicamentos que desenvolveram para compensar o tempo perdido, enquanto seus produtos passaram pelo processo de aprovação do FDA; *1987* – Regulamentos de drogas de investigação revisados para expandir o acesso a medicamentos experimentais para pacientes com doenças graves sem terapias alternativas; *1988* – Ato de Administração de Alimentos e Drogas de 1988 estabelece oficialmente a FDA como uma agência do Departamento de Saúde e Serviços Humanos com um Comissário de Alimentos e Drogas nomeados pelo Presidente com o conselho e consentimento do Senado e descreve amplamente as responsabilidades do Secretário e do Comissário para pesquisa, execução, educação e informações. O *Prescription Drug Marketing Act* proíbe o desvio de medicamentos prescritos em canais comerciais legítimos. O Congresso conclui que a revenda de tais medicamentos leva à divulgação de medicamentos falsificados, adulterados, subpotentes e falsificados ao público; *1989* – A FDA emite orientações solicitando aos fabricantes que determinassem se um medicamento provavelmente teria uso significativo em pessoas idosas e que inclua pacientes idosos em estudos clínicos; *1991* – Regulamentos publicados para acelerar a revisão de drogas para doenças que ameaçam a vida. A política de proteção de seres humanos em pesquisa, promulgada em 1981 pela FDA e pelo Departamento de Saúde e Serviços Humanos, é adotada por mais de uma dúzia de entidades federais envolvidas em pesquisa de sujeito humano e é conhecida como a Regra Comum; *1992* – A Lei Genérica de Enfrentamento de Drogas impõe injunções e outras penas por atos ilegais envolvendo aplicações de drogas abreviadas. O FDA dos EUA, com o Japão e a Europa, estabelece a Conferência Internacional de Harmonização (ICH). O ICH trabalha para reduzir o ônus da regulamentação, ao harmonizar os requisitos regulamentares nas três regiões. A Lei de Taxa de Usuário de Medicamentos Prescritos (PDUFA) exige que os fabricantes de medicamentos e produtos biológicos paguem taxas por aplicativos e suplementos de produtos e outros serviços. O ato também exige que a FDA use esses fundos para contratar mais revisores para avaliar os aplicativos; *1993* – Uma consolidação de vários sistemas de notificação de reações adversas é lançada como MedWatch, projetado para relatórios voluntários de problemas associados a produtos médicos a serem arquivados com a FDA por profissionais de saúde. Revisando uma política de 1977 que excluiu as mulheres em idade fértil dos estudos de medicamentos iniciais, o FDA emite diretrizes que exigem melhores avaliações das respostas à medicação em função do gênero. As empresas são encorajadas a incluir pacientes de ambos os sexos em suas investigações de drogas e a analisar qualquer fenômeno específico de gênero; *1994* – A Lei de Acordos da Rodada do Uruguai amplia os termos de patentes dos medicamentos dos EUA de 17 a 20 anos; *1995* – A FDA declara que os cigarros são "dispositivos de entrega de drogas". São propostas restrições em marketing e vendas para reduzir o tabagismo dos jovens; *1997* – A Lei de Modernização da Administração de Alimentos e Medicamentos (FDAMA) reautoriza a Lei de Direitos de Medicamentos de Prescrição de 1992 e ordena as reformas mais abrangentes nas práticas da agência desde 1938. As provisões incluem medidas para acelerar a revisão de dispositivos, regular a publicidade de usos de medicamentos aprovados e dispositivos e regulam as alegações de saúde para alimentos; *1998* – O Sistema de Relatórios de Eventos Adversos (AERS) é um banco de dados de informações computadorizadas projetado para apoiar o programa de vigilância de segurança pós-comercialização da FDA para medicamentos aprovados e produtos biológicos terapêuticos. O objetivo final da AERS é melhorar a saúde pública, fornecendo as melhores ferramentas disponíveis para armazenar e analisar relatórios de segurança. A Regra Demográfica exige que um aplicativo de marketing analise os dados sobre segurança e eficácia por idade, gênero e raça. A Regra Pediátrica exige que os fabricantes de medicamentos e produtos biológicos novos e existentes selecionados conduzam estudos para avaliar a sua segurança e eficácia em crianças; *1999* – O *ClinicalTrials.gov* é fundado para fornecer ao público informações atualizadas sobre a inscrição em pesquisas clínicas de apoio privado e federal, ampliando, assim, o acesso do paciente a estudos de terapias promissoras. A FDA publica diretrizes para envios eletrônicos que preveem o recebimento e o arquivamento de uma nova aplicação de medicamentos totalmente em formato eletrônico, sem uma cópia de arquivo de papel acompanhante. Uma regra final exige que todos os rótulos de medicamentos sem receita médica devem conter dados em um formato padronizado. A FDA publica o relatório "Gerenciando os riscos do uso de produtos médicos: criando um quadro de gerenciamento de riscos". Tal relatório descreve os procedimentos atuais e recomendados de avaliação de riscos de pré-mercado e pós-venda e a necessidade de melhores comunicações de risco. Uma guia final para publicidade de difusão de medicamentos prescritos é publicada para garantir que os consumidores tenham uma visão equilibrada dos benefícios e riscos de um produto; *2000* – As agências federais são obrigadas a emitir diretrizes para maximizar a qualidade, a objetividade, a utilidade e a integridade das informações que geram, e fornecer um mecanismo pelo qual os afetados possam assegurar a correção de informações que não atendam a essas diretrizes. A Suprema Corte confirma uma decisão anterior na Food and Drug Administration v. Brown & Williamson Tobacco Corp. et al., de que a FDA não tem autoridade para regular o tabaco como droga. Algumas semanas desta decisão, a FDA revoga sua regra final, emitida em 1996, que restringiu a venda e a distribuição de cigarros e produtos de tabaco sem fumo para crianças e adolescentes e que determinou que cigarros e produtos de tabaco sem fumo são produtos combinados, consistindo de uma droga (nicotina) e componentes do dispositivo destinados a fornecer nicotina ao corpo; *2002* – A Lei de Melhores Produtos Farmacêuticos para Crianças melhora a segurança e a eficácia de medicamentos patenteados e não patenteados para crianças. Continua as disposições de exclusividade para medicamentos pediátricos, nos termos da Lei de Modernização da Administração de Alimentos e Medicamentos de 1997, em que a exclusividade de mercado de uma droga é prorrogada por seis meses, e em troca o fabricante realiza estudos sobre os efeitos das drogas quando tomadas por crianças. Na sequência dos eventos de 11 de setembro de 2001, a Lei de Saúde Pública, Preparação e Resposta ao Bioterrorismo de 2002 é destinada a melhorar a capacidade do país de prevenir e responder a emergências de saúde pública. As disposições incluem um requisito de que o FDA emita regulamentos para aumentar os controles sobre produtos importados e produzidos no mercado interno que regula. É anunciado um esforço para aprimorar e atualizar a regulamentação dos processos de fabricação e da qualidade dos produtos finais de drogas animais e humanas e medicamentos biológicos, a iniciativa atual de boas práticas de fabricação (cGMP); *2003* – A Lei de Melhoria e Modernização de Medicamentos de Prescrição Medicare exige, entre outros elementos, que seja feito um estudo sobre como as tecnologias atuais e emergentes podem ser utilizadas para disponibilizar informações essenciais sobre medicamentos prescritos para deficientes visuais e cegos. O FDA recebe autoridade clara nos termos da Lei de Equidade de Pesquisa Pediátrica para exigir que os fabricantes realizem pesquisas clínicas em aplicações pediátricas para novos medicamentos e produtos biológicos; *2004* – O Projeto BioShield Act de 2004 autoriza o FDA a acelerar seus procedimentos de revisão para permitir a distribuição rápida de tratamentos como contramedidas a agentes químicos, biológicos e nucleares que podem ser usados em um ataque terrorista. A proibição de precursores de esteroides sem receita médica, o aumento das penalidades por fazer, vender ou possuir precursores de esteroides ilegais e os fundos para educação preventiva para crianças são características do *Anabolic Steroid Control*

Act, de 2004. A regulamentação da FDA exige medicamentos de venda livre, usados em hospitais e todos os medicamentos prescritos para ter um código de barras. A regra do código de barras visa a proteger os pacientes de erros de medicação evitáveis; 2005 – A formação da *Drug Safety Board* é anunciada, composta por funcionários da FDA e representantes dos Institutos Nacionais de Saúde e da Administração de Veteranos; 2006 – A FDA aprova a regra final, Requisitos sobre Conteúdo e Formato de Rotulagem de Medicamentos Prescritos Humanos e Produtos Biológicos. Novos requisitos de conteúdo e formato tornam mais fácil para os profissionais de saúde acessar, ler e usar informações na rotulagem aprovada; 2010 – Aprovada a *Prevention and Tobacco Control Act of 2009* (Lei de Prevenção de Tabagismo e Tabaco de 2009). Assinada em 22 de junho de 2009, confere à FDA a autoridade para regular o fabrico, a distribuição e a comercialização de produtos de tabaco; 2010 – Aprovada a *Patient Protection and Affordable Care Act of 2010* (Lei de Proteção ao Paciente e Assistência Acessível de 2010 – Obamacare), onde é regulado o acesso a medicamentos a partir dos programas Medicaid e Medicare; 2011 – Aprovada a *Food Safety Modernization Act of 2011* (Lei de Modernização da Segurança Alimentar) de 2011, que introduz a reforma mais abrangente das leis de segurança alimentar em mais de 70 anos, que objetiva garantir que o abastecimento alimentar dos EUA seja seguro; 2012 – Aprovada a *Safety and Innovation Act of 2012* (Lei de Segurança e Inovação da FDA de 2012), que expande a autoridade da FDA e fortalece a capacidade da agência de proteger e promover a saúde pública através da coleta de taxas de usuários da indústria para financiar medicamentos inovadores, dispositivos médicos, medicamentos genéricos e produtos biológicos, da promoção à inovação para acelerar o acesso do paciente a produtos seguros e eficazes, aumento do envolvimento das partes interessadas nos processos da FDA e melhoria na segurança da cadeia de fornecimento de medicamentos; 2013 – Aprovada a *Drug Quality and Security Act of 2013* (Lei de Qualidade e Segurança de Medicamentos de 2013), que aumenta a capacidade da FDA de ajudar a proteger os consumidores da exposição a medicamentos que podem ser falsificados, roubados, contaminados ou prejudiciais. O sistema também melhora a detecção e a remoção de drogas potencialmente perigosas da cadeia de fornecimento de medicamentos para proteger os consumidores dos EUA, descrevendo etapas para construir um sistema eletrônico para identificar e rastrear certas prescrições de drogas, à medida que são distribuídas nos Estados Unidos.

Com efeito, quando se tratou das agências americanas em espécie, foi referida a criação da *Food and Drug Administration* – FDA, agência encarregada de comandar a regulação de medicamentos e produtos alimentares em seus diversos matizes, tendo sido apresentada uma retrospectiva histórica de sua configuração, bem como apresentados os principais marcos regulatórios de medicamentos e produtos alimentares.

Nesse sentido, para os fins estabelecidos na presente pesquisa, necessário se faz tratar sobre a FDA de maneira mais específica, mergulhando em seus meandros regulatórios, apresentando, de maneira detalhada, o espectro regulatório, diante da plêiade de competências que lhe é atribuída, conforme se passa a expor.

4.4 A FDA e a regulação de medicamentos em espécie nos EUA

A *Food and Drug Administration* (FDA) é o órgão administrativo regulatório responsável por proteger a saúde pública, garantindo a segurança e a eficácia das drogas de uso humano e veterinário, produtos biológicos, dispositivos médicos, fornecimento de alimentos, cosméticos e produtos que emitem radiação. A FDA também fornece informações de saúde precisas e científicas para o público. É ligada, administrativamente, ao *U.S. Department of Health and Human Services* (Departamento de Saúde e Serviços Humanos).

A organização principal da gestão da FDA tem a composição integrada pelo Escritório do Comissário e por quatro direções que supervisionam as principais funções da agência: Produtos Médicos e Tabaco, Alimentos, Operações e Políticas Regulatórias. É dirigida pelo Comissário de Alimentos e Drogas. Atualmente, o Doutor Scott Gottlieb desempenha o cargo máximo da agência, sendo o 23º Comissário de Alimentos e Drogas, empossado em 11 de maio de 2017.

No que se refere à estrutura da FDA e sua funcionalidade, o Escritório do Comissário Chefe fornece assessoria jurídica e orientação política para programas administrados pelo FDA. Representa a agência em litígios civis, litígios criminais e audiências administrativas; o Escritório do Cientista Chefe fornece liderança estratégica, coordenação e experiência para apoiar a excelência científica, a inovação e a capacidade para alcançar a missão de saúde pública da FDA, apoiando, também, o Centro Nacional de Pesquisa Toxicológica; o Escritório da Secretaria Executiva serve como o ponto de controle no Escritório do Comissário para os documentos e negócios mais importantes da Agência, gerencia os registros públicos da Agência e desempenha todas as funções administrativas relacionadas à Lei de Liberdade de Informação; o

Gabinete de Assuntos Externos gera e gerencia as comunicações da FDA para os meios de comunicação, os profissionais da saúde, os defensores dos pacientes e o público em geral; o Escritório de Legislação aconselha e auxilia o Comissário e outros funcionários-chave da agência sobre as necessidades legislativas, legislação pendente e atividades de supervisão que afetam a FDA; o Escritório de Saúde das Minorias fornece liderança e direção na identificação de ações da agência que podem ajudar a reduzir as disparidades de saúde e na coordenação dos esforços relacionados à saúde das minorias em toda a Agência; o Escritório de Saúde da Mulher é o principal assessor do Comissário e outros funcionários-chave da agência em questões científicas, éticas e políticas relacionadas à saúde das mulheres.[511]

Para o desempenho de suas atividades, a FDA conta com Comitês Consultivos. Os Comitês Consultivos fornecem à FDA pareceres e recomendações independentes de especialistas externos em aplicativos, no que se refere a todo o processo de produção e comercialização de novos medicamentos e em políticas de iniciativa da FDA. Os aplicativos incluem dados para demonstrar a segurança e a eficácia das drogas usadas por seres humanos. Os especialistas externos recebem informações resumidas sobre os aplicativos e cópias da revisão da FDA sobre os documentos do pedido. Com base nessa informação, os Comitês Consultivos podem recomendar a aprovação ou a desaprovação do pedido de comercialização de um medicamento. O FDA geralmente segue uma recomendação do Comitê Consultivo, mas não está obrigado a fazê-lo.

Os Comitês Consultivos são independentes, formados, reitere-se, por especialistas externos em questões relacionadas a medicamentos humanos e veterinários, produtos biológicos, dispositivos médicos e alimentos. Em geral, os Comitês Consultivos incluem uma cadeira de especialista na área, vários membros, além de um consumidor, um representante da indústria do setor regulado e, às vezes, um representante dos pacientes, correlatos à temática regulada. A FDA pode contar, também, com especialistas adicionais com conhecimento especial, convidados para reuniões individuais ou setoriais, conforme necessidade. Embora os comitês forneçam conselhos à Agência, as decisões finais são tomadas pela direção da FDA.

Atualmente, a FDA conta com 33 Comitês Consultivos, um dos quais, o Comitê Consultivo de Dispositivos Médicos, que tem

---

[511] Disponível em: <https://www.fda.gov/>. Acesso em: 20 out. 2017.

18 painéis. Os Comitês são estabelecidos para fornecer funções que apoiem a missão da FDA de proteger e promover a saúde pública, atendendo aos requisitos estabelecidos na Lei do Comitê Consultivo Federal. Os Comitês são instituídos por lei ou estabelecidos a critério do Departamento de Saúde e Serviços Humanos. Cada Comitê está sujeito à renovação em intervalos de dois anos.

Em relação a medicamentos, a FDA possui os seguintes Comitês: Comitê Consultivo de Produtos Farmacêuticos Anestésicos e Analgésicos; Comitê Consultivo sobre Drogas Antimicrobianas; Comitê Consultivo sobre Drogas Antivirais; Comitê Consultivo de Artrite; Comitê Consultivo sobre Drogas Ósseas, Reprodutivas e Urológicas; Comitê Consultivo sobre Drogas Cardiovasculares e Renais; Comitê Consultivo de Drogas Dermatológicas e Oftalmológicas; Comitê Consultivo sobre Segurança de Drogas e Gestão de Riscos; Comitê Consultivo de Drogas Endocrinológicas e Metabólicas; Comitê Consultivo de Drogas Gastrointestinais; Comitê Consultivo de Drogas de Imagem Médica; Comitê Consultivo de Medicamentos sem receita médica; Comitê Consultivo de Drogas Oncológicas; Comitê Consultivo de Drogas do Sistema Nervoso Central Periférico e Central; Comitê Consultivo de Ciência Farmacêutica e Farmacologia Clínica; Comitê Consultivo de Composição de Farmácia; Comitê Consultivo de Drogas Psicofarmacológicas; Comitê Consultivo de Drogas de Alergia Pulmonar.[512]

Como principal função regulatória, a FDA, no processo de desenvolvimento e aprovação de medicamentos, conta com o principal órgão de vigilância do consumidor neste sistema, o *Center for Drug Evaluation and Research* – CDER (Centro de Avaliação e Pesquisa de Drogas da FDA).

Nesse sentido, o trabalho mais relevante e reconhecido do CDER é o de avaliar novos medicamentos antes que eles possam ser comercializados. A avaliação do Centro, além de evitar fraudes, fornece também aos médicos e aos pacientes, informações importantes para o uso de medicamentos com segurança. O CDER garante que os medicamentos, tanto de marca, quanto genéricos, funcionem corretamente, e que seus benefícios para a saúde superem seus riscos conhecidos.

Portanto, na sistemática regulatória da FDA, as empresas farmacêuticas que procuram comercializar um medicamento nos Estados Unidos devem, em primeiro lugar, testá-lo. A empresa interessada deve enviar ao CDER a evidência dos testes procedidos, para provar que a

---

[512] Disponível em: <https://www.fda.gov/>. Acesso em: 20 out. 2017.

droga é segura e eficaz para o uso pretendido. O CDER, através de uma equipe formada por médicos, estatísticos, químicos, farmacologistas e outros cientistas, procede à análise dos dados da empresa e à rotulagem proposta. Se através da análise especializada, realizada de forma independente e imparcial, conclui-se que os benefícios de saúde de um determinado medicamento superam os seus conhecidos riscos, o medicamento é aprovado para comercialização ao público.

Antes que um medicamento possa ser testado em seres humanos, a empresa farmacêutica ou o fabricante realiza testes de laboratório em animais para descobrir como o medicamento funciona e se há probabilidade de que seja seguro e funcione bem em seres humanos. Em seguida, uma série de testes em pessoas é iniciada para determinar se o medicamento é seguro, quando usado para tratar uma doença, e se proporciona um benefício real para a saúde.

A aprovação de um medicamento pela FDA significa que os dados sobre os efeitos da droga foram analisados pelo CDER e foi demonstrado que o medicamento fornece benefícios que superam os riscos conhecidos e potenciais para a população. O processo de aprovação de medicamentos ocorre dentro de um quadro estruturado que inclui as seguintes fases:[513] 1) *Análise da condição do alvo e dos tratamentos disponíveis*. Avaliadores do FDA analisam a condição ou a doença para a qual o medicamento é destinado e avaliam o cenário de tratamento atual, que fornece o contexto para pesar os riscos e benefícios do medicamento. Se um medicamento destinado a tratar pacientes com uma doença potencialmente fatal, para a qual não existe outra terapia, pode ser considerado como tendo benefícios que superam os riscos, mesmo que esses riscos sejam considerados inaceitáveis para uma condição que não é fatal; 2) *Avaliação dos benefícios e riscos decorrentes de dados clínicos*. Os avaliadores da FDA avaliam o benefício clínico e a informação de risco enviada pelo fabricante de medicamentos, levando em consideração as incertezas que podem resultar de dados imperfeitos ou incompletos. Geralmente, a agência espera que o fabricante de medicamentos envie resultados de dois ensaios clínicos bem projetados, para ter a certeza de que os resultados do primeiro julgamento não são o resultado de chance ou viés. Em certos casos, especialmente se a doença é rara e vários ensaios podem não ser viáveis, provas convincentes de um ensaio clínico podem ser suficientes. A evidência de que a droga beneficiará a população-alvo deve superar quaisquer riscos e incertezas; 3) *Estratégias para gerenciar*

---

[513] Disponível em: <https://www.fda.gov/>. Acesso em: 21 out. 2017.

riscos. Todas as drogas têm riscos. As estratégias de gerenciamento de riscos incluem um rótulo de drogas aprovado pela FDA, que descreve claramente os benefícios e riscos do medicamento e como os riscos podem ser detectados e gerenciados. Às vezes, é necessário maior esforço para gerir riscos. Nesses casos, um fabricante de medicamentos pode precisar implementar uma Estratégia de Gerenciamento de Riscos e Mitigação (REMS).

Com efeito, embora muitas das avaliações e decisões de risco-benefício da FDA sejam diretas, há ocorrências em que os benefícios e os riscos são incertos e podem ser difíceis de interpretar ou prever. A agência e o fabricante de medicamentos podem chegar a conclusões diferentes depois de analisar os mesmos dados, ou pode haver diferenças de opinião entre os membros da equipe de avaliação da FDA. Mas, cabe à FDA decidir em última instância, com base em informações científicas e tecnológicas, haja vista que a finalidade da regulação é proteger a saúde da população e não os interesses da indústria farmacêutica.

Em algumas hipóteses, é possível a aprovação acelerada (*accelerated approval*) de um novo medicamento pela FDA. A aprovação acelerada pode ser aplicada a terapias promissoras que tratam uma condição grave ou com risco de vida e oferecem benefícios terapêuticos sobre as terapias disponíveis. Essa abordagem permite a aprovação de um medicamento que demonstre um efeito em um ponto final de substituição, que é razoavelmente suscetível de prever o benefício clínico ou em um ponto final clínico, que ocorre antes, mas pode não ser tão robusto como o ponto final padrão utilizado para aprovação. Esta via de aprovação é especialmente útil quando a droga é destinada a tratar uma doença cujo curso é longo e um extenso período de tempo é necessário para medir o seu efeito. Após o ingresso do medicamento no mercado, o fabricante é obrigado a realizar ensaios clínicos pós-comercialização para verificar e descrever o benefício da droga. Se outros ensaios não verificarem o benefício clínico previsto, a FDA pode retirar a aprovação.

A aprovação acelerada, estabelecida em 1992, possibilitou que drogas utilizadas no tratamento de doenças que ameaçam a vida fossem trazidas para o mercado de maneira mais célere, e resultaram em um impacto significativo no curso da doença. Muitos medicamentos antirretrovirais, utilizados para tratar o HIV/AIDS, entraram no mercado por meio de aprovação acelerada e, posteriormente, alteraram o paradigma do tratamento. Uma série de drogas específicas contra o câncer também entrou no mercado por essa mesma forma.

Sobre as designações de desenvolvimento de drogas, a FDA emprega várias abordagens para incentivar o desenvolvimento de certas drogas, especialmente medicamentos que podem representar o primeiro tratamento disponível para uma doença ou aqueles que têm um benefício significativo em relação aos medicamentos existentes. Essas abordagens, ou designações destinam-se a atender necessidades específicas, e um novo aplicativo de medicamentos pode receber mais do que uma designação. Cada designação ajuda a garantir que as terapias para condições graves sejam disponibilizadas aos pacientes assim que os avaliadores possam concluir que seus benefícios justificam seus riscos.

A designação de terapia inovadora agiliza o desenvolvimento e a revisão de medicamentos destinados a tratar uma condição grave e evidências clínicas preliminares, indicando que o medicamento pode demonstrar melhorias substanciais em relação à terapia disponível. Uma droga com designação Breakthrough Therapy[514] também é elegível para o processo Fast Track.[515] A empresa farmacêutica deve solicitar uma designação de terapia inovadora.

A FDA estabelece, portanto, quais são os documentos de orientação para medicamentos, documentação cujo conteúdo representa o pensamento atual da Agência sobre um assunto específico. Esses documentos são preparados para a equipe de revisão da FDA e os fabricantes, para fornecer diretrizes para o processamento, conteúdo e avaliação/aprovação de aplicativos e também para o projeto, produção, fabricação e teste de produtos regulamentados. Também estabelecem políticas destinadas a alcançar consistência na abordagem regulatória da Agência e estabelecer procedimentos de inspeção e execução. Como as orientações não são leis ou regulamentos, elas não são executórias, seja por meio de ações administrativas ou pelos tribunais.

---

[514] Breakthrough é um processo projetado para acelerar o desenvolvimento e A revisão de medicamentos destinados a tratar uma condição grave e evidências clínicas preliminares que indiquem que o medicamento pode demonstrar melhorias substanciais em relação à terapia disponível em ponto clinicamente significativo. Para determinar se a melhoria em relação à terapia disponível é substancial, é uma questão de julgamento e depende da magnitude do efeito do tratamento, que pode incluir a duração do efeito e a importância do desfecho clínico observado. Em geral, a evidência clínica preliminar deve mostrar uma clara vantagem em relação à terapia disponível. Disponível em: <https://www.fda.gov/ForPatients/Approvals/Fast/ucm405397.htm>. Acesso em: 17 out. 2017.

[515] Fast Track é um processo projetado para facilitar o desenvolvimento e avançar a revisão de medicamentos que tratam condições graves e preencher uma necessidade médica não atendida, com base em dados promissores de animais ou humanos. Com o rastreamento rápido pode-se obter novos medicamentos importantes de maneira mais célere para o paciente. Disponível em: <https://www.fda.gov/ForPatients/Approvals/Fast/ucm405399.htm>. Acesso em: 17 out. 2017.

O papel da FDA no desenvolvimento de um novo fármaco começa quando o fabricante do medicamento (geralmente o fabricante ou o potencial comerciante), tendo identificado a nova molécula para atividade farmacológica e potencial de toxicidade aguda em animais, pretende testar seu potencial diagnóstico ou terapêutico em seres humanos. Nesse ponto, a molécula muda de status legal ao abrigo da Lei Federal de Alimentos, Medicamentos e Cosméticos e torna-se uma nova droga sujeita a requisitos específicos do sistema de regulamentação de medicamentos. A FDA procede, então, à aplicação de Novo Medicamento de Investigação (IND).

Existem três tipos de Novo Medicamento de Investigação: 1) *Investigação* – um IND é submetido por um médico que inicia e conduz uma investigação, e sob cuja direção imediata é administrado ou dispensado o medicamento em investigação. Um médico pode enviar um IND de pesquisa para propor estudar um medicamento não aprovado ou um produto aprovado para uma nova indicação ou em uma nova população de pacientes; 2) *Uso de emergência* – O IND permite ao FDA autorizar o uso de um medicamento experimental em uma situação de emergência que não permite o dispêndio de tempo para a submissão de um IND. Também é usado para pacientes que não atendem aos critérios de um protocolo de estudo existente, ou se um protocolo de estudo aprovado não existe; e 3) *Tratamento* – O IND é submetido a medicamentos experimentais promissores em testes clínicos para condições graves ou imediatas que ameaçam a vida enquanto o trabalho clínico final é conduzido e a revisão da FDA ocorre.

Existem duas categorias IND, a *Comercial* e a *Pesquisa* (não comercial). O aplicativo IND deve conter informações em três áreas amplas: 1) *Estudos de Farmacologia Animal e Toxicologia* – Dados pré-clínicos para permitir uma avaliação se o produto é razoavelmente seguro para testes iniciais em seres humanos. Também estão inclusas quaisquer experiências anteriores com a droga em seres humanos (geralmente uso estrangeiro); 2) *Informações de fabricação* – Informações relativas à composição, fabricante, estabilidade e controles utilizados para a fabricação da substância medicamentosa e do medicamento. Esta informação é avaliada para garantir que a empresa possa produzir e fornecer lotes consistentes da droga; e 3) *Protocolos clínicos e informações do investigador* – Protocolos detalhados para estudos clínicos propostos para avaliar se os ensaios de fase inicial irão expor os riscos desnecessários. Além disso, informações sobre qualificações de pesquisadores clínicos – profissionais (geralmente médicos) que supervisionam a administração do composto experimental – para avaliar se eles estão qualificados para cumprir seus deveres de ensaios clínicos. Finalmente, os compromissos para obter o consentimento informado dos sujeitos da pesquisa, para obter revisão do estudo por um Conselho de Revisão Institucional (IRB) e para aderir ao novo regulamento de investigação.

Uma vez que o IND é submetido, o fabricante deve aguardar 30 dias de calendário antes de iniciar qualquer ensaio clínico. Durante esse período, a FDA tem a oportunidade de revisar o IND por segurança, para assegurar que assuntos de pesquisa não sejam submetidos a um risco razoável.

Na sequência da regulação de medicamentos em espécie, não é despiciendo realçar que a missão da FDA é fazer cumprir as leis promulgadas pelo Congresso dos EUA e os regulamentos estabelecidos pela Agência para proteger a saúde, a segurança e o consumidor.

Com efeito, todo o arcabouço normativo produzido pela FDA deve ser inserido no *Code of Federal Regulations* – CFR (Código de Regulamentos Federais). Os regulamentos finais publicados no aviso legal do Registro Federal (registro publicado diariamente de regras propostas, regras finais, avisos de reunião, etc.) são coletados e inseridos no CFR. O Código de Regulamentos Federais é dividido em 50 títulos que representam grandes áreas sujeitas às regulamentações federais. A parte do CFR destinada à FDA está relacionada à Lei Federal de Alimentos, Medicamentos e Cosméticos e estatutos relacionados. A seção 21 do CFR contém a maioria dos regulamentos relativos a medicamentos (drogas) e produtos alimentares. Os regulamentos documentam todas as ações de todos os fabricantes de medicamentos que são exigidos pela lei federal.

Ainda, relativo aos aspectos regulatórios de medicamentos, a FDA estabelece, como matéria precedente à fabricação, as boas práticas de laboratório, prescrevendo boas práticas de laboratório para a realização de estudos de laboratório não clínicos que apoiem ou se destinem a apoiar aplicações de pesquisas ou licenças de comercialização para produtos regulados pela *Food and Drug Administration*, incluindo alimentos e aditivos de cor, aditivos alimentares para animais, medicamentos para humanos e animais, dispositivos médicos para uso em seres humanos, produtos biológicos e produtos eletrônicos. O cumprimento das boas práticas de laboratório destina-se a assegurar a qualidade e a integridade dos dados de segurança da Lei Federal de Alimentos, Medicamentos e Cosméticos e da Lei do Serviço de Saúde Pública.

Quanto ao processo de aprovação de drogas, a FDA destina tratamento específico para as categorias, através de aplicação de licenças, normatizando, detalhadamente, os requisitos para o deferimento do pedido dos fabricantes.

No caso dos produtos biológicos, eles são aprovados para comercialização nos termos da Lei do Serviço de Saúde Pública (PHS). A Lei exige que uma empresa que fabrique um produto biológico para venda no comércio interestadual deva possuir uma licença específica. O pedido de licença para produtos biológicos deve conter informações específicas sobre os processos de fabricação, química, farmacologia, farmacologia clínica e os efeitos médicos do produto biológico. Se a informação fornecida atende aos requisitos do FDA, o pedido é aprovado e uma licença é emitida, permitindo que a empresa comercialize o produto.

Existe uma lista do Centro de Avaliação e Pesquisa de Drogas (CDER), com produtos e potenciais biológicos terapêuticos aprovados. São avaliadas para cada potência em que foi aprovado. O produto é fabricado na forma de dosagem final. As informações de potência contidas nessa lista são baseadas em informações do banco de dados do CDER.

Os produtos biológicos terapêuticos incluem: a) Anticorpos monoclonais para uso *in vivo*; b) Citocinas, fatores de crescimento, enzimas, imunomoduladores; c) Trombolíticos; d) Proteínas destinadas a uso terapêutico, que são extraídas de animais ou micro-organismos, incluindo versões recombinantes desses produtos (exceto fatores de coagulação); e) Outras imunoterapias terapêuticas não vacinais.

Sobre as drogas órfãs, para incentivar e facilitar o desenvolvimento de medicamentos para doenças raras ou condições, incluindo produtos biológicos e antibióticos, a FDA estabelece os procedimentos e requisitos para solicitações de recomendações nas investigações de medicamentos para doenças raras ou condições raras, pedidos de designação de um medicamento para uma doença ou condição rara, e solicitações de obtenção de aprovação exclusiva para um medicamento para uma doença ou condição rara.

Medicamento órfão significa um medicamento destinado a ser utilizado em uma doença ou condição rara. A designação de medicamento órfão significa o ato da FDA de conceder um pedido de designação nos termos do registro do ato. A aprovação exclusiva de uma droga órfã ou aprovação exclusiva significa que, na data da aprovação da FDA, conforme indicado na carta de aprovação de um pedido para um fabricante de um medicamento órfão designado, nenhuma aprovação será dada a outro fabricante da mesma droga para o mesmo uso ou indicação pelo período de sete anos.

Para que a FDA possa determinar se um medicamento deve ser qualificado com a designação de droga órfã, o fabricante deve incluir no seu pedido especificamente que o medicamento por ele fabricado deve ser designado de medicamento órfão. O número de pessoas afetadas pela doença ou condição para a qual o medicamento órfão deve ser desenvolvido é de menos de 200 mil pessoas, devendo ser demonstrado pelo fabricante que não existe uma expectativa razoável de que as vendas serão suficientes para compensar os custos de desenvolvimento do medicamento para o mercado norte-americano. Deve ser demonstrado o número estimado de pessoas a quem o medicamento será administrado anualmente, se o medicamento for uma vacina, ou seja, um medicamento destinado ao diagnóstico ou à prevenção de uma doença ou condição rara, juntamente com uma explicação das bases dessas estimativas. O fabricante deve enviar a documentação de que não há uma expectativa razoável de que os custos de pesquisa e desenvolvimento do medicamento para a doença ou condição podem ser recuperados por meio de vendas do medicamento nos Estados Unidos.

Quanto aos produtos complementares e de medicina alternativa e seu regulamento pela *Food and Drug Administration* (suplementos dietéticos e ingredientes), o *Federal Food, Drug and Cosmetic Act* (Lei Federal de Alimentos, Medicamentos e Cosméticos) define um ingrediente dietético como: uma vitamina; mineral; erva ou outro botânico; aminoácido; substância dietética para uso pelo homem para complementar a dieta, aumentando a ingestão dietética total; ou um concentrado, metabolito, constituinte, extrato ou combinação das substâncias precedentes.

Ao contrário dos medicamentos, os suplementos não se destinam a tratar, diagnosticar, prevenir ou curar doenças. Significa dizer que os suplementos não devem fazer pretensões curativas, como "reduzir a dor" ou "tratar doenças cardíacas", reivindicações legítimas dos medicamentos e não suplementos dietéticos.

Os suplementos dietéticos incluem ingredientes como vitaminas, minerais, ervas, aminoácidos e enzimas. São comercializados em formas de comprimidos, cápsulas, gaxetas e líquidos.

Sobre os medicamentos homeopáticos (dinamizados), a FDA considera medicamento homeopático qualquer droga rotulada como homeopática que está listada na Farmacopeia Homeopática dos Estados Unidos (HPUS). As potências dos fármacos homeopáticos são especificadas em termos de diluição, ou seja, 1x (diluição 1/10), 2x (diluição 1/100), etc. Os medicamentos homeopáticos devem conter diluentes comumente usados em produtos farmacêuticos homeopáticos.

A Lei Federal de Alimentos, Medicamentos e Cosméticos reconhece como oficiais as drogas e padrões na Farmacopeia Homeopática dos Estados Unidos e seus suplementos. Em conjunto com isso, os produtos de medicamentos homeopáticos historicamente têm pouca ou nenhuma rotulagem para o consumidor.

Atualmente, o mercado de medicamentos homeopáticos cresceu para se tornar um braço importante da indústria farmacêutica nos Estados Unidos, com um aumento significativo na importação e comercialização doméstica de medicamentos homeopáticos. Os produtos que são oferecidos para o tratamento de doenças graves devem ser dispensados sob o cuidado de um profissional licenciado.

A rotulagem do produto de medicamentos homeopáticos deve cumprir as disposições de rotulagem do Código de Regulamentos Federais (CFR). Esses medicamentos, em embalagens à granel, destinados ao fabrico ou à preparação de produtos, incluindo os subsequentemente diluídos em várias potências, também devem cumprir o CFR.

Etapa essencial na cadeia produtiva de medicamentos, para a FDA, as Boas Práticas de Fabricação – GMP (*good manufacturing processes*) fornecem diretrizes para fabricação, teste e garantia de qualidade para garantir que um produto seja seguro para consumo ou uso humano ou animal. Os fabricantes são responsáveis pelo cumprimento das boas práticas de fabricação de medicamentos.

Com efeito, a FDA garante a qualidade dos produtos farmacêuticos ao monitorar, cuidadosamente, a conformidade dos fabricantes de medicamentos com seus regulamentos de boas práticas atuais de fabricação (CGMP). Os regulamentos CGMP para medicamentos contêm requisitos mínimos para os métodos, instalações e controles utilizados na fabricação, processamento e embalagem de um medicamento. Os regulamentos garantem que um produto é seguro para uso, e que ele possui os ingredientes e a força que afirma ter.

Nessa direção, o processo de aprovação de novos medicamentos e aplicações genéricas de comercialização de medicamentos inclui uma revisão da conformidade do fabricante com o CGMP. Os inspetores da FDA determinam se a empresa possui as instalações, equipamentos e habilidades necessárias para fabricar o novo medicamento para o qual solicitou a aprovação. As decisões relativas à conformidade com os regulamentos do CGMP são baseadas na inspeção das instalações, análises de amostras e histórico de conformidade da empresa. Esta informação está resumida em relatórios que representam vários anos de história das empresas.

Portanto, as empresas fabricantes de medicamentos têm responsabilidades no controle de qualidade do processo de fabricação, devendo conter em suas instalações: (a) Uma unidade de controle de qualidade que deve ter a responsabilidade e a autoridade para aprovar ou rejeitar todos os componentes, contêineres de produtos farmacêuticos, fechamentos, materiais em processo, material de embalagem, rotulagem e medicamentos, e a autoridade para revisar a produção, registros para assegurar que não ocorreram erros ou, se ocorreram, que foram totalmente investigados. A unidade de controle de qualidade será responsável por aprovar ou rejeitar produtos de medicamentos fabricados, processados, embalados ou mantidos sob contrato por outra empresa; (b) Instalações de laboratório adequadas para o teste e a aprovação (ou rejeição) de componentes, recipientes de produtos farmacêuticos, fechamentos, materiais de embalagem. Materiais em processo e produtos farmacêuticos devem estar disponíveis para a unidade de controle de qualidade; (c) A unidade de controle de qualidade deve ter a responsabilidade de aprovar ou rejeitar todos os procedimentos ou especificações que afetem a identidade, a força, a qualidade e a pureza do medicamento; (d) As responsabilidades e os procedimentos aplicáveis à unidade de controle de qualidade devem ser formalizados por escrito.

Mas, não é apenas as instalações das empresas fabricantes a principal responsabilidade da logística de produção. A indústria necessita contar com pessoal qualificado. No aspecto das qualificações de pessoal, a FDA exige que: (a) Cada pessoa envolvida no fabrico, processamento, embalagem ou retenção de um medicamento deve ter educação, treinamento e experiência, ou qualquer combinação destes, para permitir que essa pessoa desempenhe as funções atribuídas. O treinamento deve ser nas operações específicas que o funcionário executa e nas atuais boas práticas de fabricação (incluindo os atuais regulamentos de boas práticas de fabricação neste capítulo e os procedimentos escritos exigidos por estes regulamentos), pois se relacionam com as funções do empregado. O treinamento em boas práticas de fabricação atual deve ser conduzido por pessoas qualificadas de forma contínua e com frequência suficiente para garantir que os funcionários permaneçam familiarizados com os requisitos do CGMP que lhes são aplicáveis; (b) Cada pessoa responsável pela supervisão do fabrico, processamento, embalagem ou retenção de um medicamento deve ter a educação, o treinamento e a experiência, ou qualquer combinação destes, para desempenhar as funções atribuídas, de forma a garantir que o medicamento tenha a segurança, a identidade, a força, a qualidade e a pureza que ele pretende ou é representado para possuir; (c) Deve haver um número adequado de pessoal qualificado para executar e supervisionar o fabrico, o processamento, a embalagem ou a retenção de cada medicamento.

E, ainda, na logística, as empresas fabricantes devem empregar, no processo de produção de medicamentos (fabrico, processamento, embalagem ou retenção de um medicamento), equipamento com design apropriado, tamanho adequado e adequadamente localizado para facilitar as operações relacionadas ao uso pretendido e para sua limpeza e manutenção.

A FDA implantou o programa *Compliance program guidance manual for FDA staff: drug manufacturing inspections*, estabelecendo que as empresas podem ser inspecionadas por meio de auditorias em seus sistemas. Dividiu as boas práticas de fabricação em seis sistemas, que recebem inspeção detalhada, a cada dois anos, proporcionando a verificação de aceitabilidade/não aceitabilidade em relação às boas práticas.

O Manual produzido pela FDA classifica suas inspeções em dois tipos: inspeções de vigilância e inspeções de atendimento. As inspeções de vigilância podem ser inspeções completas ou inspeções abreviadas. As inspeções completas são aplicáveis para empresas sobre as quais se têm dúvidas quanto ao cumprimento das boas práticas ou quando há pouca ou nenhuma informação disponível sobre a empresa. Já as inspeções abreviadas são aplicadas para empresas que apresentam histórico satisfatório de cumprimento das boas práticas de fabricação. O segundo tipo de inspeção, a inspeção de atendimento, consiste em uma reinspeção para verificação do cumprimento de ações corretivas, verificadas em uma inspeção anterior.[516]

Outro aspecto de extrema relevância na regulação de medicamentos, de competência da FDA, é a rotulagem das drogas, haja vista que os rótulos contêm informações importantes para consumidores, profissionais da área, pesquisadores, servindo, portanto, de material para a supervisão regulatória da agência.

Nesse sentido, o processo de rotulagem envolve diversas etapas e setores, até chegar à comercialização para o público em geral. Conceitos básicos são estabelecidos para o processo produtivo e de responsabilidades. O fabricante de um medicamento é a pessoa que realiza todas as operações que são necessárias para produzir o medicamento, quais sejam: (1) mistura; (2) granulação; (3) moagem; (4) moldagem; (5) liofilização; (6) compressão; (7) encapsulamento; (8) revestimento; (9)

---

[516] VOGLER, Marcelo. Inspeção de boas práticas de fabricação. In: VIEIRA, Fernanda Pires; REDIGUIERI, Camila Fracalossi; REDIGUIERI, Carolina Fracalossi (Orgs). A regulação de medicamentos no Brasil. *ArtMed*, 08/2013, p. 542-543. VitalBook file.

esterilização e (10) enchimento de medicamentos estéril, aerossol ou gasosos, em recipientes dispensadores.

A *Food and Drug Administration* entende que é prática comum na indústria de medicamentos o emprego de certas operações de fabricação, onde se incluem: (1) encapsulamento de gelatina macia, (2) enchimento de aerossol, (3) esterilização por irradiação, (4) liofilização e (5) esterilização de óxido de etileno.

Na rotulagem, o requisito de declaração do nome do fabricante, empacotador ou distribuidor, deve ser considerado preenchido. O nome corporativo pode ser precedido ou seguido pelo nome da divisão específica da corporação. No caso de um indivíduo, parceria ou associação, o nome sob o qual a empresa é conduzida deve ser usado.

As instruções adequadas para o uso significam instruções sob as quais um leigo pode usar um medicamento de forma segura, estando ciente dos fins a que se destina. As instruções de uso devem ser expressas de maneira clara e precisa, não podendo ser omissas nos aspectos essenciais da destinação do medicamento.

As instruções devem conter: (a) Declarações de todas as condições, propósitos ou usos para os quais o medicamento se destina, incluindo condições, propósitos ou usos para os quais é prescrito, recomendado ou sugerido em sua publicidade oral, escrita, impressa ou gráfica, e condições, fins ou usos para os quais o medicamento é comumente usado; (b) Quantidade de dose, incluindo quantidades usuais para cada uma das utilizações as quais se destina e quantidades usuais para pessoas de diferentes idades e condições físicas diferentes; (c) Frequência de administração ou aplicação; (d) Duração da administração ou aplicação; (e) Tempo de administração ou aplicação (em relação ao tempo das refeições, tempo de início dos sintomas ou outros fatores de tempo); (f) Rota ou método de administração ou aplicação; (g) Preparação para utilização, isto é, agitação, diluição, ajuste de temperatura ou outra manipulação ou processo.

São consideradas declarações enganosas: (a) Entre as representações na rotulagem de um medicamento que tornam essa droga enganosa, está a representação falsa ou enganosa em relação a outro medicamento, a um dispositivo ou a um alimento ou cosmético; e (b) A rotulagem de um medicamento que contenha dois ou mais ingredientes pode ser enganosa entre outras razões, pelo motivo da designação desse medicamento em tal rotulagem apresentar um nome que inclui ou sugere o nome de um ou mais ingredientes, mesmo que os nomes de todos esses ingredientes estejam indicados em outra parte na rotulagem.

Sobre a declaração de ingredientes, necessita ter apresentação específica, da seguinte forma: (a) A informação de ingrediente exigida pela Lei Federal de Alimentos, Medicamentos e Cosméticos deve aparecer em conjunto, sem qualquer assunto escrito, impresso ou gráfico, exceto os nomes de ingredientes que podem ser incluídos com a lista de nomes estabelecidos e as declarações especificamente exigidas; (b) O termo ingrediente aplica-se a qualquer substância do medicamento, seja adicionada à formulação como uma única substância ou em mistura com outras substâncias.

Se o medicamento estiver em forma de comprimido, cápsula ou outra forma de dosagem unitária, qualquer declaração da quantidade de um ingrediente nele contida deve expressar a quantidade desse ingrediente em cada uma dessas unidades. Por outro lado, se o medicamento não estiver na forma de dosagem unitária, qualquer indicação da quantidade de um ingrediente nele contida deve expressar a quantidade desse ingrediente em uma unidade especificada de peso ou medida do medicamento, ou a porcentagem desse ingrediente em tal medicamento. Essas declarações devem ser em termos informativos para profissionais licenciados, no caso de um medicamento de prescrição, e para o leigo, no caso de um medicamento sem receita médica.

Se o rótulo ou a rotulagem de um medicamento de prescrição possuir um nome ou designação exclusiva para o medicamento ou qualquer ingrediente deste, o nome estabelecido ou designação deve acompanhar esse nome de propriedade ou designação, sempre que aparecer no rótulo ou na rotulagem do medicamento. Se qualquer rotulagem incluir uma coluna com texto em execução, contendo informações detalhadas sobre composição, prescrição, efeitos colaterais ou contraindicações, o nome estabelecido deve ser usado pelo menos uma vez em tal coluna de texto em execução, em associação com esse nome ou designação exclusiva, e no mesmo tamanho daquele usado em tal coluna de texto em execução.

No caso de um medicamento prescrito que contenha dois ou mais ingredientes ativos, se o rótulo possuir um nome próprio ou designação para essa mistura e não há um nome estabelecido correspondente a esse nome ou designação, deve constar a informação quantitativa de ingrediente exigido. A proeminência da informação quantitativa do ingrediente deve ter uma relação razoável com a proeminência da denominação própria.

Um medicamento embalado em um recipiente muito pequeno ou de outra forma incapaz de acomodar uma etiqueta com espaço suficiente para suportar a informação necessária para o cumprimento do estabelecido para a rotulagem deve estar isento do cumprimento dessas exigências, desde que a etiqueta contenha o nome próprio da droga, o nome estabelecido, se tal existir, o nome do medicamento, um lote de identificação ou número de controle e o nome do fabricante, empacotador ou distribuidor do medicamento.

Quando for necessária uma data de validade de um medicamento, por exemplo, data de expiração dos produtos medicamentosos, deve aparecer no recipiente imediato e também na embalagem externa, se houver, a menos que seja facilmente legível através na embalagem externa.

Ainda sobre especificidades da regulação de medicamentos, administrada pela FDA, refere-se ao sistema de drogas de venda livre (OTC). Os chamados medicamentos sem receita médica (OTC) desempenham um papel cada vez mais importante no sistema de saúde norte-americano. São medicamentos que estão disponíveis para os consumidores sem receita médica. Existem mais de 80 categorias terapêuticas de medicamentos OTC, que vão desde produtos medicamentosos contra acne, até produtos de controle de peso. Tal como acontece com os medicamentos prescritos, o CDER supervisiona os medicamentos OTC para garantir que eles sejam devidamente rotulados e que seus benefícios superam os seus riscos.

Para cada categoria, uma monografia de medicamentos OTC é desenvolvida e publicada no *Federal Register* (Diário Oficial). As monografias de medicamentos OTC informam ingredientes, doses, formulações e rotulagem aceitáveis. Após sua aprovação, as empresas podem fabricar e comercializar medicamentos OTC sem a necessidade de pré-aprovação da FDA. Essas monografias definem a segurança, a eficácia e a rotulagem de todos os ingredientes ativos OTC.

Novos produtos, desde que estejam em conformidade com uma monografia final, podem ser comercializados sem revisão da FDA. Aqueles que não se conformam devem ser revisados pelo processo do Novo Pedido de Drogas. Uma empresa farmacêutica também pode solicitar uma alteração da monografia final para incluir ingredientes adicionais ou modificar a rotulagem.

Nos Estados Unidos, é perceptível que a regulação de medicamentos encontra-se estabelecida de maneira bem estruturada (em um cenário econômico complexo e complicado), com os papéis bem definidos e desempenhados pelo governo federal, pelos estados e pela iniciativa privada, com o processo regulatório comandado pela FDA.

Sobre esse cenário regulatório complexo, Daniel Carpenter se manifesta:

I hope to have shown that the usual metaphors – benevolent pursuit of public interest, persistent capture by producers, distributive politics – all fail to clarify, illuminate, and even predict the complex realities of American pharmaceutical regulation and, most likely, of the global governance of pharmaceuticals in the twentieth century.[517]

Para contextualizar a regulação de medicamentos ao desempenho do Estado norte-americano, aproximadamente 15% do PIB norte-americano é gasto com saúde, sendo que as despesas com medicamentos representam cerca de 9% desse percentual. Inexiste controle do governo sobre os preços dos medicamentos. Estes são acessíveis pelos dois programas públicos de saúde, o Medicaid (destinado a pessoas de baixa renda e mais pobres), que contam com desconto na compra dos medicamentos consumidos fora dos hospitais; e o Medicare (destinado a idosos e portadores de deficiências), que precisam pagar por um seguro privado suplementar se quiserem ter algum tipo de desconto nos remédios que consomem.[518]

Nos Estados Unidos, os preços pagos pelos mesmos medicamentos, por distintos usuários, são bastante diferentes, diante da ausência de uma assistência farmacêutica ampla. As empresas que atuam em nome dos seguradores privados e pelo setor público conseguem descontos que beneficiam apenas os usuários cobertos por algum tipo de assistência farmacêutica. Quanto àqueles que não possuem algum tipo de seguro, os preços dos remédios são cada vez mais elevados, com frequentes reclamações, principalmente dos idosos.[519]

Apesar de toda a estrutura regulatória do mercado de medicamentos estadunidense, da precursoriedade regulatória do setor, e da reputação de excelência nas atividades que desenvolve, além da liderança mundial que exerce, questões como falhas nas respostas aos jurisdicionados e falhas em análises científicas pela FDA em produtos

---

[517] CARPENTER, Daniel. *Reputation and power*: organizational image and pharmaceutical regulation at the FDA – Princeton Studies in American Politics: historical, international, and comparative perspectives. Princeton University Press: Edição do Kindle, 2010. p. 727. "Espero ter mostrado que as metáforas usuais – busca benevolente de interesse público, persistente captura por parte dos produtores, políticas distributivas – não conseguem esclarecer, iluminar e até mesmo prever as complexas realidades da regulamentação farmacêutica americana e, muito provavelmente, da governança global dos produtos farmacêuticos no século XX". Tradução nossa.

[518] RÊGO, Elba Cristina Lima. Políticas de regulação do mercado de medicamentos: a experiência internacional. In: *Revista do BNDES*, Rio de Janeiro, v. 7, n. 14, p. 367-400, dez. 2000.

[519] Idem.

por ela fiscalizados são perceptíveis no sistema norte-americano. Nesse sentido, a FDA tem recebido duras críticas.

Em 21 de maio de 1999, a indústria Merck & Co. recebeu aprovação pela *Food and Drug Administration* (FDA) para comercializar o rofecoxib (Vioxx). Cinco anos depois da comercialização, em 30 de setembro de 2004, após mais de 80 milhões de pacientes terem ingerido este medicamento e as vendas anuais atingirem US$2,5 bilhões, a Merck retirou o medicamento de circulação, em razão do alto risco de infarto do miocárdio e acidentes vasculares cerebrais pelos usuários da droga. Foi a maior retirada de medicamentos prescritos na história norte-americana.[520]

Sobre esse episódio, nem a indústria Merck e nem a FDA, até os dias atuais, cumpriram suas responsabilidades para com o público. O teste crucial para o rofecoxib envolveu 8076 pacientes com artrite reumatoide. O medicamento foi aprovado em 1999 com base nos dados submetidos à FDA, mas não foi submetido a um par, um ano e meio depois da aprovação comercial ter sido concedida. Os dados cardiovasculares relatados estavam incompletos, devido à verificação incompleta, haja vista que o projeto e a execução do julgamento não previram que eventos cardiovasculares adversos poderiam ocorrer. O *tradeoff* envolveu uma droga para sintomas de artrite, para a qual muitos medicamentos alternativos estavam disponíveis, no contexto de complicações cardiovasculares graves e com risco de morte.[521]

Outra crítica científica bastante contundente à FDA refere-se aos medicamentos de combate ao câncer, aprovados pela agência. Neste sentido:

> A new study in JAMA[522] Internal Medicine finds that two-thirds of cancer drugs considered by the U.S. Food and Drug Administration (FDA) over the past five years were approved without evidence that they improve health outcomes or length of life. (This study closely corroborates and

---

[520] TOPOL, Eric J. Failing the Public Health – Rofecoxib, Merck, and the FDA. *The New England Journal of Medicine*, 2004. Disponível em: <http:www.nejm.org/doi/full/10.1056/NEJMp048286#article>. Acesso em: 17 out. 2017.

[521] Idem.

[522] O JAMA Internal Medicine é uma revista médica revisada por pares, publicada mensalmente pela American Medical Association. Foi estabelecido em 1908 como o Arquivo de Medicina Interna, obtendo seu título atual em 2013 e abrange todos os aspectos da medicina interna, incluindo doenças cardiovasculares, geriatria, doenças infecciosas, gastroenterologia, endocrinologia, alergia e imunologia. Disponível em: <http://www.kevinmd.com/2015/11/the-fdas-epic-regulatory-failure.html>. Acesso em: 21 out. 2017.

acknowledges the findings published last year by John Fauber of the Milwaukee Journal Sentinel and Elbert Chu of MedPage Today).
Follow-up studies showed that 86 percent of the drugs approved with surrogate endpoints (or measures) and more than half (57 percent) of the cancer drugs approved by the FDA "have unknown effects on overall survival or fail to show gains in survival". In other words, the authors write, "most cancer drug approvals have not been shown to, or do not, improve clinically relevant end points".[523]

Em vários momentos, portanto, destinatária de críticas de setores importantes norte-americanos, a credibilidade e a reputação da FDA têm sido colocadas à prova. Membros do Legislativo se manifestaram nesse sentido:

> Unfortunately, there is growing concern that the FDA may have lost the confidence of the public and Congress – much to our detriment. When Americans are nervous about eating spinach or tomatoes or cantaloupes, that's not good for our health and it is terrible for our farmers. When nearly two-thirds of Americans do not trust the FDA's ability to ensure the safety and effectiveness of pharmaceuticals, the result is Americans may hesitate to take important medications that protect their health. This is unacceptable. Former Senator Tom Daschle, January 8, 2009.[524]

---

[523] The FDA's epic regulatory failure (O fracasso regulatório épico da FDA). KLEPPER, Brian. *Phd*. November 9, 2015. Disponível em: <http://www.kevinmd.com/blog/2015/11/the-fdas-epic-regulatory-failure.html>. Acesso em: 21 out. 2017. "Um novo estudo na JAMA Internal Medicine descobre que dois terços dos medicamentos contra o câncer considerados pela *US Food and Drug Administration* (FDA) nos últimos cinco anos foram aprovados sem evidência de que eles melhorem os resultados de saúde ou a duração da vida. (Este estudo corrobora e reconhece os resultados publicados no ano passado por John Fauber, do Milwaukee Journal Sentinel e Elbert Chu, da MedPage Today.) Estudos de acompanhamento mostraram que 86 por cento dos medicamentos aprovados com os parâmetros finais (ou medidas) de subsídio e mais da metade (57 por cento) dos medicamentos contra o câncer aprovados pelo FDA têm efeitos desconhecidos sobre a sobrevida global ou não conseguem mostrar ganhos na sobrevivência. Em outras palavras, os autores escrevem: a maioria das aprovações de medicamentos contra o câncer não foi demonstrada ou não melhorou os pontos finais clinicamente relevantes". Tradução nossa.

[524] CARPENTER, Daniel. *Reputation and power*: organizational image and pharmaceutical regulation at the FDA – Princeton Studies in American Politics: historical, international, and comparative perspectives. Princeton University Press: Edição do Kindle, 2010. p. 729-730. "Infelizmente, há uma preocupação crescente de que a FDA tenha perdido a confiança do público e do Congresso, muito em detrimento disso. Quando os americanos estão nervosos sobre comer espinafre, tomate ou melão, isso não é bom para a nossa saúde e é terrível para nossos agricultores. Quando quase dois terços dos americanos não confiam na capacidade da FDA de garantir a segurança e a eficácia dos produtos farmacêuticos, o resultado é que os americanos podem hesitar em tomar

Neste capítulo, tratou-se da regulação norte-americana – sua gênese e configuração atual – e das agências reguladoras e o controle exercido sobre elas pelo Congresso e pelo Executivo. A regulação de medicamentos em espécie, o arcabouço normativo sobre cada medicamento, a aprovação das boas práticas de fabricação pela FDA, da rotulagem, pesquisa clínica, do registro de cada espécie de medicamento, tendo sido apresentados os dois programas de governo relacionados à regulação de medicamentos, o Medicaid e o Medicare.

Procurou-se, dentro dos limites balizados na pesquisa, estabelecer, no plano da regulação de medicamentos, a relação dos Poderes Legislativo, Executivo e Judiciário, no desempenho de suas competências e no processo evolutivo da atuação das agências, que não têm recebido homogeneidade interpretativa, notadamente, sobre os aspectos de sua independência. Isso vem demonstrar que a regulação norte-americana sobre medicamentos não conta, nem com a unanimidade sobre sua forma de atuação, no que se refere à atuação da FDA, nem ao menos encontra-se pacificada na compreensão do desenho institucional conferido às agências, que historicamente tem sofrido mudanças, inclusive em seu controle.

Percebeu-se, nesse aspecto do controle, que a independência das agências reguladoras norte-americanas, inclusive as independentes, não é absoluta e encontra limitações legais e conformações, de acordo com a atuação do Congresso, do Executivo e do Judiciário.

Destarte, enfrentada a regulação de medicamentos no Brasil e nos Estados Unidos da América, suas especificidades, o contexto histórico-político de seu surgimento, as estruturas públicas e privadas que atuam no setor, os meandros regulatórios específicos, a capilaridade com detalhamentos da regulação de medicamentos, chega-se ao final observando-se o recorte proposto na pesquisa empreendida, momento de formular as conclusões e algumas breves notas finais comparativas.

---

medicamentos importantes que protegem sua saúde. Isso é inaceitável. – Ex-Senador Tom Daschle, 08 de janeiro de 2009". Tradução nossa.

CONCLUSÕES

Encerrada a trilha temática percorrida pela presente obra e, com o propósito de concluí-la, apresenta-se um elenco das principais ideias formuladas no trajeto da pesquisa empreendida, oportunizando, assim, a plena compreensão de seu objeto, a partir dos enfoques procedidos, das premissas e postulados escolhidos como referenciais teóricos, de acordo com a sequência cronológica roteirizada no estudo.

Diante de cada um dos capítulos e de seus tópicos, a partir dos aspectos descritivos e das posições doutrinárias inseridas em cada um, foram apresentados posicionamentos analíticos, com abordagens críticas postas de maneira a estabelecer uma ampla análise sobre o objeto pesquisado, que se passa a arrematar na cronologia eleita.

Nesse passo, a partir dos contornos definidos no recorte metodológico delineado, quando da sumarização, e dentro das possibilidades da obra, concluiu-se:

1 O surgimento do Estado regulador, evidenciando-o como referencial teórico e premissa (Capítulo 1) da obra, estabelecendo-se como marco temporal os anos 80 do século XX. Essa novel feição estatal, regida pela ideologia neoliberal, não abandonou plenamente o intervencionismo, mas impôs balizas e condições aos setores regulados (agentes econômicos), sob o pálio de resguardar o interesse público.

Essa mudança evolutiva do Estado, conforme se pode inferir dos marcos teóricos apresentados na obra, foi resultado, em grande medida, das transformações no sistema de produção, da celeridade e desenvolvimento tecnológico dos meios de comunicação, da globalização da economia, da mitigação do conceito de soberania do Estado, e da redução da importância da política estatal.

Nesse sentido, demonstrou-se, a partir de seu processo de evolução, que o Estado encontra-se em plena crise conceitual (aspectos da soberania), em crise estrutural (transformações do Estado Liberal, Bem-Estar Social, Intervencionista e Regulador), e em crise funcional (perda de exclusividade das funções estatais desenvolvidas pelos órgãos de natureza pública), diante de um evidenciado déficit de democracia ocasionado pelo distanciamento do Estado e sua lentidão nas respostas às demandas sociais.

A mudança para o status Estado regulador ocorreu dentro do que se identifica como pós-modernidade, conceito com inúmeras abordagens, dentre as quais, se projetou a de um movimento de ruptura, surgido no final do século XX, quando se operou a paulatina substituição do conceito de progresso pelo de crise e de incredulidade. Na pós-modernidade, destacou-se, todos convivem com o efêmero, com fragmentos, em permanente metamorfose, em um processo de produção que utiliza como matéria-prima básica, a que foi gerada na modernidade.

Na mesma passada, restou demonstrado que, diante do enfraquecimento do Estado, o Direito, na qualidade de instrumental de regulamentação das complexas relações sociais, encontra-se envolvido nesse processo de crise estatal, com seu formalismo reinante e a positivação exacerbada que o representa. É o esgotamento do paradigma predominante de natureza liberal, individualista e normativista, mormente o fato de o Direito não responder mais, satisfatoriamente, à complexidade social, no cenário de crescimento dos direitos transindividuais e do reconhecimento e ampliação dos direitos humanos.

Foi concluído no capítulo inaugural, que não há evidências que apontam para o desaparecimento do Estado, estando em evidência mais um processo de crise pelo qual atravessa, e que pode resultar em uma nova face, com novas características. Observou-se que, já há muito tempo, o Estado, enquanto criação do homem, representa característica organizativa fundamental da natureza humana, que tem recebido inúmeras formas de expressão em sua emoldurada concepção, porém, enquanto gênero, permanece vivo e absolutamente necessário, sem previsão de substituição por outra estrutura de organização e poder.

2 A regulação, durante todo o Capítulo 2, a partir do majoritário entendimento doutrinário, foi projetada como forma de intervenção do Estado na economia (também no social), para a qual utiliza diversos instrumentos, dentre os quais, as agências reguladoras (materialização da regulação), representando, em sentido amplo, medidas adotadas pelo Estado (legislativas, administrativas e convencionais), que intervêm no mercado, restringindo a liberdade privada nos setores da economia que regula, controlando e influenciando o comportamento dos agentes econômicos, sob o fundamento de proteção do interesse público. Para

tanto, privatiza empresas estatais, abre mão de patrimônio público e da administração direta de diversas atividades econômicas por ele antes desempenhadas.

Nesse diapasão, ficaram patenteados, de maneira robusta, pelo feixe doutrinário apresentado, o histórico, o conceito, as características e as funções das Agências Reguladoras, destacando-se os Estados Unidos da América como o berço da criação das agências reguladoras, no modelo originariamente concebido, tomando feições peculiares, notadamente, na Europa, a partir da configuração dos diferentes sistemas jurídicos e econômicos onde se inserem.

Dentro das funções das agências reguladoras, destacou-se que a legislativa tem recebido a maior carga de críticas, por aproximar-se de função típica que o Poder Legislativo desempenha desde os primórdios da estruturação do Estado, na tripartição clássica de poderes. É a partir das normas que produzem, que as agências reguladoras atuarão sobre os setores regulados, através de atos administrativos (função executiva), bem como, irão analisar as demandas processuais no âmbito administrativo (função judicial), advindas do não atendimento, pelos setores regulados, das normas regulatórias que elas produziram.

É neste cenário que emerge o déficit democrático, que a pesquisa concluiu pela sua ocorrência, considerando-se os fundamentos da Ciência Política e da Teoria Geral do Estado, na perspectiva da doutrina nacional e estrangeira apresentada, ainda que entendimentos contrários também fossem apresentados.

Nesse particular, aspectos da democracia, em suas dimensões participativa e deliberativa, foram utilizados como fundamentos dessa conclusão, considerando-se, fundamentalmente, que os poderes dos dirigentes das agências reguladoras são exercidos sem a legitimidade, conferida de maneira direta, bem como, a possibilidade do risco da captura, hipótese com ocorrência identificada nos sistemas, tendo sido apresentados posicionamentos doutrinários propondo alternativas para suprir o déficit democrático, com fulcro no binômio controle-participação.

Exemplo disso reporta-se à necessidade de aumento efetivo (ou o início mesmo) da participação popular no processo de produção normativa e deliberatório das Agências Reguladoras, para além de consultas e audiências públicas, estabelecendo-se maior envolvimento efetivo-procedimental do cidadão (participativo e amplo), notadamente dos atingidos pelo interesse regulado, inclusive, utilizando o instrumental da internet, da tecnologia da informação, para conferir legitimidade às decisões das agências.

Isso representa, ao cabo, o exercício da cidadania no qual a coletividade se apropria dos instrumentos de deliberação regulatória, de planejamento e execução. E, mais, expressa não apenas o interesse específico dos envolvidos no setor regulado, mas o legítimo interesse público que a regulação justifica como fundamento maior da intervenção estatal.

Ainda, nesse norte, se demonstrou que a independência das agências reguladoras (autonomia reforçada) não é absoluta, possuindo matizes e modulações próprias, com as características de cada um dos sistemas jurídicos analisados na obra, recebendo o controle dos Poderes sobre seus atos regulatórios em ambos os sistemas regulatórios, brasileiro e norte-americano.

A regulação, conforme foi demonstrado, rompe com a centralização estatal, inaugurando novos centros decisórios especializados de poder – as agências reguladoras. O Estado abre mão do poder central e da condução exclusiva da administração para responder à dinâmica complexa da sociedade.

Também, chegou-se à conclusão, no particular da regulação, de que o receituário neoliberal, após décadas, não tem sido eficiente em responder às demandas sociais, mesmo considerando-se o aumento da complexidade social, como se infere das respostas históricas que até o presente momento tem lhes destinado.

3 Sobre a regulação no Brasil (Capítulo 3), demonstrou-se que a sua sistematização teve como marco histórico a década de 90, momento em que, inserido no contexto neoliberal globalizante, o Brasil adotou medidas para reduzir a participação direta do Estado na exploração de atividades econômicas, bem como na prestação direta de serviços públicos.

O modelo de agências adotado pelo Brasil teve como referencial a experiência das agências norte-americanas, mas a estruturação teórica (ideológica) da reforma do Estado brasileiro teve como fonte inspiradora o *New Public Management* (NPM), adotado no Reino Unido, cujo objetivo era a modernização administrativa em termos organizacionais (administração gerencial), com a receita de privatizações e diminuição sensível do papel do Estado na atuação em setores econômicos e sociais.

Nessa direção, para implantar a nova administração gerencial, seguiu no modelo brasileiro, o caminho da abertura para a participação do capital estrangeiro, a flexibilização dos monopólios estatais e a privatização. Até a aquisição de papel-moeda e da moeda metálica, fabricados fora do país por fornecedor estrangeiro, já é possível.

Esse movimento de reestruturação, que conferiu nova roupagem à Administração Pública brasileira, deu início a um amplo processo de privatização e terceirização, procurando reduzir o grau de interferência do Estado através de programas de desregulação, introduzindo o conceito de governança (administração pública gerencial), criando, a partir dessas diretrizes, uma série de agências reguladoras – os novos centros de poder.

Logo, demonstrou-se que o projeto de reestruturação do Estado privilegiou a eficiência administrativa, porém, não cuidou de elaborar e executar políticas públicas para além do crescimento econômico, pois se verificou um controle maior da inflação, um crescimento do PIB, mas o país continuou a registrar uma distribuição de renda cada vez mais desigual, cuja demonstração foi o aumento da extrema pobreza, que se constatou nesse período.

Após a criação das agências reguladoras, passadas mais de duas décadas, em vários setores regulados não se infere organização, nem eficiência. Energia elétrica, telecomunicações, saúde suplementar e aviação civil são exemplos de setores essenciais que estão longe de apresentar uma organização eficiente e democrática, legitimada pelo exercício do poder regulatório da ANEEL, ANATEL, ANS e ANAC, respectivamente.

Os problemas enfrentados nesses setores que foram objeto de regulação (que parecem incontornáveis), não são poucos, dentre os quais se destacam as questões tarifárias, a precariedade de logística na prestação dos serviços, frotas sucateadas, colapso em sistemas de atendimento, aumento vertiginoso de demandas contra empresas dos setores regulados, demonstrando, assim, a frágil e incipiente fiscalização do órgão regulador competente.

Foi apresentada na obra a capilaridade modesta da regulação brasileira, contando, atualmente, com onze agências reguladoras, com bastantes similitudes das suas estruturas de Diretoria Colegiada, prazos de mandato e alternância para não haver coincidência, bem como o insulamento burocrático, visando evitar a contaminação de influência política na gestão das agências, sendo que apenas na Agência Nacional de Mineração, a mais recente, há um tratamento normativo na legislação criadora, fechando as brechas para políticos ascenderem aos cargos diretivos das agências, indo além da quarentena legal.

Sobre a regulação brasileira, foi demonstrada a índole constitucional de sua previsão, haja vista a Constituição Federal de 1988 reservar ao Estado o papel de agente normativo e regulador da atividade econômica, exercendo as funções de fiscalização, incentivo e planejamento.

Destarte, concluiu-se que a reforma no Estado brasileiro, concebida no meio ambiente neoliberal dos anos 90, especificamente sobre a regulação, não conferiu maior legitimidade democrática às agências reguladoras que criou, apresentando, dessa forma, algumas inconsistências estruturais no programa executado, pois nas diretrizes e objetivos estabelecidos na reforma do Estado, estava a descentralização com maior representação e participação democrática direta nos entes reguladores.

Durante o trajeto desse Capítulo, demonstrou-se, de maneira minudente, a ampla legislação regulatória brasileira, notadamente das agências reguladoras em espécie, suas estruturas e competências, oportunizando, assim, o estabelecimento da compreensão dos setores regulados.

De outra banda, foi destacado o controle do Judiciário sobre os atos oriundos das agências, demonstrando-se que tanto o STF quanto o STJ têm ratificado a competência dos entes reguladores, em questões de registro, tarifárias, reajustes, nomeação e demissão de Diretores, regime jurídico do corpo técnico, dentre outros, com exceção das ações relativas ao fornecimento de medicamentos que, apesar de fragilizar em alguns aspectos a atuação da ANS e do SUS, não influencia, significativamente, a regulação do setor. Sobre esse particular, incidem aspectos principiológicos, notadamente, o mínimo existencial, a reserva do possível e a vedação ao retrocesso, que não fizeram parte do objeto da obra.

Também demonstrou-se que as agências estão sujeitas ao controle externo do Tribunal de Contas da União, cujas competências encontram-se estabelecidas na Constituição Federal, compreendendo o julgamento das contas dos administradores e demais responsáveis por dinheiros, bens e valores públicos da administração direta e indireta, incluídas as fundações e sociedades instituídas e mantidas pelo Poder Público federal.

Quanto à regulação de medicamentos no Brasil, partiu-se da premissa de que essa regulação específica constitui-se em grande complexidade, recebendo do estudo realizado uma abordagem multilateral e interdisciplinar, por envolver as esferas política, administrativa, científica e a regulatória da atividade econômica.

Ao se iniciar o tratamento da regulação de medicamentos na perspectiva regulatória brasileira, é importante serem considerados aspectos fundamentais estabelecidos na Constituição Federal, haja vista que a Constituição de 1988 adotou um Sistema Único de Saúde (SUS), reconhecendo a saúde como direito de todos e dever do Estado.

Nessa mesma direção, destacou-se que, além do SUS (1990), o Brasil conta com uma vasta rede de hospitais públicos (federais, estaduais e municipais), consumidores de medicamentos e, ainda, de laboratórios, fundações e institutos de pesquisa que produzem medicamentos, vacinas e insumos farmacêuticos (FIOCRUZ, Instituto Nacional de Controle de Qualidade em Saúde, HEMOBRÁS, dentre outros), além da singularidade da denominada judicialização da saúde, quando o Poder Judiciário é acionado para que seja determinado, ao Estado ou às operadoras de saúde suplementar, o fornecimento de medicamentos e serviços em saúde.

Demonstrou-se que a regulação de medicamentos vem tomando corpo, tendo sido criado um órgão regulador (ANVISA), centralizador das ações regulatórias. Ocorre que, no sistema regulatório de medicamentos no Brasil, a ANVISA não é o único órgão estatal que atua nessa regulação específica. Nesse sentido, a regulação de medicamentos permanece sendo realizada por outros órgãos estatais, tais como o Conselho Nacional de Saúde (CNS), o Ministério da Saúde, o Instituto Nacional de Propriedade Intelectual (INPI), o Departamento Nacional de Proteção do Consumidor do Ministério da Justiça, o que exige da ANVISA a necessidade de permanente articulação entre os órgãos envolvidos, para evitar o paralelismo de atuação, com desperdício de recursos públicos.

Conclui-se que, apesar de a ANVISA ter sido criada em 1999 (sendo coordenadora do Sistema Nacional de Vigilância Sanitária), grande parte do arcabouço jurídico que rege a regulação de medicamentos data da década de 70, ou seja, com mais de 40 anos, necessitando, portanto, de atualização.

Sobre esse particular, destacou-se a legislação sobre o controle sanitário do comércio de drogas, medicamentos e insumos farmacêuticos (1973), a vigilância sanitária a que ficam sujeitos os medicamentos, as drogas, os insumos farmacêuticos e correlatos, cosméticos, saneantes e outros produtos (1976) e a legislação que configura infrações à legislação sanitária federal e estabelece as sanções respectivas (1977).

Propôs-se, nesse sentido, a edição de uma codificação setorial, em função da fragmentação da legislação e da própria condução da regulação, o que pode representar a consolidação das atuais normas reguladoras do setor, bem como possibilitar à organização estatal, melhoria na atuação regulatória.

Foi assinalada a existência de dois eixos fundamentais para a regulação de medicamentos – a Política Nacional de Medicamentos e a Política de Assistência Farmacêutica, ambas decorrentes da Política Nacional de Saúde, que objetivam promover o acesso da população a medicamentos. Desenvolve-se, também, sobre a regulação de medicamentos, a Política Nacional de Ciência, Tecnologia e Inovação em Saúde, devendo ser considerada, ainda, a política industrial do setor que o governo federal formula.

Conclui-se, nesse sentido, que a regulação de medicamentos no Brasil, coordenada pela ANVISA, tratou de normatizar a atuação da iniciativa privada no que se refere à pesquisa, produção, registro e comercialização de medicamentos (incluindo a publicidade), a regulamentação sanitária e a farmacovigilância, com seus poderes para regulamentar, controlar e fiscalizar os produtos e serviços que envolvam risco à saúde pública, sem descuidar da vertente pública dessa regulação, adotando, por exemplo, a Relação Nacional de Medicamentos (RENAME), integrada por um elenco de medicamentos essenciais, ou seja, produtos considerados básicos e indispensáveis para atender à maioria dos problemas de saúde da população.

Nesse norte, também foi identificada a criação, em 2004, do Programa Farmácia Popular do Brasil, que ampliou o acesso aos medicamentos para as doenças mais comuns entre os cidadãos, onde o valor de um medicamento pode custar até 90% mais barato do que o comercializado na rede privada, o que representa, do ponto de vista da saúde pública, maior acessibilidade da população de baixa renda a medicamentos.

Percebeu-se que a regulação de medicamentos no Brasil encontra-se estratificada em uma rede complexa e capilarizada e, apesar de ter previsão da participação da comunidade em geral no processo de produção de normas e decisões (audiências e consultas públicas), isso ainda é insuficiente para suprir o déficit democrático que venha a conferir um nível mais elevado de legitimidade aos atos regulatórios da agência, sendo premente a necessidade de maior inserção de participação social na estrutura da ANVISA, no processo decisório da regulação de medicamentos.

Logo, não basta a mera previsão de participação social no ato constitutivo da ANVISA, bem como a modesta representatividade de setores especializados da sociedade civil nos Comitês que a auxiliam, porquanto, possuem apenas natureza consultiva, e não deliberatória. A participação social pode representar uma característica diferenciada da regulação de medicamentos, e a iniciativa normativa e administrativa deve partir da própria ANVISA, que possui autonomia para tanto.

Outra conclusão a que se chegou, em relação à ANVISA, é a de que, apesar de ser a maior agência reguladora do país e contar com estruturação diversificada, não está respondendo a contento às demandas do setor de medicamentos, notadamente as oriundas da indústria farmacêutica, que paga antecipadamente pela inspeção, mas tem, reiteradamente, atrasado a realização das inspeções e expedição de certificados.

Por outra face, além da contextualização constitucional em que está inserida a regulação de medicamentos já referida e o processo de globalização em que se desenvolvem as relações econômicas do mercado de medicamentos, com o poderio expoente da indústria farmacêutica percebe-se o interesse de agências reguladoras de outros países em instalar-se no Brasil, sob o fundamento de contribuir com o aperfeiçoamento técnico-científico da regulação, e mais, de fiscalizar diretamente laboratórios de remédios que exportam para os seus países.

Exemplo disso foi, ainda no governo do presidente Barack Obama, a decisão unilateral da *U.S. Food and Drug Administration* – FDA, de abrir um escritório da FDA no Brasil, momento em que o Itamaraty interviu, juntamente com o presidente da ANVISA à época, dissuadindo o governo norte-americano da instalação, haja vista a FDA atuar na regulação de maneira absolutamente análoga ao trabalho desenvolvido pela ANVISA,[525] não havendo, portanto, razões para a abertura de um escritório da FDA no Brasil, até mesmo porque, ANVISA e FDA têm firmado acordos bilaterais, permitindo inspeções em laboratórios e fábricas, desde que autorizadas pelo governo de cada país.

Logo, o crescimento inequívoco do mercado de medicamentos no país e a participação pública na produção de medicamentos e na elaboração de políticas inclusivas devem ser considerados pela ANVISA e pelo Poder Executivo no contexto regulatório, não devendo perder-se de mira os objetivos constitucionais, conquanto não atenda apenas à

---

[525] Disponível em: <http://saude.estadao.com.br/noticias/geral,agencia-reguladora-de-remedios-dos-eua-volta-a-propor-escritorio-no-pais,874833>. Acesso em: 20 out. 2017. Fora da América, a FDA possui sucursais na China e na Índia. Na América Latina, há escritórios da FDA no México, no Chile e na Costa Rica. Esses países, porém, não dispõem de agências de fiscalização sanitária competentes ou exportam, com frequência, produtos defeituosos. O governo chinês só permitiu a chegada da FDA depois de ser ameaçado de boicote pelos americanos, após o rumoroso caso em que brinquedos contaminados por chumbo foram exportados para os Estados Unidos. Idem. Acesso em: 20 out. 2017.

lógica do mercado, considerando-se, reitere-se, o desenho institucional estabelecido para a saúde na Constituição Federal de 1988.

Destarte, sobre essa fundamentação, argumente-se que a dotação orçamentária destinada à ANVISA para a regulação de medicamentos e ao Ministério da Saúde, para compra de medicamentos, respectivamente, tem valor infinitamente superior aos valores dos medicamentos fornecidos através de processos judicializados,[526] não representando a chamada judicialização da saúde o entrave mais relevante para obstar a melhoria da regulação de medicamentos no país, e nem de longe, pode causar uma crise sistêmica no setor. Quando muito, a judicialização tem servido para demonstrar as limitações do Judiciário na apreciação desse tipo de demanda e de justificativa para que gestores públicos não implementem políticas públicas que aperfeiçoem o sistema público, fortalecendo o seu caráter universal e, na saúde suplementar, tem evidenciado a precariedade com que a Agência Nacional de Saúde Suplementar responde à crise por que passa o setor que regula.

Com efeito, foram apresentados os desafios da regulação de medicamentos no Brasil, diante dos aspectos descritivos do setor regulado e da análise procedida sobre as peculiaridades dessa regulação específica no estudo empreendido, tendo sido apresentadas algumas proposições a partir das críticas formuladas.

4 No que se reporta à regulação nos Estados Unidos da América (Capítulo 4), foi demonstrado que ela se iniciou no século XIX, com a criação da primeira agência reguladora – a *Interstate Commerce Commission* –, em 1887, para regulamentar a atividade das ferrovias, garantindo tarifas mais justas e eliminar a discriminação tarifária predominante no setor da economia americana àquela época, devido ao conflito decorrente do poderio econômico e o oligopólio exercido pelas grandes ferrovias, intervindo o Estado para efetuar a organização do setor com independência política. Essa é a gênese, o marco histórico da regulação estadunidense, estabelecido com arrimo de predominante fonte doutrinária.

Vinculou-se a concepção dessa mudança no modelo de administração pública dos Estados Unidos à fundamentação teórica resultante do debate entre o *Public Service orientation* e o *Public Management orientation*, tendo prevalecido o pensamento de Woodrow Wilson, Presidente

---

[526] Disponível em: <http://portal.anvisa.gov.br/documents/33888/3304624/Relat%C3%B3rio+CGU+2017>., <http://www.cnj.jus.br/images/programas/forumdasaude/relatorio_atualizado_da_resolucao107.pdf>., e <www.planejamento.gov.br/>. Acesso em: 20 out. 2017.

dos Estados Unidos, de 1913 a 1921, que defendia a separação entre a política e a administração, através de ajustes nas funções executivas.

Demonstrou-se, assim, que a origem da regulação norte-americana consolidou-se, desde o seu nascedouro, como uma política de intervenção estatal que se multiplicou em território norte-americano na forma de agências reguladoras, as novas estruturas burocráticas de regulação, que retiravam a intervenção estatal direta nos setores da economia. Mas, conforme se discorreu sobre a historicidade da regulação norte-americana, foi demonstrado que a vigorosa expansão e sua configuração com as características regulatórias mais significativas só irão ocorrer com o advento do *New Deal*.

Portanto, foi durante o mandato do Presidente Franklin Roosevelt (1933-1945) que se operou o processo de revisionismo do capitalismo liberal, cenário institucional criado para reorientar a Administração Pública, que passou a desempenhar novas atribuições no Executivo, com o desenho institucional projetado às agências independentes, em uma conjuntura econômica de extrema crise, o período da grande depressão. Não tendo o mercado se mostrado capaz de autorregular-se, assistiu-se a uma proliferação de agências reguladoras independentes e o surgimento dos primeiros questionamentos sobre sua autonomia.

Marco de extrema importância para a regulação norte-americana foi a edição do *Administrative Procedure Act*, que amadureceu as agências reguladoras ao estabelecer definições, regras de agência, ordens, registros e procedimentos, imposição de sanções, dentre outros, considerado, por isso, a lei geral das agências reguladoras. A discricionariedade das agências reguladoras, apesar do reconhecimento das suas funções, normativa e sancionatória, recebeu a imposição de limites pelo Judiciário.

Restou demonstrado que, na década de 70, o Judiciário norte-americano aperfeiçoou e ampliou o controle sobre as agências reguladoras, garantindo maior participação dos grupos de interesse da sociedade civil no processo de decisão, impondo maior formalidade no procedimento decisório das agências.

Demonstrou-se que, com o governo de Ronald Reagan (1981-1989), as agências tiveram reformuladas suas competências, perdendo parcialmente sua autonomia, passando pelo controle e supervisão do Presidente da República, que era efetuado pelo *Office of Management and Budget* – OMB, o Escritório de Gestão e Orçamento subordinado à presidência.

Essas mudanças tiveram como base ideológica e teórica o *New Public Management* (NPM), do Reino Unido, movimento de redução da máquina estatal com privatização de empresas, desregulamentação e devolução de atividades governamentais à iniciativa privada.

Evidenciou-se que, entre 1993 e 2001, na gestão do Presidente Bill Clinton, o Congresso editou o *Unfunded Mandates Reform Act* e o *Congressional Review Act*, que impuseram um controle mais rigoroso sobre os atos das agências reguladoras, estabelecendo que os tribunais federais poderiam determinar às agências o cumprimento de suas responsabilidades, bem como habilitaram o Congresso a rever os novos regulamentos federais produzidos pelas agências, inclusive anular um regulamento.

A fase atual se refere ao legado do Presidente Barack Obama,[527] que passou pelas crises imobiliária e do setor financeiro, estabelecendo, em relação às agências reguladoras, que o sistema regulatório deve proteger a saúde pública, o bem-estar, a segurança e o meio ambiente, e que os regulamentos das agências devem ser adotados por meio de um processo que envolva participação pública.

Para a compreensão do arcabouço jurídico regente da regulação norte-americana e da estrutura estatal que envolve medicamentos, indicou-se a instituição do *Patient Protection and Affordable Care Act* – ACA (Obamacare) em 2010, o *Public Health Service* – PHS (Serviço de Saúde Pública) e os programas Medicaid e o Medicare.

Destacou-se, como órgãos atuantes na área da saúde, o *U.S. Public Health Service* – PHS (Serviço de Saúde Pública) e o *U.S. Departament Of Health And Human Service* – HHS (Departamento de Saúde e Serviços Humanos dos EUA), bem como a *U.S. Food and Drug Administration* – FDA, agência reguladora de drogas, cosméticos e alimentos, vinculada administrativamente ao Departamento de Saúde e Serviços Humanos.

A Suprema Corte dos Estados Unidos, em 2012, confirmou a constitucionalidade do Obamacare, fundamentando sua decisão em aspectos orçamentários e de equilíbrio fiscal.

Conclui-se, a partir do processo de regulação estadunidense, de seu contexto histórico, da configuração das agências independentes, a predominância do entendimento de que os atos das agências se submetem ao controle do Executivo e do Judiciário (o Congresso, ao criar regras, estabelece limites às agências, os seus poderes, exercendo controle também sobre as agências).

---

[527] O presidente Donald Trump, em 2017, sobre o sistema de saúde norte-americano, tentou reformar o Obamacare, que tornou obrigatório que todos os cidadãos tivessem um plano de saúde. No chamado Trumpcare, deixou de ser obrigatório ter um plano de saúde, mas permitiu que as seguradoras cobrissem uma sobretaxa de 30% em seus prêmios de seguro de quem interrompesse o pagamento do plano.

Demonstrou-se que o controle exercido pelo Judiciário sobre as agências norte-americanas diminui a independência/autonomia destas, sendo atualmente uma característica do sistema regulatório estadunidense.

Quanto à constitucionalidade das agências independentes nos Estados Unidos, restou demonstrado não haver qualquer previsão expressa na Constituição norte-americana sobre a criação das agências, sendo reconhecida a sua constitucionalidade a partir do estabelecimento da responsabilidade do Presidente pela fiel execução da lei, representando um Executivo unitário que pode ser responsabilizado perante o eleitorado e com capacidade para assumir a execução das leis. Em vários momentos o Judiciário norte-americano reconheceu a constitucionalidade das agências independentes.

Apresentou-se, detalhadamente, as agências reguladoras independentes dos Estados Unidos (*independent regulatory agencies*), na forma criada pelo Congresso, com vinculação não subordinada ao Executivo, seus poderes de elaboração de normas e de imposição de regras às pessoas e aos setores regulados, bem como para a resolução de conflitos em sua respectiva área jurisdicional. Foram destacadas, nesse sentido, as funções legislativas (*rulemaking*) e adjudicatórias (*adjutication*).

Abordou-se, de maneira abrangente, toda a legislação norte-americana relativa à regulação de medicamentos, momento em que foi estabelecida a cronologia dos marcos histórico-legais mais relevantes.

Destacou-se a previsão da participação popular e do procedimento regulamentado para essa finalidade, na elaboração dos regulamentos produzidos pelas agências independentes, ressaltando que a jurisprudência estadunidense tem reconhecido a tecnicidade das agências nas matérias por elas regulamentadas.

Demonstrou-se, com minudência, a estruturação da *Food and Drug Administration* – FDA (diretorias, comitês consultivos), suas atribuições e competências, as normas regentes da regulação de medicamentos norte-americana que executa e que produz, bem como todo o procedimento de aprovação de pesquisa, produção e comercialização de medicamentos, incluindo as boas práticas de fabricação (*good manufacturing processes*) e publicidade.

Restou demonstrado, também, que a regulação de medicamentos nos Estados Unidos encontra-se bem estruturada, com os papéis bem definidos e desempenhados pelo governo federal, pelos estados e pela iniciativa privada, sob o comando da FDA. Mas, questões relacionadas à busca do interesse público, à persistência do risco da captura por parte dos produtores, políticas distributivas, são evidências que expressam a complexidade da regulamentação farmacêutica norte-americana, e que nem tudo funciona perfeitamente no berço e na terra da regulação econômica.

Demonstrou-se, com isso, que nem a robusta estrutura regulatória do mercado de medicamentos estadunidense, a precursoriedade regulatória do setor, a reputação de excelência da FDA, além da liderança mundial que exerce foram capazes de evitar falhas nas respostas aos envolvidos no setor de medicamentos, falhas em análises científicas procedidas pela agência em produtos por ela própria fiscalizados, que denotam não haver um sistema perfeito de regulação de medicamentos nos EUA, como é propagandeado mundo afora.

Concluiu-se, portanto, dos aspectos gerais da regulação norte-americana, que as agências reguladoras independentes foram criadas em larga escala, na perspectiva de intervenção estatal em diversos setores da economia, tendo sido somente a partir do *New Deal* configuradas com o chamado insulamento burocrático, para que não sofressem pressões políticas na condução da regulação, e para atuarem de maneira sistemática, com discricionariedade.

Demonstrou-se, também, que, para modular o poderio regulatório das agências reguladoras independentes, foram estabelecidos diversos mecanismos de controle dos atos das agências, recebendo, portanto, o controle do Executivo e do Judiciário, além do Congresso, que contribuem para a diminuição do risco da captura e aumentam o grau de responsividade social e legitimidade democrática da função regulatória conduzida pelas agências.

A necessidade de maior participação social na regulação de medicamentos e a ocorrência do déficit democrático foram percebidas de maneira constante na doutrina norte-americana, sobre a condução regulatória efetuada pela FDA, sendo, em grande medida, considerados insuficientes os mecanismos de participação social e a representação da sociedade civil nos Comitês Consultivos da agência, para conferir plena legitimidade aos atos regulatórios de sua competência.[528]

Além disso, concluiu-se que a FDA, a maior agência regulatória de medicamentos do mundo, com sucursais em diversos países, tem falhado na resposta às demandas do setor que regula, não cumprindo

---

[528] Uma crítica da concentração de poder nas mãos dos reguladores centra-se no fato de que os reguladores não são eleitos democraticamente, estes estão apenas ligados ao governo. LAWRENCE, Georgina. Who Regulates the Regulators? *Center for the study of regulated industries – CRI*. School of Management: University of Bath, 2002. p. 26.

prazos, e mais, falhando em análises científicas que efetua sobre medicamentos, sem ao menos responder, satisfatoriamente, à sociedade norte-americana, sobre os riscos que produtos que passaram pela análise da agência podem causar à saúde da população.

Os cidadãos americanos, para usar a maioria dos medicamentos, devem obter uma receita de uma autoridade médica licenciada e qualificada, geralmente um médico. No entanto, antes que alguém possa prescrever, a FDA aprova, considerando o medicamento seguro e eficaz. A FDA é, portanto, o "porteiro" do mercado farmacêutico americano e tem poderes para definir o sucesso médico e moldar as carreiras científicas, limitar a publicidade e reclamações de produtos, administrar a fabricação de drogas, permitir que as indústrias farmacêuticas gerem vastas riquezas, perseguir essas mesmas empresas no mercado, esculpir conceitos médicos e científicos e, finalmente, tem o poder de influenciar as vidas e as mortes dos cidadãos.[529]

É óbvio que as falhas apontadas nesse neste estudo não representam a predominância da atuação da FDA, mas devem servir de fomento para o debate sobre o aperfeiçoamento da regulação de medicamentos, que venha a ensejar a formatação de acordos multilaterais, conduzidos pela Organização Mundial de Saúde – OMS (em inglês WHO) e organizações regionais, para o planejamento de atuação conjunta, pensando a regulação de medicamentos como meio de garantia cada vez maior, de acessibilidade de medicamentos para a saúde da população mundial.

Breves notas finais comparativas

Conforme se sustentou desde o início da formulação da presente obra, a pesquisa não se propôs a formular um estudo no formato do Direito Comparado, mas, dentro do recorte metodológico, objetivou aprofundar sobre a regulação de medicamentos do Brasil e dos Estados

---

[529] CARPENTER, Daniel. *Reputation and power*: organizational image and pharmaceutical regulation at the FDA – Princeton Studies in American Politics: historical, international, and comparative perspectives. Princeton University Press: Edição do Kindle, 2010. p. 1-2.
Carpenter acrescenta: "Alguns desses cidadãos podem ser prejudicados por terapias perigosas ou ineficazes que a FDA aprovou. Outros cidadãos podem sofrer ou morrer esperando a agência aprovar uma cura potencialmente eficaz. Ainda outros, talvez a maioria, podem usar facilmente uma droga cuja dosagem, etiqueta e forma química tenham sido cuidadosamente aprimorada através do escrutínio que a regulamentação traz. Seja qual for o resultado, a FDA moldou a vida de todos". Idem.

Unidos da América, mergulhando em seus meandros. Este foi o foco principal que, entende-se, ter sido alcançado.

Contudo, e, na medida do que se estabeleceu durante o caminho percorrido nos capítulos até as conclusões, é possível extrair breves notas comparativas e sintetizadas sobre os principais aspectos abordados, apenas para sistematizar o fechamento da obra e não acarretar cansaço sobre a leitura com redação análoga, porventura, já desenvolvida ao longo do texto, que revelam a um só tempo, semelhanças e assimetrias na regulação brasileira e norte-americana de medicamentos.

Origem: a origem da regulação de medicamentos norte-americana está relacionada ao surgimento da primeira agência reguladora, no século XIX. Expressa o intervencionismo do Estado no setor econômico, diante da incapacidade de o mercado autorregular-se. No Brasil, a regulação de medicamentos decorre do processo de reforma do Estado, ocorrida na década de 70, tendo sido sistematizada em 1999, com a criação da agência reguladora específica para essa regulação, sendo todo o processo regulatório brasileiro inspirado na experiência estadunidense.

Previsão constitucional de criação das agências: no Brasil, a Constituição Federal de 1988 estabeleceu, expressamente, a possibilidade de criação das agências reguladoras, no caso da ANVISA, que foi criada em 1999. Nos Estados Unidos, não existe previsão constitucional sobre a criação das agências reguladoras, sendo a instituição dos entes reguladores, decorrente de interpretação da responsabilidade estabelecida ao Presidente da República e do seu compromisso no fiel cumprimento da lei.

Características da Anvisa e da FDA: as principais características das agências reguladoras de medicamentos do Brasil e dos Estados Unidos são a autonomia (independência) e as funções legislativas e sancionatórias. Ambas têm atuação regulatória na produção de regulamentos normativos e de apreciação das demandas administrativas que lhes são submetidas, com a existência, nos EUA, de um juiz administrativo que atua na agência. A ANVISA é composta por uma Diretoria Colegiada e a FDA é dirigida por um Comissário. Ambas possuem Diretorias e Gerências, bem como Comitês Consultivos (não deliberativos) integrados por especialistas representando segmentos da sociedade civil.

Atos regulatórios em espécie – a regulação de medicamentos pela Anvisa e pela FDA: a ANVISA coordena a regulação de medicamentos no Brasil, mas existem outros órgãos que atuam nessa regulação (INPI e Ministério da Saúde). A FDA administra amplamente a regulação de medicamentos nos EUA, estando vinculada administrativamente ao *U.S. Department of Health and Human Services* (Departamento de Saúde e Serviços Humanos).

Ambas regulam amplamente o setor de medicamentos de cada país, estabelecendo regras que vão da pesquisa clínica à comercialização de medicamentos, bem como, ainda, à publicidade desses produtos.

Controle dos atos regulatórios das agências: em ambos os sistemas regulatórios, o controle é exercido pelos Poderes Judiciário e Executivo, sendo que o controle do Executivo não se efetua por subordinação, ocorrendo através da ação do Executivo (Presidente da República) na formulação do orçamento destinado às agências, bem como, pela indicação dos Diretores das agências (ANVISA e FDA). O Poder Legislativo também exerce controle sobre as agências regulatórias de medicamentos, haja vista que, tanto na ANVISA, quanto na FDA, o Senado brasileiro e o norte-americano ratificam ou não a escolha dos dirigentes das agências nomeados pelo Presidente. O Congresso norte-americano editou lei específica sobre a atuação do Judiciário, que deve impor às agências o cumprimento das funções (regras) para as quais foram criadas. No caso brasileiro, com o princípio da inafastabilidade jurisdicional, o Judiciário, além de ter reconhecido a autonomia das agências, aprecia demandas sobre o fornecimento de medicamentos, seja requerido perante a Administração Pública, seja das operadoras de plano/seguro de saúde.

A propósito de concluir, encerrada a trilha percorrida na pesquisa, com os influxos doutrinários eleitos para comandar o estudo empreendido, tem-se não apenas a sensação, mas o sentimento de satisfação de palmilhar o caminho da produção de conhecimento que se estabeleceu no recorte temático.

A regulação de medicamentos, seja no Brasil, nos Estados Unidos ou em qualquer outro país que tenha escolhido o processo regulatório em seu sistema jurídico-político, precisa, substancialmente, ser conduzida por regras transparentes, que representem estabilidade, devendo ser dotada de estruturas configuradas com a melhor tecnologia do conhecimento.

Peter Strauss adverte que é sempre difícil a uma pessoa – e um tanto pretensioso – recomendar as instituições de seu próprio sistema jurídico a pessoas de outro sistema jurídico. Nem o processo de regulamentação dos EUA, nem as práticas com a internet estão isentas de dificuldades.[530] Logo, com o mesmo raciocínio, por certo, deve olhar o jurista brasileiro, ao contemplar a regulação americana.

---

[530] STRAUSS, Peter L. O acesso do público a materiais de regulamentação e seu papel no desenvolvimento desses materiais. In: FIGUEIREDO, Marcelo (Org.). *Direito e regulação no Brasil e nos EUA*. São Paulo: Malheiros Editores, 2004. p. 51.

Com efeito, se por um lado, a iniciativa privada necessita de garantias para realizar investimentos no setor da produção de medicamentos, por outro, a Administração Pública, ainda que não imponha subordinação às agências reguladoras, deve formular e executar políticas públicas inclusivas que permitam maior acessibilidade de medicamentos à população, especialmente aos que não têm condições de adquiri-los, afinal, o propósito da regulação concebida pelo Estado regulador foi alcançar o interesse público.

A regulação de medicamentos deve, portanto, servir a esse propósito. Nenhum sistema político está autorizado, em nome de qualquer ideologia, a amesquinhar a dignidade da pessoa humana, a regular de maneira discriminatória, obstando o acesso a medicamentos por enormes contingentes humanos que deles necessitam, literalmente, para sobreviver. Este é mais um grande desafio que se impõe à regulação na pós-modernidade, e o Direito não pode afastar-se desse objetivo.

REFERÊNCIAS

ABAR – ASSOCIAÇÃO BRASILEIRA DE AGÊNCIAS DE REGULAÇÃO. Disponível em: <www.abar.org.br>. Acesso em: 10 ago. 2017.

ABRUCIO, Fernando Luiz. O impacto do modelo gerencial na Administração Pública - um breve estudo sobre a experiência internacional recente. *Cadernos ENAP*, Brasília-DF, n. 10, p. 7-24, 1997.

AITH Fernando; DALLARI, Sueli Gandolfi. *Regulação de medicamentos no mundo globalizado*. São Paulo: CEPEDISA, 2014.

ALMEIDA, João Marques de. A paz de Westfália, a história do sistema de Estados modernos e a teoria das relações internacionais. *Política Internacional*, v. 2, n. 18, Lisboa: Instituto de Estudos Políticos, p. 45, 1998.

AMERICAN HEALTH LAWYERS ASSOCIATION. Disponível em: <www.healthlawyers.org>. Acesso em: 17 out. 2017.

ANCEL, Marc. *Utilidade e métodos do direito comparado*: elementos de introdução geral ao estudo comparado dos direitos. (Tradução Sérgio José Porto). Porto Alegre: Fabris, 1980.

ANDERSON, Francis Rory Peregrine. *As origens da pós-modernidade*. (Tradução Marcus Antunes Penchel). Rio de Janeiro: Jorge Zahar Editor, 1999.

ARAGÃO, Alexandre Santos. O conceito jurídico de regulação da economia. *Revista de Direito Administrativo & Constitucional*, ano 2, n. 6, Curitiba: Juruá, 2001.

ARAGÃO, Alexandre Santos. As agências reguladoras independentes e a separação de poderes: uma contribuição da teoria dos ordenamentos setoriais. *Revista Diálogo Jurídico*, Salvador: Direito Público, n. 13, p. 2-53, abr./maio. 2002.

ARAGÃO, Alexandre Santos de. *Agências reguladoras e a evolução do Direito Administrativo Econômico*. Rio de Janeiro: Editora Forense, 2002.

ARAGÃO, Alexandre Santos de. *Agências reguladoras e a evolução do Direito Administrativo Econômico*. 2. ed. Rio de Janeiro: Editora Forense, 2004.

ARAGÃO, Alexandre Santos. O poder normativo das Agências Reguladoras Independentes e o Estado Democrático de Direito. *Revista de Informação Legislativa*, ano 37, n. 148, out./dez. 2000.

ARAGÃO, Alexandre Santos. *Direito dos Serviços Públicos*. 3. ed. Rio de Janeiro: Forense, 2013.

ARAÚJO, Edmir Netto de. A aparente autonomia das agências reguladoras. In: MORAES, Alexandre de et al. (Coord.). *Agências Reguladoras*. São Paulo: Atlas, 2002.

ARAÚJO, Marcos. *Agências reguladoras*. Disponível em: <http://www.egov.ufsc.br/portal/sites/default/files/anexos/16030-16031-1-PB.pdf>. Acesso em: 17 out. 2017.

ARRUDA JR, Edmundo Lima de; RAMOS, Alexandre (Orgs.). Os caminhos da globalização: alienação e emancipação. In: *Globalização, neoliberalismo e o mundo do trabalho*. Curitiba: Edibej, 1998.

ASENSI, Felipe; PINHEIRO, Roseni (Org.). *Direito e saúde*: enfoques interdisciplinares. (Coordenação ASENSI, Felipe Dutra; MUTIZ, Paula Lúcia Arévalo; PINHEIRO, Roseni). Curitiba: Juruá, 2013.

AYRES, Ian; BRAITHWAITE, John. *Responsive regulation*: transcending the deregulation debate. New York Oxford University Press, 1992.

BAGNOLI, Vicente. *Direito econômico*. 3. ed. São Paulo: Editora Atlas, 2008.

BALDWIN, Robert; CAVE, Martin; LODGE, Martin. *Understanding regulation*: theory, strategy, and practice. 2. ed. Oxford: Oxford University, 2012.

BARBOSA, Jeferson Ferreira. Licença compulsória de medicamentos: o direito de patente e o Direito Social fundamental à Saúde. *Revista da ABPI*, Rio de Janeiro, n. 106, mai./jun. 2010.

BARBOSA GOMES, Joaquim B. Agências reguladoras: a "metamorfose" do Estado e da democracia (Uma reflexão de Direito Constitucional Comparado). In: BINENBOJM, Gustavo (Coord.). *Agências reguladoras e Democracia*. Rio de Janeiro: Renovar, 2005.

BARROSO, Luís Roberto. Agências reguladoras. Constituição, transformação do Estado e legitimidade democrática. *Revista da Procuradoria Geral do Estado do Rio de Janeiro*, 56, p. 286-288, jul./set. 2002.

BARROSO, Luís Roberto. Apontamentos sobre as agências reguladoras. In: MORAES, Alexandre de *et al*. (Coord.). *Agências Reguladoras*. São Paulo: Atlas, 2002.

BARROSO, Luís Roberto. A americanização do Direito Constitucional e seus paradoxos: teoria e jurisprudência constitucional no mundo contemporâneo. In: *Revista Interesse Público*, ano 12, n. 59, Belo Horizonte: Editora Fórum, p. 13-55, jan./fev. 2010.

BARROSO, Luís Roberto. Constituição, ordem econômica e Agências Reguladoras. In: *Revista Eletrônica de Direito Administrativo Econômico*, Salvador, IBDP, n. 1, p. 1-2, fev./mar. 2005.

BASTOS, Celso Ribeiro. *Curso de Teoria do Estado e Ciência Política*. São Paulo: Saraiva, 1986.

BENETTI, Daniela Vanila Nakalski. Proteção às patentes de medicamentos e comércio internacional. In: BARRAL, Welber; PIMENTEL, Luiz Otávio. *Propriedade intelectual e desenvolvimento*. Florianópolis: Fundação Boiteux, 2007.

BEZERRA, Matheus Ferreira. *Patente de medicamentos*: quebra de patente como instrumento de realização de direitos. Curitiba: Editora Juruá, 2010.

BINENBOJM, Gustavo. *A nova Jurisdição Constitucional Brasileira*: legitimidade democrática e instrumentos de realização. 2. ed. Rio de Janeiro: Renovar, 2004.

BINENBOJM, Gustavo. Agências reguladoras independentes e democracia no Brasil. *Revista de Direito Administrativo*, Rio de Janeiro, p. 153-158, abr./jun., 2005.

BINENBOJM, Gustavo. *Uma teoria do Direito Administrativo*: direitos fundamentais, democracia e constitucionalização. 3. ed. Rio de Janeiro: Renovar, 2014.

BINENBOJM, Gustavo. Agências reguladoras, legalidade e Direitos Fundamentais. Limites aos poderes normativos e sancionatório da ANVISA na Regulação de produtos fumígenos. *Revista de Direito Público da Economia*, n. 10, jan./mar. 2005. Belo Horizonte: Editora Fórum, 2005.

BIONDI, Aloysio. *O Brasil privatizado — Um balanço do desmonte do Estado*. São Paulo: Editora Fundação Perseu Abramo, 1999.

BIONDI, Aloysio. *O Brasil privatizado II*: o assalto das privatizações continua. São Paulo: Editora Fundação Perseu Abramo, 2003.

BLACK, Julia. *Talking about Regulation, in public law*. London: Sweet & Maxwell, 1998.

BLANKSTEIN, Sarah. *Pharmacogenomics*: history, barriers, and regulatory solutions. 69 Food & Drug L.J. 273, 2014.

BÓ, Ernesto Dal. Regulatory capture: a review. *Oxford Review of Economic Policy*, v. 22, n. 2, 2006. Disponível em: <http://faculty.haas.berkeley.edu/dalbo/regulatory_capture_published.pdf>. Acesso em: 17 out. 2017.

BOBBIO, Norberto. *A Era dos Direitos*. (Trad. Carlos Nelson Coutinho). Nova ed. Rio de Janeiro: Elsevier, 2004.

BOBBIO, Norberto. *O conceito de sociedade Civil*. (Trad. Carlos Nelson Coutinho). Rio de Janeiro: Edições Grall, 1982.

BOURDIEU, Pierre. *Contrafogos*: táticas para enfrentar a invasão neoliberal. (Trad. Lucy Magalhães). Rio de Janeiro: Jorge Zahar Editor, 1998.

BONAVIDES, Paulo. *Teoria Constitucional da Democracia Participativa*: por um Direito Constitucional de luta e resistência; Por uma nova hermenêutica; Por uma repolitização da legitimidade. São Paulo: Malheiros Editores, 2001.

BÖRZEL, Tanja A.; RISSE,Thomas. *Governance without a state*: can it work? Regulation & Governance (2010) 4, 113–134.

BOSANQUET, Nick. A aplicação da tributação indireta a produtos farmacêuticos que requerem prescrição: uma perspectiva internacional. In: PERILLO, Eduardo; AMORIM Maria Cristina Sanches; BRITTO Antônio. *Tributos e medicamentos*. São Paulo: Editora Cultura Acadêmica, 2012.

BRAITHWAITE, John. *Neoliberalism or regulatory capitalism*. Regulatory Institutions Network, Research School of Social Sciences, Australian National University, 2005.

BRASIL. CONSTITUIÇÃO FEDERAL, 1988.

BRASIL, Decreto nº 83.740, de 18 de julho de 1979. *Institui o programa nacional de desburocratização e dá outras providências*. Publicado no Diário Oficial da União de 18 de julho de 1979. Disponível em: <www.planalto.gov.br>. Acesso em: 14 set. 2017.

BRASIL. Agência Brasileira de Desenvolvimento Industrial - ABADI. *Política industrial, tecnológica e de comércio exterior – PITCE*. Disponível em: <http://www.abdi.com.br/paginas/politica_industrial.aspx>. Acesso em: 12 out. 2017.

BRASIL. Agência Nacional de Vigilância Sanitária - ANVISA. *Boletim Informativo nº 50, dezembro de 2004*. Disponível em: <http://www.anvisa.gov.br/divulga/public/boletim/50_04.pdf>. Acesso em: 17 out. 2017.

BRASIL. Agência Nacional de Vigilância Sanitária - ANVISA. *Genéricos*. Disponível em: <http://www.anvisa.gov.br>. Acesso em: 17 out. 2017.

BRASIL. Agência Nacional de Vigilância Sanitária - ANVISA. *Resumo dos tributos incidentes sobre o setor farmacêutico.* Disponível em: <http//: portal.anvisa.gov.br>. Acesso em: 17 out. 2017.

BRASIL. Conselho Federal de Farmácia - CFF. *Relação nacional de medicamentos essenciais e formulário terapêutico nacional 2010 - RENAME.* Disponível em: <www.cff.gov.br>. Acesso em: 17 out. 2017.

BRASIL. Ministério da Ciência e Tecnologia. *Propriedade intelectual.* Disponível em:<http://www..museu-goeldi.br/institucional/i_prop_proprintel.htm>. Acesso em: 17 out. 2017.

BRASIL. Ministério das Relações Exteriores. *Patentes e saúde* pública – decisão sobre o parágrafo 6 da *declaração de Doha.* Disponível em: <http//:wwwitamaraty.gov.br/sala-de-imprensa/notas/patentes-e-saude-publica-decisao-sobre-o-paragrafo-6-declaracao-de-doha>. Acesso em: 17 out. 2017.

BRASIL. Ministério da Saúde. *O papel do SUS na redução das desigualdades e do gasto privado em saúde.* Disponível em: <http//:www.pesquisasaude.gov.br>. Acesso em: 17 out. 2017.

BRASIL. *Política industrial, tecnológica e de comércio exterior do Governo Federal (PITCE).* Disponível em: <http//:www.desenvolvimento.gov.br/sistemas_web/renai/arq1272980896>. Acesso em: 17 out. 2017.

BRASIL. Lei nº 8.031, de 12 de abril de 1990. *Cria o programa nacional de desestatização, e dá outras providências.* Publicado no Diário Oficial da União de 13 de abril de 1990 e retificada em 18 de abril de 1999. Disponível em: <www.planalto.gov.br>. Acesso em: 17 out. 2017.

BRASIL. Lei nº 9.427, de 26 de dezembro de 1996. *Institui a Agência Nacional de Energia Elétrica - ANEEL, disciplina o regime das concessões de serviços públicos de energia elétrica e dá outras providências.* Publicado no Diário Oficial da União de 27 de dezembro de 1996 e republicada em 28 de setembro de 1998. Disponível em: <www.planalto.gov.br>. Acesso em: 17 out. 2017.

BRASIL. Lei nº 9.472, de 16 de julho de 1997. *Cria a Agência Nacional de Telecomunicações – ANATEL.*

BRASIL. Lei nº 9.491, de 09 de setembro de 1997. *Altera procedimentos relativos ao Programa Nacional de Desestatização, revoga a Lei nº 8.031, de 12 de abril de 1990 e dá outras providências.* Publicado no Diário Oficial da União de 10 de setembro de 1997. Disponível em: <www.planalto.gov.br>. Acesso em: 17 out. 2017.

BRASIL. Lei nº 9.472, de 16 de julho de 1997. *Dispõe sobre a organização dos serviços de telecomunicações, a criação e funcionamento de um órgão regulador e outros aspectos institucionais, nos termos da Emenda Constitucional nº 8, de 1995.* Publicado no Diário Oficial da União de 17 de julho de 1997. Disponível em: <www.planalto.gov.br>. Acesso em: 17 out. 2017.

BRASIL. Lei nº 9.478, de 06 de agosto de 1997. *Dispõe sobre a política energética nacional, as atividades relativas ao monopólio do petróleo, institui o Conselho Nacional de Política Energética e a Agência Nacional do Petróleo e dá outras providências.* Publicado no Diário Oficial da União de 7 de agosto de 1997. Disponível em: <www.planalto.gov.br>. Acesso em: 17 out. 2017.

BRASIL. Lei nº 9.782, de 26 de janeiro 1999. *Define o Sistema Nacional de Vigilância Sanitária, cria a Agência Nacional de Vigilância Sanitária, e dá outras providências.* Publicado no Diário Oficial da União de 27 de janeiro de 1999. Disponível em: <www.planalto.gov.br>. Acesso em: 17 out. 2017.

BRASIL. Lei nº 9.961, de 28 de janeiro 2000. *Cria a Agência Nacional de Saúde Suplementar – ANS e dá outras providências*. Publicado no Diário Oficial da União de 29 de janeiro de 2000. Disponível em: <www.planalto.gov.br>. Acesso em: 17 out. 2017.

BRASIL. Agência Nacional de Vigilância Sanitária - ANVISA. *Câmara de Regulação do Mercado de Medicamentos. Resolução CMED nº 4, de 29 de julho de 2003. Dispõe sobre a forma de definição do preço fabricante e do preço máximo ao consumidor dos medicamentos e dá outras providências*. Disponível em: <www.portal.anvisa.gov.br>. Acesso em: 17 out. 2017.

BRASIL. Agência Nacional de Vigilância Sanitária – ANVISA. *Câmara de Regulação do Mercado de Medicamentos. Resolução CMED nº 1 de 28 de fevereiro de 2011 e Resolução nº 4 de 09 de março de 2011*. Disponível em: <www.portal.anvisa.gov.br>. Acesso em: 17 out. 2017.

BRASIL. Lei nº 9.984, de 17.07.2000. *Cria a Agência Nacional de Águas, entidade federal de implementação da Política Nacional de Recursos Hídricos e de coordenação do Sistema Nacional de Gerenciamento de Recursos Hídricos*.

BRASIL. Lei nº 10.233, de 05.06.2001. *Cria a Agência Nacional de Transportes Terrestres — ANTT*.

BRASIL. Lei nº 10.233, de 05.06.2001. *Cria a Agência Nacional de Transportes Aquaviários*.

BRASIL. Medida Provisória nº 2.228/01, de 06.09.2001. *Cria a Agência Nacional de Cinema – ANCINE*.

BRASIL. Lei nº 11.182, de 27.09.2005. *Cria a Agência Nacional de Aviação Civil — ANAC*.

BRASIL. Medida Provisória nº 791, de 25.07.2017. *Cria a Agência Nacional de Mineração*.

BRASIL. Lei nº 13.575, de 26.12.2017. *Cria a Agência Nacional de Mineração (ANM); extingue o Departamento Nacional de Produção Mineral (DNPM); altera as Leis nºs 11.046, de 27 de dezembro de 2004, e 10.826, de 22 de dezembro de 2003; e revoga a Lei nº 8.876, de 2 de maio de 1994, e dispositivos do Decreto-Lei nº 227, de 28 de fevereiro de 1967 (Código de Mineração)*.

BRESSER PEREIRA, Luiz Carlos. A reforma do Estado dos anos 90: lógica e mecanismos de controle. *Revista de Cultura e Política 1998*, São Paulo: Ed. Lua Nova, n. 45, p. 12, 1998.

BREWER, G. J. Drug development for orphan diseases in the context of personalized medicine. *Translational Research*, Michigan, v. 154, p. 314-322, 2009.

BREYER, S. G. *Regulation and its reform*. Cambridge, MA: Havard University Press, 1982.

BREYER, Stephen G. et al. *Administrative law and regulatory policy*: problems, text, and cases. Nova York: Aspen, 2006.

BROWN, Erin C. Fuse. *Developing a Durable Right to Health Care*. 14 Minn. J. L. Sci. & Tech. 439, 2013.

BURNHAM, William. *Introduction to the Law and Legal System of the United States*. Fifth Edition: St. Paul, 2011.

BURNHAM, William. *Introduction to the law and legal system of the United States*. 5th. Edition. West Group, 2006.

CAETANO, Mônica Fontes; LIMA, Denise M. M. *Propriedade intelectual e a anuência prévia da ANVISA*. 1. ed. Porto Alegre: Artmed, 2013.

CALIXTO, Jair; ZARDO, Humberto. Desenvolvimento de produtos. In: VIEIRA, Fernanda Pires; REDIGUIERI, Camila Fracalossi; REDIGUIERI, Carolina Fracalossi (Orgs). A regulação de medicamentos no Brasil. *ArtMed*, 08/2013, p. 174. VitalBook file.

CANN, Steve J. *Administrative Law*. 2th edition. London: Sage Publications, 1998.

CANOTILHO, José Joaquim Gomes. *Direito Constitucional e Teoria da Constituição*. 2. ed. Livraria Almedina, Coimbra, 1998.

CANOTILHO, José Joaquim Gomes. *Estado Social, em sobre o capitalismo Português*. Textos Vértice. Coimbra: Atlântida Editora, 1971.

CANOTILHO, Joaquim José Gomes. O Estado adjetivado e a Teoria da Constituição. In: *Revista Interesse Público*, Belo Horizonte, Editora Fórum, ano 5, n. 17, jan./fev. 2003.

CANOTILHO, Joaquim José Gomes. O princípio democrático sobre a pressão dos novos esquemas regulatórios. In: *Revista de Direito Público e Regulação*, Coimbra: Centro de Estudos de Direito e Regulação da Faculdade de Direito da Universidade de Coimbra, p. 101-106, mai. 2009.

CARDOSO, Fernando Henrique. *O modelo político brasileiro e outros ensaios*. 5. ed. Rio de Janeiro: Bertrand Brasil, 1993.

CARDOSO, Henrique Ribeiro. *Controle da legitimidade da atividade normativa das Agências Reguladoras*. Rio de Janeiro: Lumen Juris, 2010.

CARPENTER, Daniel. *Reputation and power*: organizational image and pharmaceutical regulation at the FDA - Princeton Studies in American Politics: historical, international, and comparative perspectives. Princeton University Press: Edição do Kindle, 2010.

CARVALHO, Ana Cecília Bezerra *et al*. Registro de medicamentos fitoterápicos. In: VIEIRA, Fernanda Pires; REDIGUIERI, Camila Fracalossi; REDIGUIERI, Carolina Fracalossi (Orgs). A regulação de medicamentos no Brasil. *ArtMed*, 08/2013. VitalBook file.

CARVALHO FILHO, José dos Santos. *Manual de Direito Administrativo*. São Paulo: Atlas, 2012.

CARVALHO, Patrícia Luciane de. *Patentes farmacêuticas e acesso a medicamentos*. São Paulo: Atlas, 2007.

CARVALHO, Ricardo L. M. de. As agências de regulação norte-americanas e sua transposição para os países da civil law. In: DI PIETRO, Maria Sylvia Zanella. (Coord.). *Direito regulatório*: temas polêmicos. Belo Horizonte: Fórum, 2003.

CASTELLS, Manuel. Para o Estado-Rede: globalização econômica e instituições políticas na era da informação. In: *Sociedade e Estado em transformação*. (Orgs. Luiz Carlos Bresser Pereira, Jorge Wilheim e Lourdes Sola). São Paulo: Universidade Estadual Paulista; Brasília: Escola Nacional de Administração Pública, 1999.

CENTRO DE ESTUDOS SOCIAS DA UNIVERSIDADE DE COIMBRA. *Revista Crítica de Ciências Sociais*. Junho de 1997, n. 48.

CEPEDISA, Centro de Estudos e Pesquisas de Direito Sanitário. In: AITH, Fernando; DALLARI, Sueli Gandolfi. (Org.). *Regulação de medicamentos no mundo globalizado*. São Paulo: CEPEDISA, 2014.

CHAVES, Gabriela Costa et al. *A evolução do sistema internacional de propriedade intelectual*: proteção patentária para o setor farmacêutico e acesso a medicamentos. Rio de Janeiro: Caderno de Saúde Pública, 2007.

CHEVALLIER, Jacques. *O Estado pós-moderno*. (Trad. Marçal Justen Filho). Belo Horizonte: Fórum, 2009.

CHEVALLIER, Jacques. *O Estado de Direito*. (Trad. Antonio Araldo Ferraz Dal Pozzo, Augusto Neves Dal Pozzo). Belo Horizonte: Fórum, 2013.

CHEVALLIER, Jacques. La crise da la démocratie: mythe ou réalité? En: *Les mutations contemporaines du droit public – Mélanges en l'honneur de Benoit Jeanneau*. Paris: Dalloz, 2002.

CHIEPPA, Roberto Chieppa. *Potere economico e autorità indipendenti*: funzioni neutrali e sindacato del giudice amministrativo. Disponível em: <http://www.rivista.ssef.it/www.rivista.ssef.it>. Acesso em: 15 mai. 2017.

COCHRAN, Augustus Bonner. The election of 2016 in the United States: Donald Trump and the decadence of American Democracy. *Revista Jurídica*, v. 04, n. 45, p. 442-476, Curitiba, 2016.

COLLANI, Mariana Adelheit Von; TOKARSKI, Patrícia Domingues Masera. Publicidade de medicamentos. In: VIEIRA, Fernanda Pires; REDIGUIERI, Camila Fracalossi; REDIGUIERI, Carolina Fracalossi (Orgs). A regulação de medicamentos no Brasil. *ArtMed*, 08/2013, p. 586. VitalBook file.

CONITEC - Comissão Nacional de Incorporação de Tecnologias do Ministério da Saúde. Disponível em: <www.conitec.gov.br>. Acesso em: 22 jul. 2016.

CONSULTOR JURÍDICO. *Breve ranking de decisões que (mais) fragilizaram o Direito em 2016*. Disponível em: <http://www.conjur.com.br/2016-dez-29/senso-incomum-breve-ranking-decisoes-fragilizaram-direito-2016>. Acesso em: 17 out. 2017.

CORSO, Guido; CLARICH, Marcello; ZENO-ZENCOVICH, Vincenzo. *Il sistema delle Autorità indipendenti*: problemi e prospettive. Roma: Universitá Internazionale degli studi social, 7 febbraio 2006.

COSTA, Ediná Alves. Regulação e vigilância sanitária para a proteção da saúde. In: VIEIRA, Fernanda Pires; REDIGUIERI, Camila Fracalossi; REDIGUIERI, Carolina Fracalossi. A regulação de medicamentos no Brasil. *ArtMed*, 08/2013, p. 21-37. VitalBook file.

COUTINHO, Diogo R.; MIZIARA, Nathália. Participação social, transparência e accountability na regulação sanitária da ANVISA. In: AITH Fernando; DALLARI, Sueli Gandolfi. *Regulação de medicamentos no mundo globalizado*. São Paulo: CEPEDISA, 2014.

CRUZ, Flavia Moreira; CALDEIRA, Telma Rodrigues; REDIGUIERI, Carolina Fracalossi. Bulas e rótulos. In: VIEIRA, Fernanda Pires; REDIGUIERI, Camila Fracalossi; REDIGUIERI, Carolina Fracalossi (Orgs). A regulação de medicamentos no Brasil. *ArtMed*, 08/2013. VitalBook file.

CRUZ, Verônica. Estado e regulação: fundamentos teóricos. In: RAMALHO, Pedro Ivo Sebba. *Regulação e Agências reguladoras governança e análise de impacto regulatório*. 1. ed. Brasília: ANVISA, 2009.

CUÉLLAR, Leila. *As agências reguladoras e seu poder normativo*. São Paulo: Dialética, 2001.

DALLARI, Dalmo de Abreu. *O Futuro do Estado*. São Paulo: Editora Moderna, 1980.

DALLARI, Sueli Gandolfi. A construção do direito à saúde no Brasil. *Revista de Direito Sanitário,* São Paulo v. 9, n. 3, nov. 2008 / fev. 2009.

DALLARI. Sueli Gandolfi. *Regulação de medicamentos no mundo globalizado.* São Paulo: CEPEDISA, 2014.

DEPARTMENT OF HEALTH AND HUMAN SERVICES. *Office of inspector general.* The orphan drug act implementation and impact. San Francisco: 2001, 13.

DERANI, Cristiane. *Privatização e serviços públicos:* as ações do Estado na produção econômica. São Paulo: Max Limonad, 2002.

DIAS DA SILVA, Ricardo Augusto. *Direito fundamental à saúde:* o dilema entre o mínimo existencial e a reserva do possível. Belo Horizonte: Fórum, 2010.

DIAS DA SILVA, Ricardo Augusto. *Os desafios jurídicos do século XXI.* São Paulo: PerSe, 2014.

DI PIETRO, Maria Sylvia Zanella. *Direito Administrativo.* 15. ed. São Paulo: Atlas, 2003.

DOSTOIÉVSKI, Fiódor. *Os irmãos Karamazov.* São Paulo: Editora Martin Claret, 2013.

DREIFUSS, René Armand. *1964*: A conquista do Estado. Ação política, poder e golpe de classe. 1. ed. Petrópolis: Editora Vozes, 1981.

DRUMOND, José Augusto. *As grandes ferrovias e o capitalismo monopolista nos EUA do século XIX.* Disponível em: <http://www.scielo.br/pdf/topoi/v14n26/1518-3319>. Acesso em: 12 out. 2017.

DURAND, Christelle, A segurança sanitária num mundo global: os aspectos legais. O sistema de segurança sanitária da França. In: *Revista de Direito Sanitário,* v. II, n. 1, p. 68, mar. 2001.

EADS, Kristin; ZWAGERMAN, Jennifer. In: *Focus*: examining the new FDA Food Safety Modernization Act. 33 Hamline J. Pub. L. & Pol'y 123, 2011-2012.

ENGELS, Friedrich. *A origem da família, da propriedade privada e do Estado.* (Trad. Leandro Konder). 9. ed. Rio de Janeiro: Civilização Brasileira, 1984.

FESLER, J. W. Independent regulatory agencies. In: ARX, F. M. (Org.). *Elements of public administration.* Upper Saddle River, NJ: Prentice Hall, 1959.

FERRAJOLI, Luigi. Pasado y futuro del estado de derecho. *Revista Internacional de Filosofia Política,* n. 17, Cidade do México: Universidade Autónoma Metropolitana, 2001.

FERRAZ JÚNIOR, Tércio Sampaio. Agências reguladoras: legalidade e constitucionalidade. *Revista tributária e de finanças públicas,* ano 8, n. 35, nov./dez. 2000.

FGV CPDOC. Disponível em: <http://www.fgv.br/cpdoc/acervo>. Acesso em: 01 set. 2017.

FOUCAULT, Michel. *Microfísica do poder.* 16. ed. Rio de Janeiro: Graal, 2001.

FREITAS, Juarez. *Discricionariedade administrativa e o direito fundamental à boa administração pública.* 2. ed. São Paulo: Malheiros, 2009.

FROOMKIN, A. Michael. *The Yale Law Journal Company.* March, 1987.

FRYDMAN, Benoit. *O fim do Estado de Direito*: governar por standards e indicadores. (Trad. Mara Beatriz Krug). Porto Alegre: Livraria do Advogado Editora, 2016.

FURTADO, Celso. *Teoria e política do desenvolvimento econômico*. 10. ed. São Paulo: Paz e Terra, 2000.

GAMA, Monique Monia Pontes; ANDREOLI, Silmara Cristiane da Silveira. Registro de produtos biológicos. In: VIEIRA, Fernanda Pires; REDIGUIERI, Camila Fracalossi; REDIGUIERI, Carolina Fracalossi (Orgs). A regulação de medicamentos no Brasil. *ArtMed*, 08/2013, p. 71. VitalBook file.

GARCÍA DE ENTERRÍA, Eduardo; FERNÁNDEZ, Tomaz-Ramón. *Curso de derecho administrativo*. 7. ed. Madrid: Civitas, 1995. v. 2.

GILARDI, Fabrizio. The institutional foundations of regulatory capitalism: the diffusion of independent regulatory agencies in Western Europe. *The ANNALS of the American Academy of Political and Social Science*, 2005.

GLADE, William. A complementaridade entre a reconstrução econômica e a reconstrução do Estado na América Latina. In: PEREIRA, Luiz Carlos Bresser *et al*. (Orgs.). *Reforma do Estado e Administração Pública gerencial*. Rio de Janeiro: Editora FGV, 1998.

GLEESON, Deborah; LOPERT, Ruth. *The high price of "Free" trade*: U.S. trade agreements and access to medicines. 41 J. L. Med. & Ethics 199, 2013.

GODOY, Arnaldo Sampaio de Moraes. Agências reguladoras – Origens, fundamentos, direito comparado, poder de regulação e futuro. In: *Fórum de Contratação e Gestão Pública – FCGP*, Belo Horizonte: ano 13, n. 150, p. 16-22, jun. 2014.

GODOY, Arnaldo Sampaio de Moraes. *Direito nos Estados Unidos*. Barueri: Editora Manole, 2004.

GOMEZ, Eduardo J. *The politics of Brazil's successful response to HIV/AIDS: civic movements, infiltration, and "Strategic Internationalization"*. 17 Brown J. World Aff. 51, 2010-2011.

GOMES, Joaquim Barbosa. Agências reguladoras: a metamorfose do Estado e da Democracia - uma reflexão do direito constitucional e comparado. *Revista de Direito Constitucional e Internacional*, n. 50, ano 13, Revistas dos Tribunais, 2005.

GONÇALVES, Pedro. Direito Administrativo da Regulação. (Separata de Estudos em Homenagem ao Professor Doutor Marcello Caetano). *Boletim da Faculdade de Direito da Universidade de Lisboa*, Coimbra: Editora Coimbra, 2006.

GRAMSCI, Antônio. *Cadernos do Cárcere – introdução ao estudo da filosofia*. (Trad. Carlos Nelson Coutinho). Rio de Janeiro: Civilização Brasileira, 1999. v. III.

GRAMSCI, Antônio. *Cadernos do Cárcere – maquiavel, notas sobre o Estado e a política*. (Trad. Carlos Nelson Coutinho). Rio de Janeiro: Civilização Brasileira, 1999. v. I.

GRAU, Eros. *Direito posto e Direito pressuposto*. 4. ed. São Paulo: Malheiros Editores, 2002.

GROTTI, Dinorá Adelaide Musetti. As agências reguladoras. In: *Revista Eletrônica de Direito Administrativo Econômico*, n. 6, Salvador: Instituto de Direito Público da Bahia, p. 1-3, mai./jun./jul. 2006.

GUERRA, Sérgio. *Agências reguladoras: da organização administrativa piramidal à governança em rede*. Belo Horizonte: Editora Fórum, 2012.

GUERRA, Sérgio. Regulação estatal sob a ótica da organização administrativa brasileira. In: GUERRA, Sérgio (Org.). *Regulação no Brasil*: uma visão multidisciplinar. Rio de Janeiro: Editora FGV, 2014.

HABERMAS, Jürgen. *Direito e Democracia*: entre a facticidade e validade. Rio de Janeiro: Tempo Brasileiro, 1997. v. II.

HABERMAS, Jürgen. *A ética da discussão e a questão da verdade*. (Trad. Marcelo Brandão Cipolla). 3. ed. São Paulo: Martins Fontes, 2013.

HARRISON, Jeffrey L. *Regulation, deregulation, and happiness*. 32 Cardozo L. Rev. 2369, 2010-2011.

HARVEY, David. *Condição pós-moderna*: uma pesquisa sobre as origens da mudança cultural. (Trad. Adail Ubirajara Sobral, Maria Stela Gonçalves). São Paulo: Edições Loyola, 2000.

HAVIGHURST, Clark C.; RICHMAN, Barak D. *Distributive injustice(s) in American health care*. 68 Law & Contemp, Probs. 7, 2006.

HEGEL, Georg Wilhelm Friedrich. *Princípios da filosofia do Direito*. (Trad. Orlando Vitorino). São Paulo: Ed. Martins Fontes, 1997.

HELLER, Agnes; FÉHER, Ferenc. *A condição política pós-moderna*. (Trad. Marcos Santarrita). 2. ed. Rio de Janeiro: Civilização Brasileira, 2002.

HERDER, Matthew. *Toward a jurisprudence of drug regulation*. 42 J. L. Med. & Ethics 244, 2014.

HOBBES, Thomas de Malmesbury. *Leviatã ou matéria, forma e poder de um Estado eclesiástico e civil*. (Trad. João Paulo Monteiro e Maria Beatriz Nizza da Silva). São Paulo: Editora Abril, 1974.

JANSSEN, Wallace F. *Outline of the history of U. S. drug regulation and labeling*. 36 Food Drug Cosm. L. J. 420, 1981.

JORDANA, Jacint; LEVI-FAUR, David; FERNÁNDEZ I MARÍN, Xavier. The global diffusion of regulatory agencies: channels of transfer and stages of diffusion. *Sage Journals*, May 30, 2011.

JORDANA, Jacint; LEVI-FAUR, David; FERNÁNDEZ I MARÍN, Xavier. The diffusion of regulatory capitalism in Latin America: sectorial and national channels in the making of a new order. *Annals Of The American Academy of Political And Social Science*, 598, 102-124, 2005.

JUROW, Irving H. *A look at FDA's history and future*. 28 Food Drug Cosm. L. J. 518, 1973.

JUSTEN FILHO, Marçal. *O direito das agências reguladoras independentes*. São Paulo: Dialética, 2002.

JUSTEN FILHO, Marçal. *Curso de Direito Administrativo*. 4. ed. rev. atual. São Paulo: Saraiva, 2009.

JUSTEN FILHO, Marçal. Agências reguladoras e democracia. Existe um déficit democrático na regulação independente? In: ARAGÃO, Alexandre Santos (Org.). *O poder normativo das Agências Reguladoras*. Rio de Janeiro: Forense, 2006.

JUSTEN FILHO, Marçal. Agências reguladoras e democracia. Existe um déficit democrático na regulação independente? In: ARAGÃO, Alexandre Santos (Coord.). *O poder normativo das Agências Reguladoras*. 2. ed. rev. e amp. Rio de Janeiro: Forense, 2011.

JUSTEN FILHO, Marçal. O direito regulatório. In: GUIMARÃES, Edgar. (Org.). *Cenários de direito administrativo*: estudos em homenagem ao professor Romeu Felipe Bacellar Filho. Belo Horizonte: Fórum, 2006.

JUSTEN FILHO, Marçal. O conceito de interesse público e a personalização do Direito Administrativo. In: *Revista Trimestral de Direito Público*, n. 26, São Paulo: Malheiros, 1999.

KANT, Immanuel. *A paz perpétua – um projeto filosófico*. (Trad. Arthur Morão). Covilhã: Universidade da Beira Interior, 2008.

KEEVIL, Adrian A. C.; WICKS, Andrew C. *Medicine, business, the affordable care act and the future of health care in the U.S.* 42 J. L. Med. & Ethics 420, 2014.

KIM, Sumin. *The orphan drug act*: how the FDA unlawfully usurped market exclusivity. 11 Nw. J. Tech. & Intell. Prop. v. 2012-2013.

KINGHAM, Richard; WHEELER, Joanna. *Government regulation of pricing and reimbursement of prescription medicines*: results of a recent multi-country review. 64 Food & Drug L. J. 101, 2009.

KLEPPER, Brian. *Phd*. November 9, 2015. Disponível em: <http://www.kevinmd.com/blog/2015/11/the-fdas-epic-regulatory-failure.html>. Acesso em: 17 out. 2017.

KUMAR, Krishan. Modernidade e Pós-modernidade; a ideia do moderno. In: *Da sociedade pós-industrial à sociedade pós-moderna*. Rio de Janeiro: Zahar, 1996.

LAW, Marc. History of Food and Drug Regulation in the United States. *EH. Net Encyclopedia*, edited by Robert Whaples, october 11, 2004. p. 1. Disponível em: <http://eh.net/encyclopedia/history-of-food-and-drug-regulation-in-the-united-states/>. Acesso em: 17 out. 2017.

LAWRENCE, Georgina. Who Regulates the Regulators? *Center for the study of regulated industries – CRI*. School of Management: University of Bath, 2002.

LEME, André Alessandro. Estado e agências reguladoras: história e problematização. In: *Revista Eletrônica de Estudos Latinoamericanos*, Buenos Aires, v. 9, n. 1, jan./mar. 2011.

LEONARD, Elizabeth Weeks. *State constitutionalism and the right to health care*. 12 U. Pa. J. Const. L. 1325, 2009-2010.

LESSA, Antônio Carlos. *História das relações internacionais*. Petrópolis: Editora Vozes, 2005.

LESSA MATTOS, Paulo Todescan; COUTINHO, Diogo Rosenthal. Os desafios da Reforma Regulatória Brasileira. In: *Revista da Pós-Graduação da Faculdade de Direito da Universidade de São Paulo*, v. 1, p. 81, 1999.

LEWIS, K. M. *Informal guidance and the FDA*. 66 Food & Drug L.J. 507, 2011.

LIMA, Gustavo Augusto Freitas de. *Agências reguladoras e o poder normativo*. São Paulo: Baraúna, 2013.

LIU, Chenglin. *Leaving the FDA behind*: pharmaceutical outsourcing and drug safety. 48 Tex. Int'l L. J. 1, 2012-2013.

LOBEL, Orly. *The renew deal*: the fall of regulation and the rise of governance in contemporary legal thought. University San Diego. Social Science Research Network Electronic Paper Collection, December, 2005.

LOCKE, John. *Dois tratados sobre o governo*. (Trad. Júlio Fischer). São Paulo: Martins Fontes, 1998. t. II.

LOCKE, John. *Segundo Tradado sobre o Governo Civil*. (Trad. Magda Lopes e Marisa Lobo da Costa). Petrópolis: Editora Vozes, 1994.

LODHA, Ritu; NANDA, Nitya. *Making essential medicines affordable to the poor*. 20 Wis. Int'l L. J. 581, 2001-2002.

LOPERT, Ruth; GLEESON, Deborah. *The high price of "Free" trade*: U.S. trade agreements and access to medicines. 41 J. L. Med. & Ethics 199, 2013.

LUCAS, Eugénio Pereira. Regulação: questões conceptuais e terminológicas. In: *ANPAD*, XXXI, Rio de Janeiro, set. 2007.

LUCYK, Scott. *Patents, politics and public health*: access to essential medicines under the TRIPS agreement. 38 Ottawa L. Rev. 191, 2006-2007.

MACHADO DE ASSIS, José Maria. *Ideias de canário*. São Paulo: Editora Hedra, 2012.

MAJONE, Giandomenico. As transformações do Estado regulador. In: *Revista de Direito Administrativo*, v. 262, p. 11-43, Rio de Janeiro: Fundação Getúlio Vargas, jan./abr. 2013.

MAJONE, Giandomenico. Europe's democratic deficit: the question of standards. *Europe Law Journal*, Oxford, UK, v. 4, n. 1, p. 5-28, march 1998.

MAJONE, Giandomenico. From the positive to the regulatory state: causes and consequences of changes in the mode of governance. *Journal of Public Policy*, 17, 139-167, 1997. November 28, 2008.

MARQUES NETO, Floriano de Azevedo. A nova regulamentação dos serviços públicos. *Revista Eletrônica de Direito Administrativo Econômico*, Salvador, n. 1, p. 1-2, fev./mar./abr. 2005.

MARX, Karl. *Crítica da filosofia do direito de Hegel*. (Trad. Rubens Enderle e Leonardo de Deus). 2. ed. São Paulo: Boitempo, 2010.

MASHAW, Jerry. *Greed, chaos and governance, using public choice to improve public law*. New Haven: Yale University Press, 1997.

MATA, Ismael. *Los entes reguladores de los servicios públicos*. Buenos Aires: Ciências de la Administración, 1996.

MATTOS, Paulo. (Coord.). *Regulação econômica e democracia*: o debate norte americano. São Paulo: Editora 34, 2004.

MATTOS, Paulo Todescan Lessa. *O novo Estado regulador no Brasil*: eficiência e legitimidade. São Paulo: Editora Singular, 2006.

MATTOS, Paulo Todescan Lessa. A formação do estado regulador. Novos estudos. *Centro Brasileiro de Análise e Planejamento – CEBRAP*, n. 76, São Paulo, p. 151, nov. 2006.

McCLELLAN, Melissa. *Tools for success*: the trips agreement and the human right to essential medicines. 12 Wash. & Lee J. Civil Rts. & Soc. Just. 153, 2015.

McCRUDDEN, Christopher. *Social policy and economic regulators, regulation and deregulation*. Oxford: Oxford University Press, 1999.

MEDAUAR, Odete. Regulação e auto-regulação. *Revista de Direito Administrativo*, n. 228, Rio de Janeiro: Renovar, p. 2-127, abr./jun. 2002.

MEDAUAR, Odete. *O Direito Administrativo em evolução*. 2. ed. São Paulo: Editora Revista dos Tribunais, 2003.

MEDAUAR, Odete. Regulação e auto-regulação. In: *Revista Interesse Público*, ano 4, n. 14, Belo Horizonte: Editora Fórum, 2002.

MELO, Marcos André. As agências reguladoras: gênes, desenho institucional e governança. In: ABRUCIO, F. L.; LOUREIRO, M. R. (Org.). *O Estado numa era de reformas*: os anos FHC. Brasília, 2002.

MELO, Marcos André. A política da ação regulatória: responsabilização, credibilidade e delegação. *Revista Brasileira de Ciências Sociais*, v. 16, n. 46, São Paulo, p. 55, jun. 2001.

MELLO, Thiago. *Poema sonho domado*. Disponível em: <http://www.avozdapoesia.com.br/obras>. Acesso em: 22 out. 2017.

MENEZELLO, Maria D'Assunção Costa. *Agências reguladoras e o direito brasileiro*. São Paulo: Atlas, 2002.

MERCURIO, Bryan. *Resolving the public health crisis in the developing world: problems and barriers of access to essential medicines*. 5 Nw. Univ. J. Int'l Hum. Rts. 1, 2006-2007.

MODESTO, Paulo. Agências executivas: a organização administrativa entre o casuísmo e a padronização. In: *Revista Interesse Público*, ano 4, n. 13, jan./mar. Belo Horizonte: Editora Fórum, p. 2, 2002.

MORAES, Alexandre de. Agências reguladoras. *Revista dos Tribunais*, São Paulo, ano 90, v. 791, p. 739-756, set. 2001.

MORAIS, José Luis Bolzan de. *Do Direito Social aos Interesses Transindividuais*. Porto Alegre. Livraria do Advogado, 1996.

MORAIS, José Luis Bolzan de; STRECK, Lenio Luiz. *Ciência Política e Teoria do Estado*. 8. ed. rev. e atual. Porto Alegre: Livraria do Advogado Editora, 2014.

MOREIRA, Egon Bockmann. Agências administrativas, poder regulamentar e o sistema financeiro nacional. *Revista de Direito Administrativo*, n. 218, 1999.

MORERA, Marcelo Camilo; MARQUES, Robelma France de Oliveira; ARAUJO, Ana Carolina Moreira Marino. Registro de medicamentos dinamizados. In: VIEIRA, Fernanda Pires; REDIGUIERI, Camila Fracalossi; REDIGUIERI, Carolina Fracalossi (Orgs). *A regulação de medicamentos no Brasil*. ArtMed, 08/2013. VitalBook file.

MOREIRA NETO, Diogo de Figueiredo. *Direito regulatório*: a alternativa participativa e flexível para a administração pública de relações setoriais complexas no Estado democrático. Rio de Janeiro: Renovar, 2003.

MOREIRA NETO, Diogo de Figueiredo. *Curso de Direito Administrativo*. 16. ed. Rio de Janeiro: Forense, 2014.

MOREIRA NETO, Diogo de Figueiredo. A regulação sob a perspectiva da nova hermenêutica. In: *Revista Eletrônica de Direito Administrativo Econômico*, Salvador, n. 12, p. 6-11, nov./dez./jan. 2008.

MOREIRA, Vital. *Auto-regulamentação profissional e Administração Pública*. Coimbra: Almedina, 1997.

MOREIRA, Vital. *Administração autónoma e associações públicas*. Coimbra: Coimbra Editora, 2003.

MOREIRA, Vital. Os serviços públicos tradicionais sob o impacto da União Europeia. *Revista de Direito Público da Economia – RDPE*, Belo Horizonte: Editora Fórum, ano 1, n. 1, p. 14, jan./mar. 2003.

MOREIRA, Vital; MAÇÃS, Fernanda. *Autoridades reguladoras independentes – estudo e projecto de lei-quadro*. Coimbra: Coimbra Editora, 2003.

MOREIRA, Vital. O estado capitalista e as suas formas. *Textos Vértice, Atlântida Editora*, Coimbra: v. XXXIII, n. 348, p. 2-10, jan. 1973.

MOTTA, Paulo Roberto Ferreira. *Agências reguladoras*. São Paulo: Manole, 2003.

MOTTA, Paulo Roberto Ferreira. A regulação como instituto jurídico. *Revista de Direito Público da Economia – RDPE*, ano 1, n. 4, Belo Horizonte: Fórum, 2003.

MÜLLER, Friedrich. *Quem é o povo*: a questão fundamental da democracia. (Trad. Peter Naumann). 7. ed. rev. e atual. São Paulo: Editora Revista dos Tribunais, 2013.

MÜLLER, Friedrich. *Quem é o Povo?* (Trad. Peter Naumann). São Paulo: Editora Max Limonad, 2013.

NANDA, Nitya; LODHA, Ritu. *Making essential medicines affordable to the poor*. 20 Wis. Int'l L. J. 581, 2001-2002.

NASSER, Reginaldo; BUNDINI, Terra. As corporações transnacionais, os arranjos de governança global e os direitos humanos. In: *Direitos Humanos no Brasil 2016 – relatório da Rede Social de Justiça e Direitos Humanos*. 1. ed. São Paulo: Outras Expressões, 2017.

NEVES, Marcelo. *Entre Têmis e Leviatã*: uma relação difícil. O Estado Democrático de Direito a partir e além de Luhmann e Habermas. 1. ed. São Paulo: Martins Fontes, 2006.

NEVES, Marcelo. *A constitucionalização simbólica*. São Paulo: Editora Acadêmica, 1994.

NOAH, Lars. *Governance by the backdoor*: administrative law (lessness?) at the FDA. 93 Neb. L. Rev. 89, 2014-2015.

NUNES, António José Avelãs; SCAFF, Fernando Facury. *Os tribunais e o direito à saúde*. Porto Alegre: Livraria do Advogado, 2011.

NUNES, António José Avelãs. O neoliberalismo, o ataque ao Estado social, os perigos do fascismo de mercado, I e II. *Revista Jurídica do Centro Universitário de Curitiba*, Curitiba, v. 2, n. 31, p. 6-29, 2013.

NUNES, António José Avelãs. *O neoliberalismo não é compatível com a democracia*. 1. ed. Rio de Janeiro: Lumen Juris, 2016.

NUNES, António José Avelãs. Do Estado Regulador ao Estado Garantidor. *Revista de Direito Público da Economia*, Belo Horizonte, Editora Fórum, ano 9, n. 34, p. 45-85, abr./jun. 2011.

NUNES, António José Avelãs. Breve reflexão sobre o chamado Estado Regulador. *Revista Sequência*, Curso de Pós-graduação em Direito da UFSC, ano XXVII, n. 54, p. 9-18, jul. 2007.

OCDE. *Relatório sobre a reforma regulatória*: BRASIL, fortalecendo a governança para o crescimento. 2007.

OECD. *Glossary off industrial organisation economics and competition law*. 1993. Disponível em: <http://www.oecd.org/regreform/sector>. Acesso em: 12 abr. 2017.

OLIVEIRA, Fábio Corrêa Souza de. *Morte e vida da constituição dirigente*. Rio de Janeiro: Lumen Juris, 2010.

OLIVEIRA, Fábio Corrêa Souza de. Notas sobre uma teoria da constituição dirigente constitucionalmente adequada ao Brasil. In: STRECK, Lenio Luiz; BARRETO, Vicente de Paulo; CULLETON, Alfredo Santiago. (Orgs.). *20 anos de Constituição*: os direitos humanos entre a norma e a política. São Leopoldo: UERJ, UNISINOS: Oikos, 2009.

OLIVEIRA, Paulo Augusto de. O Estado regulador e garantidor em tempos de crise e o direito administrativo da regulação. *Revista Digital de Direito Administrativo*, v. 1, n. 1, Universidade de São Paulo, p. 163-183, 2016.

OLIVEIRA, Rafael Carvalho Rezende. O modelo norte-Americano de agências reguladoras e sua recepção pelo direito Brasileiro. In: *Revista da EMERJ*, v. 12, n. 47, 2009.

OCDE - Organisation for Economic Cooperation and Development. *Brasil*: fortalecendo a governança regulatória. Relatório sobre a reforma regulatória. Brasília: OCED, 2008.

OPAS - Organização Pan-Americana da Saúde/Organização Mundial da Saúde. *Avaliação da assistência farmacêutica no Brasil*: estrutura, processo e resultados – Série medicamentos e outros insumos essenciais para a saúde. OPAS/OMS - Ministério da Saúde – 2005.

OPAS - Organização Pan-Americana da Saúde/Organização Mundial da Saúde. *Avaliação da assistência farmacêutica no Brasil*: estrutura, processo e resultados – Série medicamentos e outros insumos essenciais para a saúde. OPAS/OMS - Ministério da Saúde.

OPAS - Organização Pan-Americana da Saúde/Organização Mundial da Saúde. *O acesso aos medicamentos de alto custo nas Américas*: contexto, desafios e perspectivas. Área de tecnologia, atenção a saúde e investigação projeto de medicamentos essenciais e produtos biológicos (THR/EM). Washington, DC, 20037 Outubro, 2009.

PAUL-EMILE, Kimani. *Making sense of drug regulation*: a theory off law for drug control policy. 19 Cornell J. L. & Pub. Pol'y 691, 2009-2010.

PECI, Alketa. Regulação e administração pública. In: GUERRA, Sérgio (Org.). *Regulação no Brasil*: uma visão multidisciplinar. Rio de Janeiro: Editora FGV, 2014.

PELTZMAN, Sam. A teoria econômica da regulação depois de uma década de desregulação. In: MATTOS, Paulo (Coord.). *Regulação econômica e democracia*: o debate norte-americano. São Paulo: Editora 34, 2004.

PENDERGAST, William R. *FDA procedures*. 5 Food Drug Cosm. L. J. 191, 1970.

PERES, Angelo. Pós-modernidade e mercado de trabalho. In: *Revista da Escola Superior Candido Mendes*, Rio de Janeiro, Set./2006. Disponível em: <www.internativa.com.br>. Acesso em: 24 set. 2016.

PIETRO, Maria Sylvia Zanella di. Limites da função regulatória das agências diante do princípio da legalidade. In: *Direito regulatório*: temas polêmicos. Belo Horizonte: Fórum, 2003.

PINCELI, Carlos Ricardo. *Lavoisier, Antoine Laurent (1743-1794)*. Disponível em: <http://www.fem.unicamp.br/>. Acesso em: 14 ago. 2017.

POLICY OPTIONS. *For assuring affordable access to essential medicines, bellagio series on development and intellectual property policy, at the rockefeller foundation's bellagio study and conference center on lake como in northern Italy,* 12-16, October 2004.

PLANO DIRETOR DA REFORMA DO APARELHO DO ESTADO – Brasília: Presidência da República, Câmara da Reforma do Estado, Ministério da Administração Federal e Reforma do Estado, 1995.

POSNER, Richard A. Theories of Economic Regulation. *The Bell Journal of Economics and Management Science*, v. 5, n. 2, p. 335-358, (Autumn, 1974).

PRADO, Mariana Mota. Accountability mismatch: as agências reguladoras independentes e o Governo Lula. In: BINENBOJM, Gustavo (Coord.). *Agências reguladoras e democracia*. Rio de Janeiro: Lumen Juris, 2006.

PRATT, David. *Health care reform*: will it succeed? 21 Alb. L. J. Sci. & Tech. 493, 2011.

RAMALHO, Pedro Ivo Sebba. Insulamento burocrático, accountability e transparência: dez anos de regulação da Agência Nacional de Vigilância Sanitária. *Revista do Serviço Público*, Brasília, v. 60, n. 4, p. 345-349, 2009.

RASMUSEN, Eric. *Economic regulation and social regulation*. Disponível em: <http://www.rasmusen.org/ssocial/01social-intro>. Acesso em: 13 out. 2017.

RATANAWIJITRASIN, Sauwakon; WONDEMAGEGNEHU, Eshetu. *Effective drug regulation*: a multicountry study. World Health Organization, 2002.

REDIGUIERI, Carolina Fracalossi; DIAS, Alessandra Paixão; GRADIM, Mariana Marins. Registro de medicamentos novos. In: VIEIRA, Fernanda Pires; REDIGUIERI, Camila Fracalossi; REDIGUIERI, Carolina Fracalossi (Orgs). A regulação de medicamentos no Brasil. *ArtMed*, 08/2013, p. 41-42. VitalBook file.

RÊGO, Elba Cristina Lima. Políticas de regulação do mercado de medicamentos: a experiência internacional. In: *Revista do BNDES*, Rio de Janeiro, v. 7, n. 14, p. 367-400, dez. 2000.

RIBEIRO JUNIOR, Amaury. *A privataria tucana*. São Paulo: Geração Editorial, 2011.

RICHMAN, Barak D.; HAVIGHURST, Clark C. *Distributive injustice(s) in American health care*. 68 Law & Contemp. Probs. 7, 2006.

ROCHA, Daniela Barros; MELO, Sâmia Rocha de Oliveira; CASTELO BRANCO, Tereza Amanda Correia Lima. Registro de medicamentos genérico e similares. In: VIEIRA, Fernanda Pires; REDIGUIERI, Camila Fracalossi; REDIGUIERI, Carolina Fracalossi (Orgs). A regulação de medicamentos no Brasil. *ArtMed*, 08/2013, p. 58. VitalBook file.

ROSANVALLON, Pierre. *A crise do Estado-providência*. (Trad. Joel Pimentel de Ulhôa). Brasília: Editora da UNB, 1997.

ROSANVALLON, Pierre. *La legitimidad democrática*: imparcialidad, reflexividad, proximidad. (Trad. Heber Cardoso). 1. ed. Buenos Aires: Manantial, 2009.

ROUSSEAU, Jean Jacques. *O contrato social*. (Trad. Rolando Roque da Silva). São Paulo: Ed. Ridendo Castigat Mores, eBook, 2002.

SALTER, Marie. *Reference pricing*: an effective model for the U.S. pharmaceutical industry? 35 Nw. J. Int'lL. & Bus. 413 (2015).

SANCHES, José Luís Saldanha. A Regulação: história breve de um conceito. In: *Revista da Ordem dos Advogados*, Lisboa: Centro Livreiro da Ordem dos Advogados, ano 60, p. 5-22, 2000.

SANDEL, Michael J. *Justiça - o que é fazer a coisa certa*. (Trad. Heloísa Matias e Maria Alice Máximo). 9. ed. Rio de Janeiro: Civilização Brasileira, 2012.

SANTOS, Boaventura de Sousa. *Direitos humanos, democracia e desenvolvimento*. São Paulo: Cortez Editora, 2014.

SANTOS, Boaventura de Sousa. *Um discurso sobre as ciências*. 4. ed. São Paulo: Editora Cortez, 2006.

SANTOS, Boaventura Sousa. *Refundación del Estado en América Latina*: perspectivas desde una epstemología del Sur. Centro de Estudios Superiores Universitarios. La Paz: Plural Editores, 2010.

SANTOS, Boaventura Sousa. *Democratizar a democracia*: os caminhos da democracia participativa. Rio de Janeiro: Civilização Brasileira, 2002.

SANTOS, Boaventura de Sousa. Por uma concepção multicultural de direitos humanos. *Revista Crítica de Ciências Sociais*, n. 48, Centro de Estudos Sociais Universidade de Coimbra, p. 12-19, jun. 1997.

SANTOS, Boaventura de Sousa. O Estado, a sociedade e as Políticas Sociais. *Revista Crítica de Ciências Sociais*, n. 23, Coimbra, p. 13-31, Set. 1987.

SANTOS, Milton. *Por uma outra globalização*: do pensamento único à consciência universal. 3. ed. Rio de Janeiro: Record, 2000.

SANTOS, Milton. *Elogio da lentidão*. São Paulo: Folha de São Paulo, 2001.

SANTOS, Milton. *A natureza do espaço*: espaço e tempo: razão e emoção. 3. ed. São Paulo: Hucitec, 1999.

SCHIRATO, Vitor Rhein. A regulação dos serviços públicos como instrumento do desenvolvimento. *Revista Interesse Público*, Belo Horizonte: Editora Fórum, ano 6, n. 30, 2005.

SCHYMURA, Luiz Guilherme. Regulação e aspectos institucionais brasileiros. In: GUERRA, Sérgio. *Regulação no Brasil*: uma visão multidisciplinar. Rio de Janeiro: Editora FGV, 2014.

SCHWARTZ, Bernard. *American administrative law*: an overview. Disponível em: <www.austlii.edu.au/au/journals/AdminRw/1996/2.pdf>. Acesso em: 13 out. 2017.

SECCHI, Leonardo. Modelos organizacionais e reformas da administração pública. In: *Revista de Administração Pública*, Rio de Janeiro, n. 43, p. 353-368, mar./abr. 2009.

SHECARIA, Cibele Cristina B. M. A competência das agências reguladoras nos USA. In: DI PIETRO, Maria Sylvia Zanella. (Coord.). *Direito regulatório*: temas polêmicos. Belo Horizonte: Fórum, 2003.

SHUSTER, Kenneth. *Because of history, philosophy, the constitution, fairness & need*: why americans have a right to national health care. 10 Ind. Health L. Rev. 75 2012-2013.

SILVA, José Afonso da. *Curso de direito constitucional positivo*. 22. ed. São Paulo: Malheiros, 2003.

SKOCPOL, Theda; WILLIAMSON, Vanessa. *Obama and the transformation of U.S. public policy*: the struggle to reform health care. 42 Ariz. St. L. J. 1203, 2010-2011.

SMULLEN, A. Translating agency reform through durable rhetorical styles: comparing official agency talk across consensus and adversarial contexts. *Public Administration*, v. 88, n. 4, p. 943-959, 2010.

SOBRAL, Flávia Regina Souza; VIANA, Fanny Nascimento Moura. Requisitos regulatórios para a pesquisa clínica. In: VIEIRA, Fernanda Pires; REDIGUIERI, Camila Fracalossi; REDIGUIERI, Carolina Fracalossi (Orgs). A regulação de medicamentos no Brasil. *ArtMed*, p. 211, 08/2013. VitalBook file.

SOUSA, Claudiosvam M. A.; ROCHA, Daniela Barros; CASTILHO, Patrícia Fernandes Nantes de. In: VIEIRA, Fernanda Pires; REDIGUIERI, Camila Fracalossi; REDIGUIERI, Carolina Fracalossi (Orgs). A regulação de medicamentos no Brasil. *ArtMed*, 08/2013. VitalBook file.

SPEKTOR, Matias. *A política externa do regime militar*. Disponível em: <www.arte.folha.uol.com.br/especiais>. Acesso em: 04 set. 2017.

STEWART, Richard B. Administrative law in the twentt-first century. *New York University Law Review 78*, 2003.

STIGLER. George J. The theory of economic regulation. *The Bell Journal of Economies and Management Science*, v. 2, Issue 1, p. 3-21, (Spring, 1971).

STIGLITZ, Joseph E. *Government failure vs. market failure*: principles of regulation. Government and markets: toward a new theory of regulation. Held February 1-3, in Yulee, Florida, 2008.

STOLK P, Willemen MJ; Leufkens HG. *Rare essentials*: drugs for rare diseases as essential medicines. Bull World Health Organ. 2006; 84(9): 745-51.

STRAUSS, Peter L. Órgãos do Sistema Federal Americano – sua responsabilidade e posicionamento. In: FIGUEIREDO, Marcelo (Org.). *Direito e regulação no Brasil e nos EUA*. São Paulo: Malheiros Editores, 2004.

STRAUSS, Peter L. O acesso do público a materiais de regulamentação e seu papel no desenvolvimento desses materiais. In: FIGUEIREDO, Marcelo (Org.). *Direito e regulação no Brasil e nos EUA*. São Paulo: Malheiros Editores, 2004.

STRECK, Lenio Luiz. *Verdade e consenso*: constituição, hermenêutica e teorias discursivas. 4. ed. São Paulo: Saraiva, 2011.

STRECK, Lenio Luiz. *Hermenêutica e(m) crise*: uma exploração hermenêutica da construção do Direito. 11. ed. rev., atual. e ampl. Porto Alegre: Livraria do Advogado Editora, 2014.

SUNDFELD, Carlos Ari. Introdução às Agências Reguladoras. In: *Direito Administrativo Econômico*. São Paulo: Malheiros Editores, 2000.

SUNDFELD, Carlos Ari. Direito público e regulação no Brasil. In: GUERRA, Sérgio. *Regulação no Brasil*: uma visão multidisciplinar. Rio de Janeiro: Editora FGV, 2014.

SUSTEIN, Cass R. O constitucionalismo após o new deal. In: MATTOS, Paulo (Coord.). *Regulação econômica e democracia – o debate norte-americano*. (Trad. Jean Paul Cabral Veiga da Rocha). São Paulo: Editora 34, 2004.

TEUBNER, Gunther. Juridificação – noções, características, limites, soluções. (Trad. José Engrácia Antunes). In: *Revista de Direito e Economia,* Universidade de Coimbra, p. 19-47, 1988.

THE HOOVER COMMISSION REPORT ON ORGANIZATION OF THE EXECUTIVE. Disponível em: <https://babel.hathitrust.org/cgi/pt?id=mdp.39015043507113>. Acesso em: 12 set. 2017.

TOPOL, Eric J. Failing the Public Health – Rofecoxib, Merck, and the FDA. *The New England Journal of Medicine,* 2004. Disponível em: <http:www.nejm.org/doi/full/10.1056/NEJMp048286#article>. Acesso em: 17 out. 2017.

TOURAINE, Alain. *Podemos viver juntos? Iguais e diferentes.* (Trad. Jaime A. Clasen e Ephraim F. Alves). Rio de Janeiro: Vozes, 1999.

U.S. Constitution of the United States of American. Disponível em: <http://www.usconstituion.net>. Acesso em: 17 jul. 2016.

U.S. Administrative Procedure Act. *The United States Code.* Disponível em: <http://www.law.cornell.edu/uscode>. Acesso em: 17 jul. 2016.

U.S. Department of Health and Human Services.

U.S. Food and Drug Administration.

U.S. Department of Agriculture's Animal and Plant Health Inspection Service (APHIS – www.aphis.usda.gov).

U.S Government Publishing Office.

U.S. Federal Trade Comission (FTC – www.ftc.gov).

U. S. Department of the Treasury's Alcohol and Tobacco Tax and Trade Bureau (TTB – www.ttb.gov).

U.S. Consumer Product Safety Commission (CPSC – www.cpsc.gov).

U.S. Drug Enforcement Administration (DEA – www.justice.gov/dea).

U.S. Food Safety and Inspection Service (www.fsis.usda.gov).

U.S. Environmental Protection Agency (EPA – www.epa.gov).

U.S. REGULATORY LEGISLATION:

U.S. Infant Formula Act of 1980 Public Law (PL) 96-359 (Oct. 26, 1980).

U.S. Drug Price Competition and Patent Term Restoration Act of 1984 - PL 98-417 (Sept. 24, 1984).

U.S. Prescription Drug Marketing Act of 1987 - PL 100-293 (Apr. 22, 1988).

U.S. Generic Animal Drug and Patent Term Restoration Act of 1988 - PL 100-670 (Nov. 16, 1988).

U.S. Nutrition Labeling and Education Act of 1990 - PL 101-535 (Nov. 8, 1990).

U.S. Safe Medical Devices Act of 1990 - PL 101-629 (Nov. 28, 1990).

U.S. Medical Device Amendments of 1992 - PL 102-300 (June 16, 1992).

U.S. Prescription Drug Amendments of 1992; Prescription Drug User Fee Act of 1992 - PL 102-571 (Oct. 29, 1992).

U.S. Animal Medicinal Drug Use Clarification Act (AMDUCA) of 1994 - PL 103-396 (Oct. 22, 1994).

U.S. Dietary Supplement Health and Education Act of 1994 - PL 103-417 (Oct. 25, 1994).

U.S. FDA Export Reform and Enhancement Act of 1996 - PL 104-134 (April 26, 1996).

U.S. Food Quality Protection Act of 1996 - PL 104-170 (Aug. 3, 1996).

U.S. Animal Drug Availability Act of 1996 - PL 104-250 (Oct. 9, 1996).

U.S. Food and Drug Administration Modernization Act (FDAMA) of 1997 - PL 105-115 (Nov. 21, 1997).

U.S. Best Pharmaceuticals for Children Act - PL 107-109 (Jan. 4, 2002).

U.S. Medical Device User Fee and Modernization Act (MDUFMA) of 2002 - PL 107-250 (Oct. 26, 2002).

U.S. Animal Drug User Fee Act of 2003 - PL 108-130 (Nov. 18, 2003).

U.S. Pediatric Research Equity Act of 2003 - PL 108-155 (Dec. 3, 2003).

U.S. Minor Use and Minor Species Animal Health Act of 2004 - PL 108-282 (Aug. 2, 2004).

U.S. Dietary Supplement and Nonprescription Drug Consumer Protection Act - PL 109-462 (Dec. 22, 2006).

U.S. Food and Drug Administration Amendments Act (FDAAA) of 2007 - PL 110-85 (Sept. 27, 2007).

U.S. Family Smoking Prevention and Tobacco Control Act (Public Law 111-31) - PL 111-31 (June 22, 2009).

U.S. FDA Food Safety Modernization Act - PL 111-353 (Jan. 4, 2011).

VERHOEST, Koen; LAEGREID P. Organizin public sector agencies: challenges and reflections. In: LAEGREID P.; VERHOEST, Koen. (Ed.). *Governance of public sector organizations*: proliferation, autonomy and performance. Hampshire: Palgrave Macmillan, 2010.

VIANA, Leandro; MACHADO, Rodrigo Balbuena; MACIEL, Artur. Registro de medicamentos específicos. In: VIEIRA, Fernanda Pires; REDIGUIERI, Camila Fracalossi; REDIGUIERI, Carolina Fracalossi (Orgs). A regulação de medicamentos no Brasil. *ArtMed*, 08/2013. VitalBook file.

VIEIRA, Fernanda Pires; REDIGUIERI, Camila Fracalossi; REDIGUIERI, Carolina Fracalossi (Orgs.). A regulação de medicamentos no Brasil. *ArtMed*, 08/2013. VitalBook file.

VIEIRA DE ANDRADE, José Carlos. O Direito ao mínimo de existência condigna como direito fundamental a prestações estaduais positivas – uma decisão singular do Tribunal Constitucional: anotação ao Acórdão do Tribunal Constitucional nº 509/02. *Jurisprudência Constitucional*, n. 1, p. 23, jan./mar. 2004.

VIEIRA, José Ribas. *Temas de direito constitucional norte americano*. Rio de Janeiro: Forense, 2002.